U0530848

华中师范大学中国农村研究院

中国
农村研究
CHINA RURAL STUDIES

2023年卷·下

中国社会科学出版社

图书在版编目（CIP）数据

中国农村研究.2023年卷.下/徐勇主编.—北京：中国社会科学出版社，2023.10
ISBN 978-7-5227-2426-3

Ⅰ.①中… Ⅱ.①徐… Ⅲ.①农村经济—研究报告—中国—2023 Ⅳ.①F32

中国国家版本馆 CIP 数据核字(2023)第 154434 号

出 版 人	赵剑英	
责任编辑	朱华彬	李　立
责任校对	谢　静	
责任印制	张雪娇	

出　　版	中国社会科学出版社	
社　　址	北京鼓楼西大街甲 158 号	
邮　　编	100720	
网　　址	http://www.csspw.cn	
发 行 部	010-84083685	
门 市 部	010-84029450	
经　　销	新华书店及其他书店	
印　　刷	北京君升印刷有限公司	
装　　订	廊坊市广阳区广增装订厂	
版　　次	2023 年 10 月第 1 版	
印　　次	2023 年 10 月第 1 次印刷	
开　　本	710×1000　1/16	
印　　张	23	
插　　页	2	
字　　数	386 千字	
定　　价	138.00 元	

凡购买中国社会科学出版社图书，如有质量问题请与本社营销中心联系调换
电话：010-84083683
版权所有　侵权必究

《中国农村研究》编辑委员会

主　　　编　徐　勇
执行主编/编辑　李华胤
编　　　委　（以姓氏笔画为序）
　　　　　　丁　文　万婷婷　马　华　邓大才　卢福营
　　　　　　田先红　冯春凤　朱华彬　任　路　刘义强
　　　　　　刘金海　刘筱红　李华胤　肖盼晴　吴　帅
　　　　　　吴春宝　何得桂　冷向明　张大维　张利明
　　　　　　张启春　张晶晶　陆汉文　陈军亚　陈　明
　　　　　　金江峰　郝亚光　胡平江　袁方成　徐　刚
　　　　　　徐　勇　徐增阳　黄凯斌　黄振华　符　平
　　　　　　董江爱　慕良泽

目　录

乡村治理研究

数字公共物品：乡村治理的路径建构 …………… 张亚席　吴　帅（ 3 ）

村治"单元下沉"的风险悖论及其化解路径
　　——以 J 省 H 村宅基地改革事件为例
　　　　……………………… 封　玫　陈梓琦　邱国良（ 20 ）

乡村公共空间建设与乡村治理的互动与重构
　　——以恩平那吉镇 13 村为例 …… 蔡丽茹　吴昕晖　李　郇（ 35 ）

女性治村：农村基层生活治理与女性参与
　　——基于 H 省 Y 村的案例分析 ……………… 谷玉良　刘宇莎（ 57 ）

农村社会研究

乡贤参与乡村社会矛盾化解：模式、策略和优化
　　路径 ………………………………………… 孔凡义　肖丽丽（ 75 ）

嵌入式扶贫、脱嵌风险与防范机制研究
　　——以陕西省 B 县为例 ……………………… 张　伟　田梦瑶（ 91 ）

斗气：乡村日常生活中的道义之争 ……………… 王祖根　周永康（102）

农民工权益维护方式的最优策略选择
　　——基于微观数据的实证研究
　　　　………… 孟凡强　刘艳爽　周广璐　李　艳（118）

乡村振兴研究

贯彻落实党的二十大精神全面推进共同富裕的一个文献综述
　　——基于3576篇样本文献计量分析
　　　　　………………………………… 冯朝睿　侯晓童　吴高辉（143）
赋权增能：乡村振兴战略下农村留守老人关爱服务
　　体系的长效机制研究 ………………………… 钟曼丽　杨宝强（162）
乡村基层党建创新引领乡村产业振兴研究
　　——闽西北J县A乡的实证调查 …………… 王红卓　朱冬亮（178）
影响乡村振兴高质量发展的因素分析及其对策
　　——涪陵案例的研究 ………………………………… 王志标（194）
新时代乡村文化振兴的现实境遇与实践要求 …… 王　成　邓　倩（207）

农业经济研究

农村土地集体所有制改革中的潜在风险与对策 ………… 张乂凡（225）
中国式现代化新征程农业农村现代化研究 ………………… 陈健（240）
统计口径调整对农机跨区作业面积指标及其应用的影响
　　研究 ………………………………… 陈　涛　金宇琴　杨佳怡（253）

乡村历史与村治研究

身份适应：民间传统权威参与乡村共治的实践与路径
　　——基于四川凉山彝族聚居区"德古"的调查与
　　　　思考 ……………………………………… 冯雪艳　李海金（269）
乡风何以文明：明代乡村治理的国法与乡约 ……………… 董小红（284）
关系叠加视角下以家户为基的村落制度形态
　　——基于"深度中国农村调查"材料的分析 ………… 朱露（298）
生存倒逼下的自愿联合
　　——传统家户村落的公共物品供给机制及其
　　　　当代启示 ………………… 郑永君　吴义飞　杨　雯（315）

书 评

从中国现代化的角度认识乡愁
　　——《理解中国现代乡愁：理论与方法》书评 ········ 史亚峰（335）
田野基础、历史脉络与村民自治四十年
　　——《国家化、地方性与村民自治》书评 ············· 冯晨晨（342）

乡村治理研究

◆ **数字公共物品：乡村治理的路径建构**

"公共物品"供给是国家的重要职能，基于数字乡村治理战略的全面推进，提出了"数字公共物品"的概念。进一步来看，受益的排他性与用户的普及性两者之间的互动，形成了"数字物品"的四种类型："数字公共物品"、"数字定向物品"、"数字公共资源"与"数字私人物品"。而农民需求、政府职能以及国家建构的驱动，是向乡村社会供给"数字公共物品"与"数字公共资源"以及具有部分公共属性的"数字定向物品"的内在逻辑。现实地看，"数字公共物品"的供给尚未形成完善的保障机制，因而需要对"数字公共物品"供给中的风险进行有效的管控。

◆ **村治"单元下沉"的风险悖论及其化解路径——以 J 省 H 村宅基地改革事件为例**

为了规避农村改革引发的社会风险，部分地区在实践中将自治单元下沉，并将这种"下沉"模式上升为国家政策，旨在利用村庄熟人社会的关系网络资源，更好实现村庄善治。研究发现，由于行政与自治界限模糊、村民小组等新的治理单元应对风险能力不足，可能引发巨大的社会治理风险。文章从国家治权、产权权能、法理权能等三个方面分析了风险形成机制，并据此提出化解风险的有效路径。文章进一步指出，村民自治下沉风险的形成，本质上是国家行政权和社会自治权的关系问题，要进一步厘清行政权和自治权的界限，对于属于社会自治范围的内容，要充分尊重村民小组意志，实行自治重心下沉，探索构建自治、法治、德治三者既融合又有所侧重的治理体系。

◆ **乡村公共空间建设与乡村治理的互动与重构——以恩平那吉镇 13 村为例**

在全球化和快速城镇化的进程中，我国乡村地区物质空间与乡土社会的双重凋敝已成普遍现象。在乡村振兴的背景下，本研究以乡村公共空间建设与乡村治理互动为核心，构建"空间—社会"理论框架，提出三个基本假设。通过对广东省恩平市那吉镇13个村，为期6年的空间建设历程的实证研究，梳理出探索、共谋共建、共管共享三个建设阶段，从而归纳出乡村公共空间建设与乡村治理的内在关系。（1）公共空间有效承载地域文化和社会情感，为乡村治理提供了理想的场所和平台。（2）公共空间建设与重构过程能重塑社会关系，从而完善乡村治理的体制机制。（3）乡村建设和乡村治理具有相同的价值目标取向，两者相互作用、相互促进。

◆ **女性治村：农村基层生活治理与女性参与——基于H省Y村的案例分析**

　　女性治村是现代化、城镇化、乡村振兴和人口流动过程裹挟下农村社会治理的新现象。在基层治理现代化背景下，农村基层治理更加注重社会事务、公共服务，更加注重满足农村居民对美好生活的需求和提升农村居民的获得感。以农村人居环境整治为中心的生活治理因而成为新时期农村基层治理的重要内容。在当今农村，女性不仅是农村生活治理的对象，同时也是生活治理的重要主体来源。从家庭私事拓展到邻里互动，再延伸到村庄规划、环境治理等村庄公共事务中，逐渐实际参与到村庄生活治理中来，是当前女性参与农村基层生活治理的具体路径。在实际工作中，女性通过日常话题的卷入与本地化网络的参与缓和干群关系，进行生活治理的"事前"动员。同时通过村庄共同生活意义的构建和地方性共识的再造，激发农村居民生活治理的参与。女性治村是新时期农村基层治理创新的具体表现之一，反映了新时期女性社会与政治参与的积极性和参与能力的提升。但女性治村也面临家庭与工作的平衡问题，以及参与角色的被动性和勉强性困境。如何创造有利制度条件、优化女性参与乡村治理的体制机制，为女性参与乡村治理扫除制度障碍，有效减轻女性参与村治的"后顾之忧"，是下一步研究和实践工作需要重点思考的理论与现实问题。

数字公共物品：乡村治理的路径建构[*]

张亚席¹　吴　帅²

(1. 华中师范大学政治与国际关系学院　武汉　430079；
2. 华中师范大学政治学部中国农村研究院　武汉　430079)

内容提要："公共物品"供给是国家的重要职能，基于数字乡村治理战略的全面推进，提出了"数字公共物品"的概念。进一步来看，受益的排他性与用户的普及性两者之间的互动，形成了"数字物品"的四种类型："数字公共物品"、"数字定向物品"、"数字公共资源"与"数字私人物品"。而农民需求、政府职能以及国家建构的驱动，是向乡村社会供给"数字公共物品"与"数字公共资源"以及具有部分公共属性的"数字定向物品"的内在逻辑。现实地看，"数字公共物品"的供给尚未形成完善的保障机制，因而需要对"数字公共物品"供给中的风险进行有效的管控。

关键词：数字公共物品；数字定向物品；数字公共资源；数字私人物品

数字技术的发展与进步，使其逐步成为现代国家建构的重要工具与手段，迅速进入了国家治理的各个方面。在我国，数字乡村治理已然上升为一种国家战略，是国家建构的乡村治理新路径。与传统治理模式相似，数字乡村治理同样需要借助国家供给的公共物品来实现治理的绩效目标，但

---

* 基金项目：国家社科基金重大项目"新时代新阶段推进中国特色社会主义政治制度自我完善和发展研究"（21ZDA125）。

作者简介：张亚席，女，博士研究生，华中师范大学政治与国际关系学院，主要研究习近平新时代中国特色社会主义与国家治理现代化；吴帅（通讯作者），男，博士，华中师范大学政治学部中国农村研究院助理研究员、硕士研究生导师，主要研究数字乡村治理与国家建构。

传统的公共物品供给并不能满足数字乡村治理的需求，进而衍生出基于数字乡村治理的"数字公共物品"。进一步来看，"数字公共物品"与传统公共物品之间存在显著的差异性，因而需要明确什么是"数字公共物品"及其类型、"数字公共物品"的供给逻辑，还要探讨"数字公共物品"供给中的风险防控，这对于推进数字乡村治理具有重要的现实意义。

一　文献综述

综观乡村治理中公共物品的研究，业已形成了多样化的理论观点，大致主要集中于以下三个方面：一是研究乡村治理中公共物品的供给路径；二是研究乡村治理中公共物品的影响因素；三是研究乡村治理中公共物品的功能价值。

（一）乡村治理中公共物品的供给路径

在乡村治理中，加强对公共物品的供给已经成为共识，而如何构建优质的公共物品供给路径正是当前学界热议的话题。宋敏认为农村公共物品的供给需要实行多中心的供给主体、构建多中心的资金筹集机制、推行多中心的公共物品决策机制，进而摆脱农村公共物品的困境。[①] 可以说，农村公共物品供给主体的多元化是不可阻挡的趋势，李竹梅对此持有更加具体的看法，其认为农村公共物品供给的主体选择至关重要，并提出构建"政府—市场—社会"三位一体的多元化供给格局。[②] 对于不同供给主体之间的关系，罗义云认为，农村公共物品的供给亟须引入市场机制，需要政府在这一过程中发挥引导与规范的作用。[③] 当然，也有学者提出了不同的看法，罗江龙阐释了"城乡统筹、政府主导、全民参与"的农村公共物品供给路径。[④] 张鹏认为，应该通过政府、企业、第三部门和农村社区等多元主体和融资、竞争、监管和绩效评价的多元运行机制的共同作用，

[①] 参见宋敏《论多中心理论视角下我国农村公共物品供给体制》，《经济纵横》2006年第8期。

[②] 参见李竹梅《农村公共物品有效供给主体选择机制研究》，《山西财经大学学报》2009年第S1期。

[③] 参见罗义云《农村公共物品市场化供给机制分析》，《贵州社会科学》2007年第8期。

[④] 参见罗江龙《我国农村公共物品供给制度变革的路径选择》，《农村经济》2009年第2期。

来实现农民公共物品的有效充足供给。① 由此可知，学界不仅聚焦多元化供给主体，还把焦点放在了配套机制与制度的构建上。对此，吴其阳等认为乡村协同治理背景下，公共物品供给主体的多元化发展以及筹资机制、决策机制和监督机制的更加开放与包容是促进农村公共物品供给的科学路径。② 除此之外，农村公共物品的自我供给也引发了不少学者的思考，陆海燕从农村公共物品自发供给的视角进行了研究，其结合村办基金会进行阐释，但这一供给目标实现的前提是具备较好的集体经济、社会资本与村庄精英条件。③

（二）乡村治理中公共物品的影响因素

农村公共物品的供给受到了乡村社会多重条件的影响与制约，徐勇等学者从城乡结构的视角切入进行了探讨，认为城乡二元结构是国家向农村人口均等化供给公共物品的掣肘因素。④ 随着我国城乡二元体制结构的改革，其带来的不利因素逐步消解，一些学者开始将目光聚焦于政府在农村公共物品供给中的主导作用。张力认为，创新供给机制、加大财政投入、加强制度保障等措施可以有效改善我国农村公共物品的供给。⑤ 其背后的逻辑则是如何围绕农村公共物品构建起有效的供给政策体系，其是决定农村公共物品供给现状的主导因素。⑥ 不仅如此，刘天军等学者还认为公共物品供给政策是影响农村公共物品供给效率的主要因素，而且人均GDP、人口规模、财政分权度同样是重要的影响因素。⑦ 作为农村公共物品供给的目标农村而言，能否发挥其自身作用也是影响要素。高建海等学者认为充分发挥村民委员会作为自治组织的作用，对农村公共物品供给问题的解

---

① 参见张鹏《我国农村公共物品多元供给制度的构建》，《理论与改革》2009年第5期。
② 参见吴其阳《农村公共产品协同供给逻辑与路径探究——基于协同治理视角》，《农村经济》2021年第6期。
③ 参见陆海燕《农村公共产品的自发供给：村办基金会》，《广东行政学院学报》2010年第5期。
④ 参见徐勇、项继权《公民国家的建构与农村公共物品的供给》，《华中师范大学学报》（人文社会科学版）2006年第2期。
⑤ 参见张力《新农村建设中农村公共物品供给问题研究》，《生产力研究》2008年第24期。
⑥ 参见陈万龙《加强农村公共物品供给的政策思考》，《经济导刊》2007年第S2期。
⑦ 参见刘天军、唐娟莉等《农村公共物品供给效率测度及影响因素研究——基于陕西省的面板数据》，《农业技术经济》2012年第2期。

决具有积极的意义。① 部分学者还认识到了村干部对于农村公共物品供给的重要作用，胡新艳等学者认为，村干部"一肩挑"制度显著促进了公共物品的供给。②

（三）乡村治理中公共物品的功能价值

农村公共物品的有效供给是农村经济发展的基础和前提。③ 可以说，农村公共物品的供给的主要功能与价值就是促进农村经济与社会的发展，其直接体现为对农户生产经营的重要意义。伊莎贝尔·撒考克等学者认为，政府持续提供公共物品和服务，能够为小农户提供稳定和有利的经济环境，降低农业风险，降低经济成本，从而提升小农户的获利能力并扩大经营。④ 农户通过生产经营能力的提升，直接反映为其自身的经济收入，楚永生认为，农村公共物品的供给对农民的收入增长有正向促进作用。⑤ 与此观点类似，霍忻也认为，农村公共物品的供给与农民纯收入之间存在显著的正相关。⑥ 农村公共物品的良好供给，不仅可以促进农民的收入，还可以提升农民的消费水平，张书云等学者认为，公共物品供给对于提高农村居民消费水平具有明显的促进作用。⑦ 总体来看，农村公共物品供给到位的情况下，会推动农村地区的整体水平发展，史耀波等学者指出农村公共物品能增强农村人口的能力，增加发展机会，提高福利水平，进而消除贫困问题。⑧

---

① 参见高建海、王银霞《村民委员会与农村公共物品供给》，《内蒙古农业科技》2009年第4期。

② 参见胡新艳、陈文晖《公共物品供给：村干部"一肩挑"的制度绩效考察》，《学术研究》2022年第7期。

③ 参见杨剑、程勇《农村公共物品多元协作供给的机制构建》，《农村经济》2014年第12期。

④ 参见伊莎贝尔·撒考克、王康《农村金融与公共物品和服务：什么对小农户最重要》，《经济理论与经济管理》2010年第12期。

⑤ 参见楚永生《农民收入增长的障碍：农村公共物品的供给不足》，《中州学刊》2004年第5期。

⑥ 参见霍忻《农村公共物品供给收入效应的实证分析》，《西北农林科技大学学报》（社会科学版）2016年第4期。

⑦ 参见张书云、周凌瑶《公共物品供给对农村居民消费影响的实证分析——基于农村面板数据》，《北京理工大学学报》（社会科学版）2011年第6期。

⑧ 参见史耀波、温军《农村公共物品对农户福利影响理论研究综述》，《经济纵横》2009年第6期。

综上所述，当前学界研究主要聚焦于农村公共物品的供给路径、影响因素与功能价值方面，尤其是以传统公共物品供给的研究为重。但是缺乏对数字公共物品供给的探讨，且数字公共物品与传统公共物品的供给逻辑存在显著差异，当前的研究无法为农村数字公共物品的研究提供更多理论支撑，这便为本文的研究留下了空间。本文提出了"数字公共物品"的概念，尝试论述乡村治理过程中农村"数字公共物品"的内涵、供给逻辑与供给风险控制。

二 "数字公共物品"：思想溯源与理论延伸

公共物品是国家建构不可或缺的重要组件，也是现代国家的重要职能，与此同时，其作为经济学研究中的重要对象，已形成了较为完善的理论体系，驱动着国家间公共物品供给的多样性发展。具体看来，对于公共物品的认知，沿着以下理论源点，不断演进。一是萨缪尔森在《公共支出的纯理论》（The pure theory of public expenditure）的论述，其提出了公共物品与私人物品的概念，认为"一个人对某种物品的消费，不会导致其他人对该物品消费的减少"[1]。这里的"某种物品"即公共物品，具有典型的非竞争性与非排他性，私人物品则与之相反。公共物品的非竞争性与非排他性隐含着鲜明的利益不可分割性。二是布坎南在《民主财政论》中提出"准集体商品"的概念，形成了公共商品、准公共商品与私人商品的三分法，其认为绝对的集体商品是一种极端现象，大多数情况下，人们无法获得政府供给的数量相等的公共商品，即具备利益的可分割性，由此形成了"准集体商品"。[2] 三是奥斯特罗姆等学者基于消费的排他性与联合性（exclusion and jointness of consumption），进一步细化，提出了公共物品、公共池资源、收费物品和私人物品的划分方式。[3] 四是戴维·L. 韦默等学者在《公共政策分析：理论与实践》中重点强调了公共物品的

---

[1] Samuelson, Paul A., "The Pure Theory of Public Expenditure", *The Review of Economics and Statistics*, Vol. 36, No. 4, pp. 387–389.

[2] ［美］詹姆斯·M. 布坎南：《民主财政论》，穆怀朋译，商务印书馆 2002 年版，第 20—30 页。

[3] 参见 Vincent Ostrom and Elinor Ostrom, "Public Goods and Public Choices, Alternatives for Delivering Public Services", *Routledge*, 2019, pp. 7–14.

"拥堵性"这一影响要素,并联系竞争性与排他性两个要素,对物品进行划分,即私人物品、收费物品、纯公共物品与环境公共物品、开放进入、共同财产资源、免费物品等。① 五是美国学者曼昆在《经济学原理》中同样从排他性与竞争性"两要素"着手,把物品归为四类:公共物品、公有资源、自然垄断与私人物品。② 基于以上,从公共物品的研究进路来看,排他性与竞争性是决定公共物品属性的核心变量。排他性是指受益的排他性,即"任何人对于公共物品都不具有所有权,在一个既定的供给水平下,公共物品一旦提供,不能阻止另外一些人从中受益,所有社会成员都可以同时享有同等的消费利益"③。竞争性是指消费的非竞争性,即"增加的消费者引起的社会边际成本为零,在公共物品的消费上,人人都可获得相同的利益"④。这两者之间的有机互动,使得公共物品与私人物品,及其两者之间不同属性的公共物品充满不确定性。随着现代国家建构的技术性推进,数字化样态公共物品的供给形式对既有理论造成了强烈冲击,更推动了"数字公共物品"的顺势出场,可以说,"数字公共物品"和传统公共物品共同构建了国家对公共物品供给的新结构。

从"数字物品"的特征来看,"数字物品"由信息基础设施与用户信息终端构成。就信息基础设施而言,根据《国务院关于印发"宽带中国"战略及实施方案的通知》,要求 2020 年"基本建成覆盖城乡、服务便捷、高速畅通、技术先进的宽带网络基础设施"。这是首次从国家层面强调了宽带网络的公共基础设施地位,强化了信息基础设施作为公共物品的属性。那么,从公共物品的非竞争性与非排他性来看,信息基础设施依托于软硬件技术和算法的更新迭代,实现了高可用性、高并发性、高扩展性,如软硬件承载能力的跨越式提升,负载均衡、QOS 等技术的加持,大大加快了信息基础设施"云时代"的到来,且软硬件技术与算法能力的增长远远超过了用户数量和需求的增长,能够让全社会同步共享机会均等的信息网络入口,这些使作为"数字公共物品"的信息基础设施在社会成员层面具备了受益的排他性和消费的非竞争

---

① 参见[美]戴维·L. 韦默、[加]艾丹·R. 瓦伊宁《公共政策分析:理论与实践》,刘伟译,中国人民大学出版社 2013 年版,第 70—86 页。
② 参见[美]曼昆《经济学原理》,梁小民等译,北京大学出版社 2009 年版,第 233 页。
③ 周自强:《公共物品概念的延伸及其政策含义》,《经济学动态》2005 年第 9 期。
④ 周自强:《公共物品概念的延伸及其政策含义》,《经济学动态》2005 年第 9 期。

性。对用户信息终端而言，其通常以软件的形式向社会成员供给，包括政府直接供给的软件产品，如政府网站、App以及各类业务交互平台等；以及在政府监管下由社会供给的软件产品，如商业网站、App（微信、QQ、支付宝、淘宝、京东）等。作为用户信息终端类型的"数字公共物品"借助信息基础设施，通过各式软件发布进入了社会，为社会成员提供机会均等的获取与使用途径，用户信息终端也因此同样具备了受益的排他性和消费的非竞争性。同时，还需要考虑到社会供给的软件产品的双重属性，即作为"数字公共物品"的公共属性与作为企业盈利手段的非公共属性，其中公共属性涵盖了软件产品的核心基础功能，以满足社会成员基本信息需求为目标，为他们提供平等共享的功能性平台，其实现的前提是数字物品作为一种虚拟物品，具备几乎零成本的强复用性，理论上可以无限复用；而非公共属性则是企业基于生存发展需求，以软件产品的核心功能为基础，其功能与合作偏重个性化或商业化，不完全具备"数字公共物品"的属性。

从"数字物品"类型的影响变量来看，国家对信息基础设施的天然垄断，以及用户信息终端的强复用性，决定了数字物品天然的非竞争性，但"数字物品"存在排他性方面的差异性，即受益的排他性是影响"数字物品"类型的关键变量，如企业特定供给的商业化"数字物品"。此外，"数字物品"与传统公共物品在供给上也存在一定差异。任何一种"数字物品"都具备向全体社会成员供给的潜能，这种潜在性使"数字物品"具备了广泛的普及性，但普及性又受到诸多制约，进而成为影响"数字物品"类型的另一关键变量。具体来看，用户的普及性涵括两个方面：一方面是社会成员的认可度，其直接关系到"数字物品"在社会中的普及范围和规模；另一方面是知识产权、企业盈利、保密、网络安全、国家安全等因素对社会成员的限制，其深刻影响着"数字物品"的普及程度。

从"数字物品"供给的主体来看，具有开放性、包容性与多样性的突出特点。在数字时代，国家、社会与社会成员均可成为"数字物品"的供给主体，这得益于信息基础设施与平台的互通性，任一主体都可通过合法手段获取向全社会发布"数字物品"的资格与渠道。从国家主体来看，主要向全社会供给"数字公共物品"，以构建国家的数字化发展结构与体系。从社会主体来看，主要是以企业供给的"数字公共物品"为核心,供给营利性商业扩展相结合的"数字物品"。从社会成员主体来看,涉及众多单一个体,单个主体需求不同供给自然有所不同,应以尊重个体意愿为出发点,供给不同类型的"数字物品"。总体来看,国家、社会与社会成员共同构成信息时代"数字物品"的供给主体体系,三者相辅相成,互为补充,为构建"数字中国"铺平道路。

三 "数字公共物品"的类型学考察及其乡村应用场景

"数字物品"的类型由受益的排他性与用户的普及性决定,形成了"数字公共物品""数字定向物品""数字公共资源""数字私人物品"四种类型,其中具备"数字公共物品"属性的"数字物品"在乡村社会发挥着举足轻重的作用。

(一)"数字物品"的分类

"数字物品"作为一种可以向全体社会成员供给的物品,呈现出不同的样态,其本质上是由"数字物品"受益的排他性与用户的普及性共同决定的,二者之间的组合互动,形成了四种不同形态的"数字物品"(图1)。

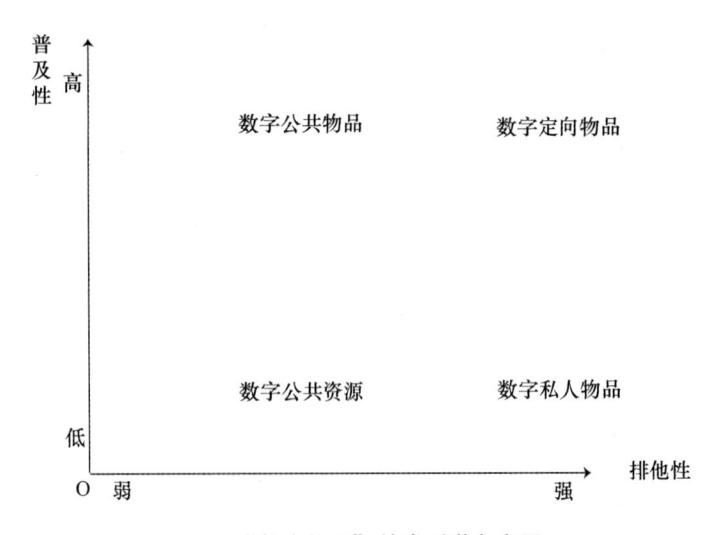

图1 "数字物品"的类型学考察图

第一,"数字公共物品",当"数字物品"具备弱受益的排他性,强用户的普及性时,便形成了"数字公共物品",其被社会成员广泛应用,且社会成员能够获得同等的收益。"数字公共物品"由此成为信息时代中数据互通的基本载体,为国家构建数字化的治理体系夯实基础。例如由政府供给的各类网站与业务平台、App 等,又如由企业供给的微信、QQ、商业网站、业务交互平台与网站等。

第二,"数字定向物品",当"数字物品"具备强受益的排他性,强用户的普及性时,便形成了"数字定向物品",其被社会成员广泛应用,但社会成员不一定能够获得同等的收益,要看其是否具备一定的消费性条件,因而成为一种定向服务的"数字物品"。这类条件包括:费用、成员资格等。例如由国家供给的区域性数字业务平台、行业性数字业务平台;由企业供给的以"数字公共物品"为核心的商业扩展物品,围绕知识产权形成的各类收费形式的数字业务机制,如各类"数字公共物品"的会员机制等。

第三,"数字公共资源",当"数字物品"具备弱受益的排他性,弱用户的普及性时,便形成了"数字公共资源",其具备被社会成员广泛应用的潜在性,虽在事实上并未被广泛应用,但并不影响社会成员获得同等的收益。这就形成了一种具有公共属性的数字资源,随时可供用户使用。例如,一些小众、专业性强、用户体验差的或竞争性弱的"数字公共物品"。

第四,"数字私人物品",当"数字物品"具备强受益的排他性,弱用户的普及性时,便形成了"数字私人物品",这种"私享性"就决定了其不能被社会成员广泛应用,社会成员也不能够获得同等的收益。"数字私人物品"多见于由社会成员自主开发的"数字物品",仅能够支撑个人业务或团队业务。

(二) 乡村治理中"数字公共物品"的应用场景

推进数字乡村治理是国家治理现代化的重要举措,是现代国家建构的重要环节,而"数字公共物品"供给,是完善数字乡村治理的关键所在,在乡村治理的各个领域中都发挥着不可替代的重要作用。

一是"数字公共物品"的应用场景,政府借助各类"数字公共物品",如网站、微信平台、App 等形式进行政策发布、意见征求、政务公开、意识形态建设等;农民也充分借助并利用其进行利益主张、诉求反馈、检举监督等。具体地看，"数字公共物品"为国家与农民的直接互动搭建了场景平台。

二是"数字定向物品"的应用场景，该类型的"数字物品"主要适用于特定资格的农民，例如党员与村干部，用来对其进行政治理论教育与引导，或者具备某行业资格的农民，用于在行业内部的沟通交流与实践等；还适用于那些愿意自行缴纳费用的农民，虽然不满足于"数字公共物品"的基础信息资格条件，但可通过购买数字知识产权的使用权，进而深入了解乡村治理理论知识和行业知识。

三是"数字公共资源"的应用场景，"数字公共资源"本质上也是"数字公共物品"，但在乡村治理场景中至多起到辅助作用，用以弥合"数字公共物品"与"数字定向物品"供给体系的缝隙，满足乡村治理过程中政府或农民的个性化需求。例如各类临时性或应急性使用的数字公共物品。

四　乡村治理为何供给"数字公共物品"？

数字化作为一种技术手段，是现代国家建构的新抓手新方法，在乡村治理进程中，基于农民对信息的感知与反馈需求、国家战略导向下的政府职能以及国家权力渗透的考量，向乡村社会供给"数字公共物品"成为顺应当下国家治理现实的必然要求。

（一）农民需求：数字信息感知与反馈

农村数字化的根本目的是满足人民日益增长的美好生活需要。[①] 传统乡村治理模式下，农民很难与政府发生有效的信息互动，"只是到了迫不得已农民才以自己剧烈的行动表达自己的意志，而这种表达与社会动荡紧相伴随"[②]。因此，农民对信息的需求，是构建自我主体地位，进行自我利益主张的必要条件。随着数字技术在乡村治理中的广泛运用，为农民进入信息场域提供了多元化的路径，信息沿着这些路径传输，必然要凭借"数字公共物品"将数字信号转换为可供识别的信息内容。由此，农民借

---

① 参见刘彦林《农村数字化提升农民生活水平的效果评价及机制研究》，《贵州社会科学》2022年第2期。

② 徐勇：《国家化、农民性与乡村整合》，江苏人民出版社2019年版，第393页。

助"数字公共物品"完成了对信息的处理与应用,具体表现在对数字信息的感知与反馈两个方面。

从农民对信息的感知来看,在前数字治理时代已具备相关传输条件,但其是一种自上而下的单向信息输出,是由政府执掌的媒体平台所完成[1],用以完成国家意志的有效传递。在这种模式下,信息的传递受到时空场景制约,农民对信息的接收效率受限于生产、生活中诸多不确定因素,农民对信息的感知并未达至理想状态。此外,受制于有限的时空场景,农民感知信息维度较为单一,缺乏多维度的辅助信息,不仅阻碍了农民对具体信息的全景掌握,甚至在一定程度上削减了农民对信息的了解与掌握程度。在数字治理时代下,这些问题或将得到有效解决:"数字公共物品"为农民提供超时空概念下的信息供给模式,他们可以获取到大量类型化的特定信息,使农民能够掌握多维度的信息内涵,将大幅提升他们对特定信息的感知效率,并形成对特定信息的个人见解。

从农民对信息的反馈来看,则主要得益于数字治理时代的来临。在传统乡村治理过程中,国家自上而下传递信息,就形成了农民被动接收信息的常态化治理模式。因农民缺乏自下而上的信息传递渠道,常常引发上访、群体性事件等非常态行为。"数字公共物品"的出现为农民提供了信息双向互通的平台,一方面农民可以根据"数字公共物品"供给的多维度全景信息,对特定事件进行全面理解与判断,形成自己的观点与结论;另一方面,农民基于对特定信息的判断思考,尤其是关涉自我利益主张和利益诉求的信息,可借助"数字公共物品"进行发布,实现自下而上的信息反馈自由,从而影响政府决策;假若特定事件的发布信息流入交互平台,还能成为特定事件的舆论场并制造舆论压力,从而间接评判政府决策的效能。

(二) 政府职能:数字乡村治理的战略导向

随着数字技术的创新式、跨越式大发展,不仅已成为现代国家建构的有力手段,更驱动着数字信息大时代的来临。国家先后发布了多项关于基层治理与乡村治理的数字化推进意见与方案,其中《中共中央关于制定国民经济和社会发展第十四个五年规划和二〇三五年远景目标的建议》提出了"加快数字化发展"的部署,这标志着数字化已上升为各级政府

---

[1] 参见徐勇《国家化、农民性与乡村整合》,江苏人民出版社2019年版,第393页。

着力推进的国家战略，并成为政府工作的重要组成部分。随后，《中共中央国务院关于加强基层治理体系和治理能力现代化建设的意见》，要求加强基层智慧治理能力建设，对"智慧城市、智慧社区基础设施、系统平台和应用终端；乡镇（街道）、村（社区）地理信息等基础数据，全国基层治理数据库；全国一体化政务服务平台；智慧社区信息系统和简便应用软件"等方面的建设作出明确要求和建议；2022年中央"一号文件"再次提到要大力推进数字乡村建设，尤其强调要以数字技术赋能乡村公共服务、推进数字乡村标准化建设、加强农村信息基础设施建设。

通过以上政策关注的焦点来看，数字乡村治理的建设已全面展开，其具体的建设方案与意见强调基础性、共享性、扩展性和标准化等特点。从政策文件关注的建设目标类型来看，主要包含了数字乡村治理的信息基础设施建设与用户信息终端。显然，这也构成了数字乡村治理中"数字公共物品"的要件。而"政府以提供公共产品和公共服务为己任，是提供公共产品和公共服务的强力主体"[①]。由此，对"数字公共物品"的供给自然成为政府的重要职能。可以说，数字乡村治理的实现过程也是政府向乡村社会供给"数字公共物品"的过程。在这一过程中，政府对"数字公共物品"的供给将与社会主体，乃至社会成员个体互为补充。其中，政府对"数字公共物品"的供给将主要集中于国家战略视角下的信息基础设施建设，以及各级政府运作中的用户信息终端的供给，从而为数字乡村治理创造数字化的环境与条件。

（三）国家建构：数字治理空间与权力延伸

"现代国家发展的一个普遍特点是面向社会的持续渗透。"[②] 数字乡村治理作为国家战略，是中国国家建构的重要组成部分，本质上要求国家权力向乡村社会持续渗透。由于数字化治理与传统治理之间的运作条件存在显著差异，因而国家必须首先构建起数字化治理的数字基础空间环境，这一空间环境的核心要素便是"数字公共物品"。

"从某种意义上讲，信息即权力。"[③] 数字乡村治理构建的数字治理空

---

① 李晋中：《政府和市场在公共产品供给中的作用》，《当代中国史研究》2016年第1期。
② ［英］克里斯多夫·皮尔逊：《论现代国家》，刘国兵译，中国社会科学出版社2017年版，第64页。
③ 徐勇：《国家化、农民性与乡村整合》，江苏人民出版社2019年版，第392页。

间也是基于信息交互形成的权力渗透路径。而"数字公共物品"构成了信息交互的节点，并构筑了去人格化的乡村治理路径，是脱嵌于科层运作下的国家治理模式。从国家横向治理的视角进行考察，国家借助数字技术打造了一个乡村社会的虚拟共同体空间，突破了地理空间意义上的限制，并以信息作为标准化的组织元素，实现了国家与个体农民的动态联结，这一过程本质上是技术逻辑与权力逻辑的复合应用。在数字乡村治理场景中，政府借助"数字公共物品"将国家意志直接向农民个体发布，力图实现直接性互动。按照基础共性标准，不同"信息节点"之间算法与事实逻辑关系的一致性决定了"数字公共物品"在不同区域普遍的对等性，即特定"数字公共物品"作为信息节点具有同等的地位，进而有效规避了国家权力区域性异化导致的政策效能差异，由此实现了国家权力渗透的普遍性与均衡性；从国家纵向治理的视角而言，数字乡村治理是对国家权力延伸路径的再优化，是乡村治理权力去中心化的过程。区别于科层体系的运作逻辑，国家意志借助去人格化的"数字公共物品"向乡村社会延伸，强化了权力传导的排他性，实现了国家意志在"数字公共物品"上的无差异传递，传统权力结构中的府际矛盾关系不复存在，确保了国家意志在流动中的一致性。与此同时，"数字公共物品"作为信息节点，跨越科层构建了扁平化的治理结构，使乡村治理具备了"党和国家在场"的政治势能，赋予乡村治理更加浓重的政治属性，充分凸显了乡村治理国家化的价值目标，彰显了整合乡村治理的国家意志。

五 "数字公共物品"供给的风险控制

"数字公共物品"为数字乡村治理奠定了坚实的基础，但正处于发展成熟阶段的数字化背后显然还缺乏完善的保障与约束机制，多元化的"数字公共物品"供给面临着一定的风险与挑战。这些风险极有可能会严重扰乱当前的数字秩序，甚至会威胁和侵犯到农民的切身利益。因此如何进一步加强数字化治理的保障机制建设，就显得极为重要。

（一）多元供给主体下的信息安全防范

政府、社会与社会成员共同构成了"数字公共物品"的供给主体结构，这一结构的形成归因于"数字公共物品"供给渠道的开放性，使得符合国家统一规则框架下的"数字公共物品"方可进入大众视野。但由于"数字公共物品"致力于信息的传递与互动,其在运营过程中产生的信息安全风险及防范才是"数字公共物品"供给中的重点议题。

在"数字公共物品"的现实供给中,政府尚未具备全面供给的能力,尤其是来自社会的供给占据了"数字公共物品"供给的重要位置。当政府只供给"数字公共物品"的上层应用,而支撑其运营的数字基础设施却由社会供给时,便会滋生出信息安全风险。"数字公共物品"承载的大量关乎个人隐私,乃至国家安全的保密信息将处于企业等社会力量的管控之中,那么来自企业供给的数字基础设施的网络安全水平、软硬件的容灾能力以及商业行为的合法性等都会对这些数据带来巨大的安全风险。因而在多元主体供给"数字公共物品"时,国家要进一步明确"数字公共物品"供给主体的界限,提供"数字公共物品"供给分类目录,对于涉及重大安全原则的"数字公共物品"必须由政府主导进行一体化供给,同时要建立健全社会主体供给"数字公共物品"资质的审查机制与安全应急反应机制,从源头上降低"数字公共物品"供给的信息安全风险。

另外,当政府供给"数字公共物品"时,企业借助相关数据进行牟利的商业行为也会制造信息安全风险。在具有超大规模用户的"数字公共物品"供给中,不免会出现一系列商业投机行为,其借助技术优化或用户体验改善,诱导用户采取付费方式使用"数字公共物品",在未经合法授权下使其在一定程度上演化为"数字定向物品",可能会导致用户出现经济损失或个人信息泄露,进而构成"数字公共物品"供给的信息安全风险。因此,考虑到技术层面上对控制该类风险的不确定性,国家应有序引导相关企业在保障信息安全与用户权益的前提下,通过技术优势提升"数字公共物品"的安全水平;还应当完善"数字公共物品"供给的"确定性"法律法规,对涉及此类信息安全风险的供给行为予以明确的约束与界定。

(二)"数字公共物品"多样性下的信息割据防范

"数字公共物品"日益呈现出多样化的趋势,并逐步覆盖到人们生产与生活的方方面面,这亦使人们获取与传递信息的途径更加多元化。由于人们在选择"数字公共物品"时偏好不一,往往因使用不同类型的"数字公共物品"而出现信息结构差异性下的信息割据风险。与此同时,由社会主体供给的"数字公共物品"基于行业竞争也加剧了信息割据的形成。"数字公共物品"承载的海量信息是大数据的重要来源,而大数据作为数字治理与智慧治理的核心要素，关乎数字治理的水平与发展，但信息割据的产生无疑会导致大数据不齐全，势必会对数字治理产生负面影响。就此而言，如何防范信息割据的风险也成为"数字公共物品"供给中亟待规范的问题。

首先是防范行业内部的信息割据。由于社会主体供给的同质性，"数字公共物品"在当下国家治理中已成普遍现象，这些"数字公共物品"具备较强的竞争性，并构成了用户普及性的动态平衡，对于"数字公共物品"整合的用户大数据信息，自然就成为不同社会主体用以优化自身供给的"机密"，由此形成了行业内部的信息割据风险。对此，在同质性较强的"数字公共物品"供给中，应当建立一系列行业内部的数字化信息标准与共享机制，借助算法理解"数字公共物品"整合的行为大数据，逐步建立基于行业分类的智慧决策咨询机制，为提升数字治理的能力与水平提供数据信息保障。其次是防范行业之间的信息割据。"数字公共物品"满足了社会成员不同的现实需求，这些大数据信息之间也存在着较大的差异性。但数字治理是一个综合且复杂的系统性工程，需要借助不同类型数据的支撑，为政府决策提供"量化"的智慧支持。然而行业之间的"数字公共物品"相关数据信息，尚未整合并汇聚成为综合、全面的数据资源池，这就存在行业之间的信息割据风险。因此，国家要主导建立关于"数字公共物品"关联用户数据的统一协调与处理机制，打造基于多元化用户大数据的统一分析与计算平台，为真正实现智慧治理创造良好的数据与平台条件。

（三）用户选择多样性下的数字失序防范

"数字公共物品"供给的多样性决定了用户选择的多样性，具备同质性的"数字公共物品"以纷繁复杂的形式成为用户可以较易获取的物品。但在这一过程中，非法供给主体以"数字公共物品"的名义发布了大量用以谋取利益的伪"数字公共物品"，严重扰乱了"数字公共物品"的供给秩序，造成了数字失序的风险。也因用户普遍缺乏对"数字公共物品"的识别能力与手段，无形中给用户带来了诸多不便甚至是经济损失。

一是伪"数字公共物品"对信息内容的损害风险，由于同质性"数字公共物品"的数量繁多，当用户对某一非高普及性的"数字公共物品"或者"数字公共资源"产生需求时，则会面对多样性的选择困难，此时伪"数字公共物品"便有机会成为用户随机性选择下的数字物品，进而误导用户陷入有害信息场域或者诱导性消费的骗局。二是伪"数字公共物品"对个人隐私的窃取风险,"数字公共物品"对用户的身份认证已成为一种常规性操作,其可以赋予用户多元化的服务和体验,借助用户使用"数字定向物品"的重要身份识别机制,当伪"数字公共物品"获取用户的信任后,便趁机搜集大量的用户个人隐私信息,用于非法活动,对用户的生产与生活造成损害。更为可怕的是,伪"数字公共物品"的强欺骗性,将使其有机会将病毒植入用户的信息终端硬件,并借助网络感染更多的用户终端,以此来窃取用户私密信息或借此进行敲诈,严重威胁着用户的个人生命财产安全,这些无疑扰乱着现有的数字秩序,给数字治理制造恐慌与危机。

因此,如何建立更加安全的数字秩序就成为国家重点推进的事宜。一要建立"数字公共物品"准入机制,对"数字公共物品"严格审查与把关,杜绝其带病供给。二要加强对"数字公共物品"的运营监管,建立相关监控与追查机制,防范不良供给主体在运营中突破规则底线而造成不良后果。三要建立完善的"数字公共物品"投诉与反馈渠道,鼓励用户主动举报、及时举报,针对事关"数字公共物品"展开的不当行为,加大打击力度,切实保障数字秩序。四要尽快出台相关维护数字秩序的法律法规,以法律条文形式明确"数字公共物品"的准入、运营、退出以及处罚机制,为"数字公共物品"的供给守好红线,推进数字治理、数字秩序和法制化的深度融合,用法制化为数字治理与数字秩序保驾护航。

Digital Public Goods: Path Construction of Rural Governance

Zhang Ya-xi[1], Wu Shuai[2]

(School of Politics and International Studies, Central China Normal University, Wuhan 430079; Faculty of Political Science Central China Normal University Institute Of China Rural Studies, Wuhan 430079)

Abstract: The supply of "public goods" is an important function of the country. Based on the comprehensive promotion of the digital rural governance strategy, the concept of "digital public goods" is put forward. Further, the interaction between the exclusivity of benefits and the universality of users forms four types of "digital goods": "digital public goods", "digital directed goods", "digital public resources" and "digital private goods". The drive of farmers' demand, government function and national construction is the internal logic of providing "digital public goods" and "digital public resources" as well as "digital oriented goods" with some public attributes to rural society. In reality, the supply of "digital public goods" has not yet formed a complete guarantee mechanism, so it is necessary to effectively control the risks in the supply of "digital public goods".

Key Words: digital public goods; Digital directional goods; Digital public resources; Digital personal items

村治"单元下沉"的风险悖论及其化解路径[*]

——以 J 省 H 村宅基地改革事件为例

封 玫[1] 陈梓琦[2] 邱国良[2]

(1. 江西农业大学人文与公共事业管理学院 南昌 330045;
2. 汕头大学法学院 汕头 515063)

内容提要:为了规避农村改革引发的社会风险,部分地区在实践中将自治单元下沉,并将这种"下沉"模式上升为国家政策,旨在利用村庄熟人社会的关系网络资源,更好实现村庄善治。研究发现,由于行政与自治界限模糊、村民小组等新的治理单元应对风险能力不足,可能引发巨大的社会治理风险。文章从国家治权、产权权能、法理权能等三个方面分析了风险形成机制,并据此提出化解风险的有效路径。文章进一步指出,村民自治下沉风险的形成,本质上是国家行政权和社会自治权的关系问题,要进一步厘清行政权和自治权的界限,对于属于社会自治范围的内容,要充分尊重村民小组意志,实行自治重心下沉,探索构建自治、法治、德治三者既融合又有所侧重的治理体系。

关键词:村民自治;"单元下沉";风险悖论;路径

---

[*] 基金项目:江西省社会科学基金规划项目"乡村振兴视域下农村'一户一宅'制度风险及其治理效能研究"(21SH12D);江西省人文社会科学研究项目"农村宅基地改革中的风险治理研究"(JC20112);获汕头大学卓越人才科研启动基金资助。

作者简介:封玫,女,博士,江西农业大学人文与公共管理学院副教授,主要研究农村社会问题;陈梓琦,汕头大学法学院硕士研究生;邱国良,通讯作者,汕头大学法学院教授、汕头大学地方政府发展研究所研究员,主要研究农村基层社会治理。

一 研究背景与提出问题

2014年1月，中央"一号文件"提出："探索不同情况下村民自治的有效实现形式，农村社区建设试点单位和集体土地所有权在村民小组的地方，可开展以社区、村民小组为基本单元的村民自治试点。"这被认为是村民自治"单元下沉"的政策依据。村民自治"单元下沉"，最早出现在2013年广东省佛冈村治经验总结中。在湖北秭归、广东佛冈、广西河池等地，先后陆续探索将自治单元下沉至自然村或村民小组的路径，以推动村民自治制度重新焕发出生机和活力。村治"单元下沉"提炼上升为中央政策后，不少农村地区开始出现将自治功能下沉到更小的自治单元，包括自然村、村民小组、理事会等，旨在解决农民参与意识不高，组织能力不强，以及各种组织不清的问题。

村民自治"单元下沉"现象，自然也引起了学界的广泛关注和讨论。一些学者充分肯定了"单元下沉"的治理有效性，如徐勇在考察广东云浮的经验后指出，村民自治以"组为基础"，可以保障国家政策和乡村治理的"落地"而非"悬空"在村级的问题。[1] 村民自治"单元下沉"，原本就是村民自治最初的形态，在村民自治第一村——广西宜州市合寨村，便是以历史长期形成的自然村为基础。尽管如此，这并不意味着村民自治"单元下沉"的必然性。事实上，正如徐勇本人所指出，将村两委组织下沉到自然村或者村民小组，有助于激活村民自治，但从长远看，它又会限制自治和参与领域的扩展。[2] 不少学者也对此持有谨慎乐观态度。项继权、王明为认为，尽管以村民小组或自然村为单位进行村民自治试点具有探索性，但却存在多方面困难，未来的发展方向应是进一步理顺村民委员会与村集体组织的关系，从"村组自治"向"社区自治"转变。[3] 对此，贺雪峰也表示，村民自治下沉到自然村并不表示行政村一级功能的弱化，

---

[1] 参见徐勇、周青年《"组为基础，三级联动"：村民自治运行的长效机制——广东省云浮市探索的背景与价值》，《河北学刊》2011年第5期。

[2] 参见徐勇、赵德健《找回自治：对村民自治有效实现形式的探索》，《华中师范大学学报》（人文社会科学版）2014年第4期。

[3] 参见项继权、王明为《村民小组自治的实践及其限度——对广东清远村民自治下沉的调查与思考》，《江汉论坛》2019年第3期。

更不意味着其应当撤销,最好的办法是,行政村一级建制仍然保留,但将部分村民自治功能下沉到自然村。①

村民自治"单元下沉",本质上是国家行政权和社会自治权关系的互动和调整,多数研究也主要集中在国家行政权和社会自治权的互动关系方面,并试图探寻两者之间达成平衡的良方。而对于村民自治"单元下沉"可能引发的风险却并未引起足够的关注和讨论。事实上,由于乡村场域中权力结构发生变化,若不加以妥善处置,难免会产生相应的治理风险。虽然有学者建议,可以尝试将部分村民自治功能下沉到自然村,但究竟哪些类型功能下沉时可以激活村民自治而不至于引发社会风险呢?实践中又怎样避免发生较大社会风险呢?对于上述问题的回应,有利于实现村民自治的"精准下沉",更好地利用和调动社会力量参与村庄治理。本文将基于J省H村的宅基地改革案例,分析村民自治下沉的风险及其形成机制,并进一步讨论村民自治下沉的限度及治理风险化解的路径。

二 案例呈现:H村老宅拆旧过程

(一) H村概貌:村治单元下沉的空间场域

2018年,中央1号文件明确提出要探索宅基地所有权、资格权、使用权"三权分置"路径。在吸收试点地区经验的基础上,H村所属的G市从2019年起陆续在全市范围内,以宅基地"三权分置"改革为契机,积极推动新农村建设。一方面,对村庄废旧老宅进行拆旧;另一方面,努力实现村庄内部环境的改造。2021年春,在镇、村两级组织的支持下,H村拟启动宅基地"三权分置"改革暨新农村建设运动。H村位于中部地区G市,毗邻沪昆高速G市出口约5公里,属于典型的江南丘陵地带。早在20世纪60年代以前,H村所在位置还是一片较为平坦的荒地,为了在周边开垦良田,当时的人民公社积极动员附近几个村落整体搬迁至此,组合成一个拥有近10个姓氏的杂姓村——H村。从村庄内部构成来看,各姓氏原有人数、财力均不对等,在H村内部构成不同的派系。平时,各姓氏派系之间还能勉强和睦相处,一旦涉及村民利益的事项,则争斗比较激烈。正因为村情较为复杂,历年来镇、村两级组织,大都不愿意去碰

---

① 参见贺雪峰《广东清远村民自治下移的探索》,《农村工作通讯》2016年第21期。

这个"火药桶",因而 H 村的新村改造和建设才一拖再拖。

(二)新村建设理事会:村治下沉还是矛盾下沉?

对于大多数以血缘、地缘为基础自然形成的村落,拆迁协调工作面临阻力较小。与此相反,H 村错综复杂的内部关系网络,令镇村两级组织颇为头疼。自建村以来,各姓氏派系常因争夺村庄利益各不相让,村庄内部长期缺乏统一而整合的力量,无法形成有效的村庄权威。这次宅基地改革暨新村建设,是 H 村部分村民和干部主动"请缨",请求镇、村两级组织支持项目立项,并迅速成立了一个专门理事会——新村建设理事会(以下简称"理事会")。对于 H 村庄的积极主动,镇村两级组织乐见其成,并决定由镇政府向上级政府争取项目经费支持,村两委组织则负责整个村庄拆迁、改造和建设过程的监督,并不过多干预村庄事务决策,具体事务的协调处理则由理事会全面负责。

该理事会完全是一个村庄内部自发产生的派系产物。整个理事会由 12 人组成,主要包括 H 村庄的村长、会计、各村小组组长以及各主要姓氏代表。从人员构成上看,H 村近 10 个姓氏之间并不均衡,如江姓、刘姓、张姓和李姓等一些大姓,其代表在理事会中占据多数,具有较强的话语权,而黄姓、尹姓等小姓则明显处于弱势地位,个别姓氏则完全没有话语权。这种非均衡格局的理事会,在村治单元下沉的背景下,能否妥善处理矛盾、平衡各方利益呢?

(三)拆除与保留:拆迁过程中的村庄权力博弈

2021 年 6 月初,在理事会的推动和协调下,H 村正式启动实施宅基地改革暨新村建设工作。村内无人居住房屋、危房旧房、违法占道搭建的建筑物,成为此次拆迁的主要目标。村里总共约有 20 多栋老旧危房、违章搭建闲置房,经过理事会的前期摸查和开会协调,决定对其中 6 栋老旧危房及闲置房实行拆除并不再重建。另有 8 栋闲置房改造或重建,以消除安全隐患,其余的则暂时予以保留。在理事会做出决定后,负责新村改造的施工队迅速进场并着手拆除 6 栋理事会指定的废旧老宅,其中就包括村民严三保家的老宅。严三保父亲原本是附近严家村人,20 世纪 60 年代搬迁至 H 村,严三保在家中排行第三,其上有两个哥哥,严三保家被拆的老宅正是当年由其父母建造、遗留下的。在拆迁的时候,严三保和家人正在外省务工,房屋空无一人。当时住在同村的严三保亲大哥严大保想为之说一句公道话,但马上被理事会和村干部怼回去了,村长骂道:"再多管闲事，你的低保不想要了？"几句话吓得严大保再也不敢为其兄弟说话。对于严三保的老宅被强拆，许多同情严家的村民表示不满，认为理事会和村里缺乏统一的标准，专门欺负老实人。而另一方面，江姓、刘姓等大姓村民的废旧老宅位于村道旁，不仅有碍美观且影响村庄道路改造，理应属于拆除对象。但刘姓作为村庄大姓，在理事会内部拥有足够的话语权，成功挡住了施工队的强拆。

显然，受家族势力的影响，在废旧老宅的拆迁问题上，H村理事会难以做到一视同仁，在村庄事务决策时主要是看哪个姓氏派系在理事会和村中有更大的话语权。面对代表强势姓氏派系的理事会，弱势姓氏派系要么选择沉默，要么选择抗争。而与此同时，镇村两级组织对于H村内部的矛盾似乎并不想卷入太深，矛盾朝着更加复杂的态势演变。

（四）谁该负责——村两委组织？理事会？

当在外省务工的严三保得知消息赶回H村时，家中老宅已被夷为平地，家具什物等全都不翼而飞，理事会和村两委组织均没有人出面向他交代。当他找到村两委组织反映情况并要求赔偿时，村两委组织却以整项工作是由理事会负责为由，拒绝了严三保的赔偿要求。村两委组织认为，新村建设的具体推动工作是H村理事会的事情，拆除决定也是由理事会作出的，而村两委组织只是配合理事会负责与镇里协调工作，对H村内部的事情不宜干预过多。另一方面，H村理事会则推诿说，理事会确实具体负责这项工作，但具体决策都是由村两委组织授意或同意的，即便做出的决定不合理，也应找村两委组织负责，理事会不应也没钱给予补偿。面对村两委组织和理事会相互"踢皮球"，严三保先后多次向镇里反映，得到的答复始终是回到村里解决。村两委组织、H村理事会及镇政府的多次相互推脱，逐渐磨灭了严三保的耐心，于是严三保开始扬言要与村干部同归于尽。直到后来县信访局、纪检委等部门的介入，H村的老宅拆迁纠纷才获得了解决。

三 村治"单元下沉"的风险及其生成机制

（一）村治"单元下沉"的风险及其类型

20世纪80年代以前，国家对基层社会的治理实行高度的集中和计划模式，在其经济社会生活中，表现为国家权力对社会的有效控制，并一定程度上形成对公民参与的相应限制。相比之下,"单元下沉"有着完全相反的治理进路。"单元下沉"是将公民纳入社会治理主体范畴,充分利用信息和网络等社会资本优势,形成有效的公民参与和自治。治权分配的界限本质上反映了国家与社会的互动关系,治权由村民委员会下沉至村民小组,本质上是国家与社会关系的重构,是国家权能与社会权能界限的重新划定。那么,这种治理权能格局的变化是否会引发相应的治理风险呢?

随着社会结构的分化与利益诉求的多元化,公共政策的制定执行与功能的发挥受到更加繁杂风险因素的影响,形成了包括公共(政治)信任风险、社会稳定风险、市场交易风险等在内的多种风险。而在宅基地制度改革中,"单元下沉"较易引发公共信任风险以及由此带来的社会稳定风险。所谓"公共信任",在很大程度上是指公众对政府或执政党及其官员的信任。这种信任的流失或积累,是一个渐进的过程,公共信任风险也逐渐积聚,进而形成公共危机。良好的公共治理,需要有一个低风险的公共信任环境。如果公共治理机构得不到公众的高度信任,甚至可能跌入"塔西佗陷阱",对于公共治理来说,面临极为严重的后果。[①] 实际上,许多不稳定事件都或多或少与公共信任的流失有所关联,换而言之,公共信任的风险易引发社会稳定风险。

在农村宅基地制度改革中,由于涉及主体广泛、利益多元复杂、配套制度短缺、相关法律不完善等多重因素,导致这项制度推进过程中本身就蕴含着制度性风险。现有研究从政策法律的界定、制度供给、制度过程以及制度环境等方面讨论了制度性风险。如有研究者认为,由于宅基地相关法律界定模糊导致政策"空转"甚至失败,较易引发政治风险以及社会秩序的稳定。[②] 或者从制度过程来看,政府角色张力会造成"诺斯悖论"[③]。不仅如此,随着宅基地改革的推进,还将进一步引发乡村治理失范风险,甚至可能导致宗族之间或邻里之间的矛盾。可见,在一项制度改革中,制度本身或制度过程所引发的制度性风险,会形成"多米诺骨牌

[①] 参见胡象明、张丽颖《公共信任风险视角下的塔西佗效应及其后果》,《学术界》2019年第12期。

[②] 参见吕军书、时丕彬《风险防范视角下农村宅基地继承制度改革的价值、困境与破局》,《理论与改革》2017年第4期。

[③] 参见袁方成、王丹《超越"诺斯悖论":从制度性能到治理效能——以宅改为研究对象》,《广西师范大学学报》(哲学社会科学版)2021年第1期。

效应",不仅在一定程度上削弱了公众对政府的信任,还将成为社会危机的根源。

(二)村治"单元下沉"的风险生成机制

虽然"单元下沉"在一定程度上弥补村民自治的不足,丰富了村民自治的社会资本因素,但同时也带来了新的治理风险和挑战。"单元下沉"本质上是自治格局和基础的变化,也是国家力量加大对乡村社会渗入的表现。然而,由于国家与社会的权能界限不清晰,二者之间的互动出现明显障碍。一方面,"单元下沉"带来新的治理结构的变化,国家力量从外部对农村社会固有秩序进行调整与冲击,而村民小组内部角色张力缺乏应对相应风险的能力。另一方面,"单元下沉"本身就会带来新的治理悖论,并产生公共信任风险和由此引发的社会稳定风险(如图1)。下文拟结合前述案例,从国家治权、产权权能、法律权能等视角讨论其蕴含的内在悖论。

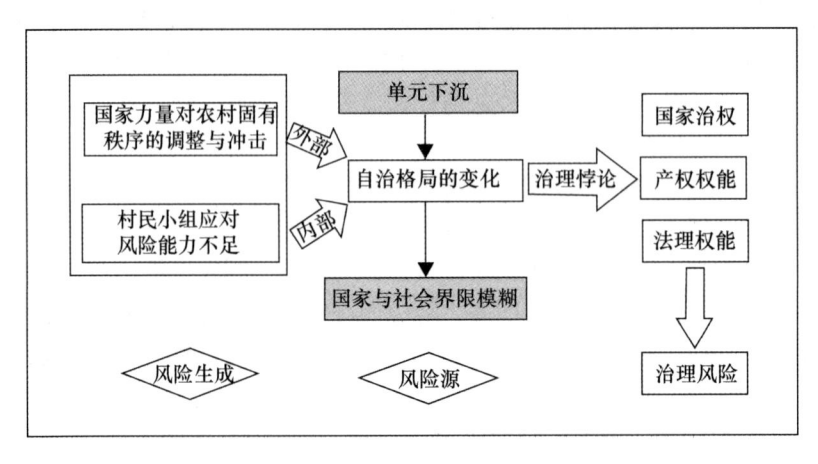

图1 "单元下沉"风险生成机制示意图

1. 国家治权与社会资本的悖论

根据有关法律规定,村民委员会是基层群众性自治组织,乡镇人民政府对村民委员会的工作给予指导、支持和帮助,但不得干预属于村民自治范围内的事项。村民委员会协助乡镇人民政府开展工作,承担国家对农村基层社会的组织、管理和服务功能。这说明,乡政村治的格局下,乡镇基层政府是国家力量在基层社会的代言人,村民委员会是村民自治的基本单元。在这个意义上,一方面乡村关系实质就是国家和社会的关系,而村民委员会则是国家和社会之间的法理界限。事实上,村民委员会脱胎于人民公社时期的生产大队,协助基层政府承担了许多行政性事务,本质上是由治理惯性和法理形塑而成,而非自然生成的结果。由此可见,其权能根源于国家权力而非社会权力。

另一方面,建立在血缘、宗族关系基础上或长期共同生活而形成的自然村,拥有的社会资本优势是村民委员会层级所不具备的。不少农村地区,将自治单元下沉至自然村或村民小组,促使村民自治制度重新焕发出生机和活力。有研究者分析指出,成立并充分利用村民事务理事会是改革成功的关键,其构建了以政府指导、村民理事会实施、全体村民监督的"三位一体"的治理体系,确保宅基地改革顺利推进。① 然而,具体的实践中,治理单元的不合理并非导致村民自治无法"落地"的主要原因。② 在村庄治理中,政策落实只能通过基层政府实施,但村民小组拥有的社会组织的特征,如信任,网络和规范,促进协调和合作,互惠互利③④,对政策实施无疑具有推动作用。一方面,在以姓氏、家族为主的村庄,"单元下沉"能够织密社会网络,促进利益联结和治理有效。另一方面,"单元下沉"使得传统熟人社会关系趋向"团块化",形成"行政村庄—自治小组"二分治理格局。在单姓村为主的村落,自治重心下沉可能加剧村落中不同家族之间的矛盾,并不利于乡村社会的融合。相较于村庄层面,村民小组内部深厚的信任环境和互惠基础,更容易产生"形式化改革"或"互利性改革"风险。在本文案例中,严三保在 H 村由于不具有社会资本优势,在村中属于弱关系个体,因此沦为强拆案受害者,而拥有强关系资源的大姓村民却能躲过强拆命运。这表明,村庄社会网络并不总是有利于村庄社会治理,也可能产生社会资本的"负效应"。

---

① 参见钟荣桂、吕萍《江西余江宅基地制度改革试点经验与启示》,《经济体制改革》2018 年第 2 期。

② 参见陈明《村民自治:"单元下沉"抑或"单元上移"》,《探索与争鸣》2014 年第 12 期。

③ 参见 Six B., Zimmeren E. V., Popa F., Frison, "Trust and Social Capital in the Design and Evolution of Institutions for Collective Action", *International Journal of the Commons*, Vol. 9, 2015, pp. 151–176.

④ 参见[美]罗伯特·D. 帕特南《使民主运转起来》,王列、赖海榕译,中国人民大学出版社 2015 年版,第 201—207 页。

2. 自治单元与产权单元的悖论

农村宅基地作为集体产权的重要组成部分，与集体经济成员和集体经济单元息息相关。集体经济利益的享有权驱使着农民对集体进行关注，进而转化为自治的参与动力。[①] 集体产权决定村民的利益导向，产权单元在哪里，村民的共同利益就会延伸到哪里，因此"产权在村"还是"产权在组"应当成为宅基地改革的单元基础。集体所有制为村民自治的实施提供了产权基础，但是不同地区集体所有制主体各不相同，出现自治主体与产权主体不一致，带来村民自治困境。[②] 可见，村民自治单元只有与利益紧密相关的产权单元趋于一致，才能有效实现治理目标。尽管调查中发现不少村庄采取了"产权在组"经济结构[③]，但从法理意义上讲，村两委组织才是农村土地产权单元的合法主体。在这种情况下，村民自治单元下沉到村民小组，无疑导致法理层面上产权单元与自治单元的背离，由此带来治理困境。

不仅如此，村民小组（或村庄理事会）的治理权能不足也是导致治理困境的重要原因。在实践中，尽管各地以村民小组为单位成立类似"村民理事会"的临时性组织，协调和处理宅基地改革过程中的相关事宜。然而，村民理事会普遍获得的只是事权，而非完整的治理权能。治权和事权的分离，不仅影响村民小组或理事会发挥作用，也同样不利于确定村民小组或理事会所应承担的责任。在本文案例中，H村理事会仅拥有村两委组织下移的事权，而主要决策权仍掌握在村两委组织手中。在整个村庄老宅拆迁中，矛盾协调等事宜由理事会负责，但镇、村两级组织则握有宅基地的处分权及整个项目资金管理权。面对这种情况，捅了"马蜂窝"的H村理事会自然无法承担赔偿责任，而是将这一责任推给村两委组织。而村两委则以矛盾属于村庄内部事宜为由，主张由H村理事会处理解决。综上可见，这场纷争推诿的根源之一，正是自治单元与产权单元的不统一。

[①] 参见付振奇《村与组所有权：村民自治有效实现的产权基础》，《东南学术》2016年第2期。

[②] 参见邓大才《利益相关：村民自治有效实现形式的产权基础》，《华中师范大学学报》（人文社会科学版）2014年第4期。

[③] 参见黄振华、张会芬《农村产权单元与自治单元的关联性及其治理效能——基于全国25个省（区、市）296个村庄的实证分析》，《宁夏社会科学》2018年第1期。

3. 法律赋权与角色错位的悖论

"单元下沉"是村民自治有效形式的地方探索，也获得国家相应的政策支持。但从立法层面看，一方面自治单元从"行政村"下沉到"村民小组"，尚缺乏法律依据。村民委员会拥有法律意义上的自治地位，并获得基层政府在村庄治理中的行政授权。基于这种法律赋能和基层授权，村民委员会在一定程度上代表或协助基层政府开展村社治理活动，拥有宅基地改革中处理各项事务的权能。但倘若将治理单元下沉至村民小组，村民委员会将无法有效应对村庄内部纠纷。

另一方面，村民小组或自然村缺乏村民委员会的法律地位，在矛盾调解、村庄治理等问题上难以发挥效用，也无法从基层政府获得行政授权，只能依赖传统关系网络资源进行沟通、说服。不仅如此，并非所有的村民小组或自然村都具有强关系资源。在单姓为主的村落中，更强的利益相关性使得"单元下沉"可以有效地动员社会资源，村民自治效果更好。而在杂姓村及其他宗族因素淡化的村落，传统关系资源的缺乏也造成治理效果差强人意。在本文案例中，H村因是由附近十几个自然村落迁居而成：既缺乏传统宗族血缘关系，又因聚居时间短、流动性大，未能形成长期稳定的地缘关系。尽管村民小组通过成立类似"村民理事会"的临时性组织，应对宅基地改革过程中的村庄内部矛盾。但由于村民小组缺乏村民委员会所拥有的法律赋能和行政权能，能解决的问题一般限于事实简单的非权属纠纷，难以有效应对充满利益纠葛且涉及土地情结的宅基地纠纷。

四 村治"单元下沉"风险的化解路径

村治"单元下沉"不仅未能有效发挥自然村或村民小组在社会治理中的网络优势，反而消解原有法理秩序。基于前文的三大悖论分析，不难理解，实现有效的基层自治，就是要充分重视社会资本的作用，实现国家治理和社会治理的有机结合，夯实国家治理的社会基础；正确处理相关权能的关系，形成国家治权、集体产权和村庄事权三权融合的治理格局；充分协调基层政府、村级组织和村庄主体的关系，从法理上明确村级组织和村民小组（理事会）之间的治理权能。

（一）资本嵌入：构建嵌入式、扁平化治理体系

党的十九届四中全会指出社会治理是国家治理的重要方面。充分发挥

社会治理的作用，成为推进治理体系和治理能力现代化的有效路径。宅基地改革作为一项事关农民利益和社会稳定的经济制度安排，对农村基层治理也提出新的挑战。治理单元的下沉可以有效利用乡村传统熟人社会关系网络资源减缓改革阻力，弥补村民自治的不足。然而，国家治权在运用地方性结构与内部规范来实现村庄治理的同时，忽略部分村庄内部分裂和传统地方性规范受到外来力量冲击难以发挥自治效用。从乡村治理层面看，村民小组拥有的社会资本与乡村治理二者之间存在紧密的契合关系。但随着市场经济对传统乡村社会的冲击，社会资本的三个特征在乡村治理中的运用也存在困境。[1] 因而，强调国家治权在乡村社会的存在与回归，是基于乡村自身成长的不足和公共利益的维护。国家治权要实现地方与乡村社会及农民的对接，必须将权力嵌入在乡村社会内部的结构、关系与规范之中，逐步将非正式手段体制化为其正式资源[2]，并寻求国家与乡村社会之间相对均衡。[3] 既强调国家主导下的嵌入，也要发挥社会治理的积极性，实现国家与乡村社会的融合互动。

另外，"单元下沉"事实上是在现有乡镇、村两委组织两级层级体系基础上增加了一个治理层级，与当前机构改革精简化趋势相违背。在"乡镇政府—村民委员会—村民小组"三级层级体系下，村民委员会与村民小组权能界定不清，事实上阻碍村民自治效用的发挥。因而减少行政管理层级、推进行政管理体制扁平化，是提升政府行政管理效能、更好地回应社会诉求的必然要求。有学者研究指出，扁平化组织结构在基层治理中更能激发社区自主性。[4] 在"单元下沉"中，针对宅基地改革事宜，在合理划分权能基础上，可在具备良好村民自治能力地区，探索建立"乡镇政府—村民小组"的两级层级体系，由基层政府直接对接村民小组，赋予其治理职权，更好利用社会治理资源推进宅基地改革。

---

[1] 参见简聘《社会资本嵌入乡村生态治理的逻辑理路与路径选择》，《海南大学学报》（人文社会科学版）2023年第1期。

[2] 参见陈锋《论基层政权的"嵌入式治理"——基于鲁中东村的实地调研》，《青年研究》2011年第1期。

[3] 参见邹荣《嵌入式治理在当代中国乡村社会应用逻辑与运行模式研究》，《云南行政学院学报》2015年第2期。

[4] 参见刘柯、陈宝胜《基层政府扁平化改革的实践前沿与发展面向——以浙江省龙港市"市直管社区"改革为例》，《行政论坛》2022年第3期。

（二）权能一致：形成治权、产权、事权三权融合格局

要破解"单元下沉"中的风险悖论，离不开对产权与治权的关系进行辨析。有研究认为，产权单元与治理单元有着高度的关联性，并体现在对称性上，对称性强，产权、治理的绩效相对较好，对称性弱，产权、治理的绩效相对较差。[①] 可见，产权与治权单元偏离的情况下将不利于村民自治。产权与治权单元的一致使村民形成紧密的利益共同体，在共同利益的驱动下，村民更倾向于参与共同体事务，便于村庄自治运转。有学者调查发现，治权下沉与产权单位保持一致，发挥作为产权最基础单元村民小组的力量，有效激活了村民小组与村民的治理主体行为。[②] 因此，自治单元与产权单元的一致性，为宅基地改革顺利推行奠定经济基础。产权单元与治权单元的偏离，则会弱化自治的治理绩效，容易形成内在张力。若从产权单元和治权单元的对称性来看，宅基地改革有两条路径：一是"产权在村，治权在村"，当集体产权在村时，宅基地改革则在村庄层面开展，实现要素资源在村庄范围内合理流动；二是"产权在组，治权下沉"，当集体产权在村民小组时，治权下沉可能更有利于宅基地改革顺利推进。更有学者提出构建产权、财权、事权、治权的四权统一格局：产权派生财权、事权，而治权要靠产权、财权、事权保证，反过来治权协助产权。因而，产权是基础，实现产权、治权、事权的对称性和一致性，构建三权融合的治理格局，对于村民自治具有某种内聚和牵引的作用，不仅有助于村级自治组织的发展，也有利于促进村级以下自治组织的生产和发展。

（三）主体赋能：明晰治理主体的角色地位

村民委员会是村社治理的合法组织，村民小组作为村两委组织的分社组织，在村庄治理中并不具备上级赋予的行政权能。但村民小组适度的治理规模与社会资本优势更能推动社区问题的解决。[③] 然而村民小组作为村民自治的延长链条，与村民委员会二者权能定位不清，是宅基地改革中出

[①] 参见邓大才《产权单位与治理单位的关联性研究——基于中国农村治理的逻辑》，《中国社会科学》2015年第7期。
[②] 参见杜园园、李伟锋《治理视角下的农村产权与治权——珠三角农村集体产权改革实证研究》，《广东农业科学》2020年第11期。
[③] 参见向勇、孙迎联《项目进村与微治理：村民小组治理何以有效？——基于涉农项目落地的多案例考察》，《农村经济》2020年第1期。

现角色错位重要原因。有学者指出，村民小组在人口、耕地、财产等方面都具备较强的独立性，有必要对村民小组与村两委组织之间的权利义务进行再定位。① 由于村民小组和村民委员会关系没有明确的制度界定，村民小组代行了村两委组织许多功能，长久下去对二者发展非常不利。② 因此，当务之急是对村民小组赋予法律权能，为其存在建立制度、法律方面的保障，并将其纳入规范化发展轨道。"单元下沉"并不意味着自治单元范围的简单划小，还需要建立一系列有效的运作机制和配套政策，例如财权、治权、事权相应地也要进行下沉，为治理主体提供配套治理资源，提升治理效用。在法律赋能上，明晰村民委员会和村民小组二者的定位与功能，为后续村庄治理中在各主体行使治权上提供法律依据。

五 结语与讨论

从佛冈经验到中央一号文件，之所以倡导和推动村民自治下沉，是因为行政村通常并不具有天然形成的社会基础，在解决和处理复杂矛盾和纠纷时，无法较好地利用信任、网络等社会资本，难以形成实质性自治。而村民小组则普遍具有关系网络优势，可以充分利用社会情感等因素，有效缓解紧张的干群和居民关系，从而形成稳定的乡村秩序。因此，推行自治单元下沉，发展多种基本单元的自治形式，对行政村自治无疑起到一定的弥补作用。对于本身蕴含巨大风险和利益的农村宅基地改革而言，"单元下沉"更能化解潜在风险。

然而，农村宅基地不仅是农民安身立命之所，也承载着政治、经济、社会稳定等多重功能。农村宅基地改革风险的产生，很大程度上也正是因为它被赋予了多重资源禀赋，并承载着村庄的历史记忆和文化底蕴。因此，治理单元下沉旨在利用非正式制度来规避宅基地改革风险，维护社会秩序稳定。但"单元下沉"的同时，并未较好地解决由其伴生的一些问题，如国家力量与自治力量之间界限模糊、自然村或村民小组内部应对能力不足等，从而引发国家治权、产权权能、法律权能的悖论，进而产生新

---

① 参见刘秀红《刍论村民小组的再定位》，《理论导刊》2007年第10期。
② 参见翁俊芳、刘伟《治理重心下移能否提高乡村治理的有效性？——湖北秭归"幸福村落"建设再审视》，《中国农村研究》2020年第2期。

的社会治理风险。换言之，治理单元下沉可能最终引发基层治理的"逆向悖论"。一方面，现代民主发展趋势是民主单元的不断上移与扩展，自治单元的下沉显然与治理单元扩大的趋势背离；产权与治权的偏离也使得自治效能难以充分发挥。另一方面，"单元下沉"带来的自治积极性与治理有效性二者之间是否存在因果关系，本身在学界和实务界还存在争议。

需要指出的是，村民自治重心下沉，本质上是国家行政权和社会自治权的互动和界限问题。村民自治下沉是进一步扩大自治权，有利于激活村庄社会治理资源，调动村民参与的积极性。然而，这种参与应该是有限度的，即仅限于社会自治范畴的事务。对于涉及国家法律和政策所规范的范围，尤其是带有强制性规范的治理内容，应该彰显国家行政权的存在。从这个角度理解，村民自治重心下沉，需要进一步厘清行政权和自治权的界限，充分尊重村民小组在社会自治范围的意志和决定，探索构建自治、法治、德治三者相互融合、有所侧重的治理体系。

The Risk Paradox of "Unit Sinking" in Village Governance and Its Solution
—Take the Homestead Reform Event of H Village in J Province as an Example

Feng Mei   Chen Ziqi   QiuGuoliang

(School of Humanities and Public Service Management, Jiangxi
Agricultural University, Nan Chang 330045
School of Law, Shantou University, Shantou 510063
School of Law, Shantou University, Shantou 510063)

Abstract: In order to avoid social risks arising from rural reform, some regions have shifted the unit of self-government downwards in practice and elevated this "downward movement" model to national policy, aiming to make use of the resources of the relational network of village acquaintance society to better achieve good village governance. It is found that due to the blurring of the boundaries between administration and self-government, the focus of villagers' autonomy moves down, which may lead to huge social governance risks due to the insufficient ability of new governance units such as villager groups to deal with risks. The article analyses the risk formation mechanism from three aspects, including state governance, property rights and legal powers, and accordingly proposes effective ways to address the risks. The article further points out that the formation of the risk of downshifting villagers' autonomy is essentially a question of the relationship between the administrative power of the state and the social autonomy power. It is necessary to further clarify the boundary between the administrative power and the autonomy power, fully respect the will of villagers' groups for the content that belongs to the scope of social autonomy, shift the focus of internship autonomy downwards, and explore the construction of a governance system that integrates and focuses on autonomy, rule of law and rule of virtue.

Key Words: villagers' autonomy; "unit sinking"; risk paradox; path

乡村公共空间建设与乡村治理的互动与重构*

——以恩平那吉镇 13 村为例

蔡丽茹[1] 吴昕晖[2] 李 郇[2]

(1. 广东省社会科学院改革开放与现代化研究所 广州 510635;
2. 中山大学地理科学与规划学院、中山大学中国区域
协调发展与乡村建设研究院 广州 510275)

内容提要:在全球化和快速城镇化的进程中,我国乡村地区物质空间与乡土社会的双重凋敝已成普遍现象。在乡村振兴的背景下,本研究以乡村公共空间建设与乡村治理互动为核心,构建"空间—社会"理论框架,提出三个基本假设。通过对广东省恩平市那吉镇 13 个村,为期 6 年的空间建设历程的实证研究,梳理出探索、共谋共建、共管共享三个建设阶段,从而归纳出乡村公共空间建设与乡村治理的内在关系。(1)公共空间有效承载地域文化和社会情感,为乡村治理提供了理想的场所和平台。(2)公共空间建设与重构过程能重塑社会关系,从而完善乡村治理的体制机制。(3)乡村建设和乡村治理具有相同的价值目标取向,两者相互作用、相互促进。

关键词:乡村公共空间;乡村建设;乡村治理;乡村社会

---

* 基金项目:国家自然科学基金青年项目"全球—地方互动背景下的广东乡村空间重构:基于日常生活的视角"(42101224);广东省哲学社会科学"十三五"规划 2020 年度学科共建项目"跨行政区协同创新体系研究"(GD20XYJ28)。

作者简介:蔡丽茹,女,广东省社会科学院改革开放与现代化研究所助理研究员,主要研究方向为区域发展与乡村地理;吴昕晖(通讯作者),女,中山大学地理科学与规划学院博士后,主要研究方向为乡村地理与日常生活;李郇,男,中山大学地理科学与规划学院教授,中山大学中国区域协调发展与乡村建设研究院院长,主要研究方向为城乡规划,乡村建设。致谢:感谢中山大学李郇教授的指导与海惠项目的参与者们。

一 引言

（一）背景

随着全球化、工业化和城市化的发展，各国乡村均面临着不同程度的衰败问题，因此近年来，国际学界对全球乡村发展和乡村振兴话题的关注度日益提高，乡村振兴是全球各国的共同愿景与需求。[1]

改革开放四十多年来，农村城市化和农民市民化的进程深刻影响着我国乡村的社会秩序。随着乡村人口的大量外流，农村人口稀疏化、老年化等问题日益加剧[2]，传统社会形成的以乡村为主的空间叙事几近崩溃[3]，我国乡村面临着物质空间与乡土社会的双重凋敝。乡村公共空间如祠堂、榕树头等的衰落，导致村庄公共文化淡化、集体记忆衰退、社会关联降低，引发乡村一系列的价值危机和治理危机。[4][5][6][7] 在新时代，农村社会能否保持相对有序，是农村现代化能否如期实现的关键。面对这一系列问题，党的十九大提出乡村振兴战略，国家"十四五"规划提出实施乡村建设行动，明确了今后一个时期我国乡村发展的重点和方向：通过乡村建设促进乡村的经济、社会、生态、文化和治理全面振兴。

自古以来，乡村建设与乡村治理密切相关，农房、农田水利、乡村道路等设施的修建均为个体与集体力量的结合。乡村建设是多方合作共同改善乡村环境与生活的集体行为，也是重构乡村社会关系的载体。当前，我国多数乡村建设管理采用自上而下的"项目制"形式，其建设与实施模

---

[1] Liu, Y., Li, Y, Revitalize the world's countryside, *Nature*, No. 548, 2017, pp. 275-277.
[2] 参见王文彬《基于资源流动视角的城乡融合发展研究》，《农村经济》2019年第7期。
[3] 参见杨忍《珠三角地区典型淘宝村重构过程及其内在逻辑机制》，《地理学报》2021年第12期。
[4] 参见曹海林《村落公共空间：透视乡村社会秩序生成与重构的一个分析视角》，《天府新论》2005年第4期。
[5] 参见王玲《乡村社会的秩序建构与国家整合———以公共空间为视角》，《理论与改革》2010年第5期。
[6] 参见王东、王勇、李广斌《功能与形式视角下的乡村公共空间演变及其特征研究》，《国际城市规划》2013年第2期。
[7] 参见张诚、刘祖云《失落与再造：后乡土社会乡村公共空间的构建》，《学习与实践》2018年第4期。

式与乡村社会治理处于割裂状态，不仅导致政府投放大量资金建设的各类基础设施利用率不高，且后续难以持续运营、维护。[1] 乡村振兴除了对乡村的人居环境进行改造提升之外，还需要与之配套的乡村社会重建。乡村社会以何种运作机制，基于何种制度达成治理，建设与治理的关系是什么，均是未来乡村研究的重要问题。

在上述背景下，本研究探讨了乡村建设中的乡村公共空间建设，并基于其空间性和社会性，提出建设与治理的相关假设，以广东省恩平市那吉镇13个村为期6年的乡村建设历程为案例，探讨乡村公共空间建设与乡村治理的内在关系，以期丰富乡村地理学中"空间—社会"关系的理论与实践研究。

（二）文献综述

乡村公共空间在研究中通常出现两种定义，一是物理空间，指社区内的人们可以自由进入并进行各种思想交流的公共场所，具体体现为承载活动事件、面对面互动和地域历史文化的场所与空间。二是社会构建，指社区内普遍存在着的一些制度化组织和制度化活动形式，且以特定空间相对固定下来的社会关联形式和人际交往结构方式。[2][3] 公共空间本身即具有（物理）空间与社会的双重属性。

1. 公共空间的空间性：空间秩序与社会秩序

公共空间有多种分类方法。李小云和孙丽[4]依据公共空间的功能属性，将社区公共空间分成五类，分别是：（1）以集市等为代表的生活型公共空间；（2）广场、老年活动室等休闲型公共空间；（3）由红白喜事等具体事件而产生的事件型公共空间；（4）政府项目或NGO发展项目而形成的项目型公共空间；（5）村民自发组织进行活动的祠堂、观音庙等组织型公共空间。王东等人[5]按照形式的"新"与"旧"将公共空间划分为：（1）旧形式公共

---

[1] 参见冯健、赵楠《空心村背景下乡村公共空间发展特征与重构策略——以邓州市桑庄镇为例》，《人文地理》2016年第6期。

[2] 参见曹海林《乡村社会变迁中的村落公共空间——以苏北窑村为例考察村庄秩序重构的一项经验研究》，《中国农村观察》2005年第6期。

[3] 参见吴业苗《农村社会公共性流失与变异——兼论农村社区服务在建构公共性上的作用》，《中国农村观察》2014年第3期。

[4] 参见李小云、孙丽《公共空间对农民社会资本的影响——以江西省黄溪村为例》，《中国农业大学学报》（社会科学版）2007年第1期。

[5] 参见王东、王勇、李广斌《功能与形式视角下的乡村公共空间演变及其特征研究》，《国际城市规划》2013年第2期。

空间：即村民的天然生活经验下所建构的自组织公共空间；（2）新形式公共空间：新时期新建的空间，属于他组织公共空间。

随着乡村社会的变迁，乡村公共空间在乡村生活中的作用和地位也不断发生改变。在传统乡村社会中，村民们的经济和社会生活空间范围较小，村落公共空间以自组织公共空间如宗祠等祭祀空间和晒谷场、水井旁等生产生活型公共空间为主。新中国成立后，乡村社会的公共空间以公社内部各活动场所为主，活动内容高度政治化。改革开放后，乡村实行家庭联产承包责任制，村庄经济的活动范围不再囿于村庄内部，而是扩展到更大的区域市场空间。村民们的"生活半径"也随之开始部分地从村内转移至村外。[①] 在乡村人口大量外流的情况下，村内传统的公共空间也因为缺少实际使用者而逐渐凋敝。[②] 2005年开展社会主义新农村建设后，这一情形逐步改善，乡村的公共空间如村委会、文化室等日渐丰富，但由于乡村居住人口的不断减少，新生的公共空间多为他组织公共空间，且使用频次较低。

由此可见，公共空间所代表的空间秩序与社会秩序紧密相关，并相互影响。众多学者将物质空间上的乡村公共空间的凋敝与农村社会的公共性流失相联系，刻画出传统乡村公共空间日渐衰落的现状，并指出空间上的衰败不仅是乡村衰败的外在表现，也是乡村衰败的内在根源。[③] 部分学者关注传统村落公共空间的重构与更新，冯健和赵楠[④]指出，近年来一些村干部和村民通过重构共同空间来重塑乡土社会的意愿增强，出现了一些积极重构乡村社会空间的实践。而在这一过程中，村庄环境得到改善，与宗教、宗族和传统文化等集体记忆相关的传统建筑的修复也重新唤起了村民对村庄的认同感和归属感。

2. 公共空间的公共性：集体行动与乡村治理

乡村公共空间除了物质的空间场所之外，亦指乡村内部特定的社会关

---

① 参见曹海林《村落公共空间：透视乡村社会秩序生成与重构的一个分析视角》，《天府新论》2005年第4期。

② 参见吴亚苗《农村社会公共性流失与变异——兼论农村社区服务在建构公共性上的作用》，《中国农村观察》2014年第3期。

③ 参见王东、王勇、李广斌《功能与形式视角下的乡村公共空间演变及其特征研究》，《国际城市规划》2013年第2期。

④ 参见冯健、赵楠《空心村背景下乡村公共空间发展特征与重构策略——以邓州市桑庄镇为例》，《人文地理》2016年第6期。

联形式和人际交往结构方式。如空间场所内不存在社会关系,也无从构成"公共空间"。列斐伏尔①(2002)认为,空间是社会性的,空间里弥漫社会关系,它不仅被社会关系支持,也生产社会关系和被社会关系所生产。可伦特曾将公共空间比喻为桌子:"通过它可以将人们联系在一起,公共空间的消失就如'桌子'的消失一样,人们再也不被联系在一起,原本温情脉脉的乡村也将变得毫无生气。"在村庄中,共同在场的关系对村庄社会整合起着极大作用。村庄社会关系正是在社会网络和集体行动中构建的。

村落是从血缘基础上建立的宗族群居发展而来,又通过生产协作在村庄内部成员之间建立了稳固的地缘和业缘关系。②③ 有学者认为"在现阶段的农村,转型中的村民合作能力几乎处于有史以来的最低点"④。金太军认为,集体经济瓦解后,村民重归原子化,基于地缘或宗族的村民之间传统的合作关系逐步解体,但新的契约型合作关系还没有建立起来,集体行动的力量趋于微弱。李永萍⑤指出,乡村建设的首要问题是通过村庄公共空间和公共文化的重建引导农民积极度过闲暇时光。乡村建设作为新时代的集体行动,具有在行动中重构乡村社会网络的作用⑥,其最终目标是赋予乡村社会生活以意义感和秩序感,进而促进乡村社会整合。该类研究均将空间建设视为手段,社会治理视为目标。

综上所述,乡村建设与乡村治理二者相互联系,密不可分。乡村社会的治理情况影响着公共空间的状态,而"治理有效",也需要通过乡村建设作为手段实现。如何将乡村建设与治理相结合,以村民为主体,形成"共建共治共享"的乡村治理体系,成为现阶段乡村振兴战略亟须考虑的

---

① 参见[法]亨利·列斐伏尔《空间的生产》,刘怀玉等译,商务印书馆2021年版,第1—12页。
② 参见项继权《中国农村社区及共同体的转型与重建》,《华中师范大学学报》(人文社会科学版)2009年第3期。
③ 参见蔡丽茹、吴昕晖、杜志威《环境友好型农业技术扩散的时空演化与影响因素——基于社会网络视角》,《地理研究》2022年第1期。
④ 金太军:《拓展农民合作能力与减轻农民负担》,《华中师范大学学报》(人文社会科学版)2004年第5期。
⑤ 参见李永萍《论乡村建设的主体、路径与方向——基于湖北省官桥村老年人协会的分析》,《中国农村观察》2019年第2期。
⑥ 参见黄耀福、李郇《广东省乡村建设问题探究——基于三个县乡村建设评价的实践》,《建设科技》2021年第7期。

议题，但相关研究中着墨于现代新建的乡村公共空间和乡土社会秩序重构之间的关系的实证研究为数仍少。

本研究以在广东省恩平市那吉镇13个村新时期的新型公共空间（文化楼、塘基等）的建设为例，探讨新时期项目型公共空间的建设与乡村社会重构及乡村治理的关系。恩平那吉镇建设的公共空间在类型上属于政府扶贫与NGO社区发展联合而形成的项目型公共空间，在新旧形式上属于新时期新建/改建的他组织空间。然而由于建设过程引入了自治组织和村民的捐资，使这批公共空间具有了"他组织"和"自组织"的双重性。

二 理论框架与理论假设

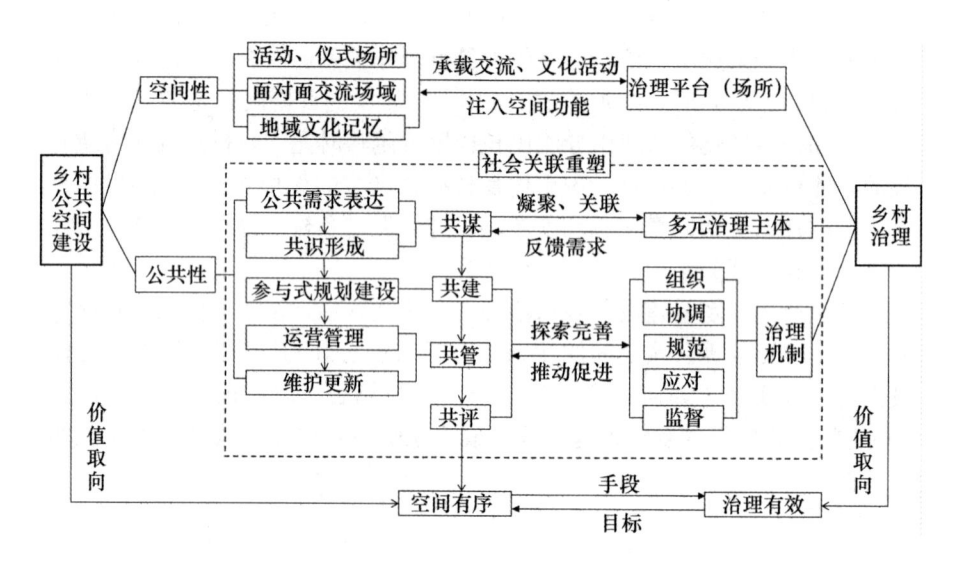

图1 本研究的理论线索示意图

本研究以乡村公共空间建设与乡村治理的互动作为核心，将乡村建设实践与乡村治理体系结合，构建研究的理论框架（图1）。乡村公共空间包含"空间性"和"公共性"两种属性。[①] 乡村公共空间建设的目标是形成有序的空间和社会关联。乡村治理是指包括政府和村民在内的多元主

---

① 参见张诚、刘祖云《失落与再造：后乡土社会乡村公共空间的构建》，《学习与实践》2018年第4期。

体，建立协商合作的伙伴关系，依照法律及各种非国家强制的契约，在乡村公共领域对各项社会事务进行规范和管理的过程[①]，其目标是实现乡村社会的有序发展，即善治。本研究从治理平台（场所）、治理主体和治理机制三方面对乡村治理进行研究。

该理论框架中包含乡村公共空间建设和乡村治理内在关系的三个基本判定。

第一，乡村公共空间为提升乡村治理提供了理想的场所和载体，乡村治理活动为公共空间注入了新的功能。公共事务的管理需要空间载体，其公共性和社会性决定了其不可能在私人空间进行。功能复合、可达性高、主体包容的公共空间如祠堂、文化楼、广场等则为乡村公共活动（节庆祭祀、村民大会）的举办以及各主体的交流对话提供了平台和基础。[②] 另一方面，不同类型的乡村治理活动也为公共空间注入和赋予新的社会功能，如经济交换、道德教化、社会救济等，可满足不同群体多样化的社会需求。

第二，乡村公共空间建设过程可以重塑社会关联，完善乡村治理的基础。公共空间建设和管理过程能将分散的个体和组织联系起来，构成村民的集体行动能力，也就是乡村自治的社会基础，重塑乡村社会秩序。具体来说，乡村公共空间的共谋阶段能有效关联多元治理主体，凝聚民意民力，完善治理的组织体系，解决"谁治理"的问题。在公共空间的共建、共治和共评阶段，通过多轮的组织、协调、规范等活动实践，探索完善乡村治理的方式方法，解决"怎么治"的问题。反之，社会关联的构建有效促进了乡村建设的开展。

第三，共同的价值取向之下，公共空间建设是实现乡村"善治"目标的重要手段。中国自古讲求"天人合一"，实际上是追求空间与社会关系的和谐统一。乡村公共空间建设的目标是实现空间有序，改善人居环境。乡村治理的目标是治理有效，提升居民幸福感。乡村公共空间建设是通过空间有序实现治理有效的重要手段和路径。

本研究的实证部分将围绕这三个基本判读展开论证。

[①] 参见李郇、刘敏、黄耀福《共同缔造工作坊——社区参与式规划与美好环境建设的实践》，科学出版社2016年版，第22—35页。

[②] 参见王春程、孔燕、李广斌《乡村公共空间演变特征及驱动机制研究》，《现代城市研究》2014年第4期。

三 研究区域与研究方法

（一）研究区域

那吉镇位于广东省江门恩平市西南部，距恩平中心城区 22 公里，镇域面积 194 平方公里，下辖 1 个居委会、7 个行政村、115 个村（居）民小组，属典型的丘陵地带。那吉镇是恩平市较为贫困的乡镇。根据 2016 年的基线数据①，生活在项目区的农户大部分都是贫困户，年轻人外出打工，村庄老龄化和空心化问题比较严重。2010 年，约有 2 万常住人口（六普），到 2020 年底时，常住人口下降至约 0.9 万人（七普）。为响应国家脱贫攻坚的号召，2016 年伊始，四川海惠助贫服务中心②在恩平市各级党委、政府的支持下，在汇丰银行（中国）有限公司（以下简称"汇丰中国"）资助下，选择了恩平市那吉镇开展为期 6 年的广东贫困农村生态农业扶贫项目（以下简称"海惠项目"）。截至 2021 年，海惠项目共覆盖了 13 个村庄的 489 户家庭。

本研究实地调研区域为那吉镇的 13 个项目村，分别是古楼村、高塘村、下大坪村、新村、石吉村、聂村、中间坪村、莲塘岑村、上大坪村、那芬村、大朗村、干塘村、新屋村。

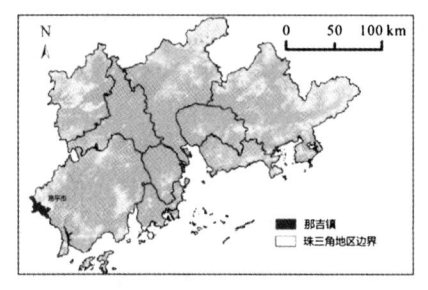

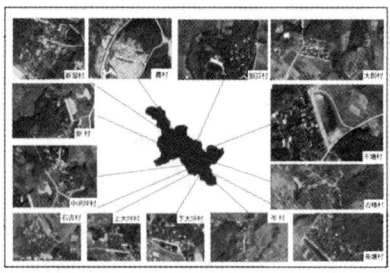

图 2 那吉镇在珠三角的位置以及 13 个村的地形图

---

① 海惠项目开始前，2016 年对当地进行了调研与数据收集，统称为基线数据。
② 四川海惠助贫服务中心是在四川省民政厅注册、主管单位为四川省科学技术协会的民办非营利机构，成立于 2008 年，是一家专业从事扶贫发展 30 余年的公益机构，以消除贫困、推动公正、建设和谐为宗旨。

（二）方法与数据

本研究采用问卷调查和一对一深度访谈相结合的研究方法，研究团队分别在 2021 年 3 月 3—6 日和 9 月 1—2 日进行了两次实地调查，总计发放农户问卷 184 份，回收有效样本 182 份。调查人员对乡镇相关工作人员、典型贫困户、合作社负责人、互助组骨干、精英农户等以座谈会和一对一半结构化访谈的形式进行深入调查。本次研究共深入访谈了来自 13 个村庄中的 44 个家庭，56 名村民以及 8 名相关工作人员。

四 公共空间建设与乡村治理的互动过程

2016 年以来，那吉镇一直处于空间和社会的转型重构过程中。海惠项目进入以来，其发展可以分为"探索"、"建设"和"运营"3 个阶段。（1）探索阶段（2016—2017 年），镇政府、各村委针对现实状况不断寻求实现村庄脱贫致富和"善治"的路径，在多方探索后最终选择以公共空间建设为抓手，开辟了乡村建设和治理的新局面。（2）共谋共建阶段（2018—2020 年），在社会组织的加入与引导下，13 个村共成立了 21 个互助组，通过共谋共建合计完成了包括文化楼、水塘塘基、篮球场等公共空间环境建设工程 21 个。（3）共治共享阶段（2021 年至今），村民依托公共空间参与活动，共同维护空间秩序，共同享有建设成果，广泛的社会关联得以巩固，良好的治理机制反过来为公共空间重新注入新功能。

（一）公共空间重构：空间性与治理场所

1. 公共空间的供给短缺

那吉镇作为广东省远郊村庄的代表，从海惠项目实施之前的公共空间现状来看，存在着"旧"形式公共空间日渐衰落，"新"形式公共空间供给不足，村庄公共活动不能满足村民需求的情况。

种类多样、功能复合的公共空间是乡土社会重要的组成部分（张诚，2018）。根据基线数据显示，约 45% 的受访村民在本村的社交活动主要场所是祠堂（文化楼）、榕树头以及"自己家或别人家"等传统的乡土性空间，而选择行政嵌入型的新形式公共空间如村委会、广场等的占比不足 20%。

虽然村民对内生型的公共空间感情深切并更加重视，但随着城镇化的推进，这些乡土性的公共空间日益式微，其形式和功能呈现出分离的现象，因此，村民感到自身的空间需求被忽视。正如古楼村、那芬村、新村等的村民在访谈中均指出,他们最关心的问题是承载传统社会家族文化的祠堂因年久失修已破败不堪了。在广东地区,无论是从留守的村民还是离乡的游子角度,祠堂是非常重要的公共空间,象征着村庄的"根"和宗族凝聚力的"场"。祠堂作为信仰性的公共空间,不仅是族人举行红白事、聊天聚会、议事审事的宗族空间,更是重要的社区记忆,维系着村民之间紧密的社会关系网络。社区记忆的中断不仅造成传统社会关联链条的断裂,而且使得过去以其为基础的集体行动不再可能。

公共空间的缺乏直接影响到村庄公共活动的开展。基线数据同样显示,53.2%的受访村民表示近一年来没有参加过村级举办的集体活动。在部分村庄,因缺少公共空间,海惠项目推荐的环境友好型肥料的派发场所只能设在村庄入口的通道旁,村民们短暂停留领取肥料后随即离开。与此同时,随着电视机、手机等家庭娱乐设备的普及,许多原本在公共空间进行的生产、生活和娱乐休闲活动转向私人空间[1],邻里间的交往减少。而在那吉镇,一方面由于人口外流严重,人口结构趋于老龄化,集体活动减少,公共空间使用率不高;另一方面,当地财政较为紧张,对传统公共空间的维护不力,导致了旧式公共空间面临日渐衰落萎缩而新式公共空间如图书馆、文化站等又供给不足的局面。乡村公共空间的供需失衡使得村民间交流互动进一步减少,乡土记忆流失,乡村社会活力衰退,传统社会关联解体,进而对城镇化过程中乡村社会的基本秩序造成冲击。

2. 乡土意识的觉醒与公共空间重构

为配合党中央2020年全面脱贫攻坚的目标,那吉镇的党政部门不断探索改善生活和有效治理的方法,在2016年引入汇丰银行(中国)在当地开展扶贫项目,并聘请专业机构四川海惠助贫服务中心作为项目的组织管理方。项目实施初期,海惠中心把项目定义为一个以社区为本的农村扶贫创新项目,主要采取经济援助的方式:向项目初始户发放礼品金(6000元)用于扩大生产,鼓励初始农户通过传递礼品金帮助更多的项目农户,从而实现社区凝聚力的提升和脱贫增收。然而,措施实施不久就遇到了"水土不服"的问题:当地人口外流,留守群体自主决策能力较弱,对礼品金使用的信息不对称等使得项目实施"形式大于实际",积极参与

---

[1] 参见冯健、赵楠《空心村背景下乡村公共空间发展特征与重构策略——以邓州市桑庄镇为例》,《人文地理》2016年第6期。

的农户不多，大部分村民认为这 6000 块钱能起到的作用有限。① 针对这种情况，一些思想较为灵活的干部和村民，提出从祠堂（文化楼）等公共空间着手重构乡土社会。即转变海惠项目的资金使用和实施方式，在派发礼品金的同时，通过基层组织建设和公共空间建设来重建村民的生活方式，重塑农民生活的本体价值和生存意义。考虑到村民迫切的空间需求，海惠中心及时调整购置牲畜款项 240 万元为公共发展基金，用于支持发展村级公共空间建设，这一转变开辟了社区建设和治理的新局面。

截至 2021 年 4 月，海惠项目在那吉镇 13 个村完成了包括文化楼、水塘塘基、篮球场、牌楼、村道、合作社环境改造等 21 个基建工程的改造和建设。这些公共空间的重构可分为三个类别：传统建筑的保护性重建、休闲娱乐设施的增加和标志性景观的新建。传统建筑如祠堂、文化楼、寺庙的重建有效恢复了村庄的乡土意象，唤回村民集体的历史记忆。休闲型公共空间如榕树头广场、篮球场的重塑使得村民交往频率大幅提升。标志性景观如牌楼、村口标志的建设过程使一些曾经被忽视的文化名人和地名路名得到重新发现和传承，景观标识作为一种文化符号，在提升村容村貌的同时，大大唤起村民对村庄的归属感、认同感和自豪感。在 2021 年的调研中发现，在新屋村，部分从村庄内部转移到县城居住的，占据优势社会经济资源的精英渐渐增加了回村的频率，他们更乐于回到社会关联强、村庄记忆浓厚的世界展示自己的成功。

3. 功能复合、主体平等的治理场所

祠堂、广场等乡村实体公共空间的回归带来了以节庆与仪式为代表的地域文化活动的重生。一方面，集市、端午、新年等传统节庆作为乡村的公共性活动，需要以集体认同、主体包容的公共空间作为载体。另一方面，建成的公共空间也需要社会性功能的持续注入，否则仅是一个空荡荡冷冰冰的容器。自乡村公共空间重建后，依托其开展的各项公共活动常年不间断（见表1）。丰富的日常活动是公共空间保持活力的根本，基于村民日常生活和集体行动基础上形成的复合型公共空间，能实现形式和功能的高度统一。为适应那吉镇村民以老年人为主体、现金收入少、闲暇时间

---

① 参见 Wu, X., Chen, L., Ma, L., Cai, L., Li, X., "Return Migration, Rural Household Investment Decision and Poverty Alleviation: Evidence From Rural Guangdong, China", *Growth and Change*, 2022, pp. 1 – 12.

多和精神文化空虚的特点，文化楼、小广场成为当地农户聊家常、打牌下棋、聚餐、节庆活动、分红大会的高频场所（表1、图3）。村民感慨道：在新文化楼说说笑笑中一天很快就过去了，不像在家中数着时间过日子。在这个意义上，公共空间重构为退守乡村的老年人和妇幼群体提供了基本的社会参与感和意义感，为乡村治理工作奠定社会基础。

表1　　　　古楼村公共空间承载的主要活动（以2020年为例）

社区活动类型	开展次数	时间、地点	社区活动类型	开展次数	时间、地点
疫情防护宣传	4	2—5月，文化楼	中秋国庆困难户慰问、聚餐	1	中秋，文化楼
抗疫物资派发	3	2—5月，文化楼	三八妇女节、重阳敬老节和儿童节活动	3	时节期间，文化楼
礼品金回收奖励活动	4	根据礼品金回收时间，文化楼	礼品传递仪式（捐款帮扶）	2	1月、12月，文化楼
基建工程竣工仪式	4	文化楼、牌坊、道路、高标准农田	农用物资（化肥、饲料）发放仪式	2	7—8月，文化楼前广场
社区参与宣传培训	1	6月，文化楼	合作社分红大会	1	12月，古楼合作社

图3　古楼村互助组举办的妇女节慰问活动

从乡村治理的角度看，治理并不是规则，而是一个过程，治理过程的基础不是控制，而是协调。多主体的协商如议事审事、宣传推广等事务需要依托一个能提供社会互动的场所（平台）来承载，这个物质空间需要符合这样的要求：不同群体、年龄、职业的个人都可以自由出入并在这个

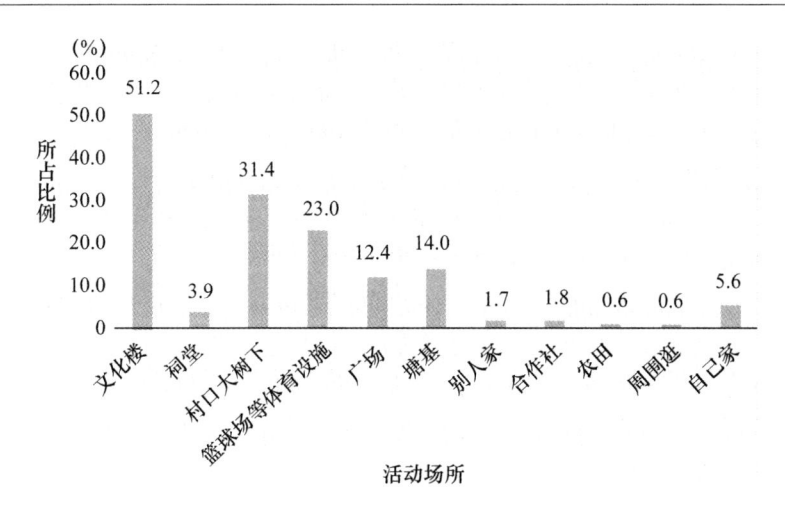

图 4　村民闲暇时会选择前往的活动场所占比（2021 年）

空间内自由发表意见，与他人进行交流、辩论、协商，从而促成社会共识和集体行动。另一方面，在空间内形成的社会共识和公共舆论，对政府、社会组织和个人都具有道德教化和监督约束力，有助于构建村庄秩序。这种对等互动的空间不适合安排在私人场所或村委办公地，只能由主体包容的公共空间承担。值得一提的是，在新冠肺炎疫情防控期间，那吉镇的祠堂（文化楼）及小广场还成为疫情防护宣传和抗疫物资派发的场所，这些公共治理活动为公共空间赋予新的功能和内涵，促使国家政策与基础社会的良性互动。

（二）社会关联重塑：公共性与治理机制

社会关联是指村民之间的具体关系以及建立在这种关系之上的行动能力。[①] 社会关联所关注的是村民在应对日常或突发事件时可以调动村庄内部的关系进行应对的能力。当一个村庄中不是个别村民而是相当一部分村民具备这种调动关系资源、通过自组织能力形成集体行动应对事件能力时，我们就可以判断这个村庄社会关联程度高，乡村秩序也就有了基础。这样的村庄能够形成共同的经济协作、自己提供公共服务、与上级讨价还价、达成道德和舆论的监督等。

---

①　参见贺雪峰、仝志辉《论村庄社会关联——兼论村庄秩序的社会基础》，《中国社会科学》2004 年第 3 期。

从前人的研究结论和那吉镇的现状判断，当前中国农村的重要特点是：基于血缘、地缘的传统社会关联正在解体，如契约和自治关系等现代型社会关联尚未建立，这是当前村庄衰落和失序的重要原因。要形成良好的社会秩序和达到有效的乡村治理，必须从强化社会关联的角度来探究。而研究发现，公共空间的建设是有效重塑村庄社会关联并完善治理机制的手段。

1. 主体：以自治组织关联多元治理主体

社会关联常通过事件构建。那么如何把日益疏离的村庄内部力量重新组织和关联起来呢？重建村庄内部的组织结构是一条重要路径。公共空间的建设是关于全村的公共事件，其从方案的提出到建成使用并非一蹴而就，而是一个协商、规划、立项、施工、管理维护的过程，这个过程离不开社会关系的支撑。

经过项目启动初期三个多月艰难的动员和摸索，那吉镇第一个互助组古楼村互助组诞生了。在组织架构上，互助组设有组长1名（一般为村委干部），副组长1名，会计、出纳、监督员各1名，上述任职人员均由互助组成员（即本村农户）一人一票选举产生，一般当选的都是村庄中具有威望，对公共事务充满热情的村民。在传统关联基础上，互助组引入了现代型制度安排，即所有互助组共同制定了规章制度，包含管理机制（选举、请假制度），组员的权利（培训、参与式规划等）及义务。五年间，那吉镇13个村共成立了21个互助组。从本质上讲，互助组是在政府和机构的引导下，乡村基层农户民主投票自发形成的自治组织，是具有公

图5　互助组执行委员会票选情况　　　图6　制定公共制度规则

共决策权力的自组织。

自治组织在治理方面主要作用有二。第一是纽带作用，即促进交流，增强社区村民之间联系度和信任度。互助组通过完善的组织架构、制度建设和活动策划，把原本认识但交流不多的村民聚在一起，重新形成社会关联的基础。互助组成员在原有趋于淡薄的亲缘、地缘、业缘之上，基于重复发生的日常性和活动性事件逐渐熟络，信任度和凝聚力不断提升。人与人之间相互信任、关系和睦是一系列管理工作开展的前提和基础。第二是触媒作用，即整合资源，提高村民社区公共事务的关注度和参与度。互助组发起并促成公共议题的讨论，为村民平等交流、表达需求以及高度参与社区公共事务决策提供了机会和平台，催生了村民主人翁的意识，改变普遍的"事不关己，高高挂起""多一事不如少一事"的心态。

概括而言，互助组的成立为村民一致行动能力的形成奠定基础。在社区公共事务方面，自治组织把以往政府和村民之间"管理和被管理"的关系转变为以村民为主体的协商合作的关系，多元治理主体基本形成（图7），使得民主化的村级治理成为可能。

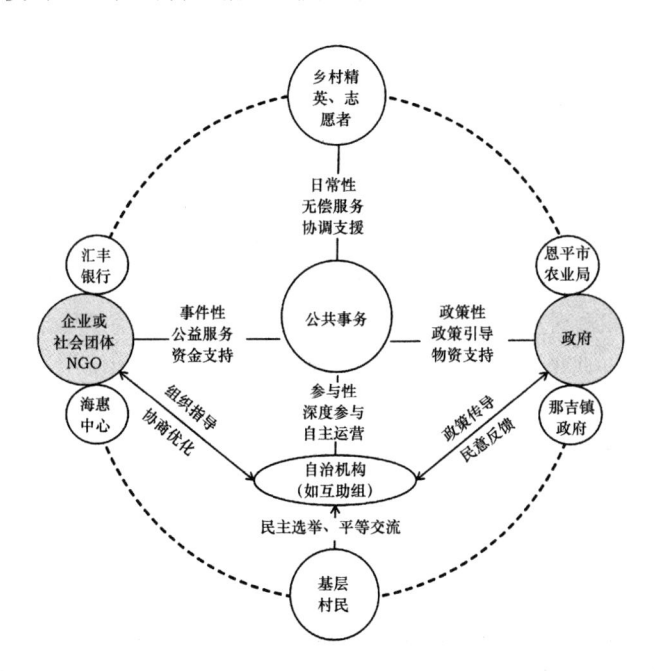

图7　海惠项目中多元主体在公共事务参与中的角色

2. 共谋：形成以现实问题为导向的共识

在社会关系和集体行动之间，需要"共识"这一中间力量作为联结。共识作为一种共同目标愿景，可以激发人们自发的内在规范行为，实现集体行为的统一。有效的共识必须根植于现实问题，即以问题为导向，从村民切身利益相关的小事为切入点，推进治理工作（李郇等，2018）。共识产生于共谋，即村民广泛参与到公共议题的出谋划策之中。此过程中，需要运用地方性知识拓展参与渠道、完善参与机制和充分发挥乡村精英的模范带头作用。

实践中，互助组相继开展社区参与式规划培训、生产技术培训等活动，通过培训引导村民表达意愿，对村容村貌建设及农业生产发展进行充分交流和提出建议，使得村民感到既"有心"也"有力"参与公共建设。数据显示，79.2%的参与户认同参与互助组后，家庭和村民对社区公共事务及其他重大事项决策的参与度与积极性有所提高。充分沟通下，共谋阶段的达成的主要行动共识有二：提升乡村环境，实现有效治理。

3. 共建：集体行动与公共空间建设

乡村建设过程也是乡村治理机制的培育的过程。一般而言，在一个典型的乡村建设项目中，存在三类主要的行动者，出资者（financier）：往往是地方政府或企业，通过财政拨款或专项的形式落实；供给者（provider）：建设的人，可以是地方政府、企业或者社会力量（如NGO）；受益者（beneficiary）：使用的人，往往是社区居民，项目建设的初衷就是为了服务这群人。[1] 这三类参与者一般是相互独立的，但为了让建设项目服务于受益者，三方之间产生了契约关系。在契约关系中，谁具有对目标的控制权，谁就对项目有直接的影响力。奥斯特罗姆基于尼泊尔的水利设施建设项目的研究发现，当地农民承担了出资、供给和使用三种角色，并对当地的水利系统实现了有效治理。[2] 即如果建设项目的出资者、建设者和受益者三者是同一方的话，项目可以产生良好的治理效果（图8）。

---

[1] 参见 Hoddinott, J., "Participation and Poverty Reduction: An Analytical Framework and Overview of the Issues", *Journal of African Economies*, No. 1, 2002, pp. 146–168.

[2] 参见［美］埃莉诺·奥斯特罗姆《公共事物的治理之道：集体行动制度的演进》，余逊达译，上海译文出版社2000年版，第1—370页。

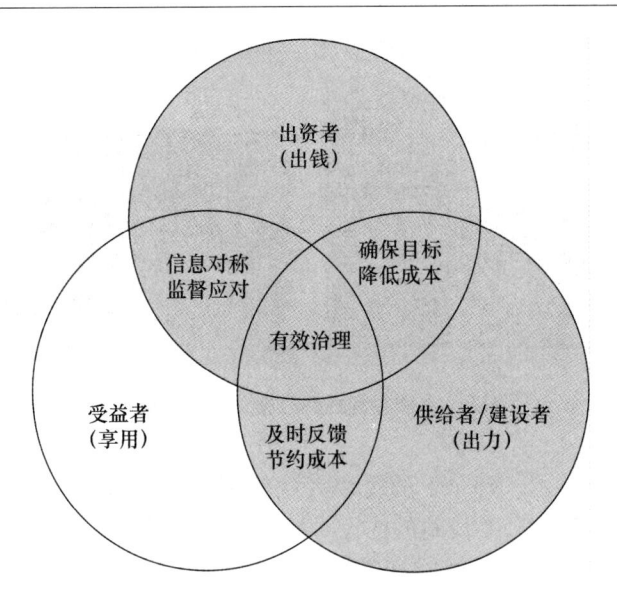

图8　三类参与者在社区建设和治理中的作用

最早修建新文化楼的古楼村亦属此类。项目出资者为汇丰中国，当时按人头标准计算，只能提供67500元的资助用于建文化楼，故项目因资金不足一度搁置。然而，通过上一阶段的社会关联加强，并通过多方共谋形成共识，村庄已经具备应对突发事件的集体行动能力。当互助组组织村民自发筹款建设时，经济并不宽裕的村民们捐款热情极高，共筹得款项49250元，聚沙成塔地解决了建设资金的问题（图9）。村民为自己提供公共服务成为村庄社会关联度较高的重要表征。此时，文化楼由一个完全出资方捐助的"他组织空间"转化为由出资方和受益者共同出资的"半自组织空间"，村民完成了由单纯的受益者到出资者和受益者身份的统一。村民对项目的支持度大大提升，接下来的建设过程中，村民自主开展了共建行动，通过义务劳动的方式投入集体建设，互助组骨干们出钱出力捐建公共路灯，修补路面，修建塘基和围墙等外围设施。

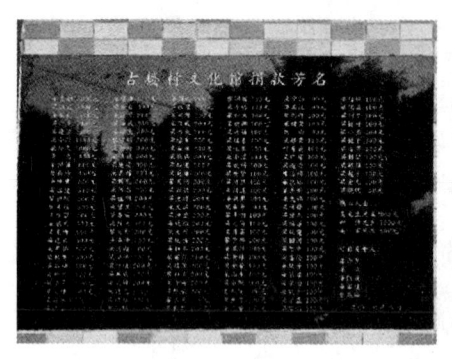

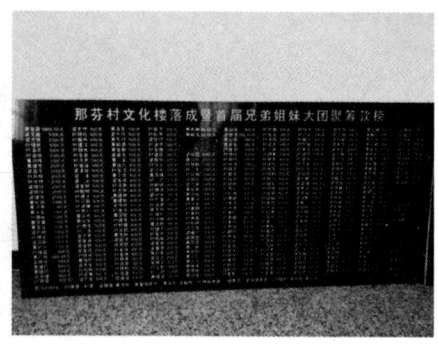

图9 古楼村和那芬村文化馆捐赠芳名

问卷数据显示，76.4%的受访者认为项目实施后社区凝聚力得到改善，79.4%的认同公共设施的建设对社区和谐有促进作用。最早修建了文化楼的古楼村在"公共设施（文化楼、塘基）对社区和谐作用"一问的得分均值高出其余村楼近7分左右（图10）。

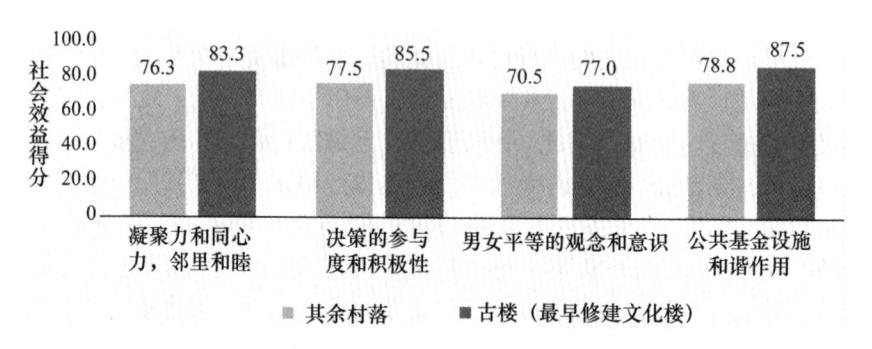

图10 古楼与其他村落文化楼社会效益评分对比（满分为100分）

4. 共管：以规章制度保障公共空间的长效治理

在空间环境共建之后，长效的维护需要"共管"，并依此建立群众协助式治理的长效机制。那吉镇村庄在共管阶段的主要治理措施包括组织建设、管理制度、志愿服务等内容（图11）。

截至2021年4月，那吉镇13个村完成了包括文化楼、水塘塘基、篮球场、牌楼、合作社环境改造等21个基建工程的建设。为了激励社区村民和组织为社会建设和治理投入更高的热情，项目引入了评比奖励机制，对各

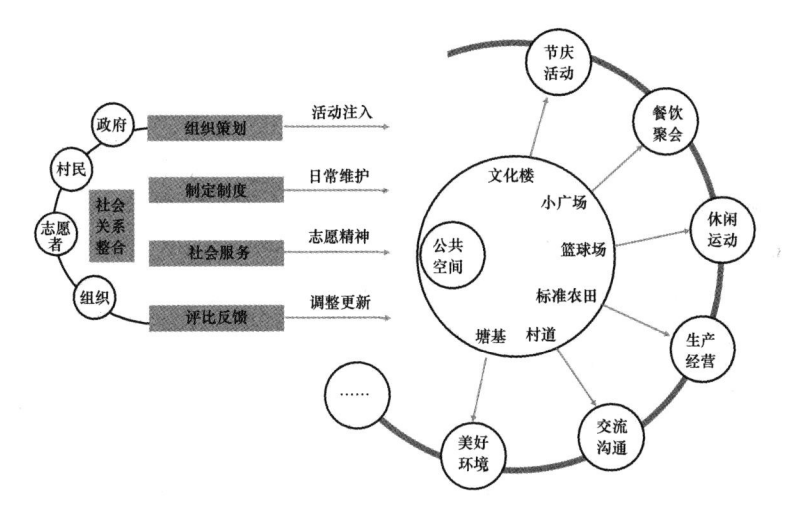

图 11　公共空间管理运营与社会治理的关系

村的建设治理效果进行评比和发放奖品。海惠项目在社区内也起到了"鲇鱼效应",除了外部组织设立的奖励之外,村民还自发引入奖励机制,例如干塘村互助组副组长,籁菜种植大户唐氏夫妇,自发投入在村内设立敬老爱幼慈善助学基金,号召村民捐款,评比奖励本村年度学业优秀的学生。

在共管过程中,组织方与村民围绕空间建设行为形成了管理制度,成功探索出通过制度建设保障公共空间长效治理的方法。村委会和互助组组织社区群众召开居民会议,共同商议拟定了《互助小组的管理制度》《村民自治公约》等,明确了互助小组成员的权利和义务、互助小组的活动(包括议事的时间和方式)、财务管理制度,公共财产的管理制度等。建设项目后的运营维护需要建立管护机制,才能保持空间的常用常新。部分项目村创新性地设立乡村公益性岗位,与扶贫助残相结合,聘请本村低保户作为环境卫生监督员,定岗、定人、定位,分工合作进行日常公共空间环境维护。

通过一系列活动的推进,互助组干部、志愿者和农户的才智和创造力被激发,内心深层次的认同感和归属感大大增强,广泛的社会联系得以巩固。村民共同享有建设成果,表现出很高的满意度。问卷数据显示,76.4%的受访者认为项目实施后社区凝聚力得到改善,79.4%的认同公共设施的建设对社区和谐有促进作用。

五　结论与建议

（一）结论：乡村公共空间重构与乡村治理的内在关系

通过对前文提出三个假设的论证和回应，本文得出以下结论。

公共空间有效承载地域文化和社会情感，提供了乡村治理的平台。乡村文化是乡村秩序的潜在基石，公共空间如祠堂、文化楼、广场等是乡村传统文化风俗赖以生存的载体，也是各治理主体平等互动协商的物理场所。公共空间的存在为乡村公共事务的治理提供了合适的场所和平台。

公共空间重构过程能重塑社会关联，从而完善治理体制机制。那吉镇13个村的公共空间重构过程同时也是社会关系重塑的过程。首先，项目通过凝聚地方政府、企业、社会组织、村民等相关利益者的目标共识，建立起以民为本的多元治理主体，形成了各主体平等协商对话的"共谋"机制，解决"谁治理"和"为什么治理"的问题。其次，通过重塑出资者、建设者和受益者三者的社会关系模式，培育出以农民为主体的乡村公共空间"共建"、公共事务"共管共评"的长效治理机制，解决如何治理的问题。

以乡村建设为手段推进乡村治理，两者可以相互促进。乡村建设和乡村治理具有共同的价值取向：构建乡村治理共同体，实现农民根本利益最大化。乡村建设和乡村治理互动过程展示出两者持续双向的作用关系：空间建设过程通过重塑社会关联来完善治理模式，有效的治理能为公共空间注入新的功能内涵，保持乡村活力。也就是说：空间有序能带来社会有序，社会有序反过来促进空间有序，共同作用形成共建共治共享的乡村治理新格局。

（二）政策建议

在目前空心化、原子化、老龄化背景下，我国乡村建设和治理最大的困境在于：村庄内生资源比较稀薄，传统社会关联逐渐解体，现代社会关系尚未成型；而作为基层管理单元的村集体，其掌握的财权和事权并不对称，能调动的资源也非常有限。而本研究通过那吉案例探索的"公共空间—社会治理"互动规律为乡村建设和治理探索了一种可行、有效并可复制推广的模式，对深化农村改革，全面推进乡村振兴具有政策启示意义。

第一，乡村建设和治理应坚持农民本位。海惠项目在共谋共建过程中始终坚持农民主体地位，保障其决策权、知情权、参与权和监督权的统一，从而激发了农民的自组织能力和村庄社会的内生活力，形成了目标最优下的乡村社区治理运转良性循环。以农民为本，满足老年人、妇女和留守儿童的日常交往、文化娱乐需求、宗族的认同感和归属感，为村民提供各种各样社会性交往的机会，从意义和价值层面重塑农民的心态秩序。而乡村主体的精神福利得到满足后溢出的正能量对乡村社会秩序和村庄治理具有重要作用。

第二，乡村建设要从农民密切关注的日常生活空间入手。过往因追求高大上而建设的部分乡村广场、康乐设施及村史馆等场所，因不符合村民的日常使用习惯和实际需求，在现实中常常闲置，造成资源的浪费。而海惠项目中建设的一批公共空间的使用率和满意度都极高，后续使用中村民还会自觉维护，启示我们乡村建设应实事求是，从与村民切身利益相关的民生问题和村民的日常生活入手，建立有效的公共物品和公共空间供给机制，切实满足符合村庄人群特征的空间需求，使乡村建设真正落到实处，受益群众。

第三，多元合作是实现乡村建设和善治的基本路径。本研究发现，无论是政治力量、市场力量还是乡村自身力量，任何一种单一主体的投入都难以解决乡村的有效供给问题，治理从基本概念上理解就是一种"多元共治"的行为。因此，应构建乡村多元合作机制，充分利用"乡村精英"的动员组织能力，以普通村民为主体，丰富村民议事协商形式，在多元支持的基础上充分发挥村集体和村民自主关联的主观能动性。同时要注意发挥社会组织的能量，只有将各方力量优化整合，乡村建设和治理才具有持续的发展动力和能力。

The Interrelationship between Rural Public Space Construction and Rural Governance
—Based on Empirical Studies on 13 Villages in Naji, Enping, Guangdong

Liru Cai[1]　Xinhui Wu[2]　Li Xun[2]

(1 Institute of Reform, Opening Up and Modernization, Guangdong Academy of Social Sciences, Guangzhou, 510635;
2 School of Geography and Planning, Sun Yat-Sen University;
China Regional Coordinated Development and Rural Construction Institute, Sun Yat-Sen University, Guangzhou, 510275)

Abstract: In the process of globalization and rapid urbanization, the dual deterioration of physical space and rural society in rural areas of China has become a common phenomenon. In the context of rural revitalization, this study constructs a theoretical framework of "space-society" with the interaction between rural public space construction and rural governance, and proposes three basic hypotheses. Through an empirical study of the six-year spatial construction process in 13 villages in Naji Town, Enping City, Guangdong Province, the three construction stages of exploration, joint planning and construction, and joint management and sharing are sorted out to summarize the interrelationship between rural public space construction and rural governance: (1) Public space effectively carries regional culture and social emotion, and provides an ideal place and platform for rural governance. (2) The process of reconstructing public space can reshape social relations and thus improve the institutional mechanism of rural governance. (3) Rural construction and rural governance have the same value objectives, through which they interact and reinforce each other.

Key Words: rural public space, rural construction, rural governance, rural society, rural community

女性治村：农村基层生活治理与女性参与[*]

——基于 H 省 Y 村的案例分析

谷玉良[1]　刘宇莎[2]

（1. 湖南师范大学社会学系　长沙　410081；
2. 湖南师范大学社会学系　长沙　410081）

内容提要：女性治村是现代化、城镇化、乡村振兴和人口流动过程裹挟下农村社会治理的新现象。在基层治理现代化背景下，农村基层治理更加注重社会事务、公共服务，更加注重满足农村居民对美好生活的需求和提升农村居民的获得感。以农村人居环境整治为中心的生活治理因而成为新时期农村基层治理的重要内容。在当今农村，女性不仅是农村生活治理的对象，同时也是生活治理的重要主体来源。从家庭私事拓展到邻里互动，再延伸到村庄规划、环境治理等村庄公共事务中，逐渐实际参与到村庄生活治理中来，是当前女性参与农村基层生活治理的具体路径。在实际工作中，女性通过日常话题的卷入与本地化网络的参与缓和干群关系，进行生活治理的"事前"动员。同时通过村庄共同生活意义的构建和地方性共识的再造，激发农村居民生活治理的参与。女性治村是新时期农村基层治理创新的具体表现之一，反映了新时期女性社会与政治参与的积极性和参与能力的提升。但女性治村也面临家庭与工作的平衡问题，以及参与角色的被动性和勉强性困境。如何创造有利制度条件、优化女性参与乡村

---

[*] 基金项目：2019 年湖南省妇女研究会重点项目："女性流动人口的情感状况与城市适应研究"（项目编号：19ZDB07）。

作者简介：谷玉良，男，汉族，山东枣庄人，社会学博士，湖南师范大学公共管理学院社会学系副教授，硕士研究生导师。研究方向：人口社会学、社会治理。刘宇莎，女，汉族，山西吕梁人，社会工作硕士，湖南师范大学社会政策研究中心助理研究人员。研究方向：农村社会学。

治理的体制机制,为女性参与乡村治理扫除制度障碍,有效减轻女性参与村治的"后顾之忧",是下一步研究和实践工作需要重点思考的理论与现实问题。

关键词:女性;基层治理现代化;农村;生活治理

一 农村基层治理转型与女性参与问题

"每个了解一点历史的人都知道,没有妇女的酵素就不可能有伟大的社会变革。"① 然而,在较长的历史时期,受父权文化的影响,女性整体受教育水平偏低,被认为个人能力普遍不如男性,因而在经济、政治、文化和社会生活中扮演着"从属"角色。基于父权制建立起来的话语体系和社会性别分工,将女性界定为照顾者角色,从而否认了女性公共参与的可能性和能力。② 因为家庭照顾和养育子女被视为是极其烦琐的工作,需要女性付出极大的细心、时间和精力,因而不太可能有空闲时间参与公共事务。尤其是在政治参与方面,女性一直处于被边缘化的境地。在政治参与和政治效力中存在着显著的性别鸿沟。③ 女性被认为更多的掌握自己所在社区的政治知识,比如社区自治组织的人员和结构,而男性则更多地掌握全国性和全球性的政治知识,比如本国国家领导人、国家机构和重大国家政策以及世界政治格局。④ 两性之间在政治知识掌握和政治社会化方面的差异,被视为女性在政治参与上的资源劣势。因为,正是女性所承担的社会和家庭责任阻碍了她们对于政治的参与和兴趣。

女性政治参与所面临的困境在农村比任何其他地方表现得都要突出。以男性为中心的居住和生活方式是乡村日常生活社会性别化政治的决定性因素。⑤ 农村是一个被父权文化深刻影响的社会,男尊女卑是父权文化中

---

① 《马恩列斯论妇女解放》,人民出版社1978年版,第59页。

② 参见[英]马尔科姆·佩恩《现代社会工作理论》,何雪松等译,中国人民大学出版社2008年版,第128页。

③ 参见 Delli Carpini, Michael, X. and Scott Keeter, "Gender and Political Knowledge", in *Gender and American Politics: Women, Men and the Political Process*, eds. Sue Tolleson-Rinehart and Jyl J. Josephson. Armonk, NY: M. E. Sharpe, 2000, pp. 21 – 52.

④ 参见鲁晓、张汉《政治知识和政治参与的性别鸿沟:社会科学研究与社会治理层面的思考》,《妇女研究论丛》2014年第4期。

⑤ 参见朱爱岚《中国北方村落的社会性别与权力》,江苏人民出版社2004年版,第46页。

核心的性别秩序。在这样的文化背景下，女性的作用被贬低，她们被排除在公共责任角色之外。① 虽然我国《村委会组织法》对女性参与基层治理有明确的规定，比如在1987年试行法中已要求村委会中"妇女应当有适当的名额"[《中华人民共和国村民委员会组织法（试行）》（1987）第八条第二款]。但"应当"本身仅表达了一种建议性语气，法律效力不强，缺乏实际约束力。② 在农村基层治理实践中，女性多被分配到计划生育、环境卫生和妇女工作等边缘化岗位。在村务管理中，女性一般也仅限于出席、参与，其决策较少得到村干部的采纳。

不过，随着现代社会两性平等理念的发展，以及女权意识的觉醒，公共参与和社会治理方面的性别不平等问题正在得到积极改善。尤其是党的十八大之后，在基层社会治理创新与治理转型背景下，女性参与社会治理的积极性和实际参与水平明显提升。党的十八大以后，全面建设小康社会进入决战阶段，乡村治理的目标是，要在村民自治的基础上，持续"健全基层党组织领导的充满活力的基层群众自治机制"。基层治理创新更强调合法权利来源的多样性、治理主体的多元化，更加注重公共利益和整体利益、更加强调社会治理的科学化与精细化。最终的目标则指向通过社会治理不断促进社会和谐、继续改善人民生活、增进人民福祉。

进入新时代，我国社会主要矛盾转化为"人民日益增长的美好生活需要和不平衡不充分的发展之间的矛盾"。为此，习近平总书记在十九大报告中旗帜鲜明地提出"实施乡村振兴战略"。并部署新时期三大攻坚战：防范化解重大风险、精准脱贫、污染防治。自此，在全国农村基层治理开展并实施了包括蓝天保卫战、精准扶贫、农村人居环境整治在内的多项举措。以2018年中共中央办公厅、国务院办公厅印发的《农村人居环境整治三年行动方案》为例，方案强调"实施乡村振兴战略，坚持农业农村优先发展，坚持绿水青山就是金山银山，顺应广大农民过上美好生活的期待，统筹城乡发展，统筹生产生活生态，以建设美丽宜居村庄为导向，以农村垃圾、污水治理和村容村貌提升为主攻方向，动员各方力量，

---

① 参见李文《中国农村夫妻权力关系研究——基于区域差异视角的分析》，《中华女子学院学报》2014年第3期。
② 参见王磊《从村委会组织法修改看妇女权益保障》，《中国妇女报》2018年4月8日第A4版。

整合各种资源，强化各项举措，加快补齐农村人居环境突出短板"。目的就在于不断优化农村治理机制，推进农村基层治理现代化，不断提高治理绩效，以满足农村居民日益增长的美好生活的需要。最新发布的2020年中央"一号文件"再次重申要加强农村人居环境整治，以进一步提高乡村治理效能，提升农村居民幸福感和获得感。新时期以来，我国农村基层治理从加强社会事务和公共服务事业入手，比以往更加重视提升农村居民的生活满意度和获得感。生活治理，日益成为农村基层社会治理的重要内容。

  以生活治理为重心的农村基层治理，是新时期农村城镇化、人口流动、基层治理现代化、乡村振兴等重要举措共同推动的结果。与此同时，女性参与农村治理的情况也不断向好的方向发展。尤其是受人口流动的影响，农村基层治理主体不断流失，女性日益成为乡村治理的新型主体。以2018年为例，我国当年外出进城就业的农民工约1.35亿人，其中男性占比高达65.2%，女性占比为34.8%。[1] 大量农村人口外出到城市务工、经商，农村精英流失严重，不少农村出现明显的空心化现象，农村人口结构已然发生重大变化。[2] 留守人口以女性、儿童和老人为主，导致家族主导的村落政治大权旁落，男人做主的传统家庭名不副实，这意味着以男性为主体的夫权核心家庭的变质[3]，农村"男工女耕"格局正在形成，农业、农村女性化趋势明显。[4] 在以女性为实际生活主体的农村，基层治理需要面对更多的"家长里短"问题，农村治理也将需要处理更多的与生活有关的村内事务。

  生活治理的转型，为女性参与乡村治理提供了必要前提。基层治理现代化的推进，则为女性参与农村生活治理提供了便利。在基层治理现代化要求下，农村基层治理工作程序和工作方式更加标准化、科学化、精细化，农村日常治理工作更加强调痕迹化管理。计算机等现代办公方式更加

---

[1] 《2018年农民工监测调查报告》，http://www.stats.gov.cn/tjsj/zxfb/201904/t20190429_1662268.html。

[2] 参见秦中春《乡村振兴背景下乡村治理的目标与实现途径》，《管理世界》2020年第2期。

[3] 参见李小江《女性乌托邦》，社会科学文献出版社2016年版，第88页。

[4] 参见吴惠芳《留守妇女现象与农村社会性别关系的变迁》，《中国农业大学学报》（社会科学版）2011年第3期。

便捷，农村基层治理和日常工作与以往相比更加"有章可循"。女性在社会治理中的参与情况明显得到改善。2017 年我国村民委员会中，女性村委会成员和主任比例分别达 23.1% 和 10.7%①，比 2000 年分别提高了 7.4 和 9.7 个百分点。② 当然，改善妇女地位的任何实际努力都不能不依赖妇女自己在实现这种变化上的主体作用。③ 在现代社会变迁的浪潮中，女性自主学习意识不断提高、主体性日渐凸显，女性独立意识增强。在农村地区，也开始涌现一批女性精英，她们从"持家能手"发展到"经济女强人"，从地方性知识的"无意识传承者"到"策略性使用者"以及社会关系网络的积极拓展者，成为乡村振兴的一支重要参与力量。④ 尤其是在农村环境治理方面，从开始的被动卷入当前的主动参与，女性参与社会治理的自我概念有所改善、个人能力有所凸显、环境参与意识逐步萌生；在此基础上通过主持或参与环保项目、开展环保协商议事会、投身环保志愿者行动等方式有效参与到农村社区环境治理中。⑤ 她们既是农村文明乡风的树立者，也是垃圾分类等农村人居环境政治的先行者。⑥

　　男性规划设计了社区这一网络，而女性则负责赋予这一网络生活的意义。⑦ 在以生活治理为重心的农村基层治理中，女性正在扮演越来越重要的角色，为改善农村基本状况和农村居民生活贡献自己的力量。她们通过主动参与村庄公共事务和村庄治理，在农村基层治理中承担着应有责任，成为基层治理现代化和乡村振兴的重要力量。新时期的农村女性，在参与农村生活治理中体现自己的价值，也赋予农村基层治理以新的内涵和意义。那么，在农村基层生活治理转型背景下，女性参与乡村生活治理的具

---

① 《2017 年中国妇女发展纲要（2011—2020 年）统计监测报告》，http：//www.stats.gov.cn/tjsj/zxfb/201811/t20181 109_ 1632537.html.

② 参见李琴《数字 10 年：农村妇女参与村级治理的历程梳理》，2013 年中国社会学年会"性别发展与美丽中国建设"论坛论文集，2013 年，第 57—73 页。

③ 参见[印]阿马蒂亚·森《以自由看待发展》，任赜等译，中国人民大学出版社 2002 年版，第 189 页。

④ 参见苏醒、田仁波《乡村振兴战略背景下女性社区精英的角色实践——基于云南大理州云龙县 N 村旅游社区的个案考察》，《云南社会科学》2019 年第 1 期。

⑤ 参见戚晓明《乡村振兴背景下农村社区环境治理中的女性参与》，《河海大学学报》（哲学社会科学版）2019 年第 3 期。

⑥ 参见郭夏娟、魏芃《从制度性参与到实质性参与：新中国农村女性的治理参与及其地位变迁》，《浙江社会科学》2019 年第 9 期。

⑦ 参见焦若水《社会性别视角下的社区治理》，《探索》2017 年第 1 期。

体路径是什么？相比男性，女性主导或参与的农村生活治理表现出怎样的特点？女性参与农村生活治理的绩效如何，面临怎样的困境？对这些问题的回答，有助于我们更好地理顺新形势下农村基层治理创新的思路，为女性参与乡村治理创造更好的体制机制奠定基础。研究资料来源于笔者于2021年12月初旬至12月下旬间，在H省H区进行为期19天的田野调查，以农村环境治理为案例，共访谈村干部19人，其中女性14人，另访谈普通村民11人。

二 女性参与农村环境治理的逻辑

环境整治是农村生活治理的重要内容。2018年，中共中央办公厅、国务院办公厅印发《农村人居环境整治三年行动方案》，把改善农村人居环境作为社会主义新农村建设的重要内容。涉及农村生活垃圾、厕所粪污、农村生活污水、村容村貌、村庄规划等多方面治理。在这个过程中，女性积极参与到村庄人居环境整治中来。女性在环境治理方面相比男性有更加积极的参与意愿和更加敏锐的感知力。来自环境社会学的研究表明，"女性普遍比男性更为关注环境卫生"[1]，她们在环境运动中非常活跃，对环境及其变化的感知比男性更敏感。[2] 在生态女性主义看来，女性与自然存在紧密的联系，这很大程度上源于地球的母亲角色与女性的生物角色极其相似。[3] 在农村日常生活中扮演重要角色、与生活紧密相连、承担生活琐碎事务的女性，似乎成为农村综合环境整治的"天然"主体。她们通过赋予乡村生活以类似家庭的社区意义、推动地方性共识的再造、充分利用本地化妇女组织和网络、柔性化且更加贴近群众的方式开展农村综合环境整治。

（一）日常话题卷入与本地化网络参与

基层治理中常见的困境是治理主体不知道治理对象的需求，在无法精准施策的情况下靠僵硬的传达、落实上级考核内容迎合上一级政府检查，

---

[1] Tindalld, I. B., Davies, S., Mauboule, C., "Activism and Conservation Behavior in an Environmental Movement: The Contradictory Effects of Gender", *Society and Natural Resources*, Vol. 16, No. 10, 2003, pp. 909–932.

[2] 参见洪大用、肖晨阳《环境关心的性别差异分析》，《社会学研究》2007年第2期。

[3] 参见祝琳《农村女性的环境意识与生态环境建设》，《管理现代化》2009年第5期。

但却忽视了基层群众的感受,导致基层群众对乡村干部的不信任和不配合由来已久。① 这其中的矛盾固然与地方政府绩效考核和横向锦标赛评比压力有关,同时也与干群关系的疏远有关。近30年来,农村人口的外出流动更加剧了基层治理干群关系间的距离疏远问题。而村干部与留守女性之间的沟通又因性别距离的存在和传统女性参与不足而成效有限。

"平时组织村民大会和找村民了解情况,听取意见是非常困难的事。男的不在家,找不到他,打电话他忙得也没空理你,要么敷衍、要么让你找他媳妇问。妇女在家里人倒是找得到,可是她一句我一个妇女什么也不懂,就给你全顶回来了。满口的话都得咽回来,你有什么办法?话很难说在一个频道上,干部与群众关系自然就不好处理。"(ZH20211210)

男女两性之间的沟通困难在农村留守妇女和村干部之间表现得较为典型。但随着女性加入乡村治理中来,同位女性之间的干群联系很大程度上得到了改善。与男性更加关注外部世界相比,女性通常以来家庭和社区内的人际关系网络以获得信息和资源。女性的社会网络相对于男性更加狭小和本地化。② 在农村综合环境整治中,女性村干部更加经常,也更容易参与到本地化的网络中,通过相互讨论与日常生活内容紧密相关的话题和共同探讨本地化问题来拉近干群关系,从而启发农村女性居民对环境整治工作和村庄治理的思考与参与。

"我本来就是村里人,虽然出去打工几年,但回来跟村里人关系一样很好。而且,我也经常跟其他妇女一样参加小活动。比如晚上7点半准时村部广场跳广场舞,我们专门安排的妇女工作经费,从里面拿出一部分买了播放机。一起跳舞的关系好得很,无话不说。除了跳舞,平时也一起打麻将。现在村里地被政府征了一半,大部分人没什么农活可忙。送完孩子上学,收拾完家里,闲下来打麻将也是消磨时间。麻将一打就半天,周末有时候还打到半夜。边打麻将边聊天,别人可能是聊的随意、听的也随意。但我还是注意听大家聊天的时候多,了解大家心里在想什么,对村委有什么看法和建议。大家有什么说什么,她们愿意跟我讲,我也愿意听。

---

① 参见孟天广、田栋《群众路线与国家治理现代化——理论分析与经验发现》,《政治学研究》2016年第3期。

② 参见 Smith-lovin, Lynn and J. Miller McPherson, "You Are Who You Know: A Network Approach", in *Theory on Gender: Feminism on Theory*, ed. Paula England, Hawthorne, New York: Aldine De Gruyter, 1993, pp. 223 – 254.

关系处好了，什么事不好做啊？人情世故是这样，村庄治理也是同样的道理。"（D20211210）

广场舞是近年来农村女性公共领域参与和公共活动的重要内容之一，也是农村女性普遍参与度较高，也较能接受的形式。而随着农村男性劳动力外出，女性在日常生活闲暇时间增多的情况下，日常休闲活动也拓展到了以往主要为男性娱乐的活动之一——打麻将。通过一起跳广场舞和打麻将，农村女性的非正式组织程度较之以往明显提高。女性村干部通过实际参与到女性的这种非正式的本地化网络和组织之中，能够有效拉近与群众之间的距离，并实际了解到生活治理中的群众需求。与此同时，也更加便于生活治理措施的落地尽早地被村民所知悉，从而迅速内化、理解，以便于具体实施和执行。不仅如此，女性之间由于在家庭角色和社会分工上的一致性，在日常生活中的拉家常中也更容易找到共同话题，从而为环境治理中的群众动员奠定基础。

"女人跟女人之间的聊天内容，不外乎就是老公、孩子和家庭生活。而且农村人有个特点，无论是白天门口晒太阳，还是路上随时碰到，都好扯几句。这样显得大家都一样，不因为你当了干部就跟别人不同。不仅要参加别人的聊天，遇到别人在拉家常的时候，你还得主动加入进去。碰一面就走，除非你是真忙，不然大家觉得你不热乎。那要开展工作，别人谁还理你。有了平时的家长里短闲扯，遇到要做正事的时候才好说话。比如打扫卫生，路上见了随口提醒一句，效果也比正式通知好。而且女人之间不习惯正儿八经地论正事，那是男人的性子。女人做事得从闲事说起，从小事入手。越自然、越顺当。"（R20211210）

对日常生活话题的主动卷入，是凝聚村民力量，动员村民乡村生活治理参与积极性的重要手段。女性不仅愿意参与日常生活话题的闲聊，同时也更容易卷入诸如"老公、孩子、家庭琐事、家长里短"之类的话题。而且诸如环境卫生、生育、公共服务等本就是乡村生活治理的重要内容。这种女性常见的话题为村庄女性干部的参与提供了天然的条件，也为农村生活治理提供更加便民的事前商讨和预先"演练"的机会。

（二）共同生活意义的建构与地方性共识的再造

无论在农村还是城市，家庭生活中的卫生工作绝大部分为女性所承包。女性承包卫生家务的比例在农村更远高于城市。人们对干净、卫生的家庭生活环境普遍较为推崇，但极少有男性愿意承担环境打扫的工作。

"有多少男劳力在家里做卫生打扫的活儿的,不都是妇女在做吗?男劳力本身就讲不得卫生,天天下地干活,讲什么干净?不讲干净就更不愿意做卫生。但男劳力看惯不管,妇女可接受不得,看不下去自己去干。没有几个妇女是不讲卫生的。"(K20211208)

女性普遍愿意将自己的家庭打扫并保持干净的样子,这源于女性对卫生的天然追求,以及承包家务劳动的"自觉"意识。以往,女性更多的是在家庭这样的私人空间内讲究"卫生"。如今,在新农村建设背景下,女性这种对干净和卫生的追求开始拓展至村庄范畴。这其中既有来自现代社会变迁和女性接受新知识的影响,也有女性基于对自己是乡村日常生活主体的认识启发。而女性干部在参与乡村人居环境整治,抓生活治理时也尤其注重启发留守女性的环境意识,打造由内部家庭到外部村庄的共同生活意义。

"以前村里人多,尤其是男人多,男人不讲卫生,自己家就够自己管的了。谁有精力和心思看外面呢。现在不一样了,村里男劳力平常在家的少了,大家都讲自己的卫生,外面如果乱糟糟的,难道你就不出门了?出门看着到处的垃圾脏东西,不还是闹心吗?再说,现在孩子读书,每天学的都是怎么讲卫生,老师教的也都是怎么爱护环境。以前大家是没这个意识,现在新闻、网络、政策天天传播环境整治,慢慢地大家都受到潜在影响。整个村子如果环境卫生搞好了,都跟自己各家一样干净了,看着不舒心吗?日子过成什么样,生活到底好不好,说到底靠的都是自己。家里的卫生是个人品位,整个村的环境卫生就是全体村民的格局了。我就是要村里的妇女把村子这个'大家'跟自己的'小家'一样看待。这样,我的工作就好抓,就好做了。"(W20211208)

家庭和社区这两个人们日常生活和活动的场所是女性较活跃的领地,社区环境如果被破坏,她们是最直接的受害者。先天条件和社会分工为女性参与环境治理提供了一种逻辑上的可能与现实中的必然。[1] 而以性别空间展开的地理空间的双向互动,赋予了女性创造共有意义空间的无限可能性。[2] 案

---

[1] 参见王云霞《环境正义中的女性:另类的生态女性主义运动》,《自然辩证法研究》2016年第2期。

[2] 参见 Luce Irigaray, *An Ethics of Sexual Difference*, New York: Cornell University Press, 1993, p. 78.

例也反映出，女性参与农村生活治理，更加注重利用女性天然的"同理心"，来塑造基于女性共有认识的生活意义。将自己居住的村庄建设成居家家庭那样的地方，不仅是女性家务卫生劳动的意义所在，也是对女性传统家庭卫生劳动价值的充分肯定与放大。这种基于共同生活经历和体验所培育的集体性的生活意义，成为女性基层生活治理的动员策略。由女性发动、女性参与的社区运动所带来的意识与生活方面的更新，能够使女性获得一种"新生活意义"，并感受到"有一股莫名的力量将大家团结在一起"[1]。共同的生活意义的建构，不仅能够获得留守女性的广泛配合从而有利于农村环境整治工作的开展，同时也极大团结了农村女性，为受现代社会变迁所冲击而日渐式微的农村共同体精神的重塑和社区归属感的再培育提供了可能。女性通过家庭照顾延展出来的社会关系和村庄实践，创造出一个与物理空间村庄所并行的意义空间。通过这一空间，女性实现了家庭以外的赋权和自主性创造过程。以往，在男性主导规划社区空间时就已经表现出试图满足他们所认为的无事可做的家庭主妇和学前儿童的日常生活需求。[2] 如今在女性"当家"的家庭生活和村庄规划治理中，女性更加注重自己的生活体验，并依着自己想象和追求设计村庄规划和治理。表现出想要设计和治理出一个母系社会的样子。而新的村庄地方性共识也在这个过程中被生产和再生产出来。

"以前的农村，大家各过各的日子居多。想的是怎么多赚钱，怎么把自己的日子过好。除非涉及自己的个人利益，否则村里绝大多数的事都不怎么上心，人心是散了的。现在农村男劳力还是以赚钱为主，但妇女在家里反而更愿意参与村里的事。每个月的大扫除，安排下去，各村民小组马上动起来。妇女反应这时候比男劳力快得多。妇女工作比男的好做点，大家更容易想到一块去。也更能认可和接受别人的意见。"（CH20211210）

女性对于环境整治工作容易形成共识，在社区开展垃圾分类和环境卫生扫除时参与度更高。她们不仅更愿意接受不同意见，同时在涉及多人、群体性的事件和工作中，也更容易产生共识。这种"共识"是基层治理工作所急需的，它有助于政策的快速落地和工作的顺利开展。在长久的地

---

[1] 庄雅仲：《五饼二鱼：社区运动与都市生活》，《社会学研究》2005年第2期。
[2] 参见［美］简·雅各布斯《美国大城市的死与生》，金衡山译，译林出版社2006年版，第107页。

方性共识生产与再生产中，女性的组织化程度也不断提高，且更加规范化。

三 "女性治村"：生活治理绩效与主体困境

女性参与乡村生活治理给基层治理带来了新的治理方式、治理理念，也产生了不一样的治理效果。妇女在邻里交往和建构本地化网络方面比男性更有优势。在乡风文明建设、农村基层环境政治、移风易俗等方面扮演着重要作用。[①] 女性贴近生活的行为方式和更具组织化的公共活动改变了乡村政治生态。在这个过程中女性也逐渐实现了从"她者生存"的状态向"主体存在"的生活方式的转变。[②]

"以前在村里的时候是男人做大事，如果有哪个女的在撑场面，大家就会觉得很'扎眼'。现在男人在外面，村里多数都是女人，很多事交给女人来做，也不觉得奇怪了，女人也不见得比男人做得差。要我说，我们农村妇女也做得了大事了。草棚房子我们做决定说拆就拆，大扫除说做就做，日常巡查卫生都是我们具体执行。事实证明，男人能办的事，我们也能办好。家里的事能做，外面的事业能担着。现在是有这样的机会让妇女做事了，大家也比以前愿意做了。"（ZH20211211）

妇女的村庄治理参与使得她们得以拓展在村庄中的活动范围，并跨越了村庄界限的制约，同时社区参与的正向经验也变成她们投入更多公共事务的激励。[③] 在男性外出务工、经商的背景下，女性实际承担起了村庄公共事务、公共服务和村庄治理的任务。农村女性在实际参与中感受到自己的被重视和自己所起的积极作用，并刺激着女性主体意识的持续觉醒，一定程度上对乡村性别秩序的重构起到了促进作用。

同时我们也看到，女性在乡村治理中的实践逻辑更多地从微观的日常生活入手，更加注重本地化网络的参与，也注意思考和建构自己所参加的

---

① 参见魏红梅《充分发挥农村妇女在乡村振兴中的作用》，《中国人口报》2019年12月13日第3版。
② 参见姜佳将《流动的主体性——乡村振兴中的妇女意识与实践》，《浙江学刊》2018年第6期。
③ 参见 Huang Yenyi, "Women's Contradictory Roles in the Community: A Case Study of the Community Development Project in Taiwan", *International Social Work*, No. 3, 2001, pp. 361–373.

与自己日常生活紧密相关的公共事务的意义。简单来说，女性的乡村治理手段和逻辑更加柔性化、更加贴近群众，也更加贴近生活。这既是女性有效参与乡村治理的手段，同时也正是因这些手段创新了基层乡村治理模式，产生了更加积极的治理绩效。具体表现为缓解了乡村干群关系，重新梳理了乡村内部生活秩序，也显著提升了以农村留守女性为主体的农村居民的生活幸福感和获得感。

不过，我们也应该注意到，女性在实际参与农村基层治理中，仍然处于某种两难处境中。女性在家庭中扮演主要照顾者的角色并没有得到根本改变，参加乡村生活治理一定程度上增加了女性的日常负担。生活与工作间的平衡仍然是女性参与乡村治理必须首先克服的困难。①

"刚开始我也没想做（村主任）的，因为村里有人找，家里老一辈人又觉得能够在村里当个干部，是有头有脸的事，所以也怂恿我。也是硬着头皮上的。但后面才有体会，在家里做事和在村里、在外面做事完全不一样。在家里你是个女人，在外面，你不能完全拿自己当女人看。跟上级和外面联络，你得跟更多的男人打交道。女人当然有女人的优势，但行政上的事，更多时候还是男的那一套法子。当村干部，做起事来，有时候就得把自己当个男人，家里、村里两头的事都要担着。没点儿男人的魄力和担当，干不下去。"（T20211212）

尽管农村女性参与乡村治理表现出主动的一面，但也存在被动与勉强性。照顾家庭与村庄治理的双重负担，是这种女性参与乡村治理被动与勉强的主要原因。此外，女性在参与乡村治理和日常事务处理中，以男性能为标榜表现出的担当与魄力，也反映出女性主体性的完全确立还尚待时日。实际上，很多女性管理者在实际工作中都表现出"去女性化"的特点。尽管她们也常常有意识地运用作为女性的性别优势和性别特征采取柔性化的方式开展工作。来自传统观念、现有制度和现实的"共谋"，导致女性在工作中对"男性化"和"女性化"进行"优势叠加"②，进而表现出"中性化"作风特点和行事取向。

---

① 参见李敏、刘淑兰《乡村振兴战略下农村妇女政治参与及引导路径》，《福建农林大学学报》（哲学社会科学版）2019年第4期。

② 高焕清、李琴：《村级女干部的"去女性化"：性别、社会性别和领导力》，《妇女研究论丛》2011年第1期。

四　总结与讨论

女性治村是现代化、城镇化、乡村振兴和人口流动过程裹挟下农村社会治理的新现象，是农村空心化和乡村社会式微的结果。与此同时，基层生活治理的转型与社会性别分工的重大变化，都为女性参与农村生活治理创造了机遇。在由"男耕女织、男主外女主内"向"男工女耕、性别平等"的社会性别分工转变过程中，女性的社会活动空间和社会参与内容得到前所未有的拓展。从家庭私事拓展到邻里互动和仪式性事件，再进一步延伸到村庄公共事务，如环境治理、纠纷调解、土地确权等，并最终参与到村庄实际治理中来。这个过程也是当前女性参与农村基层社会治理的具体路径。

女性通过更加贴近生活、靠近群众和柔性化的治理方式参与乡村生活治理。抓住了农村男性人口大规模外出背景下留守人口的特征和社会需求，通过对村庄共同生活意义的建构和地方性共识的再造，促进了基层农村社会治理的创新，是农村基层治理善治转型的重要契机。我们完全有理由相信，女性参与村治能够有效提升基层农村治理绩效。因为，女性是整个农村家庭的枢纽，她们比男性更多地思考着如何致力于促进女性、男性及儿童的康乐发展。通过终结性别压迫，赋权女性，能够达到所有人的康乐成长。[1]

"社会的变革可以用女性的社会地位来精确地衡量。"[2] 某一历史时代的发展也总是可以由妇女走向自由的程度来确定。[3] 当前，女性治村正在体现出新的机制特点和结果优势。当然，从实践来看，女性参与乡村治理的比例在经济发达地区比经济落后地区要更高，这与经济发展水平和女性经济地位的提高可以显著提升女性社会参与积极性的结论是一致的。[4] 但相比经济发展水平，是否具备系统的制度支持对于女性参与乡村治理更加

---

[1] 参见［英］丽娜·多米内利《女性主义社会工作——理论与实务》，王瑞鸿等译，华东理工大学出版社2007年版，第95页。
[2] 《马克思恩格斯选集》第4卷，人民出版社1995年版，第586页。
[3] 参见《马克思恩格斯全集》第2卷，人民出版社2005年版，第250页。
[4] 参见孟天广、田栋《群众路线与国家治理现代化——理论分析与经验发现》，《政治学研究》2016年第3期。

关键。① 当前女性参与乡村治理还存在被动性、勉强性、家庭和工作双重负担过重等主体性困境。虽然部分地区农村已然开始试点村干部职业化,但也还存在普遍的村干部工资较低无法支撑全脱产工作的问题。② 因此,如何创造有利制度条件、优化女性参与乡村治理的体制机制,为女性参与乡村治理扫除制度障碍,有效减轻女性参与村治的"后顾之忧",是下一步研究和实践工作需要重点思考的理论与现实问题。

Women Governing Villages: Transformation of Rural Governance and Women's Participation
—A Case Study Based on Y Village in H Province

Gu Yu-liang[1] Liu Yu-sha[2]

(Social Department of HU Nan Normal University, Changsha 410081;
Social Department of HU Nan Normal University, Changsha 410081)

Abstract: Women governing villages is a new phenomenon of rural social governance under the influence of modernization, urbanization, rural rejuvenation and population migration. In the context of grassroots governance modernization, rural grassroots governance has paid more attention to social affairs and public services, and has paid more attention to meeting the needs of rural residents for a better life and improving the sense of gain of rural residents. Life governance centered on the improvement of rural human settlements has become an important part of rural grassroots governance in the new era. In today's rural areas, women are not only the object of rural life governance, but also an important source of life governance. Extending from family private affairs to neighborhood interactions, and then to village public affairs such as village planning and environmental governance, and gradually

---

① 参见 Guo, Xiajuan, Zheng, Yongnian and Lijun Yang, "Women's Participation in Village Autonomy in China: Evidence from Zhejiang Province", *The China Quarterly*, No. 2, 2009, pp. 145 - 164.

② 参见贺雪峰《村干部职业化利与弊》,《北京日报》2019 年 12 月 16 日第 13 版。

participating in the governance of village life, is the specific path for women to participate in rural grassroots social governance. In actual work, women use daily topics to get involved and participate in the localization network to ease the relationship between cadres and the masses, and mobilize "before" the life governance. At the same time, through the construction of the meaning of village common life and the reconstruction of local consensus, it stimulates the participation of rural residents in life governance. Women's governance of the village is one of the concrete manifestations of rural grassroots governance innovation in the new period, reflecting the enthusiasm and participation of women in social and political participation in the new period. However, women's governance of the village also faces the problem of the balance between family and work, as well as the passive and reluctant dilemma of participating roles. How to create favorable institutional conditions, optimize the institutional mechanism for women's participation in rural governance, remove institutional barriers for women's participation in rural governance, and effectively alleviate the "worries" for women's participation in village governance, becoming the theoretical and practical issues that need to be considered in the next research and practical work.

Key Words: Women; grassroots governance modernization; rural areas; life governance

农村社会研究

◆ **乡贤参与乡村社会矛盾化解：模式、策略和优化路径**

乡贤参与乡村社会矛盾化解是士绅传统的创造性回归，它是对乡村治理空心化和失灵的有效回应。以合法性和有效性为维度，可以把乡贤参与乡村社会矛盾化解的模式分为：善治型、受限型、灰色型和无序型。他们通过能人带动、签字作保、家长游说、面子牵制和人情照拂等策略来推动基层社会矛盾的化解。

◆ **嵌入式扶贫、脱嵌风险与防范机制研究——以陕西省 B 县为例**

全面建成小康社会及乡村振兴背景下，反思嵌入式扶贫理论与实践，探讨相对贫困治理新路径。基于脱嵌理论视角，以陕西省 B 县精准扶贫实践为例，探讨"项目、组织、利益"等要素嵌入下的贫困治理风险及防范问题。调查研究发现，嵌入式扶贫存在产业项目"排异"、扶贫组织"逃离"、扶贫"形式主义"等脱嵌风险。为防范扶贫脱嵌风险，提出"适应性治理"扶贫：完善产业扶贫机制，避免"排异"风险；健全扶贫参与机制，避免"逃离"风险；创新利益联结机制，避免"形式主义"风险。

◆ **斗气：乡村日常生活中的道义之争**

斗气是中国"关系本位"文化中一种独特的社会现象。它是人们在日常生活中围绕情感、利益、面子等纠纷而采取的抗争行动，目的是人们期望在相互依赖的关系网络互动中获得一种道义平衡感。"斗气"背后隐藏着深层文化心理结构，在社会转型的巨大冲击下，其呈现出变与不变的复杂态势。在当前，我们应坚守仁义慈爱的伦常道义，并兼收并蓄正面的现代价值如重人格独立自由、重权利保护等融入其中，从而形成新的村庄道义秩序，最终实现乡村社会的重建。同时，应结合传统道义平衡的调解机制，辅之以现代性的法律调解机制以及其他专业调解机制（如社会工作专业干预、心理干预），从而形成"气的长效救济机制"。

◆ 农民工权益维护方式的最优策略选择——基于微观数据的实证研究

农民工权益维护行为的选择一直受到政府和学术界关注，但农民工不同权益维护方式对自身福利的影响却鲜有学者研究，哪种权益维护方式才是农民工最优的策略选择？基于 2015 年佛山市微观调查数据，综合运用基准回归模型和缓解内生性问题的处理效应模型研究农民工选择不同的权益维护方式对自身工资、社会保险获取和工作自由度的影响。研究发现：与体制外权益维护方式和放弃维权两种权益维护方式相比，体制内权益维护方式显著提高了农民工的工资水平、社会保险获取率和工作自主权，这说明在维护农民工劳动权益方面，体制内权益维护方式是农民工的最优策略选择。而体制外权益维护方式在工资水平和工作自主权方面在三种权益维护方式中的权益维护结果最差，在社会保险获取率方面与放弃维权无显著差异，这说明体制外权益维护方式在维护农民工权益方面是最差的策略选择。对体制内权益维护结果的满意度以及对其有效性的担忧是农民工不选择体制内权益维护方式的可能原因。

乡贤参与乡村社会矛盾化解：
模式、策略和优化路径[*]

孔凡义[1]　肖丽丽[2]

(1. 武汉大学马克思主义学院　湖北武汉　430072；
2. 湖北省信访理论研究基地　湖北武汉　430073)

内容提要：乡贤参与乡村社会矛盾化解是士绅传统的创造性回归，它是对乡村治理空心化和失灵的有效回应。以合法性和有效性为维度，可以把乡贤参与乡村社会矛盾化解的模式分为：善治型、受限型、灰色型和无序型。他们通过能人带动、签字作保、家长游说、面子牵制和人情照拂等策略来推动基层社会矛盾的化解。

关键词：乡贤；社会矛盾化解；乡村

近年来，中央多次下发文件要求建立健全社会多元化纠纷解决机制。2015年中共中央办公厅、国务院办公厅联合印发《关于完善矛盾纠纷多元化解机制的意见》要求："引导社会各方面力量积极参与矛盾纠纷化解。"2016年最高人民法院《关于人民法院进一步深化多元化纠纷解决机制改革的意见》强调："充分发挥人大代表、政协委员、专家学者、律师、专业技术人员、基层组织负责人、社区工作者、网格管理员、'五老人员'（老党员、老干部、老教师、老知识分子、老政法干警）等参与纠纷解决的作用。"2019年党的十八届四中全会通过的《中共中央关于坚持

---

[*] 基金项目：国家社科重大项目全过程民主与基层治理研究子课题"作为垂直民主的信访制度研究"阶段性成果。

作者简介：孔凡义，武汉大学马克思主义学院教授、武汉大学马克思主义理论与中国实践湖北省协同创新中心研究员，主要研究党史党建、党的信访工作制度、基层治理；肖丽丽，湖北省信访理论研究基地助理研究员。

和完善中国特色社会主义制度推进国家治理体系和治理能力现代化若干重大问题的决定》明确要求:"健全社会矛盾纠纷预防化解机制,完善调解、仲裁、行政裁决、行政复议、诉讼等有机衔接、相互协调的多元化纠纷解决机制。"在中央文件的推动下,全国各地普遍推广"五老人员"参与基层乡村社会矛盾化解。

一 文献回顾和研究动态

"五老人员"俗称新乡贤,它来源于我国传统社会的士绅传统。在传统中国,绅士即退职官员和拥有头衔的士子,是乡村组织的基石,是村社活动组织完善的保障。[1] 绅权与皇权相互补益,构成中央与地方治理体系的基本结构。

基层治理传统与乡贤回归。费孝通提出"双轨政治"理论,指出在封建制国家统治时期"皇权不下县",基层社会治理主要由士绅依靠宗族伦理形成秩序约束。[2] 徐祖澜进一步将其概括为"国权不下县,县下惟宗族,宗族皆自治,自治靠伦理,伦理造乡绅"[3]。黄宗智进一步研究发现,半正式的行政方法在中国行政实践中运用很广,并将这种现象概括为"集权的简约治理"[4]。可见,乡贤参与乡村社会治理有很长的历史,形成了一定的乡村社会共识并为乡村社会人们接受。

乡村治理的空心化与乡贤回归。"乡贤之治"具有深刻的历史基因,在现代社会中新乡贤对村庄治理仍然具有重要的作用。刘芳、孔祥成认为,新乡贤群体能有效弥补由于精英流失导致的乡村治理空心化的不足,从而助推乡村社会自治、法治和德治"三治结合"愿景的实现。[5] 张春华认为新乡贤参与乡村治理主要解决了乡村社会人才短缺的问题,在乡村振

---

[1] 参见萧公权《中国乡村:19 世纪的帝国控制》,九州出版社 2018 年版,第 376 页。
[2] 参见黄宗智《集权的简约治理——中国以准官员和纠纷解决为主的半正式基层行政》,《开放时代》2008 年第 2 期。
[3] 徐祖澜:《乡绅之治与国家权力——以明清时期中国乡村社会为背景》,《法学家》2010 年第 6 期。
[4] 黄宗智:《集权的简约治理——中国以准官员和纠纷解决为主的半正式基层行政》,《开放时代》2008 年第 2 期。
[5] 参见刘芳、孔祥成《乡贤治村:生成逻辑、实践样态及其完善路径》,《江海学刊》2020 年第 6 期。

兴背景下，乡贤回归极大地壮大了乡村治理人力资源，从而形成资源合理提升乡村治理能力。① 颜德如从文化维度和制度维度解释了乡贤群体参与乡村治理的必要性和重要性。② 可见，现代乡村社会建设过程中新乡贤仍然是不可忽视的重要治理主体之一，这些研究对我们理解乡贤的角色价值具有一定的参考意义。

乡村治理失灵与乡贤回归。梳理相关研究发现，学界缺少直接论述乡贤参与社会矛盾化解的研究，只有几篇对乡贤参与基层矛盾纠纷化解的简要论述。李长健等指出，面对矛盾纠纷，基于传统诉讼方式费用高、周期长的考虑，人们更愿意选择人民调解方式。③ 崔凤军、姜亦炜认为诉讼和调解应当二者结合起来共同运用于基层矛盾纠纷解决，但实际情况是人民调解制度不完善、组织不规范，因此要进一步发挥乡贤在人民调解过程中的作用。④ 总之，既有对乡贤的研究主要集中于乡贤在乡村治理中的角色、作用的探讨，缺乏对乡贤参与治理模式的概括与阐释，缺少细致的解构与阐述。

二　调查过程和案例介绍

2021年7月20日至8月11日在宣平镇连续进行座谈、走访等调研活动，不断地收集乡贤参与社会矛盾化解等案例资料，访问信访、政法和综治部门相关负责人、当事人及参与调解的乡贤，力争获得较为全面的二手资料和形成较为完整可信的一手资料。8月12日至9月上旬整理收集到的资料，进行分类和统计，并开始案例的写作工作。然后笔者又于9月12日再次来到该镇，针对论文写作过程中发现的资料及数据缺漏、访谈深度不足等问题进行优化调研，重新补足资料。获得较为完整系统的资料后继续撰写论文。

宣平镇是X市的一个历史悠久的大镇。宣平镇在城镇化、现代化浪

---

① 参见张春华《缺位与补位：乡村治理中的现代乡贤》，《重庆社会科学》2018年第3期。
② 参见颜德如《以新乡贤推进当代中国乡村治理》，《理论探讨》2016年第1期。
③ 参见李长健、李曦《乡村多元治理的规制困境与机制化弥合——基于软法治理方式》，《西北农林科技大学学报》（社会科学版）2019年第1期。
④ 参见崔凤军、姜亦炜《农村社区开放式协商机制研究——基于德清县乡贤参事会的调查》，《浙江社会科学》2018年第6期。

潮中不断发展，但又能保持传统特色。该镇一直有"多乡贤、重乡贤、用乡贤"的传统，绵延至今，现在依然保留着唐朝贤士苏晏的乡贤祠。当时古镇罹难饥荒之际，苏晏曾率领全家搭棚施粥，被苏家救济的难民后来为贤士苏晏修建了祠堂以作纪念。宣平镇也是鄂西北第一个苏维埃政权诞生地，该镇的农民领袖张道南、冯举英先后加入"公益促进会"，响应中国共产党的号召，并为夺取革命胜利而英勇献身。现在更有远近闻名的道德模范张小闪、孝子贤孙祁东、致富先锋刘建国、老警察李富民等一批批乡贤志士。

由于乡贤参与社会矛盾调解的方式、过程等资料和信息并不会记录在档案资料中，所有数据和资料信息都需要通过深度访谈基层政府工作人员、信访工作人员、村组干部来获取，并进行追溯式访谈来完善信息、补充材料。本文收集了2015—2020年间共12个乡贤参与乡村社会矛盾化解的典型案例。我们发现，乡贤参与调解的社会矛盾案件化解率达到了83.33%，对于还没有解决的社会矛盾，在很大程度上也减少了矛盾激化的风险；人们对乡贤参与社会矛盾调解的评价也比较正面。

本文将农村乡贤定义为基于资财、才能、职位、资历、经验、声望等资源或优势而对本乡乡民和本乡发展进步有一定影响力的群体，这个乡贤群体包括基层干部及工作者、离退休干部、教师等知识分子、律师等社会工作者、退役军人、乡村企业家、村中致富能人、返乡创业者、宗族中的掌权人或德高望重的长者，等等。为了更加深入地探讨这个群体，还必须立足农村实际情况做进一步的分析。在农村社会，乡贤群体在本地乡民中属于精英，他们基于资财、才能、职位、资历、经验、声望等资源或优势而具有某种显性的或者潜在的影响力。

宣平镇的乡贤大概可以分为四种类型，如表1：一是普通村民型乡贤，这类乡贤是指基于资财、声望、德行、学识等享有威望，为乡民所信服的乡贤群体，他们没有在体制内工作的经历，也不在村组担任职务，因而完全是客观的乡贤群体；二是半行政型乡贤群体，在乡村社会很普遍的现象就是村组干部往往由具有一定实力的人担任，因此往往乡贤更有机会获得选票并任职，由此乡贤与村组干部合体，这样便使得乡贤有了半行政性、半体制性身份，乡贤称为村庄治理的重要主体，由此乡贤在参与社会矛盾调解时势必会存在某种利益的考量，其行动目的、动机、逻辑也随之不同，缺乏客观性；三是志愿型乡贤，这类乡贤主要是指离退休干部、退役军人、律师、热心公益者，这些乡贤的特点就是对国家政策信息、法律等了解更多，在社会矛盾调解中的指导性也更强；四是灰色型乡贤，他们主要从事半违法或者潜在违法的工作。

可以看到，在半行政型乡贤类型中，几乎主要是指村书记，这是因为在农村地区，村书记是社会矛盾化解的第一责任人，因此村书记参与社会矛盾调解是工作需要。另外，在志愿型乡贤中，前村书记往往是最主要的乡贤构成，这是因为前村书记在任职期间与乡民经常因为各种原因打交道，往往会更加了解、熟悉，前村书记往往也有更高的威望，所以当社会矛盾难以调和时现任书记往往也会请老书记参与进来。

表1　　　　　　　　　　乡贤分类统计表

乡贤类型	职业身份	身份特点	宣平镇代表人物
普通村民型乡贤	农民、个体商	能人	谢某某、王某某
半行政型乡贤	村组干部	双重身份	邹某某、鞠某某
志愿型乡贤	前村书记、离退休干部、退役军人、心理咨询师、律师	政策性强	刘某某、吴某某、郭某、宋某
灰色型乡贤	非正当职业	合法与违法之间	吴某

三　乡贤参与乡村社会矛盾化解的四种模式

在全面深化改革语境下的新时代，乡贤被重新纳入多元化治理体系当中并快速兴起。乡贤的概念在新的时代背景下被赋予了新的时代内涵，乡贤也成为化解农村矛盾纠纷的中坚力量。任何形式的治理活动都需要考虑合法性、有效性这两个重要的问题。[①] 乡贤参与社会矛盾纠纷治理自然也面临着其治理的合法性、有效性的问题，也就是说需要从合法性和有效性这两个维度来考察当前乡贤参与社会矛盾化解的实际样态和行动伦理。

马克斯·韦伯明确地提出了合法性的概念，认为任何形式的统治都只有在其统治被人们认为是正当的，并为人们所服从、认可的时候才具有合

---

① 参见倪咸林、汪家焰《"新乡贤治村"：乡村社区治理创新的路径选择与优化策略》，《南京社会科学》2021年第5期。

法性。① 根据韦伯对合法性的定义,我们可以这样理解乡贤参与社会矛盾化解的合法性:乡民对乡贤身份抱有认可、接受的态度,以及对乡贤参与社会矛盾化解表示信任和接纳。乡贤参与社会矛盾化解的有效性就是指乡贤作为政府与当事人之外的第三方力量在参与社会矛盾调解的过程中发挥了良好的沟通协调作用,有助于推动社会矛盾解决的效率和效果。以合法性和有效性为坐标,可以把乡贤参与乡村社会矛盾化解的模式分为四种类型:善治型、受限型、灰色型、无序型。

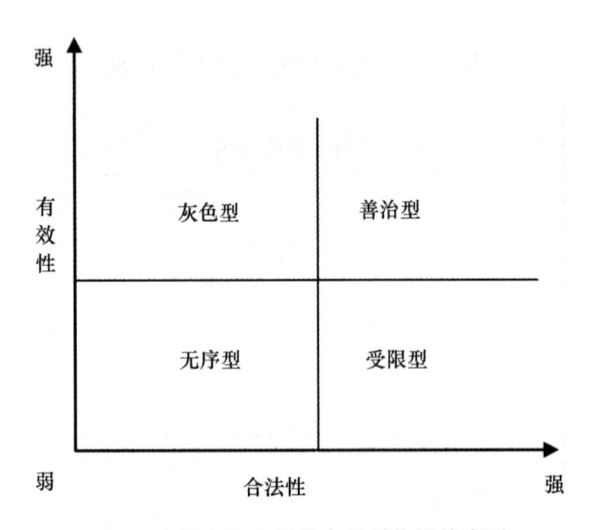

图1　乡贤参与乡村社会矛盾化解的类型

(一) 乡贤参与乡村社会矛盾化解的善治模式

乡贤参与乡村社会矛盾化解的善治型,是指乡贤在参与社会矛盾纠纷调解过程中兼具高有效性和高合法性的情况与类型。这种双高类型表明乡贤愿意参与社会矛盾调解,且有能力参与乡村社会矛盾化解,在身份上也受到乡民的信任与认可,运用正规合法手段参与调解。在这种治理类型中,乡贤能够以村民喜闻乐见的方式参与乡村社会矛盾化解,在达到社会矛盾有效化解的同时也可以树立他们在村民中的权威获得他们的信任。

乡贤参与乡村社会矛盾化解的善治模式是理想模型。在这种模式下,

---

① 参见〔德〕马克斯·韦伯《经济与社会》(下卷),林荣远译,商务印书馆1997年版,第265页。

乡贤的产生一般既有民意的基础也有政府的支持，同时乡贤也能够秉公办事，具有较强的村庄权威。乡贤也能够使用巧妙而有灵活的方式把民意基础和政府支持的权威运用到乡村社会矛盾化解中去，从而实现合法性和有效性的相互建构和转化。

（二）乡贤参与乡村社会矛盾化解的受限模式

乡贤参与乡村社会矛盾化解的受限型，是指乡贤在参与社会矛盾纠纷调解过程中只具有高合法性而有效性很低的情况与类型。这种类型表明乡贤在身份和社会矛盾化解行动上受到乡民的承认与信任，但乡贤参与乡村社会矛盾化解的意愿强度很低、能力也有限。国家和政府虽然支持积极发挥新乡贤对乡村发展建设与稳定的引导作用、推动作用，但缺乏对乡贤的政策鼓励，乡贤缺乏激励从而不愿意参与社会矛盾化解。另外，由于乡村社会乡贤人才外流严重[1]、信息与利益不对称造成代理失灵进而引发的乡贤进场困局[2]等原因，使得乡贤参与乡村社会矛盾化解的效能受限。

乡贤参与乡村社会矛盾化解的受限型体现了合法性与有效性的张力。在一些村庄，乡贤参与基层矛盾化解虽然得到村民和基层政府的支持，但是因为他们知识水平有限，对社会矛盾化解驾驭能力不足，或者是只愿意做"老好人"，或者是只为某个家族势力代言，导致他们无法化解社会矛盾或者即使短暂化解了随时仍然会出现反复。

（三）乡贤参与乡村社会矛盾化解的灰色模式

乡贤社会矛盾化解的灰色型，是指乡贤在参与社会矛盾纠纷调解过程中只具有高有效性而合法性很低的情况与类型。这种类型表明乡贤在身份和乡村社会矛盾化解上并不受到国家和乡民的承认与信任，但在社会矛盾调解中非常有效。这种乡贤也被称为"伪乡贤""流氓乡贤""混混"等。这种灰色型情况中的乡贤主要是由介于白色力量和黑恶力量之间的一种特殊力量组成的，灰色势力介于体制性措施与黑恶力量之间，也介于非法与合法之间，甚至在扫黑除恶背景下，灰色势力经过教育与管制，已然开始"洗白"而作为一种可资利用的积极力量存在，并开始与乡镇及村

---

[1] 参见龚丽兰、郑永君《培育"新乡贤"：乡村振兴内生主体基础的构建机制》，《中国农村观察》2019年第6期。

[2] 参见吴新叶、吕培进《新乡贤入场与乡村响应：局外人代理的场景转换》，《学术界》2020年第9期。

两委形成合谋,在某些关键时刻发挥着重要的摆平作用,其手段和行动不具有合法性,但却是非常有效果的。这种类型在现实情况中也非常常见,灰色乡贤成功帮助化解基层社会矛盾的案例也有很多。

灰色乡贤因为家族力量和组织力量的支撑,他们信奉以力取胜,在社会矛盾化解中有着较强的有效性。一方面,他们与基层政府有着千丝万缕的联系,另一方面他们深谙于乡村的社会关系网络,同时他们还掌握着乡村治理的灵活技巧和操作方法。所以,虽然他们不太拥有乡村的民意基础,但是人们比较忌惮他们的势力和权威,从而形成一种非正式的社会矛盾化解机制。乡贤参与乡村社会矛盾化解的灰色模式往往是基层政权悬浮化或失灵的产物,当基层政府无力整合乡村秩序或治理失效时,灰色模式则会填补权威真空来建立新的社会秩序。

(四)乡贤参与乡村社会矛盾化解的无序模式

乡贤社会矛盾化解的无序型,是指乡贤在参与社会矛盾纠纷调解过程中兼具低有效性和低合法性的情况与类型。这种双低类型表明乡贤在身份和社会矛盾化解行动上并不受到国家和乡民的承认与信任,且同时缺乏参与社会矛盾调解的意愿和能力的一种情况。这种情况在某些农村社会趋于解体地区也非常常见,基本上乡村治理处于无序状态。这种情景中,乡贤人才缺乏且无用武之地,是最不理想的一种治理状态。

在乡贤参与乡村社会矛盾化解的无序模式中,乡贤在社会矛盾化解中处于边缘状态。乡贤既不为基层政府所重视,也没有民意基础。他们只是偶然地进入社会矛盾化解的场域,缺乏社会矛盾化解所必需的资源、技术和经验,所以他们的参与往往也是无效的。

四 乡贤参与乡村社会矛盾化解的四种策略

乡贤参与乡村社会矛盾化解具有中立性和灵活性的特点,主要从事中间调解、参与协商、帮扶救济、进行监督等工作,帮助信访部门更好地化解社会矛盾难题。乡贤参与社会矛盾化解有利于地方政府激活和动员各种社会资源发挥各自优势,形成齐抓共管、多方参与的大社会矛盾化解格局。基层社区、村通过聘请社会贤达和能人参与乡村社会矛盾化解,发挥了他们经验丰富、威信高、信息充分等优势,对于解决基层一些历史遗留问题具有积极的意义。具体而言,乡贤参与乡村社会矛盾化解主要采取以下四种策略。

（一）签字作保：灰色型乡贤充当居间调停角色

签字作保是指在农户土地被征用的情况下，农户与开发商签订合同时由乡贤签字作证，以使得农户与开发商之间签订的合同多一层保证的作用，从而使得签订合同双方更加放心的一种方式。由于当前农村主要的社会矛盾就是以征地拆迁签字作保的这类乡贤往往是乡贤社会矛盾化解类型图示当中的具有高有效性和低合法性的灰色型，即这种乡贤往往是当地有名的"土霸王""小混混"，通常就包括欧三任所说的宗族势力、黑色势力。[①] 乡村混混往往是市场经济利益驱动的产物，2006 年税改之后农村治权悬浮又为乡村灰色势力的壮大创造了条件。正如李祖佩研究指出的那样，乡村混混是以追逐利益为目的的多面角色[②]，一方面他们与基层政府形成"利益合谋"[③]，抢占国家政策资源与村庄资源成为致富能人、村庄精英，一方面凭借其暴力、名气帮助政府或开发商征地以及摆平钉子户，从中获取好处费。虽然其行为和声名并不被村里人认可，但他们往往因为有一些灰色势力组织而具有一些灰色力量和手段，在乡里享有威名，在一些特殊情况下的确可以起到一些作用，从而也成为可以影响乡村秩序的治理资源。毫无疑问，这些乡村混混型的乡贤不能是严格意义上的乡贤，他们更多的是因其"过街老鼠人人喊打"的坏名声受到乡民反感。但正如师索研究指出的那样，"农村灰色势力也有正面作用，应当辩证看待，改良和利用其积极一面"[④]，在"打黑除恶"背景下灰色势力得到教育和整治，开始在某些需要的时候发挥了一些积极作用。

"全湾村离乡镇近，地理位置比较好，2018 年上半年我们村的一块地就被一个开发商看中了，到 2019 年初的时候就开始与这块地上的农户签订协议。但是，在给这里的农户房屋做拆迁补偿的时候，就出现了暗箱操作的情况，因为补偿标准随意性大，而且开发商与被拆迁农户签订的拆迁

[①] 参见欧三任《农村群体性事件中的"灰色"势力及其治理》，《湖南公安高等专科学校学报》2010 年第 4 期。

[②] 参见李祖佩《混混、乡村组织与基层治理内卷化——乡村混混的力量表达及后果》，《青年研究》2011 年第 3 期。

[③] 狄金华、钟涨宝：《变迁中的基层治理资源及其治理绩效——基于鄂西南河村黑地的分析》，《社会》2014 年第 1 期。

[④] 师索：《新农村建设不能忽视农村灰色势力》，《今日中国论坛》2009 年第 2 期。

安置补偿协议严重的不公开、不公平，很多人对此都非常不满。对同样被拆迁农户的房屋，但是在同等的条件下他们得到的安置补偿结果却是不一样的。这样一来，有的人签订协议签得早，拿到的补偿费就少，签得晚那些人拿到的补偿就可能会更多。在这个事情中就有一些钉子户对开发商给出的拆迁补偿金额非常不满，就形成同盟与开发商作战，不断地拖延时间耗着开发商，甚至越级上访，甚至跑去诉讼告开发商。开发商也不愿意让步，非常恼火。政府也不断地做工作，道理讲不通。开发商就找到我们当地比较有名的'地头蛇'吴某，由其出面调解。"① 最后，钉子户和开发商各让一步，开发商成功拆迁钉子户也得到了相应的补偿。

（二）能人带动：强化乡贤的示范与引领作用

所谓"能人"是指村中与普通村民相比有突出才能、优势资源（包括政治资源、经济资源、文化资源等）的人，可能是头脑灵活的致富能人，或者善于交际、与人为善的口碑好人，或是受人尊敬的道德模范，或是掌握专门技术的农技骨干。乡村能人成长于乡土、情系于乡愁，因而更容易获取同乡人的情感认同（夏恩强、林依欢，2021）。总之，与普通村民相比，这些能人的行为更具有示范效应、引领效应，也无形中对同乡村民具有较强的号召力、影响力。能人带动模式在乡村治理实践中比较普遍，一般是通过能人带头响应或者参与村中某项决策使乡民从众和产生信任感，从而减少阻碍。在农村地区，经常因村集体集资办厂、整体搬迁等集体性活动危及少部分利益时，总有一部分人反对参与、不予配合，从而引发上访。这时，由村中能人出面游说有更强的说服力，更容易产生信任感。

宣平镇工作人员谭某某："可以说，我们农村的乡村振兴、乡村治理与矛盾纠纷调解都离不开能人的示范、带动与引领作用。因为这个乡村能人所从事的行业、职业与我们乡村联系非常的紧密，乡民们在生活中有切身的感受，也更愿意仿效践行，也更有信任感，更愿意跟从。'大家都这么做，能人也这么做，那我就没有什么顾虑了'，基本上农村人都是这个心态。所以说，我们社会矛盾化解工作就是打心理战，很多时候都需要运用一些心理学技巧，通过摸索当事人的心理状态来以柔克刚调解矛盾。"②

---

① 资料来源：X 市宣平镇全湾村 2021 年 6 月 21 日下午访谈资料（XP20210621）。
② 资料来源：X 市宣平镇 2021 年 6 月 25 日上午访谈资料（XP20210625）。

布迪厄的场域理论为我们理解这种能人带动效应提供了一个关系性视角,"每一个场域中的行动主体都有一套自己独特的价值观和运行逻辑"①。在村庄场域中,村民作为行动主体都会根据自己的价值判断和利益比较做出决策和给出行动反馈,而村庄能人的行动决策会被认为是更为理性的和更富有参考性的,因而具有示范与带动作用。可见,对一些可以通过能人带动解决的矛盾纠纷可以从源头有预见性地解决处理。

(三)人情照拂:恩情式人情交换关系的运用

中国式的人情关系是以情感同理为载体、以利益交换为基础形成的彼此联系、彼此需要的交往方式与社会关系。在实际生活中,这种人情关系也渐渐异化为了人情资源的关键。② 人情照拂就是在这种异化关系下产生的。这就涉及人情文化中的人情交换关系了。中国的人情交换类型主要有三种:一是恩情范畴的人情交换,就是当人遇到困难需要帮助的时候受到关照,就产生了恩情;二是人情债范畴的人情交换,就是指有目的性地送礼、送人情以作人情投资,这样在有需要的时候提出要求或条件就让欠了人情债的一方不好意思拒绝,俗语称"拿人家的手软,吃人家的嘴短";三是礼尚往来式的人际交往,就是一般性地以联络感情为目的、维持交往关系的请客吃饭、过节送礼、互相走动,这种人情交换将就是更为日常化、平衡平等化的人际关系交往常态。人情照拂更多的是指以恩情为主的恩情式人情交换关系。人情照拂就是指乡贤在矛盾调解过程中为了更好地动员当事人利用私人资源通过给当事人提供一些好处,为当事人解决一些麻烦,从而使当事人同意息诉罢访。

在 2016 年宣平镇石头桥村李姓兄弟弃养父亲案中,乡贤谢某就是用人情照拂使得当事人不再上访。"谢某曾经当过老师,教过李跃进的大儿子、二儿子,有一次李跃进的这两个儿子没钱交学费,谢老师就自己掏腰包给他们补交了,李跃进这两个儿子心里一直非常感激。"可见乡贤谢某对李跃进父子有恩情,自然李家父子会给他一些面子,会听进去一些劝诫。之后"谢某答应让没有工作来源的李跃进小儿子跟着自己做点辛苦

---

① [法]皮埃尔·布迪厄、[美]华康德:《实践与反思:反思社会学导引》,李猛、李康译,中央编译出版社 1998 年版,第 23—25 页。
② 参见张艳云《中国式人情关系与组织现代治理机制的共生路径探析》,《领导科学》2019 年第 7 期。

活，挣点收入"，乡贤谢某再次给予帮助，给予照拂，深化了这种恩情，所以作为对谢某的回报，"李跃进两个儿子也同意每个月每个人固定给点钱，李跃进也自知理亏不再上访了"，最终使得矛盾双方各退一步、圆满收场。在上文中说到的黑水河村租户林某因出租房被征迁无理上访案中也涉及人情照拂策略，"村书记黄某也抓紧时间联系林某两个儿子，给他们做思想工作，并承诺他们停车场修建好后会安排停车场相关的管理工作给他们"，村书记答应以安排工作为条件进行交换，就是对林某给予了一些照拂，上访人林某自然也会退一步，不再无理闹访。总之，恩情式人情交换关系在熟人社会中运用很广，成为解决很多问题的一个突破口。

（四）面子牵制：维护"自我面子"与"给人面子"

面子与人情紧密相关，面子内含于人情当中，但又别有意蕴。面子从词义上来说就是脸面、颜面、面目。"脸是一个个体为了维护自己或相关者所积累的，同时也是一个社会圈内公认的形象，在一定的社会情境中表现出的一系列规格性的行为。"[①] 面子是理解中国人心理和行为的关键，是调解社会行为与人际交往的微妙准则。

面子更多的是指心理上的脸面，是抽象的，它包含两个层面的含义。一是心理上的荣誉感和羞耻感。一个人的言行举止、功名成就总会受到家庭或社会相关人的评价，当一个人做的某件事情符合家人的期待，为家人带来荣誉、好处等，家人就会有面子，觉得"长脸"，也会引来周围人的赞美和羡慕；相反，如果一个人做了伤风败德、有害自己和他人的事，家人就会为之羞耻，周围人也会对其谴责唾弃，就会感到"丢脸"，没有面子。这个层面的面子往往与人们的自我期待有关，每个人都想获得他人的认可，都想变得有尊严、体面。这种类型的面子观可称为基于他人认同的面子观，也是维护自我面子的基础。二是互相留有余地、各退一步、共襄和平的交往规则，是人际交往中的"给人面子"，即经常说的"给个面子"，"看在某某的面子上"，矛盾双方基于情面、私人关系"将大事化小"的台阶式让步，使得各让步方也比较体面，亦即"你给我个面子，我给你个面子，这样大家都有面子"。

从以上对面子的剖析来看，乡贤之所以是乡贤比普通村民更具有优势资源，受到乡民的认同与信任，使得乡贤有了参与社会矛盾化解过程的面

---

① 翟学伟：《中国人的人情与面子：框架、概念与关联》，《浙江学刊》2021年第5期。

子。从身份、能力、资源、人品等方面来说，乡贤往往更有优越感，面子更大，所以当事人不愿意得罪乡贤，愿意给面子。这就使得乡贤有了基于面子牵制的参与矛盾调解的基础。在黑水河村租户林某因出租房被征迁无理上访案中，林某父亲和大姐意识到"林某的诉求是无理的，再闹下去只会伤害林某自己以及丢失孩子、亲戚们的脸面"，就是基于他人认同的面子牵制方式，用他人对闹访行为的否定看法让当事人感觉到丢脸、没面子、损害个人和家庭形象。

全湾村的余某，男，70岁，常年到政府提出无理诉求，甚至一度将诉求反映至中纪委，其案件被省纪委列为督办案件，是市、县两级重点督办件，也因如此，余某其名在全市广为人知，可以说是全县乃至全市的一面"旗帜"。他长期反映的诉求可归纳为三点：一是承包经营权的问题；二是因为代耕代种，造成的石材厂征地补偿分配的问题；三是与村民发生的建房纠纷问题。余某在2016年5月就开始了闹事之旅，从那时起就经常采取频繁给县镇两级党委政府主要领导打电话、发短信等形式缠闹，或者在中央和省市重大活动期间，关闭手机不接干部电话，以制造进京赴省闹事的假象，从而给地方和基层施加压力。余某甚至还串联王某、周某等一同闹事，并向其他当事人传授他多年无理闹事的所谓"经验攻略"，实际上余某已经发展为"职业上访者"的"军师"。[①] 乡镇政府工作人员尚某说："解决社会矛盾问题，善于发现和调动可用的社会力量，能达到事半功倍的效果，这是思维上的关键。"[②]

五 乡贤参与乡村社会矛盾化解的优化路径

乡贤在农村社会矛盾化解场域基于其独特的局外人、中间人、专业人身份优势，从情理和礼俗化角度动用地方性知识发挥柔性化解基层矛盾纠纷的作用。通过研究发现乡贤参与农村基层社会矛盾纠纷也存在诸多问题，本文提出一些可供参考的对策建议，以期对促进乡贤参与社会矛盾化解提供一些启示。

第一，不断完善乡贤参与社会矛盾化解的体制机制。近年来，虽然国

[①] 资料来源：X市宣平镇2021年6月27日上午访谈资料（XP20210627）。
[②] 资料来源：X市宣平镇2021年6月28日上午访谈资料（XP20210628）。

家重要领导人的讲话和中央文件也都强调了乡贤在乡村治理中的作用,但顶层设计上的呼吁在基层执行中却很难。农村基层政府对探索建立以乡贤为主体的协同共治机制仍处于口头阶段,实际上并没有成形的机制,使得乡贤参与社会矛盾化解多半出自私人关系而非与官方合作,这使得乡贤参与社会矛盾化解处于十分尴尬的境地。因此,应当出台相关法律法规以增强对以乡贤为主的社会力量参与社会矛盾化解的法律支持。特别是补充对乡贤参与社会矛盾化解的相关条文条例,使得乡贤参与社会矛盾化解具备合法性、法制性。具体还应当对以乡贤为主的社会力量参与社会矛盾化解相关的身份角色、工作职责、参与范畴、权利义务制定准则规范,对乡贤相关的工作原则、工作程序、工作内容、工作方法等均制定相应的实施细则与规范准则,使得乡贤参与社会矛盾纠纷调解活动更加规范化、科学合理化。

  第二,加强对乡贤人才的吸引、培养与管理。挖掘和发扬传统乡贤文化资源有助于各乡村地区因地制宜继承和发扬传统乡贤文化,为宣扬乡贤文化寻根铸魂。需要做到:一是各乡村地区应当收集和整理当地古代以及近现代乡贤人士的事迹等资料,进行有力度的宣传,使得人人知道有乡贤、人人都争做乡贤,使得乡贤品德言行受到尊重和效仿;二是重视当地乡贤的引领示范作用,如建立善行义举榜评选出身边的道德模范,并通过乡贤文化长廊对乡贤善举义行进行公示,从而形成舆论褒扬,有力地宣传了乡贤文化。另外要加大政策扶持,引导乡贤人才回归,这就需要政府加大政策扶持,尽可能地引导乡贤人才回归乡村。完善乡贤政策,一是政府可以提供一些支持保障性政策,诸如提高福利待遇、提供乡贤返乡培育等举措,使得外流的乡贤人才愿意返乡,愿意扎根农村社会谋求发展;二是可以通过构建乡贤人才信息网,建立乡贤人才资源库,从而乡村社会在发展过程中可以有效率地寻求合作伙伴,减少人才搜寻成本;三是政府可以出台一些人才优惠政策,给新乡贤提供更多发展机遇和就业机会,从而吸引人才、留住乡贤。最后,加大培训管理力度,提升乡贤参与社会矛盾化解能力。政府及相关部门人员在邀请相关乡贤参与社会矛盾调解之前,首先做好知识普及,即对乡贤进行培训,普及社会矛盾事项涉及的相关法律、国家相关政策等知识,使得乡贤可以较好地对当事人进行劝解和说服。

  第三,强化对乡贤力量的宣传引导,增强政民认同感。一是树典型,营造舆论环境。乡贤参与社会矛盾调解在农村社会矛盾化解中由于具有特殊性而只作为一种私人化、非制度性手段被使用，因而乡贤即使在社会矛盾化解中起到重要的沟通协调作用也难以为人们所知。政府对乡贤表现出来的肯定、承认态度是增强村民对乡贤信任感的重要方式。因而可以通过传统媒体、互联网等新型媒体为平台和载体，对一些有乡贤参与社会矛盾调解取得较好效果的典型事件进行宣传，政府要善于树立典型，褒扬乡贤在社会矛盾调解中的善行义举，营造重乡贤、敬乡贤、用乡贤的社会风气。二是重视对乡贤的精神奖励与价值肯定。能成为乡贤的人一般物质条件较好，对声名、荣誉等精神层面有了一定的重视和追求，因而通过对积极参与社会矛盾纠纷调解的乡贤给出一定的精神奖励与价值肯定，对乡贤来说具有很大的激励作用。政府相关部门对于参与社会矛盾纠纷治理并表现良好的乡贤可以授予"优秀乡贤"等荣誉称号，对相关参与社会矛盾化解的典型事迹进行宣传报道，这就内在地成为鼓励乡贤群体参与社会矛盾化解的重要因素。

第四，建好社会矛盾多元共治机制，实现德治、自治、法治和政治之间的有效衔接。建立乡村乡贤理事会与村委会、法院和党委政府之间的联系，形成德治、自治、法治和政治的社会矛盾化解程序链，建立以德治为基础、自治和法治为主体、政治为顶端的金字塔式社会矛盾化解组织体系。对农村社会矛盾纠纷，可以发挥乡村乡贤的权威作用，为乡村访民提供心理抚慰服务。

第五，健全衔接机制，实现国家治理与乡贤治理的无缝对接。从村组到居委会到乡镇到县区，建立不同层级的乡贤治理对接机制，实现层层导入、层层化解。建立社会治理规范化制度和程序，确保必要的证据、程序和依据。在乡贤化解社会矛盾的法律效力与仲裁、诉讼的法律效力之间建立衔接机制。社会调解或仲裁的结论可以成为诉讼的法律依据。在乡贤调解、律师调解、村委会调解之间建立衔接机制。建立非专业人士化解社会矛盾与专业人士化解社会矛盾之间的对接，建立信息共享、流程合理的社会力量化解社会矛盾的综合平台。

The Participation of Rural Elites in Resolving Rural Social Contradictions: Models, Strategies, and Optimization Paths

Kong Fanyi   Xiao Lili

(Wuhan University, Zhongnan University of Economics and Law)

Abstract: The participation of rural elites in resolving rural social conflicts is a creative return to the tradition of gentry, and it is an effective response to the hollowing out and failure of rural governance. Based on the dimensions of legitimacy and effectiveness, the models of rural elites' participation in resolving rural social conflicts can be divided into three types: good governance type, limited type, gray type, and disorderly type. They promote the resolution of grassroots social conflicts through strategies such as being driven by capable individuals, signing guarantees, parent lobbying, face control, and caring for people.

Key Words: Rural Elites; Resolving social conflicts; Rural area

嵌入式扶贫、脱嵌风险与防范机制研究[*]

——以陕西省 B 县为例

张 伟[1]　田梦瑶[2]

(1. 陕西师范大学国家安全学院（政法与公共管理学院）　西安　710119；
2. 上海交通大学国际与公共事务学院　上海　200240)

内容提要：全面建成小康社会及乡村振兴背景下，反思嵌入式扶贫理论与实践，探讨相对贫困治理新路径。基于脱嵌理论视角，以陕西省 B 县精准扶贫实践为例，探讨"项目、组织、利益"等要素嵌入下的贫困治理风险及防范问题。调查研究发现，嵌入式扶贫存在产业项目"排异"、扶贫组织"逃离"、扶贫"形式主义"等脱嵌风险。为防范扶贫脱嵌风险，提出"适应性治理"扶贫：完善产业扶贫机制，避免"排异"风险；健全扶贫参与机制，避免"逃离"风险；创新利益联结机制，避免"形式主义"风险。

关键词：嵌入式扶贫；脱嵌风险；相对贫困；适应性治理；乡村振兴

一　引　言

脱嵌理论最早由卡尔·波兰尼在其论著中提出，认为市场不会单独存

---

[*] 基金项目：陕西省社会科学基金年度项目"农村精准扶贫的基层实践经验与制度优势研究"（2020A027），国家社科基金西部项目"农村集体产权制度优势转化为治理效能的逻辑与路径研究"（20XKS015），陕西省自然基金一般项目"陕西省小农户与现代农业耦合发展机制研究"（2020JQ－428）。

作者简介：张伟，男，博士，陕西师范大学国家安全学院（政法与公共管理学院）副教授，研究方向为贫困治理与农村改革发展；田梦瑶，女，上海交通大学国际与公共事务学院硕士研究生。

在，必然"嵌入"社会、政治、宗教、文化等其他因素。①脱嵌理论主要阐述事物整体与局部之间的关系，"脱嵌"是指将属于某一个整体中的事物分离出来。然而，当某一事物嵌入另一事物之中成为一个整体后，一旦脱嵌将面临形态改变风险。由于经济社会发展的不平衡不充分，农村贫困治理需要外部力量的支持。②2013年开展精准扶贫工作至脱贫攻坚取得胜利表明，"外在力量"进入的嵌入式扶贫成为我国农村扶贫的主要形式，促使扶贫工作取得显著成效。进入相对扶贫阶段，总结反思贫困治理理论与实践，有利于"巩固拓展脱贫攻坚成果，增强脱贫地区和脱贫群众内生发展动力"。

嵌入式扶贫是指产业项目、扶贫组织、利益关系等要素嵌入贫困村③④，形成"X+贫困户"的贫困治理机制。其中，产业项目嵌入扶贫主要表现为国家通过扶贫开发向贫困村庄下沉，实现国家力量嵌入扶贫⑤⑥；扶贫组织嵌入扶贫是指多元扶贫主体形成复杂网状嵌入关系，通过产业发展载体实现精准脱贫⑦；利益关系嵌入兼顾贫困户、企业及其他新型经营主体的多方利益，通过促成产业要素的集成和产业价值的大幅增长而促进贫困人口增收，将贫困人口固定到扶贫企业主导的产业链条中。⑧⑨产业项目、扶贫组织、利益关系等要素嵌入贫困地区后有效带动

---

① 参见［匈］卡尔·波兰尼《巨变：当代经济与政治的起源》，黄树民译，社会科学文献出版社2013年版，第27—28页。

② 参见璐瑶、王慧斌《易地扶贫搬迁集中安置区的治理困境及风险——基于山西某贫困户集中安置新村的实证调研》，《中国农村研究》2021年第2期。

③ 参见孔德斌《嵌入式扶贫的悖论及反思》，《理论与改革》2018年第2期。

④ 参见董帅鹏《关系嵌入与精准偏离：基层扶贫治理策略及影响机制研究》，《中国农村观察》2020年第4期。

⑤ 参见李卓、徐明强、左停《"扶贫包干制"的制度建构与实践路径——基于黔西南B镇的案例分析》，《西南大学学报》（社会科学版）2020年第2期。

⑥ 参见刘俊英《项目制贫困治理：理论与实践》，中国经济出版社2019年版，第20—28页。

⑦ 参见莫光辉、祝慧《社会组织与贫困治理——基于组织个案的扶贫实践经验》，知识产权出版社2016年版，第156页。

⑧ 参见郭晓鸣、廖祖君、张耀文《产业链嵌入式扶贫：企业参与扶贫的一个选择——来自铁骑力士集团"1+8"扶贫实践的例证》，《农村经济》2018年第7期。

⑨ 参见程联涛《我国农村扶贫开发制度创新研究》，贵州人民出版社2017年版，第61—62页。

贫困户脱贫，但却面临如何跨越"梅佐乔诺陷阱"①，嵌入性机制与乡村社会运行机制之间的冲突、嵌入性机制之间关系失调，嵌入要素不符合当地实际情形等风险②，制约长效扶贫、相对贫困治理效果。另外，脱嵌式开发与当地社会文化制度等不相容，破坏生态环境，是一种不可持续的开发。③

总结嵌入式扶贫研究成果后发现：嵌入式扶贫包括"项目制"嵌入、扶贫组织主体嵌入、利益关系嵌入等，存在扶贫项目不契合当地实际、扶贫主体"逃离"、扶贫"形式主义"等脱嵌风险。为此，本文基于脱嵌理论视角，重点探讨陕西省B县嵌入式扶贫实践及其面临的潜在扶贫脱嵌风险，最后尝试提出防范扶贫脱嵌风险、有效治理相对贫困的针对性建议措施。

二 嵌入式扶贫：B县"X+贫困户"扶贫实践

B县位于陕西省东部秦巴山区，原属于国家级贫困县，总面积1455平方公里，辖121个村，总人口21万人，农田"薄、陡、碎、瘦"是其自然条件真实写照。在实现脱贫过程中，B县接收多方面扶贫要素（X）"进入"。"X+贫困户"嵌入式扶贫是在实践中探索出来的扶贫方式，调动多方要素力量参与到B县扶贫，并取得显著的成效。

（一）项目嵌入

项目嵌入扶贫是B县最常见的扶贫实践形式，包括"农业园区、社区工厂、旅游景区、创业扶持项目"等政府主导实施扶贫项目嵌入，形成"项目制"扶贫方式。B县受资源禀赋限制，为外来项目嵌入创造有利条件。项目嵌入扶贫为贫困县带来直接经济效益，显著促进贫困户就业、增加家庭收入，短期内能较快实现贫困户脱贫。因而，项目嵌入式扶贫或项目制扶贫是地方政府所热衷的扶贫方式，能够短期投入迅速见效，

---

① 参见袁立超、王三秀《嵌入型乡村扶贫模式：形成、理解与反思——以闽东南C村"干部驻村"实践为例》，《求实》2017年第6期。
② 参见穆军全、方建斌《精准扶贫的政府嵌入机制反思——国家自主性的视角》，《西北农林科技大学学报》（社会科学版）2018年第3期。
③ 参见耿言虎《脱嵌式开发：农村环境问题的一个解释框架》，《南京农业大学学报》（社会科学版）2017年第3期。

更容易凸显地方政绩。①

通过发挥政府积极主导作用，大力培育产业项目促进 B 县脱贫。为吸引外来资源参与扶贫，B 县结合产业发展实际，出台专项产业扶持优惠政策，涉及房租水电补贴、职业培训、岗位补贴、企业贷款等系列政策，降低产业项目准入门槛，为农业园区内项目顺利落户亮起"绿灯"。B 县天村（化名）的"山上建园区、山下建社区、农民变工人"扶贫模式，采取入股和流转的形式，将村中撂荒的土地一次性集中起来，建设现代农业示范园项目。实行集约规模经营，提高土地生产效益，增加村民收入，实现贫困户脱贫。

B 县为增强产业项目扶贫效果，促进贫困户就业增收，出台《B 县全民创业促就业扶持办法》《B 县首次创业、个体工商户转型升级和商标发展奖补认定办法》等创业就业及开发项目扶持政策，以项目"硬"嵌入方式嵌入 B 县，发挥扶贫顶层政策设计作用。通过加大资金扶持、强化技能培训、加强融资服务、落实税费减免等一系列优惠项目扶持政策，促使农业园区在 B 县各个移民搬迁安置小区附近迅速落地和发展，吸纳众多的搬迁群众就近就地转移就业，最终实现"搬得出、稳得住、能致富"目标。

（二）组织嵌入

各类市场或社会组织嵌入贫困村是嵌入式扶贫另一重要实践形式，具体包括农业龙头企业、农民合作社等经济组织嵌入，还包括工商联、行业协会等社会团体嵌入，形成"组织/主体+扶贫"的贫困治理方式。各类经济和社会组织构成扶贫工作主体，是扶贫项目具体承担实施者，是农村扶贫的重要力量。② 经济和社会组织力量作为政府行政力量的重要补充，以"柔"嵌入的方式进入 B 县，在产业、教育、医疗等领域对贫困户进行帮扶。

B 县持续加大新型农业经营主体的培育力度，制定出台《关于实施创业人才工程的意见》，从资金支持、配套政策等方面大力培育农业龙头企业、农民合作社等农业新型经营主体。同时，引导各类新型农业经营主体

---

① 参见原贺贺《产业扶贫普惠型奖励项目与基层治理逻辑》，《求实》2020 年第 1 期。
② 参见朱志伟、徐家良《公益组织如何嵌入扶贫场域？——基于 S 基金会扶贫参与策略的案例研究》，《公共行政评论》2020 年第 3 期。

通过订单生产、土地托管、股权合作、吸纳就业等方式，对年度计划脱贫户实施"一对一"精准帮扶，与贫困户形成稳定的产业带动关系，实现"建设一个经营主体、带动一个产业、帮助一批贫困户"的目标。兴村（化名）曾是B县市级贫困村，经济落后、交通不便。2014年底，县政府工作人员宋某到兴村担任第一书记后，推动"合作社＋农户"的发展模式，促使该村成立两个种养殖合作社，引导当地农户发展符合实际的农业产业，帮助147户发展核桃产业，实现全村核桃种植面积1000余亩，推动农户持续增收。2016年底，兴村在册贫困人口已全部越过贫困线。

市场力量、社会组织力量在参与精准扶贫的过程中，拥有与政府主导的扶贫项目所不同的优势，弥补贫困治理的"政府失灵"[①]。市场机制下企业组织参与扶贫，是企业考量"利益得失"依据市场运作规律之后做出的理性选择，一定程度避免项目制的"盲目性""风险性"等弊端。社会组织参与扶贫丰富嵌入式扶贫实践形式，吸收社会资源优势，形成多样化扶贫工作机制，减少贫困地区对扶贫项目严重依赖性。

（三）利益嵌入

形成扶贫多元主体利益共同体是长效治理贫困问题的根本途径[②]，扶贫主体通过参与扶贫获得直接或间接利益，建立贫困治理的利益联结机制。并且创建扶贫主体与贫困户利益衔接机制，只有贫困户顺利脱贫，扶贫主体才能获得最大化利益，即将扶贫资源与贫困户利益进行动态捆绑，实现共生共赢。B县建立园区与贫困户利益共享、风险共担的联结机制，支持园区吸纳贫困户入股、就业，打造利益共同体。

借助苏陕协作平台，B县与江苏省多家毛绒玩具企业签订合作协议，在农村社区尤其是搬迁社区内兴办工厂。社区工厂通过雇用贫困户从事工作生产获利，并促进贫困户就地变成工人，形成社区工厂与当地贫困户利益共生机制。使得B县许多留守妇女能够在家门口实现就业，每月都有稳定的工资收入。由此，解决一批贫困户的收入问题，同时还能照顾家中的老人和孩子。

---

① 参见袁明宝、余练《精准扶贫嵌入与全面脱贫的基层治理逻辑》，《开放时代》2021年第3期。

② 参见何阳、娄成武《后扶贫时代贫困问题治理：一项预判性分析》，《青海社会科学》2020年第1期。

以毛绒玩具厂规模化发展影响力为辐射,B 县借助生态、人力资源等优势,大力发展农产品加工、休闲农业、生态旅游、电子、服装等劳动密集型产业项目。创新"龙头企业+合作社+农户""特色农业园区+农产品加工厂+安置社区+搬迁户""传统工艺+生态旅游+手工艺工厂"等产业发展模式,推动形成共同利益体。另外,B 县拉长、丰富产业链发展,积极打造"一镇一品",促使社区工厂在各个移民搬迁安置小区持续发展,提升农村产业综合效益,吸收、组织、带领贫困户脱贫增收。

三 脱嵌风险:B 县嵌入式扶贫潜在风险分析

产业项目、扶贫组织、利益关系等嵌入 B 县后,打破单纯依赖资金投入的"输血"式扶贫,开始为贫困地区"造血"。为达到更好的减贫效果、全面推进乡村振兴,需审慎检视嵌入式扶贫存在的脱嵌风险及对治理相对贫困的阻碍。

(一)产业项目"排异"风险

产业扶贫往往难以预测市场需求,产业结构调整缓慢,产业项目的连续性也较差,要想在贫困地区通过发展产业来实现脱贫,并不是一种长久、行之有效的方法。[①] 一方面,农业产业的投入较大,回报的周期普遍比较长,短期内还难以成为促进贫困地区持续发展的支柱型产业。另一方面,农产品受市场供求关系的影响大,在产业化、规模化之后容易出现价格波动的情况,进而难以保证成本的回收,有时甚至会出现较大亏损。一旦发生产业项目"排异"风险,会对扶贫工作的顺利进行造成阻碍,产业项目的失败或中断,甚至有可能导致贫困户返贫。

实施产业扶持项目是嵌入式扶贫的重要形式,成为最常见的扶贫手段,对贫困地区脱贫具有重要影响。[②] 与此同时,"盲目"的产业扶持项目既增加了贫困地区财政负担,也"耽误"该地贫困治理进程,导致扶持产业项目与贫困地区的"排异"风险。正如器官移植后可能出现的排

[①] 参见贺雪峰《贫困地区产业扶贫为何容易失败》,《第一财经日报》2017 年 7 月 12 日第 A11 版。

[②] 参见吕鹏、傅凡《资本的有机嵌入——以某农业产业扶贫项目为关键个案》,《学术月刊》2022 年第 7 期。

异反应一样,嵌入B县的项目"X"也有可能脱嵌于B县,从而造成不良的后果,偏离精准扶贫的目标。许汉泽、李小云(2017)通过对华北李村产业扶贫项目的考察,认为产业扶贫的地方实践一旦背离精准扶贫政策目标,由于其本身存在市场风险,容易给贫困户造成亏损。[1]

在B县"X+贫困户"嵌入式扶贫实践中,产业扶持项目"排异"问题已经露出端倪。由于B县属于国家级贫困县,上级财政转移支付力度大,为促进扶贫见效快,大力培育引进农业园区、社区工厂落户。短期内增加贫困户收入,但随着资金减少,已实施的项目就有可能面临停滞、荒废的风险。由项目本身所带来的人、财、物都有可能从B县撤退,这将给B县的持续扶贫工作带来创伤。产业扶贫的项目减少,旧的项目结束,新的项目还没有实施,项目之间的连续性较差。并且,B县为农业县,因其自然条件差,基础设施建设滞后,加上扶贫项目资金的减少,农业产业园区后续维护、发展成为B县的一大难题。

(二)扶贫组织"逃离"风险

农业既是弱势产业,也是极具前景的绿色产业。农村持续改革为工商资本进入农业产业减少阻碍,同时扶贫也给企业等组织涉足贫困地区农业发展提供便利条件。农业企业等扶贫组织因"有利可图""社会责任",或因其他种种原因进入贫困村,在实现组织核心目标的同时,促进贫困户脱贫。但扶贫组织参与扶贫实际中,存在"中途离场"、偏离农业等"逃离"风险。扶贫组织"逃离"风险是指企业等扶贫组织因内、外部原因,终止扶贫,离开农业农村,而给扶贫工作带来的潜在风险。

扶贫组织"逃离"即"中层脱嵌"[2],企业等组织参与扶贫过程中,出现退出离开,或非粮化等现象。企业进入贫困地区,最初受惠于政府扶贫政策,从扶贫项目中获得资金补贴等,随着获取外部资源减少,一旦面临企业经营不善或市场风险,企业便可能选择退出扶贫。另外,扶贫组织虽然没有离开,但实际是租赁农地,进行非粮化、非农化经营活动,导致事实上偏离农业。

---

[1] 参见许汉泽、李小云《精准扶贫背景下农村产业扶贫的实践困境——对华北李村产业扶贫项目的考察》,《西北农林科技大学学报》(社会科学版)2017年第1期。

[2] 林顺利、孟亚男:《嵌入与脱嵌:社会工作参与精准扶贫的理论与实践》,《甘肃社会科学》2018年第3期。

企业等扶贫组织离开贫困地区的原因是多样的，包括自身资金短缺、参与制度机制缺失等。农业产业投入周期长、自然风险大，如没有足够资金实力和充分思想准备，一旦面临市场和自然灾害双重风险，企业参与扶贫将难以持续。为尽快摘掉贫困帽子，地方政府对进入农业农村的企业的资质审查不够，有些主体参与扶贫只是为获取组织最大利益，导致组织"假扶贫"，实际"骗取"国家补贴及农村资源的现象，进而挤压真正扶贫组织，最后"劣币驱逐良币"。

（三）扶贫"形式主义"风险

在精准扶贫基层实践中，存在着以政绩为导向、不务实的扶贫情形，导致"数字/表格"扶贫、"纸上扶贫"等"形式主义"现象。[1][2] 另外，为完成上级下达的扶贫任务和指标，基层政府有时会"投其所好"做一些"面子工程"，或有意避开有些"吃力不讨好"但能真正帮助到贫困户的扶贫工作。扶贫"形式主义"可能会浪费扶贫资源和机会，制约相对贫困治理效能。

扶贫"形式主义"背离贫困治理的根本目标，名为"扶贫"，实则"假扶贫"。陈义媛（2017）发现在精准扶贫的过程中为通过上级的绩效考核，基层政府一般会将扶贫的项目资金集中于某一个村，以打造"亮点工程"，造成扶贫资源分配不均的状况。[3] 例如，为达到引进社区工厂数量，B县降低门槛，忽视引入经营主体资质考察，导致有些社区工厂运营困难，减弱持续扶贫效果。

农村扶贫作为一项持续性的国家政策，其落实和推广有极其强劲的国家力量作为支撑。而整个政策的上传下达，离不开严整有序的科层制度。也正因为如此，下级政府常常要服从上级政府的命令，接受上级政府的考核。这一方面可以促进政策的层层传递与落实，另一方面也给下级政府"单纯求政绩不做实事"埋下了隐患。除此之外，借助扶贫追逐个人利益，面临扶贫任务产生畏难情绪等，是扶贫形式主义的主要内因。

---

[1] 参见王慧博《精准扶贫中存在的形式主义及其整治路径》，《江西社会科学》2019年第6期。

[2] 参见陈辉、陈晓军《内容形式化与形式内容化：精准扶贫工作形式主义的生成机制与深层根源》，《中国农村观察》2019年第3期。

[3] 参见陈义媛《精准扶贫的实践偏离与基层治理困局》，《华南农业大学学报》（社会科学版）2017年第6期。

四　防范机制：从嵌入式扶贫到"适应性治理"扶贫

产业项目"排异"风险、扶贫组织"逃离"风险、扶贫"形式主义"风险，成为相对贫困治理面临的主要风险。为此，需要推动贫困治理转型①，创新产业扶贫机制、健全扶贫参与机制、完善利益联结机制，实现嵌入式扶贫向"适应性治理"②扶贫转变。

（一）创新产业扶贫机制，防范"排异"风险

防范扶贫项目"排异"风险，主要从"免疫抑制剂"和提升"免疫力"等两方面创新产业扶贫机制。创新产业扶贫机制既要激发贫困户主动脱贫的积极性，也要促进农业供给侧结构性改革。一方面，持续优化扶贫项目，延长产业价值链，增加产业本身的效益，减少产业项目的"排异"作用。另一方面，提升贫困地区"免疫力"，即增强贫困地区和贫困户内生的抵御"致贫"的素质能力，减少嵌入产业项目"排异"风险。

产业扶贫机制要与培育新型农业经营主体、发展现代农业相结合，通过鼓励工商资本下乡、组织培训、资金扶持等方式，大力培育农业龙头企业、农民专业合作社等市场主体，提高贫困户进入市场的组织化程度。从实际出发培育贫困地区特色产业，因地制宜发展"四新"（新产业、新业态、新模式、新技术）农业，通过优化项目把产业立起来。另外，产业扶贫机制要与扶志扶智相结合，激发贫困户自主脱贫、勤劳致富的创业热情。

（二）健全扶贫参与机制，防范"逃离"风险

健全多元组织/主体扶贫参与机制，构建政府、市场和社会协同推进的贫困治理平台体系，充分发挥地方政府主导作用、龙头企业带动作用、社会组织协调作用、贫困户能动作用。优化多元主体参与扶贫程序审查，提高扶贫组织"嵌入"门槛，避免扶贫"滥竽充数"。建立扶贫风险基金，减少因扶贫项目失误、主体经营管理不善、自然灾害与市场风险等导

---

① 参见王晓毅《贫困治理机制转型》，《南京农业大学学报》（社会科学版）2020年第4期。
② 适应性治理强调政府与非政府行动者之间、政府内部不同部门或不同层级之间的合作关系网络，重视致贫外部环境及多元主体贫困治理能力。

致中途"退场",促进扶贫组织长效嵌入贫困地区。

解决扶贫中因"身份认同"问题造成的"逃离"风险,首先给予多元参与主体明确的身份与责任,完善扶贫主体进入与退出机制,建立政府、市场和社会等协同嵌入扶贫体系。另外,解决扶贫中因"资金短缺"问题造成的"逃离"风险,结合实际给予多元主体参与扶贫工作适当的资金支持和纳税补贴,促使社区工厂等主体在"进得来"之后更能"留得住""发展好"。

(三)完善利益联结机制,防范"形式主义"风险

改革完善扶贫利益联结机制,扶贫过程中既要解决贫困户的实际经济困难,也要兼顾企业利益和社会公共利益的实现与发展,防范嵌入式扶贫"形式主义"风险。厘清联结贫困户与企业等扶贫主体之间利益关系,完善利益联结和脱贫带贫体制,构建扶贫利益产生机制、利益分配机制、利益保障机制等利益机制体系,增强贫困户收益的持续性和稳定性。防范扶贫"形式主义"风险,根本上是让贫困户分享产业发展红利、参与企业生产经营,变简单"扶持到户"为"效益到户"。

积极引导基层政府、企业、合作社探索利益联结机制,引导民间、工商资本参与农业产业化经营,推动合作方式由"松散型"向"紧密型"转变。借助企业资金和技术优势,发挥企业带动能力,完善"企业+合作社+农户"等利益联结模式,使企业与贫困户之间形成"利益共享、风险共担"的利益共同体。并且围绕特色产业,因地制宜发展和壮大农民专业合作组织、村股份经济合作社,搭起农户与企业、农户与市场的连接纽带,协调农户与农业经营主体之间的利益关系,强化农户在市场中的主体地位。

五 结语

从历史逻辑、实践逻辑来看,中国扶贫制度优势与贫困治理效能显著,提高了全面建成小康社会的成色。从扶贫理论逻辑来看,贫困治理由"救济式"到"开发式","道义式""动员式"到"制度式""精准式"转变,由绝对贫困治理到相对贫困治理,适应性贫困治理为防范扶贫脱嵌风险、实现相对贫困治理提供可能的理论答案。适应性治理理论重视客观环境复杂性和不确定性,倡导政府、市场、社会、贫困户等多元主体参与

的农村贫困治理体系，构建多元主体、现代性、小农生产方式和乡村社会关系的互动治理关系，为全面建成小康社会背景下相对贫困治理问题提供理论解释与实践选择。

Research on Embedded Poverty Alleviation, De-embedded Risk and Prevention Mechanism
— Take County B in Shaanxi Province as an Example

Zhang Wei[1]　Tian Mengyao[2]

(1. School of National Security, Shaanxi Normal University, Xi'an 710119;
2. School of International and Public Affairs, Shanghai Jiaotong University, Shanghai 200240)

Abstract: In the context of building a well-off society in an all-round way and revitalizing the countryside, we should reflect on the embedded poverty alleviation theory and practice, and explore a new path to governance of relative poverty. Based on the perspective of de embedding theory, taking the practice of targeted poverty alleviation in B County of Shaanxi Province as an example, this paper discusses the risk and prevention of poverty governance under the embedded elements of "projects, organizations, interests". The survey found that embedded poverty alleviation has the risk of "exclusion" of industrial projects, "escape" of poverty alleviation organizations, and "formalism" of poverty alleviation. In order to prevent the risk of poverty alleviation, we propose "adaptive governance" poverty alleviation: improve industrial poverty alleviation mechanism and avoid the risk of "exclusion"; Improve the poverty alleviation participation mechanism to avoid the risk of "escape"; Innovate the interest connection mechanism and avoid the risk of "formalism".

Key Words: targeted poverty alleviation; embedded poverty alleviation; de-embedding risk; adaptive governance; rural revitalization

斗气：乡村日常生活中的道义之争[*]

王祖根　周永康

（湖北工程学院政治与法律学院　湖北孝感　432000）

内容提要：斗气是中国"关系本位"文化中一种独特的社会现象。它是人们在日常生活中围绕情感、利益、面子等纠纷而采取的抗争行动，目的是人们期望在相互依赖的关系网络互动中获得一种道义平衡感。"斗气"背后隐藏着深层文化心理结构，在社会转型的巨大冲击下，其呈现出变与不变的复杂态势。在当前，我们应坚守仁义慈爱的伦常道义，并兼收并蓄正面的现代价值如重人格独立自由、重权利保护等融入其中，从而形成新的村庄道义秩序，最终实现乡村社会的重建。同时，应结合传统道义平衡的调解机制，辅之以现代性的法律调解机制以及其他专业调解机制（如社会工作专业干预、心理干预），从而形成"气的长效救济机制"。

关键词：斗气；关系本位；道义平衡感

一　问题提出

"气"是中国文化的重要组成部分，被视为万物之本源。"气"不仅是与生命意义相关的生理之"气"，而且也是一种心理之"气"和伦理之"气"。生理之"气"是人的生命力的基础。故中医讲养生重在养气血，强调人体阴阳二气之平衡调和。在以"养气"为核心的养生理念基础上，逐步发展出了心理和伦理意义上的"养气"，实质即养（德）性。这样，

---

[*] 基金项目：国家社会科学基金项目"改革开放以来社会转型中乡村精神生活的嬗变与重建研究"（10BSH034）。
作者简介：王祖根，男，博士，湖北工程学院政治与法律学院教师，主要研究农村社会学、教育管理；周永康，男，重庆忠县人，西南大学国家治理学院教授，硕士生导师。

气就具有了生理意义、心理意义、伦理意义、人生意义等多重意涵。因此，我们日常生活中耳熟能详的"把我气死了""堵得慌""怄气""咽不下去这口气""争气不如忍气""人争一口气"等这类词，除了可以直观地感受到这种生理意义上的气不通、气不顺之外，我们自然还会把气跟某种伦理道德意义以及人格尊严联系起来。总之，在"气"中蕴涵着中国人的道德价值、心理情感、人生意义以及相应的互动关系和行动逻辑。

以往对气的研究多是在哲学和文化层面上来进行的，是一个脱离社会生活的经验命题。国内较早对其进行经验探究的是应星和陈柏峰同期发表在《开放时代》上的两篇文章。应星在《气与抗争政治》一书中提出"气"这一概念，他认为气是遭遇冲突时的一种状态，融合了理性道义与激情的人的社会行动的促动力。[1] 他是在探讨乡村公共生活中的集体性抗争行动时，谈及"气"，他认为当代中国乡村集体行动再生产的基础并非是利益或理性，而是伦理，这个伦理就是中国文化中的"气"。他着重从农民与基层政府的互动视角分析了"气"在乡村集体行动再生产过程中的作用机制。陈柏峰认为气是人们在村庄生活中，未能达到常识性的正义衡平感觉时针对相关人和事所发生的一种激烈情感。[2] 他在村庄实证调查的基础上，分析了"气"在村庄生活中的内在平衡机制，表明在村庄关于"气"的平衡机制日益失败的情形下，人们越来越肆无忌惮地释放"气"。他认为这种现象的出现必须放到当前中国现代性和伦理变迁的背景下去理解。

应星、陈柏峰二人对"气"的开创性研究已经涉及了"斗气"这一乡村日常生活中的习见现象。只是他们更多是从乡村公共政治层面来探讨"气"。我们认为，还应在人们日常生活的微观层面中去理解"气"特别是"斗气"。在乡村社会，人们往往因为"咽不下这口气"而为一些小事赌气、斗气，有时甚至以命相拼。这些斗气普遍发生在村民之间乃至家庭内部，或因分家赡养，或因利益纠纷，或因纯粹口角相争，或因为讨个说法，或因输不起的面子等而引发。许多人因为"气不过"相互"斗气"

---

[1] 参见陈柏峰《"气"与村庄生活的互动——皖北李圩村调查》，《开放时代》2007年第5期。

[2] 参见陈柏峰《"气"与村庄生活的互动——皖北李圩村调查》，《开放时代》2007年第5期。

而形同陌路，老死不相往来。由此，可以发现，在乡村社会，斗气主要不是一种对外的公共性政治行动，而主要是一种乡村内部的微观日常行为。在村庄日复一日的看似"单调"而"无意识"的生活中，在人们相互编织的"关系网络"中，无时无刻不充满着张力和布局①，充满着各种有关爱恨情仇、利益纷争、尊严面子、天道公理的"斗气"。因此，从微观的日常生活视角来考察乡村"斗气"，对于揭示乡村人日常社会行动背后隐藏的逻辑或内在根据，并由此形成具有本土价值意蕴的理论解释话语，无疑具有非常重要的学术价值。

二 分析框架：基于关系本位的道义平衡感

中国人的社会行动是关系本位或关系取向的。②"中国人之关系取向，在日常生活中最富有动力的特征是'关系中心'或'关系决定论'"，关系成为理解中国社会结构的关键性社会文化概念。③方朝晖（2011）进一步明确了"关系本位"的内涵：中国文化的模式，可以概括为人与人心理上、情感上以及价值观上相互模仿、相互攀比、相互依赖的思维方式和生活方式，以及在人与人、与环境的相互依赖关系中寻找自身的安全感。④由于关系本身不可能是由某一个人建构的，因此关系本位的文化模式突出了社会行动主体之间的相互依赖。许烺光（1989）亦指出，相互依赖是中国人的突出特征，这种依赖于他人，特别是依赖于自己最亲近的群体中人的根深蒂固的倾向，给中国人带来了社会的和心理的安全感。⑤因此，在面对利益的获取，心理情感、尊严面子、人生意义的获得以及道义秩序的维护时，每个人都不得不严肃对待"关系"这一社会枢纽。建构和维持关系是中国人日常生活的基本内容。

---

① 参见梁鸿《中国在梁庄》，江苏人民出版社2011年版，第16页。
② 参见陈柏峰《"气"与村庄生活的互动——皖北李圩村调查》，《开放时代》2007年第5期。
③ 参见陈柏峰《"气"与村庄生活的互动——皖北李圩村调查》，《开放时代》2007年第5期。
④ 参见方朝晖《文明的毁灭与新生：儒学与中国现代性研究》，中国人民大学出版社2011年版，第86页。
⑤ 参见陈柏峰《"气"与村庄生活的互动——皖北李圩村调查》，《开放时代》2007年第5期。

在中国人的关系结构中，基础要素是情感，隐藏要素是利益，统摄要素是道义。关系本位社会偏重情感，重视情感的维护。但是，这种情感关系并非如一些学者所认为的那样已经超越了利益的理性计算关系。事实上，利益在人们的关系互动中发挥着非常重要的影响，不过，这一切都要受到更高层面的道义的约束。中国人向来注重一己之道义与责任。[1] 道义涉及是与非，涉及人们行动的伦理正当性。伦理正当性的根本在于它与共识性的道德原则"公道"和"正义"相符。中国人这里所讲的"公道"和"正义"主要是与仁、义、忠、信等儒家道德理念联系在一起的。受"关系本位"文化模式的影响，中国人的道义所关注的重心不仅是单个道德主体的权益和目的，更是道德主体之间的权益（包括道德权利与道德义务）的公平分配和合理安排，因此它注重的是道德主体之间的伦理关系和道义承诺。[2] 在日常生活中，父慈子孝、夫爱妇敬、弟恭兄悌、尊老爱幼等，皆是一种相互性的、对等性的伦理关系和道义承诺。在这里，作为互动的双方，都存在着对彼此因为各自的付出和回报产生某种符合道义原则的心理期待。此种心理期待可以称为基于关系本位的道义平衡感，或类似于日本学者滋贺秀三所谓"常识性的正义衡平感觉"[3]。在人们的日常互动中，如果互动一方没有达到对方的预期期望值，就会引起心里的道义天平失衡，委屈、想不开激发心中之气的凝聚，导致双方各自为了"情、爱、理、面子、利益"而斗气，以此来维持心里的道义平衡感。

根据上述分析，我们提出了"基于关系本位的道义平衡感"的分析框架。其基本逻辑或预设是：斗气是中国"关系本位"文化中一种独特的社会现象。从社会行动视角上讲，斗气是因为人际互动过程中产生分歧和不公，当一方或双方感到相对剥夺感、道义预期值错位而导致心理挫折并可能引发攻击的行为。作为一种围绕利益、情感、面子、尊严等产生的纷争行为，斗气事实上是兼有或兼容上述内容的既有情绪激发又有理性驱动的社会行动。这种社会行动将道义原则作为根本的或具有底线意义的衡量标准。因此，不管是涉及利益纷争的斗气，还是涉及情感纠纷、面子尊

---

[1] 参见陈柏峰《"气"与村庄生活的互动——皖北李圩村调查》，《开放时代》2007年第5期。

[2] 参见万俊人《论道德目的论与伦理道义论》，《学术月刊》2003年第1期。

[3] 滋贺秀三：《中国法文化的考察》，王亚新译，王亚新、梁治平（编）：《明清时期的民事审判与民间调解》，法律出版社1998年版，第13页。

严、讨个说法的斗气，人们最终是根据"道义"这个天平称量的结果，来决定自己行为的方式与方向。从根本上讲，斗气是一种道义之争。这种道义之争具有维护人们的利益、情感、尊严、面子，以及维持良好关系和社会秩序的作用。然而，极端的道义之争或斗气也往往会导致严重的负面结果，即两败俱伤、关系的彻底破裂以及固有的秩序瓦解。当前，以工业化和城市化为标志的社会大转型正在对中国乡村社会形成巨大的冲击与解构，也极大地影响着人们的价值观念以及相应的行动方式或行动取向。一方面，人们的社会行动会固守传统的文化模式，从而呈现出牢不可破的"定势"；另一方面，乡村社会流动性、开放性的增强，新的社会结构、社会关系的产生，都不断销蚀着人们的观念与行动方式，从而呈现出已然松动的"变势"。我们选择乡村社会的"斗气"这一习见现象来进行研究，其目的正在于弄清楚那"定势"背后的深层文化心理逻辑，以及那"变势"呈现出的新逻辑，从而为转型时代的乡村社会重建提供微观的经验与理论的根据。

本文研究的资料来源于笔者历时一年半对湖北省宜昌市秭归县屈原镇岗家坪村的实地调研、访谈。地跨长江南北两岸的岗家坪村，与三峡大坝眺望可及，离县城70多公里，现有人口1000余人。村子现有耕地2000余亩，主要种植小麦和玉米，80%以上的土地都全部栽种橙子等果树，由于农村收入不高和城市化的发展，村组中有着大量人口外出打工或迁居，但是总体上还保持着相当的人气，所以有利于笔者展开调研。

三　案例分析：斗气——乡村日常生活中的道义之争

（一）为情感斗气

为情感斗气主要发生在家庭生活内部。血缘亲情是中国人日常生活的中心主题。一个正常的中国人即使不以国家为念，纵然对神明也不屑一顾也很难让他否定自己的祖宗和家庭，否定家对于自己的意义。[1] 家庭成员关系的维护，就有赖于那份浓浓的"亲情"以及在此基础上推衍出来的"道义"。不过，人们有时为了维护住那不能任意选择的情感关系，会把那种种不合道义的不公、委屈隐藏起来，牺牲自己以成全他人。然而，这

---

[1] 参见吴飞《浮生取义》，中国人民大学出版社2009年版，第30—35页。

种委屈隐忍会导致怨气的不断积聚，如果互动双方又缺乏良好的沟通与情感表达，以至于彼此的心理期待落空，觉得道义的天平严重失衡时，斗气就不可避免地发生了。

1. 夫妻为爱斗气

在乡村社会，人们普遍认为，过日子才是第一要义，因而比较忽视夫妻之间的情爱互动，夫妻之间往往缺乏正式和经常性的情感表达与交流。① 不过，最实质的问题还不在于此，而在于交互性的、对等性的道义平衡原则被破坏了。即使夫妻之间，其思维方式与行动方式还是遵循"报"的逻辑。② 虽然人们一方面强调"不求回报"，或讲"受人滴水之恩，当以涌泉相报"，但另一方面人们事实上期望的是有付出就应有回报，而且二者基本上应是对等的。夫妻之间为情感斗气，实质也是由于双方的情感付出与回报不对等，使夫妻"道义"失衡所致。

案例1（陈某，女，40岁：爱得太累）：……我那次喝药真的是气堵了，我掏心掏肺地为了这个家，他（丈夫）从来都不理解我，有脾气就对我发，我那天生病了不舒服没给他做饭他连一句心疼的话都没有，闷着不作声，还直发牢骚。结婚以来，好多事我都忍着，这么多年了，现在还是这样，我心里太累了，我越想越呕，这日子不是人过的，什么时候是个头啊，死了算了免得活着遭这份罪。看我死了他整成什么样子。在被问及其为什么不选择离婚，她却说："过了大半辈子了，他就是不懂得疼人，还折腾个啥，看在这个家的分上我也就认命了，只希望他哪天能理解我，能让着我也就够了。"

陈某为爱做出了自己的牺牲，任劳任怨，对丈夫给予很高的情感期望和道义期望，希望通过夫妻之间的亲密关系来换回丈夫的理解和心疼。然而丈夫却是木讷不言或者根本对其心理上的需要不关心，还埋怨、指责她，使她觉得自己的情感付出没有得到相应的情感回报。在道义的天平上，她是赢者，认为自己理直气壮，公道与正义在自己这一边。理想的结果是，丈夫意识到自己的"理亏"，及时兑现自己的道义承诺，对妻子给予相应的情感回报，这样夫妻情感关系得以维持与加深。糟糕的现实结果却是，拥有更多道义资本的妻子，虽然自己理直气壮，却无法打动丈夫的

---

① 参见吴飞《论过日子》，《社会学研究》2007年第6期。
② 参见翟学伟《中国人的行动逻辑》，社会科学文献出版社2000年版，第1—10页。

心或唤醒其道义承诺，因而赌气喝药。由此看出，夫妻之间围绕情感进行的斗气或道义之争的结果取决于互动双方的行动回应。因此，斗气既可能挽回失衡的情感关系，也可能根本就无济于事。虽然觉得心有不甘，觉得十分委屈，但还是选择牺牲自己，成全家庭，为了家庭大爱舍弃自己的小爱。陈某的做法是为了那个五味杂陈的"亲情"而无奈接受夫妻情感关系与道义关系严重失衡的事实，她放弃了自己的情感要求，也放弃了为道义而抗争。这就是很多深陷在亲情泥潭中的乡村人的现实命运。

2. 亲子为"慈孝"斗气

在差序格局的人伦关系中，夫妻之间的爱是人伦之始，而父母对子女的慈和子女对父母的孝是另外两个基本人伦，人伦关系中不仅涉及亲情，还关系到道义问题。这三对关系是一种亲密关系，但同时也是一种道义关系。情感与道义之间两相纠葛，处理不好就会导致人与人之间的道义失衡相互斗气。

案例2（李婆，女，65岁：养了个白眼狼）：我那个小子真是没良心，有次下大雨他锄地去了，我也不知道他把耕牛牵出去吃草了，让牛在外面淋了大半天雨，他回来就不给我好脸色看，"当真让你一天吃三顿饭，什么都不管啊，你看得到的事都不做，真享清福"。我本来眼神也不好，平白受这个气，现在我没用了嫌弃我了，也不念及我帮他带孩子的恩情，从来没听过感激的话，活该我养个白眼狼。后来我那天赌气没有吃饭，上楼睡了，还听见他说饿死了算了，省心，这个不孝的东西，打那以后我就和他们分开住了，我要看人家外人怎么看，他不给我说个好话，我就不回去。

在一些农村地区，代与代之间的"斗气"非常普遍，而且往往老人的"气"会很重，"气不过来"就会采取自残等极端斗气方式来引起子辈的关注。李婆老了，自是希望得到儿子无尽的孝，能够尊敬、关爱她，自己儿子的狠话让她心里承受不了，得不到儿子的理解和感激，心中顿生不平之气，非得和儿子斗气，不惜以绝食和分居相抗争。在李婆看来，儿子的不孝既违"情"又违"道义"，李婆期望的是维护住那固有的慈孝关系，当与慈孝相关的"情感期待"或"道义承诺"没有得到满足或实现，斗气就往往免不了了。

3. 兄弟为"悌"斗气

"悌"即兄弟间的一种人伦关系，弟要对兄敬重、顺从，兄要对弟关爱、帮扶。"一奶同胞心连心",说的就是兄弟之间不可替代的骨肉亲情。骨肉亲情的情感期待或道义承诺若落空,也会上演出兄弟间斗气的戏来。

案例3(王某,男,48岁:亲兄弟明算账):你说兄弟亲吧,我看不一定亲。我到现在还记得我家老三(哥哥)做的一件让人寒心的事,我家小子那会升大学差报名费,我们东拼西凑的还差1500块钱,最后问他家借的时候他却说:"钱这个事倒没问题,你得给我立个字据当为把凭。"我当时简直不敢相信,亲兄弟,明算账一点都不假,于情于理他当三爹的让侄儿子寒心,让我这个弟弟更不好想。"当个大哩,就这样对自己的亲兄弟,一家人不是一家人,他家有点事我哪样没帮过。"从此以后,这气我是受着,算看白了,你不仁,我们不相干系。

"看白了""寒心""一家人不是一家人"等诸如此类的话,可以看出来当事人心里是多失望,让他感到寒心的不是事情本身而是自己亲兄弟把自己视同"陌生人"一样的态度,远远超出了他对兄弟情感和道义的心理预期。按照共识性的伦理道义,长兄有责任和义务去帮扶自己的兄弟。一旦这种"悌"义没有被一方认同或者被无视,兄弟亲情就会遭受严重伤害,乃至兄弟关系破裂,双方形同陌路人。

以"爱、慈、孝、悌"为主的伦理道义是维系家庭关系和谐的基本原则。一旦家庭成员中有人违背了其他成员内心的情感期待,某种家庭道义遭到无视、践踏,家庭关系的和谐就会遭受伤害,那些感觉自己的情感受到伤害的成员,就会陷入"为自己证明"的道义抗争之中。当然,道义抗争的根本目的不是在"理"上成为赢家,而是维护家人之间的亲情与和谐。因此,在"伸张家庭正义"的时候,人们心中最在乎的还是彼此的情感和家庭的和谐。

(二)为面子斗气

面子是与气紧密相关的一个概念。因为"脸面上过不去"而发生的挣回面子和顾全面子的斗气在乡村社会也是司空见惯,即所谓"人争一口气,佛争一炷香"。当然,争气的动机可分为很多种情况,有些是因为心中受了气只是单纯地发泄出来,有些却是为了"在脸上挂得住",展现的是一种爱面子情结,从而得到别人的认可和赞许,说出去的话不会被人看不起。"面子值几个钱",大部分人觉得面子没有什么大不了,可是真正发生在自己身上后就不这么觉得,有的甚至可以豁出去撕破脸皮去跟人进行抗争,还有人宁可牺牲自己的生命去保全自己的脸面。

1. "借钱打脸"挣面子

案例4（杜某，女，35岁：被人瞧不起而挣面子）：你不知道他（元子）当了个村组长就和比人家高一截似的，以前还不是请我们这些人帮他这儿那儿的，现在好过了就瞧不起我们这些穷人了，势利得很。想到上次我家父亲做寿，只随了100块的礼钱我就来气，好意思拿得出手，我咽不下这口气，这次他儿子结婚我随礼300块钱，一是就当送一个"顺水人情"，二是就是要"打他的脸"，想看看他的脸色，挣点面子，我们也不想再跟他有任何往来。

在关系本位文化中，面子涉及一个人在各种关系中的地位、名誉以及他人对自己的评价与认同。关系网络中个人的存在有赖于彼此之间的相对均等的付出与回报，个人存在的价值也有赖于他人的肯定或赞许。在此种交互性的依赖关系中，面子就不仅仅是一个有关声誉或人格尊严的问题，它还是一种维系个体在复杂关系网络中生存的重要资源。因此在中国人那里，面子是可以流动交换的。这就是中国人重视面子乃至会为之斗气、拼命的根本原因。在上述故事中，杜某想通过上更多的礼钱"打对方的脸"来引起村组长元子心理上的愧疚和道德上的自责，目的正是以此扭正失衡的面子互动关系。在其看来，显然元子作为村组长也算有头有脸的人物，首先理应做出符合自己身份的行为；其次，为了还以前的交换人情（帮助了元子），他也应该有所表示。元子的做法并没有达到她心理上的期待，反而激发了其心理上的记恨，开始质疑元子的人格和品质——好过了瞧不起穷人，从而出现了礼钱打脸一幕。杜某想以自己的慷慨来贬低村组长元子的吝啬、品质低劣的形象，从而给自己长脸，挣回失去的面子，最终实现面子的平衡互动。

2. 以命相搏保面子

对于那些拥有众多面子资源的所谓有头有脸的人而言，丢面子更是一件令人难以忍受的事情。与被别人看不起想挣回面子不同，这类人已经在乡村社会的人际关系中建立起很好的名誉和声望，当遇到自己名声受损时就会采取更为极端的方式去维护、保全自己的脸面。

案例5（昌明，男，56岁：脸上挂不住以命相搏）：昌明是我们村中少有的老一辈的公职干部，更是为数不多的中共党员，写得一手好字，村里的司仪主持，有头有脸，一身正气。但就在他退休后的两年里，竟然传来在二九天跳江自杀的噩耗，打捞起他的尸体的时候身上还结结实实地捆着十多斤重的大石头,"这要鼓起多大的勇气,下多大的决心啊,大冬天的,身上还捆着大石头,这是真想死了也不想被任何人知道啊。""他感到自己太丢人,想不开就自杀的,他妻子天天和他闹,说他和福利院的一个15岁的女孩有关系,这让他在村子里怎么见人啊。""他想一死了之,不想玷污自己的清白,自己好歹也是有头有脸的人物。""跟谁斗气也不该拿命来赌啊,这样好,什么都说不清楚了,不想让人知道还是让人知道了,太不值得了,对自己太不公平了。"

在乡村社会,人们不约而同地对名声在外的人有着某种特殊的期待,而这种期待自然成为他维持自我形象的外在动力,同时这种人格期待也成了其头上的一种无形压力。他的一言一行都会成为村民的焦点和热议的话题,是是非非都会被无限放大,这类人一旦遭遇某种强烈的人格、形象的打击,心理的平衡就会瞬间被打破,就会比常人考虑得更多、顾忌得更多,个人思考的空间也就越窄,留给自己的余地就越少,跟自己过不去,跟面子过不去,跟所有人过不去,陷入某种极端的桎梏,错误地认为只有一死才能挽救、弥补正在失去的一切。正因为看重在父老乡亲心中的形象、顾及脸面,他才这么决绝,而不是安然接受和默认自己的命运。因此,在关系本位的乡村社会中,面子遭遇的重大伤害,会使一个人在复杂的关系网络中活着的价值和理由被彻底毁掉,从而采取"死"的方式来证明自己的清白与无辜。

(三) 为理斗气

中国人喜欢行为做事的"合情合理",凡事不仅讲个"情"字,还要讲个"理"字。这里的理不仅包括抽象模糊的天理,也包括各种具体事情之理,实质是关乎人伦关系之理。因此天理也是人理,违背天理就是违背人理,反之亦然。在乡村社会,人与人之间的关系维持,不仅靠情,也靠理。理是对情的补充与推衍。理就是道义,因此为理斗气就是道义之争,涉及是非和行为正当性问题。

1. 讨说法

"有理走遍天下,无理寸步难行",乡村社会中斗气往往逃不过一个"理"字,只要把理说清了说亮了,大家都相安无事,反之则会以理抗争,据理力争。

案例6(王某,女,32岁:与村长掐架讨说法):村长与王某丈夫李某发生口头争执,村长踢伤本来就体弱的李某,王某上门去找村长说理，希望村长认错道个歉，赔点药费事情也就了了，村长自视清高把钱扔地上作为赔偿，始终不肯认错道歉。王某的理由是："你不好好给我个说法，这事没完！他意思就是说我们讹他钱，我们人穷志不穷，他多大官还没王法了，是他错在先，我就不信还找不到说理的地方，我要上访找领导。"

乡村社会的人最害怕被人诬陷，跟他讲狠话，一旦触碰到他们的道义底线，让是非黑白颠倒，他们就会展现出为理抗争的决绝。王某和村长掐架的理由很简单：就是要讨个说法。村长打人在先，还拒不认账、出言污秽，已经让他失去了理，这让王某觉得尊严受辱感到心里憋屈；村长摆出一副欺负人的架势更让她感到受了极大的委屈，仗着权势这样对待自己觉得十分不公平。为了出这口气无论花多大代价都要讨回这个说法，使自己心中的气得以释放。上述故事其实是一个比较极端的案例。大多数的情况是，人们的"认理儿"或为理斗气都会将其限制在情感关系和面子关系并不破裂瓦解的范围内。因为"理"上的赢家如果得理不饶人，就会使失衡的关系发生新的失衡，以至于关系的完全断裂。为此，人们即使要"讨说法"，一般情况下也会考虑理与情的平衡，从而采取更灵活的行动策略。因为在相对封闭的乡村社会，人与人之间的关系是不能任意选择的，毕竟"抬头不见低头见"，关系的维持还是最重要和最根本的。

2."一碗水端平"

在乡村纠纷中，人们往往会找一个双方都信服的"清白人"来说"公道话"，"一碗水端平"，否则能说成的事也说不成，还会使双方斗来斗去。

案例7（华和顺争理请出"和事佬"）：华早年出去务工，于是就将自己的产粮田送给顺耕作，五年之后，华因为在外挣不到钱返乡回来想重新收回自己给顺的田地，却和顺之间发生了冲突。冲突的起因是："华想要要回送出去给顺的果树耕地，拒绝支付顺提出的耕地打理经营的5000元补偿费，认为顺得了便宜还卖乖。顺认为华现在回来要回耕地和果树就是玩了心机。"种我的地还赔你钱，不赔钱还想拿回我为你打理好的荒耕地，双方各持其理，事情僵持了大半年，谁都不肯让步。"和事佬"贵子（他们以前的老师，在村里颇具威望）知道这件事后，利用自己乔迁办酒的机会对华、顺动之以情，晓之以理，首先对双方各

"打五十大板",然后"一碗水端平"提出双方各自让步的解决方案,最后达成由华支付顺 3000 元的损失费的共识。华和顺当即表示赞成贵子的提议,事后华感慨:"我还真听得进去您说的话,几句话听得人心里舒服,一般人我还真不买这个账,不是您我们两个人各执一词只怕最后要在法庭上说理去了。"

有时,理在心中却未必就能使人信服。这时,人们就会找一个公道的中间人来做评判。由于"理"在公道的中间人心中,这就让各执一词的当事人暂且把自己的理放在一边听取"和事佬"的理。与法庭上处理日常纠纷的方式不同,中间人依据的是"情理"。他首先考虑的是在维护当事人之间的乡亲关系的前提下,依照"一碗水端平"的原则来说理的;其次,他会使调解的方案合情合理,让双方都能接受;最后,根据公证人的理,双方都要各打五十大板,这样才能让各自心里找到平衡,预先给当事人一个台阶下,既顾及了乡亲的情义也照顾了当事人的面子。所以,只要不是明显失公的理,即使跟当事人内心想法有点偏颇他也会做出让步,接受中间人的处理方式,"有理无理让三分"说的就是这个道理,凡事留有余地,让今后好办事,对大家都有利,让大家心里都觉得公平、舒服,也是大家心照不宣的做人的理儿。

(四)为利益斗气

在乡村社会人与人的关系中,面上大家讲的是人情、面子,各自心里却往往有利益的盘算,这即使在家庭内部也免不了。乡村人涉及"钱"和相关利益的时候其神经是最敏感的。农村有句俗话叫"瞎子见钱把眼开",意思大概说的是连盲人嗅到铜臭味的时候尚且能争一争,何况正常人呢?虽然有种夸张的成分在里面,但在乡村生活中五花八门争财产的例子不胜枚举,为了钱和利益不惜抛开亲情,置道德于不顾,斗得不可开交,谁也休想占得格外的好处,逼急了,眼红了,亲兄弟也会不惜对簿公堂。

案例 8(张氏兄妹分遗产,利益不均斗不休):张大爷,73 岁那年意外车祸去世,经过司法途径车辆肇事者和保险公司共赔偿张大爷家 24 万,在料理完父亲的后事后,四个子女把母亲撇在一边,开始了财产之争的家庭争执。二女建议四姊妹每人 6 万,绝对公平;长子认为尽到照顾义务的应该多拿 1 万;三子认为大哥这话针对他说的,因为他没有尽义务;小女认为把钱捐一半留给母亲一半。另外三人不同意,认为小女学历最高是文化人,经济上也不缺,家庭负担也比较轻。母亲看不惯子女的争斗,只偷偷在里屋哭泣。财产利益分配纠纷僵持了半个月,最后听说还是走了司法途径处置了这笔财产。从法院出来的那一刻起,四兄妹之间再也没有走到一块儿。

在为利益斗气的过程中,张氏兄妹的行为选择依据的还是各自心中的道义天平。每个人都觉得自己有足够的"理"或道义资本去获得自己应得的利益。不过,在理直气壮的道义之争下,显现出来的却是不顾亲情的、赤裸裸的利益之争。血浓于水的亲情却被金钱的诱惑给打败了,亲情的维系,道德的牵制,在利益的面前,其力量是非常弱小的。我们还必须注意另外一个问题,即家庭中的利益斗气主要是发生在小家与小家、小家与大家庭之间的。张氏兄妹争遗产其实不是在为他们自己争,而是在为他们各自的小家争。这是因为分家以后各在一个灶房吃饭的小家,已经成为独立的经济单位或利益单位。从这里可以看出,中国人确实是根据层级的差序格局采取相应行动的自我中心主义者。[①] 此即关系本位文化模式一个核心的特征,即关系的构建与维持也是分层级的,人们由此采取的行动策略也是不同的。

另外,张氏兄妹争遗产案例也涉及了乡村社会的情、理、法的复杂关系。乡村人看重情理,不到万不得已,都不会走法庭的路子。因为法律是无情的,它不会从情理上体察每一个人的感受。采取法律的方式来处理纠纷,往往就意味着人情的放弃和固有关系的彻底破裂。正因为少了一份人情在里面,才使得"胜诉的人脸上感到无光,败诉的人感到脸上无采",最终落了个两败俱伤的结局。不过,乡村人对簿公堂的现象明显增多的趋势,与其说是司法下乡使人们观念进步的结果,毋宁说是在乡村社会长期发生作用的道义秩序的式微。纯粹的利益贪欲,越来越挣脱情理、道义的必要约束,曾有的道义承诺被抛之脑后,为了各自的私利而争相斗气、较狠。我们常听到这样一句话"现在的人越来越现实",反映的是人们心中深刻价值理念的变化即"考虑人情层面关系少了而看重现实层面的利益多了",越来越多的村民感叹世态炎凉的现状是不无道理的。

---

① 参见陈柏峰《"气"与村庄生活的互动——皖北李圩村调查》,《开放时代》2007年第5期。

四　结语

　　乡村社会中的斗气是人们在日常生活中围绕情感、利益、面子等纠纷而采取的抗争行动。此种抗争行动的目的是人们期望在相互依赖的关系网络互动中获得一种道义平衡感。道义是在乡村社会已经获得共识的具有底线意义的伦理原则。由此，这些伦理原则也构成了人们行动的心理底线。一旦这种心理底线被打破就会引发人们对"道义平衡"的诉求。倘若与自己预期的心理期待相差太大，斗气就产生了，而且其程度也会更趋激烈。我们发现，人们之所以斗气，不仅仅是为了在各种人际关系中获得自己应得的那份情感、利益、面子、尊重，在最根本的意义上则是为了维持一种正常的人际互动以及固有的各种关系的和谐，也即维持乡村日常生活的各种伦常秩序的正常运转。在相对封闭的乡村社会，人与人之间的关系不能任意选择，每个人都不能完全按照自己的意志行事，每个人的存在只有在特定的关系或群体中才有意义和价值。因此，在这种关系本位或关系中心的社会结构中，每个人都必须遵循符合各自身份或角色的道义承诺，每个人都必寻遵守对等的"付出回报"的原则，使情感、利益、面子、尊严、道义在所有成员中获得相对合理的分配和安排，否则伦常秩序的平衡就会被打破，相互依赖的社会结构就会面临瓦解的风险。斗气的终极目的本来是维持关系，但往往也容易产生不可预期的负面后果，那就是关系的彻底破裂和伦常秩序的彻底失衡。

　　在工业化、城市化对乡村正形成全面冲击的当代，那种常常会顾及情感关系的斗而不破的斗气似乎有向极端撒气、彻底撕破脸面的方向发展的趋势，乡村社会伦常道义秩序已经出现严重的失衡并面临崩溃瓦解的风险。这是需要我们特别关注的地方。乡村封闭社会结构的被打破以及乡村人口流动性的增强，确实使乡村人际关系不再是不可任意选择的，而是使人们有了构建新的人际关系的机会。这样，乡村人传统的内向生存方式逐步转变为外向生存方式。因此，不需要完全在村庄里讨生活的人们就可能肆无忌惮地相互较劲斗狠。另外，有人认为受现代化的洗礼，乡村人的个人权利观念越来越强，因此不会完全被人情束缚的行动就越来越多。不过，这也许只是问题的一个并不重要的方面。更重要的方面是，正如阎云翔所指出的那样，乡村人并没有接收到多少正面的现代价值，反而将消费主义、功利主义的价值照单全收,因此形成了一群自私的"无公德的个人"①。在这个意义上说,我们探讨斗气现象,就应该更多关注其背后的乡村道义秩序及其重建问题。任何行为方式、伦常规范,都有其固有的运行逻辑,也不会因为社会的巨变而完全失去其存在的合理性与正当性。人不是纯粹的经济人。即使极端自私的人,也有他(她)对于特定情感的渴求,或对于道义的某种诉求。因此,我们就有必要重拾亲情、重拾彼此的帮扶和宽容,继续坚守那些并没有过时的仁义慈爱的伦常道义,并兼收并蓄正面的现代价值如重人格独立自由、重权利保护等融入其中,从而形成新的村庄道义秩序,最终实现乡村社会的重建。最后,就斗气本身而言,我们也可以考虑结合传统情理平衡的调解机制,辅之以现代性的法律调解机制以及其他专业调解机制(如社会工作专业干预、心理干预),并由此设立相应的平台,给"日常生活中的斗气"设置一个安全阀,从而形成"气的长效救济机制"②。

Fighting Air: Morality in the Daily Life in the Countryside

Wang Zugen, Zhou Yongkang

(School of Politics and Law of Hubei Engineering University;
Xiaogan, Hubei 432000)

Abstract: Fighting anger is a unique social phenomenon in China's "relationship standard" culture. It is people's daily life around emotion, interests, face and other disputes. The purpose of this struggle is to expect a sense of moral balance in interdependent network interactions. There is a deep cultural psychological structure behind the "fight". Under the huge impact of social transformation, it presents a complex situation of change and unchanged. At present, we should adhere to the ethics and morality of benevolence, righteousness and love, and embrace positive modern values such

---

① [美]阎云翔:《中国社会的个体化》,陆洋等译,上海译文出版社 2012 年版,第 50—56 页。
② 杨华、孔琪:《村庄中"气"的救济机制》,《中共宁波市委党校学报》2008 年第 6 期。

as personality, independence and freedom, and rights protection, so as to form a new moral order of the village and finally realize the reconstruction of rural society. At the same time, the traditional moral balance mediation mechanism, supplemented by modern legal mediation mechanism and other professional mediation mechanisms (such as social work professional intervention and psychological intervention), so as to form a "long-term relief mechanism".

Key Words: anger; relationship standard; sense of moral balance

农民工权益维护方式的最优策略选择[*]

——基于微观数据的实证研究

孟凡强[1]　刘艳爽[1]　周广璐[1]　李艳[2]

(1. 广东财经大学经济学院　广东广州　510320；
2. 广东金融学院经济贸易学院　广东广州　510521)

内容提要：农民工权益维护行为的选择一直受到政府和学术界关注，但农民工不同权益维护方式对自身福利的影响却鲜有学者研究，哪种权益维护方式才是农民工最优的策略选择？基于2015年佛山市微观调查数据，综合运用基准回归模型和缓解内生性问题的处理效应模型研究农民工选择不同的权益维护方式对自身工资、社会保险获取和工作自由度的影响。研究发现：与体制外权益维护方式和放弃维权两种权益维护方式相比，体制内权益维护方式显著提高了农民工的工资水平、社会保险获取率和工作自主权，这说明在维护农民工劳动权益方面，体制内权益维护方式是农民工的最优策略选择。而体制外权益维护方式在工资水平和工作自主权方面在三种权益维护方式中的权益维护结果最差，在社会保险获取率方面与放弃维权无显著差异，这说明体制外权益维护方式在维护农民工权益方面是最

---

[*] 基金项目：国家社会科学基金一般项目"新型城镇化背景下农民工歧视、反歧视与福利影响研究"（17BJY109）；2022年度全国统计科学研究项目优选（一般）项目"共同富裕视角下县域农民工市民化质量的统计测度与提升路径研究"（2022LY053）；广东省普通高校重点领域专项"要素市场化配置驱动乡村产业振兴研究：作用机理与广东经验"（2020ZDZX1025）；广州市哲学社会科学发展"十四五"规划一般课题"广州推进要素市场化配置改革研究：基于城乡劳动力平等就业的视角"（2021GZYB06）。

作者简介：孟凡强，男，广东财经大学国民经济研究中心副研究员，主要研究方向为劳动经济。刘艳爽，男，广东财经大学经济学院硕士研究生，主要研究方向为劳动经济。周广璐，男，本文通讯作者，广东财经大学经济学院硕士研究生，主要研究方向为劳动经济。李艳，女，广东金融学院经济贸易学院副教授，主要研究方向为劳动经济。

差的策略选择。对体制内权益维护结果的满意度以及对其有效性的担忧是农民工不选择体制内权益维护方式的可能原因。

关键词：农民工；体制内权益维护；体制外权益维护；放弃权益维护

一　问题的提出

改革开放以来，城市经济的发展带来大量的劳动力需求。大批农民为了高收入来到城市务工，同时在中国城乡二元体制的特殊制度环境下，形成了农民工这一特殊群体。根据国家统计局数据：2019年农民工总量达到29077万人，比上年增加241万人，增长0.8%。① 这一庞大务工群体是我国社会主义现代化建设的中流砥柱。然而，受限于对农民工的歧视，农民工在工资收入、劳动保障、职业选择等方面相比于城镇职工一直处于弱势地位。② 在这种歧视下，他们不能享有就业机会公平、同工同酬、社会保障公平和社会服务公平的权利，受到了不公正的对待。③

不同的农民工选择不同的权益维护方式来应对这种不公平对待，其中包括体制外权益维护方式和体制内权益维护方式。所谓体制外权益维护方式，是指农民工在政策、法律法规规定的范围外进行的一切用以维护其权利的方法或途径④，包括工作中冲突、报复、闹事等一系列过激维权行为。⑤ 很多农民工认为，体制外权益维护方式可以迫使政府出面解决问题，相比于体制内权益维护方式更具有效性。⑥ 但这种选择具有较大风

---

① 数据来源于国家统计局《2019年农民工监测调查报告》。
② 参见 Akerlof, G. A., Kranton, R. E., "Economics and Identity", *The Quarterly Journal of Economics*, Vol. 3, 2000, pp. 715 – 753；章莉、吴彬彬、李实、Sylvie Démurger，《部门进入的户籍壁垒对收入户籍歧视的影响——基于微观模拟方法的收入差距分解》，《中国农村经济》2016年第2期。
③ 参见李实《当前我国农民工的经济状况研究》，《中国人力资源开发》2014年第11期。
④ 参见吴珊珊、孟凡强《农民工歧视与反歧视问题研究进展》，《经济学动态》2019年第4期。
⑤ 参见徐增阳、姬生翔《农民工非制度化维权倾向的影响因素研究——基于全国1554个农民工样本的分析》，《中国软科学》2015年第1期；Lisa, B., "Reworking Labour Practices: on the Agency of Unorganized Mobile Migrant Construction Workers", *Work Employment and Society*, Vol. 3, 2016, pp. 472 – 488.
⑥ 参见肖唐镖、孔卫拿《当代中国群体性事件的后果——国内研究的考察与评论》，《经济社会体制比较》2011年第1期。

险，选择体制外维权会造成资方和社会的福利损失，还有可能引起政治的不稳定[1]，因此政府在执法时很可能牺牲农民工的利益。[2] 而相对温和且合法的体制内权益维护方式可以避免这方面的风险。所谓体制内权益维护方式是指农民工在法律法规规定的范围内或者是在制度允许的范围内进行的一切用以维护其权利的方法或途径[3]，包括单位内部投诉、寻求工会帮助、申请劳动仲裁、司法诉讼等方式。[4] 体制内权益维护方式作为合理合法的权益维护方式对社会福利造成的损失小，有利于和谐劳资关系的构建，同时能够反向激励企业完善相关管理制度，对政府来说能减轻管理负担。[5] 只是这种方式一般要求农民工具备一定的法律知识，同时权益维护成本一般由农民工承担，并且维权成功后结果的执行也具有不确定性。[6]

目前社会各界普遍认为农民工体制外权益维护方式对整个社会的负面影响是多方面的，其中最主要的方面在于对经济效益的冲击和对社会和谐的破坏。例如2010年的佛山南海本田罢工，虽然得到较为妥善的处理，但这次罢工给资方和社会造成了巨大的经济损失，并且在全国范围内形成了连锁反应，中山、武汉、天津等地也相继出现罢工维权的情况。体制外权益维护方式若不能正确处理，很可能异化为"劳政冲突"，从而加剧社会风险。[7] 上述观点多是从宏观角度分析农民工体制外权益维护方式对社会福利的不利影响，但鲜有哪种权益维护方式对农民工劳动权益而言是最优选择的微观实证研究。有鉴于此，本文将采用佛山市顺德区的微观调查

---

[1] 参见宋宝安、于天琪《我国群体性事件的根源与影响》，《吉林大学社会科学学报》2010年第5期；陈晨《社会和谐阈下新生代农民工利益诉求研究》，《理论月刊》2016年第2期。

[2] 参见谢岳《从"司法动员"到"街头抗议"——农民工集体行动失败的政治因素及其后果》，《开放时代》2010年第9期。

[3] 参见吴珊珊、孟凡强《农民工歧视与反歧视问题研究进展》，《经济学动态》2019年第4期。

[4] 参见蔡禾、李超海、冯建华《利益受损农民工的利益抗争行为研究——基于珠三角企业的调查》，《社会学研究》2009年第1期。

[5] 参见孙中伟、刘明巍、贾海龙《内部劳动力市场与中国劳动关系转型——基于珠三角地区农民工的调查数据和田野资料》，《中国社会科学》2018年第7期。

[6] 参见谢岳《从"司法动员"到"街头抗议"——农民工集体行动失败的政治因素及其后果》，《开放时代》2010年第9期。

[7] 参见李琼英《农民工集体行动参与的代际差异性实证分析——基于珠三角的调查数据》，《学术界》2013第7期。

数据，并结合利用基准回归模型和处理效应模型研究不同权益维护方式对农民工劳动权益的影响。研究结果不仅能够为农民工权益维护方式的选择提供参考，而且能够为政府的政策完善提供方向。

二　文献述评

国内学者对于农民工权益维护行为的研究，主要集中在不同权益维护方式的类别划分和权益维护方式选择的影响因素两方面。由于不同研究者关注点不同，因此目前国内对农民工权益维护方式的分类没有统一的标准。一种主流的划分方式将农民工的权益维护方式分为体制内抗争和体制外抗争。[①] 前者主要通过向劳动仲裁部门、政府、法院等机构申诉来解决问题，后者则通过罢工、冲突、报复等方式表达诉求。[②] 这种分类方式的关注点在于农民工是否通过制度化的方式来解决争议。还可以将权益维护方式划分为个体性抗争与集体性抗争。[③] 个体性抗争包括开小差、偷懒、磨洋工等方式。集体性抗争主要为群体性罢工、辞职等方式。这种分类方式关注点在抗争是个体行为还是集体行为。另有学者将权益维护行为分为低风险抗争、中风险抗争和高风险抗争。[④] 低风险抗争包括忍、消极怠工、找亲友倾诉等方式，中风险抗争包括罢工、上访、司法诉讼等方式，高风险抗争包括集体自杀、抢劫、堵路等方式。这种分类方式关注不同权益维护方式对社会的负面冲击。还有学者将"忍"或"二次流动"这类不作为的权益维护行为归类为消极权益维护方式。[⑤]

对于权益维护方式选择影响因素的研究，学者们主要关注个体特征、

[①] 参见 Chan, C. K., "The Challenge of Labour in China: Strikes and the Changing Labour Regime in Global Factories", Abingdon: Taylor & Francis Ltd., 2010.

[②] 参见李艳、孟凡强《体制内维权还是体制外抗争？——新生代农民工劳资冲突行为的演化博弈分析》，《南方经济》2018年第6期。

[③] 参见 Turner, R. H, Killian, L. M., *Collective Behavior*, Englewood Cliffs: Prentice Hall College Div, 1987; 唐有财、符平《农民工的个体性与集体性抗争行为研究》，《中国人口科学》2015年第6期。

[④] 参见陈雄鹰、汪昕宇、冯虹《农民工的就业不平等感知对其冲突行为意愿的影响研究——基于全国7个城市的调研数据》，《人口与经济》2015年第6期。

[⑤] 参见梁雄军、林云、邵丹萍《农村劳动力二次流动的特点、问题与对策——对浙、闽、津三地外来务工者的调查》，《中国社会科学》2007年第3期。

心理因素、社交网络、工作特征、制度环境等方面。对于个体特征，有学者认为受教育程度较高的农民工因为在城市中获得了较高的收入，行为相对保守①，倾向于减少参加集体行动的次数。但也有研究认为，受教育程度高的人会有更大的期望和相对剥夺感，其参加集体事件的可能性更高。② 对劳动法和相关法律了解的农民工，更倾向于体制内权益维护方式。③ 对利益诉求有"增长型"要求的农民工倾向于激进维权。④ 年龄是影响权益维护方式选择的重要变量，新生代农民工比上一代农民工有更强的权益维护倾向⑤，这一方面是因为新生代农民工有更强的权益维护意识，同时他们也有更强的发展需求和精神价值追求。⑥ 在心理因素方面，农民工在工作时面临的相对剥夺感会对权益维护行为的激烈程度产生正向影响，这种相对剥夺感来自收入或就业培训等方面。⑦ 对于社交网络，强力的社交网络可以传递信息、支持行动，农民工更容易达成共识形成集体行动。⑧ 鉴于此，工作地朋友数量与维权抗争程度成正比。⑨ 在工作特征方面，工资不平等和工资拖欠都对农民工中度风险维权有正向影响。⑩ 另外，宿舍制度有利于信息交

---

① 参见蔡禾、李超海、冯建华《利益受损农民工的利益抗争行为研究——基于珠三角企业的调查》，《社会学研究》2009 年第 1 期。

② 参见刘传江、赵颖智、董延芳《不一致的意愿与行动：农民工群体性事件参与探悉》，《中国人口科学》2012 年第 2 期。

③ 参见蔡禾、李超海、冯建华《利益受损农民工的利益抗争行为研究——基于珠三角企业的调查》，《社会学研究》2009 年第 1 期。

④ 参见蔡禾《从"底线型"利益到"增长型"利益——农民工利益诉求的转变与劳资关系秩序》，《开放时代》2010 年第 9 期。

⑤ 参见宋艳、苏子逢、孙典《社会融合背景下新生代农民工利益抗争过程中的策略选择研究——基于博弈论的视角》，《运筹与管理》2018 年第 5 期。

⑥ 参见李艳、孟凡强《新生代农民工需求层次变化与劳资冲突行为选择——来自佛山的经验证据》，《南方经济》2015 年第 12 期。

⑦ 参见徐增阳、姬生翔《农民工非制度化维权倾向的影响因素研究——基于全国 1554 个农民工样本的分析》，《中国软科学》2015 年第 1 期；Lisa, B., "Reworking Labour Practices: on the Agency of Unorganized Mobile Migrant Construction Workers", *Work Employment and Society*, Vol. 3, 2016, pp. 472 – 488.

⑧ 参见刘传江、赵颖智、董延芳《不一致的意愿与行动：农民工群体性事件参与探悉》，《中国人口科学》2012 年第 2 期。

⑨ 参见蔡禾、李超海、冯建华《利益受损农民工的利益抗争行为研究——基于珠三角企业的调查》，《社会学研究》2009 年第 1 期。

⑩ 参见陈雄鹰、汪昕宇、冯虹《农民工的就业不平等感知对其冲突行为意愿的影响研究——基于全国 7 个城市的调研数据》，《人口与经济》2015 年第 6 期。

流，促进集体行动共识的形成，因而对农民工激进维权有正向影响。① 签订劳动合同的农民工会倾向于不参加集体活动，而选择体制内投诉，因为签订劳动合同后，当争议出现时，农民工可以"据理力争"，提高了内部解决纠纷的可能性。② 虽然体制外抗争尤其是集体行动备受学界和政府关注，但有研究认为大多数农民工在面对歧视或权利侵犯时，大多消极地选择"不行动、不作为"，这可能和集体行动的阈值和我国的"维稳"体制有关。③ 也有观点认为在当前制度环境下，农民工制度化维权渠道的不畅和维权成本过高是导致体制外权益维护行为发生的主要原因。④

关于哪种权益维护方式更好，宋艳等⑤认为在不同的情况下，每一种策略都有可能成为农民工群体的最优策略。他们通过决策树和序贯博弈理论与数值仿真方法的研究发现，对于农民工而言不同的权益维护方式之间并不存在严格占优策略或劣势策略。只有当农民工主观认为群体性体制外权益维护方式能够提高维权成功率时他们才选择这种权益维护策略，而依法维权的成本并不是主要原因。李艳、孟凡强⑥运用演化博弈分析方法的研究表明体制外权益维护方式在一定的条件下可以成为一个演化稳定策略，并在长期重复博弈中将体制内权益维护策略清除出去。综合以上文献可以发现，当前学术界更加关注农民工为什么采取某种权益维护方式，但对农民工劳动权益影响的研究仍显不足。虽然有关于不同权益维护方式后果的定性论述和理论推演，但基于现实数据的实证研究仍较为缺乏。因此，本文采用微观调查数据实证分析不同权益维护方式对农民工劳动权益的影响，分析农民工在面对劳动争议时的最优权益维护策略，研究结果将对解决农民工权益维护问题的政策制定提供参考。

---

① 参见任焰、潘毅《宿舍劳动体制：劳动控制与抗争的另类空间》，《开放时代》2006年第3期。

② 参见李超海《农民工参加集体行动及集体行动参加次数的影响因素分析——基于对珠江三角洲地区农民工的调查》，《中国农村观察》2009年第6期。

③ 参见董延芳《不同情境下的农民工维权行动偏好》，《农业技术经济》2016年第6期。

④ 参见赵小仕、潘光辉《农民工个体过激维权行为研究：基于珠三角的微观调查》，《理论月刊》2015年第4期。

⑤ 参见宋艳、苏子逢、孙典《社会融合背景下新生代农民工利益抗争过程中的策略选择研究——基于博弈论的视角》，《运筹与管理》2018年第5期。

⑥ 参见李艳、孟凡强《体制内维权还是体制外抗争？——新生代农民工劳资冲突行为的演化博弈分析》，《南方经济》2018年第6期。

三 模型构建与描述统计

(一) 农民工最优权益维护策略的模型构建

1. 数据处理

本文的数据来源为华南师范大学佛山市顺德区博士后创新实践基地和国家级省部共建顺德和谐劳动关系试验区联合调查项目的 2015 年调查数据。该调查是关于劳动关系的专项调查,调查问卷全方位考察了被访者的个人相关信息、与用工单位的合同签订状况、薪酬福利状况、员工发展、劳动争议的处理等问题,加之珠三角地区是全国农民工的聚集地之一,因此该数据对于研究农民工权益维护方式的选择问题具有很好的代表性。农民工的劳动权益包括就业权、劳动报酬权、社会保障权、职业安全权、休息休假权等。[①] 根据数据本身的特点,本文最终选择工资、社会保险和工作自主权作为农民工劳动权益的代理变量。根据国家法定劳动年龄的相关规定,只保留 16 到 59 周岁的农村户籍样本,并删除了主要变量缺省的样本。

2. 实证模型

(1) 基准回归模型

在工资变量方面,本文选用扩展的明瑟方程[②]来考察不同权益维护方式对农民工工资水平的影响,方程设定如下:

$$\text{lnwage}_i = \beta_0 + \beta_1 \text{educ}_i + \beta_2 \exp_i + \beta_3 \exp_i^2 + \beta_4 \text{rights}_i + \zeta X_i + \varepsilon_i \quad (1)$$

lnwage 为农民工在当前工作中小时工资的对数,rights 为权益维护方式的虚拟变量。educ 为受教育年限,exp 为工作经验,X 代表控制变量,包括性别、婚姻状况、政治面貌、工会会员、是否签订劳动合同和职位等。

社会保险方面,鉴于社会保险属于二元变量,故本文采用 Probit 模型估计不同权益维护方式对社会保险的影响,方程设定如下:

$$\text{Probit}(\text{insure})_i = \alpha_0 + \alpha_1 \text{rights}_i + \alpha_2 N_i + u_i \quad (2)$$

式中被解释变量为社会保险,企业为农民工缴纳社会保险的设定为 1,反之则为 0,rights 为权益维护方式的虚拟变量,设定方式与方程 (1)

[①] 参见刘丽华《我国农民工劳动权益保护问题研究》,《财经问题研究》2016 年第 2 期。

[②] 参见 Mincer, J., *Schooling, Experience and Earnings*, New York: Columbia University Press, 1974.

相同，N 代表控制变量，包括受教育年限、工作经验、性别、婚姻、政治面貌、工会会员、劳动合同签订等。

在工作自主权方面，本文将工作自主权变量设定为有序变量，拥有较多工作自主权的设定为 2，仅有一些自主权的设定为 1，没有自主权的设定为 0，然后采用 Ologit 模型估计不同权益维护方式对农民工工作自主权的影响，方程如下：

$$\text{Ologit}(\text{autonomy})_i = \rho_0 + \rho_1 \text{rights}_i + \rho_2 N_i + \theta_i \quad (3)$$

autonomy 表示工作自主权，rights 为权益维护方式的虚拟变量，设定方式同方程（1），N 代表控制变量，包括受教育年限、工作经验、性别、婚姻、政治面貌、工会会员、劳动合同签订等。

（2）处理效应模型

基准回归模型中没有考虑不同权益维护方式之间潜在的选择性偏差问题，而处理效应模型可以在一定程度上缓解选择性偏差造成的内生性问题。处理效应模型类似于两阶段工具变量法，不同之处在于第一步被估计的内生变量为二元虚拟变量，需采用 Probit 模型进行估计。处理效应模型的具体估计方法为：第一步用 Probit 模型估计方程（4），即估计个体权益维护方式选择决策 D^*，计算个体参加不同权益维护方式的概率。变量 Z 不仅包括受教育年限、工作经验、性别、婚姻、政治面貌、工会会员和劳动合同签订等控制变量，还包括外生排他性控制变量。外生排他性变量并不直接对被解释变量产生影响，而是通过解释变量间接对被解释变量产生影响。第二步估计基准回归方程（1）（2）（3），系数 β_4 反映不同权益维护方式对工资的影响，α_1 反映不同权益维护方式对社会保险获取率的影响，系数 ρ_1 反映不同权益维护方式对工作自主权的影响。

$$D^*(1, 0)_i = \gamma_0 + \gamma_1 Z_i + v_i \quad (4)$$

（二）农民工最优权益维护策略的变量设定

1. 被解释变量

本文将小时工资、社会保险和工作自主权作为被解释变量，小时工资的设定方式为：小时工资 = 月实收工资/（30 – 每月休息天数）/每天工作时间，并按照现有文献的惯常做法将小时工资取对数处理；社会保险根据企业是否为农民工缴纳设定为二元虚拟变量，缴纳社会保险为 1，未缴纳为 0；工作自主权根据调查问卷将回答"较多"的定义为 2，回答"仅有一些"的定义为 1，回答"没有"的定义为 0。

2. 核心解释变量

不同权益维护方式是本文的核心解释变量，借鉴蔡禾等[1]的做法，将有制度可依的权益维护方式作为体制内权益维护方式，具体包括："寻求工会帮助""向企业相关主管部门申诉""向当地劳动部门投诉"；将无制度可依的权益维护方式作为体制外权益维护方式，具体包括："找老乡帮忙""停工""过激维权"；将"忍耐"或"辞工"这种消极的权益维护方式列示为放弃维权。针对三种权益维护方式设定三个虚拟变量：体制外权益维护方式分别以体制内权益维护方式和放弃维权为参照组设定两个虚拟变量，放弃维权以体制内权益维护方式为参照组设定一个虚拟变量。

3. 控制变量

对于受教育年限，参照主流做法，将学历按具体的标准学制进行转化，小学为6年，初中为9年，高中或中专为12年，大专为15年，大学本科为16年。对于工作经验，将工人在现工作单位的工作年限作为工作经验的代理变量。在其他控制变量设定方面，男性为1，女性为0；已婚或再婚为1，未婚或离异为0；党员为1，非党员为0；工会成员为1，非工会成员为0；签订劳动合同设为1，未签订劳动合同设为0。对于工作职位，问卷中的职位选项分别为：一线员工、办公室文员、技工、专业技术人员、一线管理者和其他，本文以此设定职位虚拟变量并以"其他"为参照组。[2]

4. 处理效应模型的外生排他性变量

应用处理效应模型需要引入外生排他性变量，根据外生排他性变量选取原则和对权益维护方式选择影响因素的研究，本文从心理因素、单位制度和社会资本三个方面选取"收入评价"、"工资拖欠"、"宿舍"和"老乡联络"四个变量。将"收入评价"这一变量作为心理因素的代理变量，设定方式为对问卷中的薪酬满意度重新编码，0为很不满意、1为不满意、2为满意、3为比较满意、4为非常满意，数字越大代表满意度越高。对收入的满意度往往反映农民工的心理剥夺感，这种情感会作用于权益维护方式的选择，心理剥夺感越强，采取激进行动的可能性越大。选取"工资拖欠"

---

[1] 参见蔡禾、李超海、冯建华《利益受损农民工的利益抗争行为研究——基于珠三角企业的调查》，《社会学研究》2009年第1期。

[2] 根据问卷设计，技工是指持有国家职业资格技能证书员工，专业技术人员是指持有国家专业技术职称证书的员工。

作为单位制度的代理变量，设定方式为若工人中有工资拖欠记为1，没有记为0。工资拖欠反映用人单位制度是否规范，若经常出现工资拖欠，则会让农民工对体制内权益维护结果形成低预期，继而转向体制外权益维护方式。① 选取"是否居住在单位宿舍"和"是否经常与老乡有联络"作为社会资本的代理变量。设定方式为将居住在员工宿舍或单位夫妻房记为1，其他居住方式记为0。将经常与当地老乡联络的记为1，其他记为0。单位宿舍为农民工提供了信息交流共享的场所，当面对劳动争议时，会在一定程度上促进工人集体怨恨和集体意识的形成。② 经常与老乡联络代表农民工更多地受传统乡土情怀的影响，这种情怀使得农民工更加认同乡土集体意识，在面对劳动争议时更加信任乡土关系网络的解决效率。③

（三）农民工不同权益维护方式的描述统计

首先对农民工的劳动权益从工资、社会保险参保率和工作自主权三个方面进行描述统计分析，如表1所示。

表1　　　　　　　　变量的描述统计

变量	体制内权益维护	体制外权益维护	放弃维权
小时工资/元	14.614	11.214	13.928
社会保险参保率/%	81.4	70	66.8
工作自主权			
较多	0.343	0.167	0.151
仅有一些	0.537	0.600	0.603
完全没有	0.120	0.233	0.240

从表中可以看出，选择体制外权益维护方式的农民工小时工资为11.214元，低于体制内权益维护方式的14.614元，两者相差3.4元。而放弃维权的农民工小时工资为13.928元，也比体制外权益维护方式高

---

① 参见谢岳《从"司法动员"到"街头抗议"——农民工集体行动失败的政治因素及其后果》，《开放时代》2010年第9期。
② 参见任焰、潘毅《宿舍劳动体制：劳动控制与抗争的另类空间》，《开放时代》2006年第3期。
③ 参见汪华《乡土嵌入、工作嵌入与农民工集体行动意愿》，《广东社会科学》2015年第2期。

2.714元,独立样本的T检验显示上述差异都是显著的,这说明选择体制外权益维护方式的农民工其工资水平明显低于选择体制内权益维护方式和放弃维权的农民工群体。在社会保险方面,选择体制内权益维护方式的农民工其社会保险的参保率高达81.4%,在三个权益维护方式群组中参保率最高,高于体制外权益维护方式11.4个百分点,高于放弃维权14.6个百分点。在工作自主权方面,选择体制内权益维护方式的农民工有更多的工作自主权,在代表工作自主权最高档的"较多"选项中,体制内权益维护方式的比例为34.3%,高于体制外权益维护方式17.6个百分点,高于放弃维权19.2个百分点。而选择体制外权益维护方式的农民工和选择放弃维权的农民工在工作自主权方面相差不大。由于简单的描述统计并不能反映不同权益维护方式对农民工劳动权益的影响作用,因此本文接下来构建计量模型以实现在控制其他变量的情况下确定不同权益维护方式对农民工劳动权益的因果效应。

四 农民工最优权益维护策略的实证分析结果

(一)工资维度的最优权益维护策略

农民工从农村向城市流动的根本原因就是为了更高的收入,因此工资问题是农民工最为关注的核心劳动权益。获得合理的劳动报酬既是农民工最基本的劳动权利,也是用人单位的基本义务。因此,本文首先从工资维度研究农民工权益维护方式的最优策略选择。本部分将权益维护方式作为核心解释变量加入明瑟工资方程并采用OLS回归考察不同权益维护方式对农民工工资的影响,估计结果如表2所示。

表2　　　　　　　工资维度最优权益维护策略的回归结果

变量	OLS			处理效应模型		
	体制内权益维护(1)	放弃维权(2)	体制内权益维护(3)	体制内权益维护(4)	放弃维权(5)	体制内权益维护(6)
体制外权益维护	-0.273*** (0.097)	-0.273*** (0.098)		-1.418*** (0.279)	-0.897*** (0.320)	
放弃维权			-0.012 (0.018)			-0.854*** (0.174)

续表

变量	OLS			处理效应模型		
	体制内权益维护 (1)	放弃维权 (2)	体制内权益维护 (3)	体制内权益维护 (4)	放弃维权 (5)	体制内权益维护 (6)
受教育年限	0.027*** (0.005)	0.024*** (0.009)	0.028*** (0.004)	0.027*** (0.005)	0.029*** (0.009)	0.023*** (0.006)
工作经验	0.032*** (0.007)	0.036*** (0.008)	0.031*** (0.006)	0.028*** (0.006)	0.031*** (0.012)	0.029*** (0.006)
工作经验平方	-0.001*** (0.000)	-0.002*** (0.000)	-0.001*** (0.000)	-0.001*** (0.000)	-0.002*** (0.001)	-0.001*** (0.000)
男性	0.114*** (0.021)	0.124*** (0.035)	0.116*** (0.018)	0.150*** (0.026)	0.172*** (0.049)	0.122*** (0.027)
已婚	0.062*** (0.021)	0.047 (0.037)	0.048*** (0.018)	0.055** (0.027)	0.056 (0.045)	0.039 (0.030)
党员	0.144*** (0.045)	0.170*** (0.055)	0.139*** (0.037)	0.163*** (0.054)	0.198*** (0.076)	0.222*** (0.062)
工会	0.028 (0.021)	0.078** (0.039)	0.036* (0.019)	0.009 (0.027)	0.061 (0.051)	0.014 (0.031)
合同	0.072 (0.046)	0.067 (0.064)	0.061 (0.038)	0.067 (0.081)	0.089 (0.090)	-0.098 (0.087)
职位	控制	控制	控制	控制	控制	控制
lambda				0.527*** (0.123)	0.331** (0.163)	0.502*** (0.101)
常数项	2.018*** (0.083)	2.105*** (0.135)	2.043*** (0.073)	2.072*** (0.115)	2.063*** (0.148)	2.468*** (0.145)
观察值	1129	346	1421	1052	322	1320

注：括号内为标准误，***、**、* 分别表示在1%、5%、10%的水平下显著。因篇幅所限，处理方程的回归结果未列示于文中，下同。

其中方程（1）（2）（3）分别估计的是体制外权益维护方式相对于体制内权益维护方式，体制外权益维护方式相对于放弃维权和放弃维权相对于体制内权益维护方式的工资效应。从估计结果可以看出，无论是与体制内权益维护方式相比，还是与放弃维权方式相比，体制外权益维护方式对农民工的工资水平都存在显著的负向效应，这说明在三种不同的权益维护方式中，体制外权益维护方式对农民工工资水平而言是最差的策略选择，甚至不如"忍""辞工"这样的消极权益维护方式。那么在体制内权益维护方式和放弃维权中，哪种权益维护方式对农民工的工资提升最有利呢？从方程（3）的估计结果可以看出，与体制内权益维护方式相比，放弃维权对农民工的工资水平的影响也是负向的，这说明体制内权益维护方式能够给农民工带来最高的工资水平，但是这一结果在OLS回归中并不显著。

OLS回归可能因双向因果、遗漏变量或选择性偏差等内生性原因而估计结果不一致。工资高的农民工可能因为害怕失去工作而行为保守，不选择体制外权益维护方式，另一方面，模型无法量化所有影响工资的因素。本文进一步采用处理效应模型缓解内生性问题。处理效应模型估计结果如表2中方程（4）（5）（6）所示，在三个方程的估计结果中，选择偏差系数都显著为正，说明不同权益维护方式选择之间的确存在选择性偏差问题，应用处理效应模型是合理的。

从表中可以看出，在纠正选择性偏差之后，将体制内权益维护方式或者放弃维权作为参照组，体制外权益维护方式都显著降低了农民工的工资水平，这进一步印证在三种不同的权益维护方式中，对农民工工资而言体制外权益维护方式是最差的策略选择。比较放弃维权与体制内权益维护两种方式，经过选择性偏差的纠正，放弃维权对农民工工资水平的影响显著低于体制内权益维护方式，故体制内权益维护方式对于农民工工资而言是最优的策略选择。由此可以得出工资层面的最优决策链条：体制内权益维护方式优于放弃维权、放弃维权优于体制外权益维护方式。

在控制变量方面，受教育年限显著提高了农民工的工资水平，这与人力资本理论相吻合。[1] 工作经验和工作经验的平方项符号相反，说明工作经验与农民工工资水平呈倒U形关系。男性比女性工资水平更高，党员和已婚都对工资有正向影响。根据以上分析，工资方程的回归结果基本符合经济理论与经济现实。

（二）社会保险维度的最优权益维护策略

社会保险是农民工劳动权益的另一重要指标，农民工的社会保险参保一直受到不公正对待。城镇职工社会保险实现对农民工群体的覆盖是推进农民工市民化的重要内容。本部分从社会保险的维度考察农民工权益维护

---

[1] Becker, G. S., *Human Capital: A Theoretical and Empirical Analysis with Special Reference to Education*, Chicago: University of Chicago Press, 1993.

方式的最优策略选择。表3展示了社会保险维度农民工权益维护策略的估计结果。

表3　　社会保险维度最优权益维护策略的回归结果

变量	Probit 体制内权益维护(7)	Probit 放弃维权(8)	Probit 体制内权益维护(9)	处理效应模型 体制内权益维护(10)	处理效应模型 放弃维权(11)	处理效应模型 体制内权益维护(12)
体制外权益维护	-0.094 (0.268)	0.238 (0.279)		-0.706** (0.303)	-0.659 (0.421)	
放弃维权			-0.387*** (0.089)			-0.501*** (0.148)
受教育年限	0.164*** (0.021)	0.178*** (0.030)	0.176*** (0.018)	0.037*** (0.005)	0.054*** (0.010)	0.039*** (0.005)
工作经验	0.175*** (0.029)	0.232*** (0.050)	0.182*** (0.025)	0.036*** (0.006)	0.058*** (0.016)	0.042*** (0.006)
工作经验平方	-0.005*** (0.002)	-0.006** (0.003)	-0.005*** (0.001)	-0.001*** (0.000)	-0.002** (0.001)	-0.001*** (0.000)
男性	0.022 (0.093)	0.064 (0.151)	0.046 (0.080)	0.026 (0.024)	0.064 (0.060)	0.014 (0.022)
已婚	0.058 (0.104)	-0.142 (0.171)	0.070 (0.090)	0.005 (0.026)	-0.051 (0.058)	0.002 (0.026)
党员	0.137 (0.249)	-0.178 (0.305)	-0.118 (0.191)	0.047 (0.050)	-0.016 (0.096)	0.029 (0.050)
工会	0.666*** (0.136)	0.042 (0.206)	0.484*** (0.110)	0.093*** (0.026)	-0.024 (0.066)	0.072*** (0.026)
合同	0.788*** (0.218)	0.572* (0.319)	0.656*** (0.183)	0.250*** (0.080)	0.213* (0.116)	0.125* (0.074)
lambda				0.299** (0.135)	0.379* (0.217)	0.238*** (0.087)
常数项	-2.407*** (0.335)	-2.693*** (0.465)	-2.419*** (0.279)	0.004 -0.099	-0.252 -0.156	0.166 -0.12
观察值	1236	388	1564	1132	357	1429

注：括号内为标准误，***、**、*分别表示在1%、5%、10%的水平下显著。

方程（7）（8）分别估计了体制外权益维护方式相对于体制内权益维护方式和放弃维权的社会保险效应，方程（9）估计了放弃权益维护相对于体制内权益维护方式的社会保险效应。从 Probit 模型估计结果可以看出，体制外权益维护方式与体制内权益维护方式和放弃维权两种方式之间不存在显著的差异，但放弃维权相对于体制内权益维护方式显著降低了农民工的社会保险获取率。考虑到基准回归中可能存在的内生性问题，方程（10）（11）（12）采用处理效应模型估计不同权益维护方式的社会保险效应，三个方程中选择偏差的估计系数都显著为正，说明在社会保险方程中也存在选择性偏差问题，应用处理效应模型是合理的。从处理效应模型的估计结果可以看出，体制外权益维护方式比体制内权益维护方式显著降低了农民工的社会保险获取率。与放弃维权相比，虽然体制外权益维护方式的估计系数为负，但并不显著，可以认为体制外权益维护和放弃维权两种方式在对农民工的社会保险获取方面不存在显著的差异化影响。而放弃维权与体制内权益维护方式相比，同样显著降低了农民工社会保险的获取率。

上述分析发现，对于农民工社会保险的获取而言，体制内权益维护方式仍然是农民工的最优策略选择。那么哪种权益维护方式是农民工的最差选择？尽管体制外权益维护方式相对于放弃维权而言对农民工的社会保险获取呈现负效应，但并不显著。由此可见，社会保险层面的最优决策链并不清晰，这可能与社会保险的性质有关。社会保险所体现的劳动权益不易被农民工直观感受到。在本文的研究数据中，因社会保险而发生的劳动争议不足 10%。

（三）工作自主权维度的最优权益维护策略

工作自主权是衡量农民工劳动权益的另一个重要变量。新生代农民工不再局限于基本的生存需求，更加关注自身的自由发展与精神需求。[①] 因此，本部分从工作自主权的角度研究农民工权益维护方式的最优策略选择。表 4 展示了工作自主权维度最优权益维护策略的估计结果。

---

① 参见李艳、孟凡强《新生代农民工需求层次变化与劳资冲突行为选择——来自佛山的经验证据》，《南方经济》2015 年第 12 期。

表4　　　　　工作自主权维度最优权益维护策略的回归结果

变量	Ologit 体制内权益维护(13)	Ologit 放弃维权(14)	Ologit 体制内权益维护(15)	处理效应模型 体制内权益维护(16)	处理效应模型 放弃维权(17)	处理效应模型 体制内权益维护(18)
体制外权益维护	-0.698* (0.361)	0.011 (0.388)		-2.575*** (0.551)	-1.461** (0.641)	
放弃维权			-0.869*** (0.123)			-2.116*** (0.350)
受教育年限	0.164*** (0.024)	0.167*** (0.042)	0.167*** (0.022)	0.056*** (0.009)	0.052*** (0.015)	0.038*** (0.012)
工作经验	0.115*** (0.032)	0.068 (0.065)	0.101*** (0.029)	0.030* (0.012)	0.006 (0.025)	0.026** (0.012)
工作经验平方	-0.004*** (0.002)	-0.001 (0.004)	-0.003** (0.001)	-0.001** (0.001)	-0.000 (0.001)	-0.001** (0.001)
男性	-0.286** (0.114)	-0.019 (0.214)	-0.199* (0.102)	-0.020 (0.046)	0.127 (0.094)	-0.044 (0.053)
已婚	-0.116 (0.134)	-0.083 (0.248)	-0.146 (0.120)	-0.040 (0.052)	-0.015 (0.092)	-0.083 (0.063)
党员	-0.178 (0.256)	0.909** (0.409)	0.017 (0.224)	-0.004 (0.100)	0.357** (0.152)	0.222* (0.121)
工会	0.177 (0.133)	-0.143 (0.275)	0.137 (0.120)	-0.028 (0.052)	-0.101 (0.104)	-0.042 (0.063)
合同	0.683** (0.309)	0.575 (0.450)	0.578** (0.257)	0.231 (0.157)	0.267 (0.183)	-0.176 (0.178)
lambda				1.083*** (0.244)	0.779** (0.328)	1.093*** (0.204)
切点1	0.620 (0.420)	1.383** (0.626)	0.515 (0.357)			
切点2	3.405*** (0.433)	4.428*** (0.674)	3.342*** (0.369)			
常数项				0.379* (0.194)	0.124 (0.248)	1.382*** (0.288)
观察值	1223	380	1543	1120	353	1413

注：括号内为标准误，***、**、*表示在1%、5%、10%水平下显著。

由于工作自主权变量为有序变量，本部分的基准回归模型采用Ologit模型，方程（13）（14）（15）为基准回归的估计结果，参照组的设定方式与前两部分相同。从表中看出，与体制内权益维护方式相比，体制外权益维护和放弃维权两种权益维护方式都显著降低了农民工的工作自主权。

但在基准回归中并未发现体制外权益维护和放弃维权两种权益维护方式对农民工工作自主权的显著性差异影响。方程（16）（17）（18）为处理效应模型的估计结果，从选择偏差的估计系数来看，显著为正的选择偏差估计系数表明在工作自主权方程中不同权益维护方式之间的选择性偏差问题仍然是存在的，处理效应模型有效地解决了这一偏差，使得估计结果更为可靠。从处理效应模型的估计结果可以看出，在缓解基准回归存在的内生性之后，与体制内权益维护方式以及放弃维权相比，体制外权益维护方式都显著降低了农民工的工作自主权，这说明在工作自主权方面体制外权益维护方式是农民工的最差策略选择。而在放弃维权与体制内权益维护方式的比较中，放弃维权显著降低了农民工的工作自主权，这说明在工作自主权方面体制内权益维护方式依然是农民工的最优策略选择。

在工作自主权层面，我们得到了一条与工资层面相同的农民工最优权益维护决策链。工作自主权带有主观因素，根据蔡禾[①]的研究，其属于"增长型"利益诉求，并无明确的规章制度保护。用工合同不会将工作自主权条例化，而工会对工人利益的保护更多的是在"底线型"利益方面。本部分的研究表明体制内权益维护方式是工作自主权层面的最优决策，可能原因是选择体制内权益维护方式的农民工对法律规章了解更深，权益维护意识更强，权益维护意识不止在基本利益受到侵害时起作用，还会延伸到更多的"增长型"利益诉求方面。

五 关于体制内权益维护方式的进一步讨论

前文表明，在工资水平、社会保险和工作自主权方面，体制内权益维护方式都是农民工的最优策略选择。但调查结果显示，面对劳动争议时仍有25%[②]的农民工没有选择体制内权益维护方式。为何会出现这种情况？我们首先分析选择体制内权益维护方式的农民工对其权益维护结果的满意度，体制内权益维护方式包括向当地劳动部门投诉、向企业相关主管部门申诉

---

① 参见蔡禾《从"底线型"利益到"增长型"利益——农民工利益诉求的转变与劳资关系秩序》，《开放时代》2010年第9期。

② 本研究所用数据中体制内维权的比例较高，这与佛山市顺德区属于国家级和谐劳动关系试验区，劳动争议的制度建设较为完善有关。

和寻求工会帮助，统计结果如表5所示。从表中可以看出，三种权益维护方式的满意度基本一致。选择非常满意的农民工比例非常低，不到5%，不满意和很不满意的比例在30%左右，这说明农民工对体制内权益维护结果的满意度可能是导致一部分农民工不选择体制内权益维护方式的原因。

表5　　　　　　　　　三类体制内权益维护方式的满意度　　　　　　　　　%

	非常满意	比较满意	满意	不满意	很不满意
向当地劳动部门投诉	4	16	50	24	7
向企业相关主管部门申诉	3	15	52	23	6
寻求工会帮助	4	16	51	23	5

接下来对没有选择体制内权益维护方式的农民工群体进行分析。58%的农民工认为体制内权益维护方式是无用的，这表明农民工对体制内权益维护方式的担忧更多体现在其有效性上，即现有的体制内权益维护渠道是否能够有效且及时地处理劳动争议并维护农民工的权益。这一观点在"对政府的建议"的调查结果中得到了印证，未选择体制内权益维护方式的受访者中近68%的人希望政府在处理劳动争议时能够依法办事，不偏袒任何一方。此外有接近59.2%的人希望政府在面对劳动者的投诉时能够及时处理，能否及时地处理劳动者的投诉与体制内权益维护方式的成本直接相关。在等待投诉的处理结果这一段时间中，农民工需要负担时间成本和经济成本，如果农民工的投诉不能及时处理，那农民工可能会因为体制内权益维护方式的高成本而放弃这种方式。我们可以发现，在对"争议处理不好的原因"这一调查中，近四成的人认为处理争议的时间和经济成本过高是导致劳动争议处理不好的重要原因。

六　结论与建议

随着农民工市民化进程的推进以及新生代农民工的不断成长壮大，农民工与用人单位间的劳动争议问题趋于复杂化。因此如何合理地应对农民工的权益维护问题将是摆在政府和社会各界面前的重要问题。本文采用微观调查数据并结合运用基准回归模型和处理效应模型的实证研究得出：与体制外权益维护方式和放弃维权相比，体制内权益维护方式显著提升了农民工的工资水平、社会保险获取率和工作自主权,这说明体制内权益维护方式在维护农民工劳动权益方面是最优的策略选择。体制外权益维护方式在维护农民工工资和工作自主权方面的效果是三种权益维护方式中最差的,在社会保险方面与放弃维权无差异,总体来看体制外权益维护方式在维护农民工劳动权益方面是最差的策略选择。对于不选择体制内权益维护方式原因的分析表明,对于体制内权益维护方式的满意度以及对其有效性的担忧是导致部分农民工不选择体制内权益维护方式的可能原因。

本文数据来自佛山市顺德区,该区是国家级和谐劳动关系试验区,其劳动争议协调处理制度体系较为完善,因此本文的研究结果对全国具有样板示范作用。本文研究结果表明,建立良好的权益维护制度化渠道是解决农民工体制外权益维护问题的良策。完善权益维护相关法律,规范用人单位用工制度,积极引导企业内部建立合理完善的权益维护渠道,保证权益维护渠道的有效性,那么越来越多的农民工在面对劳动争议时放弃选择体制外权益维护方式,转而采取体制内权益维护方式等相对缓和的权益维护方式。此外,在不断推进劳动争议处理制度体系完善的同时,也应积极做好法律宣传工作,使更多的农民工在面对劳动争议时选择体制内权益维护渠道,从而形成从体制外权益维护方式向体制内权益维护方式的良性循环。这不仅有利于我国农民工市民化进程的推进与和谐劳动关系的构建,还对国家的长治久安和经济的持续稳定发展具有重要意义。

The Best Strategy for Rural Migrants' Safeguarding Rights: An Empirical Study Based on Micro-data

Meng Fanqiang[1], Liu Yanshuang[1]   Zhou Guanglu[1]   Li Yan[2]

(1. School of Economics, Guangdong University of Finance and Economics, Guangzhou 510320; 2. School of Economics & Trades, Guangdong University of Finance, Guangzhou 510521)

Abstract: The choice of protecting the rights and interests of migrant workers has always been concerned by the government and academia. However, few scholars have studied the impact of different ways of protecting the rights and interests of migrant workers on their own welfare. Which way of protecting the rights and interests is the best strategic choice for migrant workers? Based on the micro-survey data of Foshan City in 2015, this paper comprehensively uses the regression model and the treatment effect model to mitigate endogenous problems to study the impact of migrant workers' choice of different rights and interests maintenance methods on their own wages, social insurance access and work freedom. The study found that: compared with the two ways of protecting the rights and interests outside the system and giving up protecting the rights and interests, the way of protecting the rights and interests inside the system significantly improves the wages of migrant workers, the rate of obtaining social insurance and the right to work autonomy, which indicates that the way of protecting the rights and interests inside the system is the best strategic choice for migrant workers in protecting their labor rights and interests. However, the way of protecting the rights outside the system has the worst result among the three ways of protecting the rights in terms of salary level and work autonomy, and there is no significant difference between the way of obtaining social insurance and the way of giving up rights protection, which indicates that the way of protecting the rights outside the system is the worst strategic choice in protecting the rights and interests of migrant workers. It is possible that migrant workers do not choose the way to safeguard their rights and interests within the system because they are satisfied with the results and worried about their effectiveness.

Key Words: rural migrants; safeguarding rights inside the system; safeguarding rights outside the system; giving up safeguarding rights

乡村振兴研究

◆ 贯彻落实党的二十大精神全面推进共同富裕的一个文献综述——基于 3576 篇样本文献计量分析

共同富裕是实现中华民族伟大复兴的基石。党的二十大报告做出了共同富裕取得新成效的重大判断。共同富裕是社会主义的本质要求，是中国特色社会主义的根本任务，是中国特色社会主义现代化区别于资本主义现代化的鲜明特征。当前共同富裕领域研究缺乏定量和可视化的实证研究，文章通过对 2000—2021 年中国知网（CNKI）收录以共同富裕为主题的 3576 篇文献，进行多种计量方法交叉的定量可视化分析发现：该领域研究成果颇丰，但尚未形成核心作者群，热点集中在共同富裕的探索历程、生产力与所有制、贫富差距与公平效率、共同富裕与中国特色社会主义四大议题。未来共同富裕领域的研究可通过构建完善的研究体系，采用多样的研究方法，不断拓宽与时代发展相契合的研究视角来产出高质量的研究成果，为实现全体人民的共同富裕提供研究借鉴。

◆ 赋权增能：乡村振兴战略下农村留守老人关爱服务体系的长效机制研究

农村留守老人关爱服务体系建设不仅是缓解农村留守问题的重要措施，也是提升留守老人福祉的过程。研究发现，由于系统性规划缺失，政策"碎片化"以及政策执行者偏好与政绩考核的影响，一些因时、因势而建立的关爱服务平台，当政绩目标达成后，往往会陷入机构虚置、供需错配或供给断层的可持续发展困境。基于赋权增能的视角，提出从多层面对留守老人赋权以提升其自我效能感；通过乡村振兴的农技培训对其增能以提升其可支配收入；激活留守老人主体性，通过自助满足其"在地养老"需求；通过他助完善保障机制与监控机制，进而构建农村留守老人关爱服务体系的长效机制。

◆ 乡村基层党建创新引领乡村产业振兴研究——闽西北 J 县 A 乡的实证调查

在城乡经济发展的推拉作用下，乡村青壮年劳动力和乡村精英离乡进城，导致乡村基层党组织不断弱化和乡村产业发展后继乏力，这是当前中国绝大部分乡村普遍面临的问题。闽西北 J 县 A 乡党委立足于本地乡村发展的具体实际，因地制宜成立产业联盟党委，整合乡村党建资源，引领乡村产业发展，这是乡村基层党建创新引领乡村产业振兴的有益探索。A 乡产业联盟党委，一方面以党建联村推动乡村联合，打破原有的行政壁垒，以整合乡村党建资源为抓手，带动乡村产业资源全面整合，让乡村产业振兴"有人管"；另一方面引导联村区域企业和合作社结成产业联盟，吸引涉农企业下乡参与乡村产业发展，促进资本、人才、技术等现代生产要素向乡村汇集，做大乡村产业"蛋糕"，让乡村发展能"留住人"。

◆ 影响乡村振兴高质量发展的因素分析及其对策——涪陵案例的研究

乡村振兴高质量发展受到众多因素影响，对此的探讨有助于制定有针对性措施，克服障碍，从而实现乡村振兴高质量发展。涪陵乡村振兴的基本经验是：政府探索建立分类施策长效机制，构建"2 + X"特色产业体系，推动农村土地规模化、集约化经营，完成农村人居环境整治行动。目前影响涪陵乡村振兴高质量发展的因素包括人力资源返乡和下乡意愿、要素和产品流动的通道、乡村基础设施的布局和完善、乡风治理与教化。提出的对策建议是：加强美丽乡村、宜居乡村建设，铸实"乡愁"载体；创新政策，增强政策力度，保障乡兴主体；制定村规民约，携手共治，促进乡风文明；互联互通，"架桥""搭路"，打通流动通道。

◆ 新时代乡村文化振兴的现实境遇与实践要求

乡村文化振兴是乡村振兴的首要前提。乡村文化振兴成为解决乡村社会主要矛盾、实现"两个一百年"奋斗目标和全面振兴乡村的关键举措。但在现实实践中，一些制度短板、外部异己力量对乡村文化振兴形成的障碍和羁绊，对中国特色社会主义乡村文化功用效能的释放形成挑战和考验。作为对这一现实境遇的回应，筑牢主流意识形态引领地位、强化理论创新、保障民生公正就成为一种必然的战略选择和现实方案。也只有具备这样的理论与实践理性，新时代中国特色社会主义乡村文化振兴才能在逐步完善中不断释放和增强效能，为中华民族复兴伟业和全面建设社会主义现代化提供坚强的保障。

贯彻落实党的二十大精神全面推进共同富裕的一个文献综述[*]

——基于3576篇样本文献计量分析

冯朝睿　　侯晓童　吴高辉

(昆明理工大学管理与经济学院　云南昆明　650093)

内容提要： 共同富裕是实现中华民族伟大复兴的基石。党的二十大报告做出了共同富裕取得新成效的重大判断。共同富裕是社会主义的本质要求，是中国特色社会主义的根本任务，是中国特色社会主义现代化区别于资本主义现代化的鲜明特征。当前共同富裕领域研究缺乏定量和可视化的实证研究，文章通过对2000—2021年中国知网（CNKI）收录以共同富裕为主题的3576篇文献，进行多种计量方法交叉的定量可视化分析发现：该领域研究成果颇丰，但尚未形成核心作者群，热点集中在共同富裕的探索历程、生产力与所有制、贫富差距与公平效率、共同富裕与中国特色社会主义四大议题。未来共同富裕领域的研究可通过构建完善的研究体系，采用多样的研究方法，不断拓宽与时代发展相契合的研究视角来产出高质量的研究成果，为实现全体人民的共同富裕提供研究借鉴。

关键词： 共同富裕；知识图谱；研究现状；演进趋势

---

[*] 基金项目：国家社科重点项目"对口支援民族地区脱贫成果巩固与乡村振兴衔接的着力点研究"（22AMZ007）；云南省社科规划社会智库重大项目"云南民族地区巩固脱贫攻坚成果与乡村振兴战略有效衔接的对策研究"（SHZK2021104）阶段性成果。

作者简介：冯朝睿，女，博士，昆明理工大学管理与经济学院教授、博士生导师，主要研究方向：政府政策评估与乡村振兴等；侯晓童，女，昆明理工大学管理与经济学院硕士研究生，主要研究方向：企业管理与政策评估；吴高辉，中南大学公共管理学院讲师、硕士生导师，汕头大学地方政府发展研究所研究员，研究方向：贫困治理与社会政策。

一 问题的提出

共同富裕是马克思主义的基本目标,是社会主义的本质要求,是人民渴求的社会理想,其实现是一个漫长而艰难的曲折过程。中国共产党百年历史就是一部孜孜追求共同富裕,为人民谋幸福,为民族谋复兴的历史。[①]

党百年来的积极探索,在中国大地全面建成了小康社会,实现了第一个百年目标。中国共产党第二十次全国代表大会明确指出,十八大以来,我国共同富裕取得新成效,所谓"新成效",不仅指物质方面缩小城乡差距、协调地区间不平衡、完善社会保障公共福利,为实现共同富裕创造良好条件;也在精神层面从人的发展角度出发,完善公共文化服务体系,满足人民精神文化需求,增强人民精神力量。当前正值中国"两个一百年"交替之际,共同富裕作为党的初心和使命,必须将其摆在更重要的位置。

对共同富裕领域现有文献研究发现,多是定性描述性质的理论思辨,针对这一主题的计量分析类文献极少,缺乏围绕基础文献进行深度挖掘的定量研究。鉴于此,研究在贯彻落实党的二十大精神的时代背景下,秉持社科研究的初心使命,立基于挖掘实现共同富裕的核心关切,借助Bicomb、VOSViewer、CiteSpace软件统计发文数量、核心作者;绘制突现词、关键词聚类等知识图谱,呈现当前共同富裕领域的研究现状,凝聚共同富裕领域的核心研究议题;呈现研究热点及演化路径;预判共同富裕领域的未来研究趋势,以期为早日实现共同富裕提供切实的研究借鉴。

二 数据来源与研究方法

(一) 数据来源

以中国知网数据库(CNKI)为数据来源,以"共同富裕"为主题词,时间区间为2000年1月—2021年10月,文献类型为期刊,期刊来源

[①] 参见杨煌《共同富裕:中国共产党百年的奋斗与追求》,《世界社会主义研究》2021年第9期。

为"北大核心""CSSCI""CSCD"的学术性论文库进行检索,最终得到3576篇样本文献。

表1　　　　　　　　　共同富裕研究文献检索条件

检索项目	检索设定内容及结果
数据库	中国知网(CNKI)
检索方式	主题词"共同富裕"
文献类型	期刊
期刊来源	"北大核心""CSSCI""CSCD"
时间跨度	2000年1月—2021年10月
检索时间	2021年10月6日
筛选后结果	3576篇

(二)研究方法

首先,采用文献计量分析法,通过对样本文献的外部特征进行描述、评估及预测,对共同富裕研究领域的研究现状、内容以及演化历程进行研究。其次,利用共线分析系统软件Bicomb统计关键词、文献数量、作者发文量、作者机构、期刊分布等情况,分析该领域的研究特点和规律。再次,为更直观呈现研究热点主题和方向,运用VOSviewer进行可视化呈现,并借助CiteSpaceV.5.5.R2软件进行突现词和关键词时区分析,以描述热点议题的出现时间与持续情况。最后,基于以上分析总结出共同富裕领域的研究特征和演变脉络,进而预测共同富裕领域研究热点及未来研究趋势。

三　共同富裕领域研究现状分析

(一)样本文献数量分析

通过对共同富裕领域发文量的统计分析,可归纳总结该领域研究的整体趋势及研究特点。如图1所示,2000—2011年,共同富裕研究领域从起步阶段进入平缓发展阶段,发文量未出现明显波动,研究主要围绕中国历届领导人的共同富裕观展开。2012年,十八大明确指出"逐步实现全体人民共同富裕",使得该领域发文量达到第一个峰值,随后呈现先降后

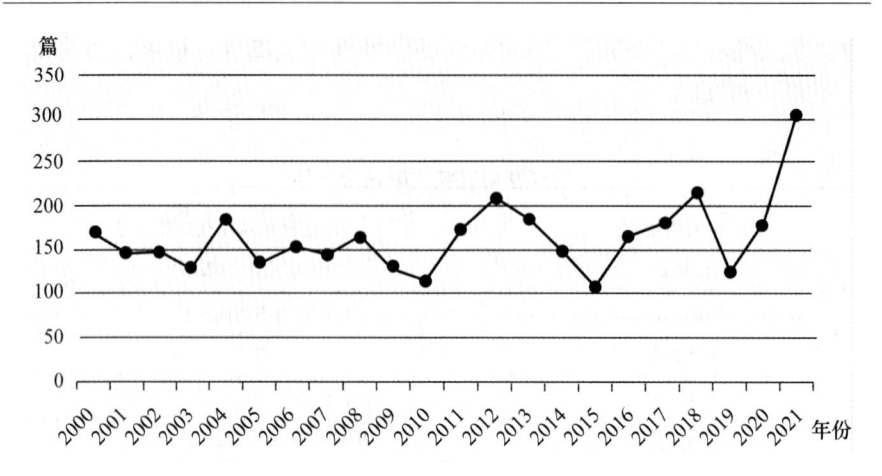

图1 共同富裕领域发文量

升又降的趋势，直至2020年有所回升。整体来看，2000—2020年共同富裕领域发文量呈现出一定的波动性，但发文量始终保持在一定水平上，研究成果的不断增加，表明共同富裕研究主题对学者有着持续的吸引力。

2021年，共同富裕研究领域涌现出大量研究成果，截至2021年10月7日发文量已高达304篇。发文量的突增究其根源在于党的十九届五中全会的召开，会上首提"全体人民共同富裕取得更为明显的实质性进展"①。二十大报告在第九章"增进民生福祉，提高人民生活品质"中强调"扎实推进共同富裕"。在此背景下，准确把握共同富裕的思想内涵及路径选择，对于建设社会主义现代化强国、实现中华民族伟大复兴具有重大意义。基于此，未来一定时期内，有关共同富裕领域的研究文献仍会呈现增长趋势。

（二）核心作者与科研机构分析

本文依据普赖斯定理来测算核心作者和核心作者群，核心作者最低发文量 $N_p = 0.749 * \sqrt{n_{max}}$（$n_{max}$表示一定时期内最高产作者的论文数量）。在共同富裕领域，卫兴华教授为最高产作者，发表相关文献50篇，故 $n_{max} = 50$，则 $N_p \approx 5.296$。由此确定共同富裕领域核心作者共41位，文章将发文

---

① 《中国共产党第十九届中央委员会第五次全体会议公报》，新华社，http://www.gov.cn/xinwen/2020-10/29/content_5555877.htm，2020年10月29日。

10篇以上的作者在表2中列出。由普赖斯定律可知，核心作者发文量达到总发文量50%以上时，才产生研究领域核心作者群。共同富裕研究领域中41位核心作者发文量共408篇，仅占发文总量的11.41%，尚未形成核心作者群。故目前国内共同富裕领域的研究处于前期的初步探索阶段。

表2　　共同富裕领域核心作者、发文量及单位统计

序号	姓名	发文数量	总被引频次	所属机构
1	卫兴华	50	495	中国人民大学
2	余金成	24	93	天津师范大学
3	周新城	19	96	中国人民大学
4	程恩富	15	297	中国社会科学院大学
5	刘国光	15	265	中国社会科学院
6	张宇	14	212	中国人民大学
7	梁柱	12	17	北京大学
8	韩喜平	12	65	吉林大学
9	范从来	10	69	南京大学
10	洪银兴	10	197	南京大学
11	杨承训	10	95	河南财经政法大学

被引频次反映文献的学术影响力，高被引文献一定程度上反映了学科的研究进展，是优质的文献情报源。[①] 作者统计发现核心作者发文量最高及被引频次最高的是卫兴华教授，发文数量为50篇，总被引频次495次。其中以第一作者发表的文章共计47篇，占比94%。是该领域的研究引领者。

研究机构是学科知识创造、生产、传播和扩散的源头。[②] 本文借助CiteSpaceV.5.5.R2软件对发表共同富裕领域论文的科研机构进行知识图谱共现，共现结果如图2所示，该领域的发文机构分布较为分散，机构间

[①] 参见祝清松、冷伏海《基于引文内容分析的高被引论文主题识别研究》，《中国图书馆学报》2014年第1期。

[②] 参见赵蓉英、魏绪秋《时空维度下的我国链接分析研究现状分析》，《情报科学》2017年第4期。

```
                    武汉大学马克思主义学院 武汉大学马克思主义学院
          吉林大学马克思主义学院 吉林大学马克思主义学院        西北大学经济管理学院 西北大学经济管理学院
                    中共中央党校科学社会主义教研部 中共中央党校科学社会主义教研部
          清华大学马克思主义学院 清华大学马克思主义学院        中共中央文献研究室 中共中央文献研究室
                    西安交通大学马克思主义学院 西安交通大学马克思主义学院
          中国社会科学院 中国社会科学院        中国社会科学院经济研究所 中国社会科学院经济研究所
          中国人民大学经济学院 中国人民大学经济学院
                    中共中央党校 中共中央党校
                    中国人民大学 中国人民大学
          中国人民大学马克思主义学院 中国人民大学马克思主义学院
                    中国社会科学院当代中国研究所 中国社会科学院当代中国研究所
                    中国社会科学院马克思主义研究院 中国社会科学院马克思主义研究院
```

图2　共同富裕领域发文机构共现图谱

合作强度并不大，合作关系不密切。研究机构中高等院校占绝大多数，特别是各高校的二级学院马克思主义学院占比较高。发文量前三的研究机构，分别是中国社会科学院：199篇；中国人民大学：172篇；武汉大学：80篇。发文量较高的研究机构均为国内顶尖的智库及双一流建设高校，表明该领域研究主题是国内顶级科研机构重点关注的主题，从而表明了该主题研究的价值和意义重大。

（三）发文期刊分析

表3　　　　　　　共同富裕领域发文期刊

序号	期刊名称	载文量	影响因子（2021）	占比（%）
1	毛泽东思想研究	125	0.897	3.50
2	人民论坛	108	1.002	3.02
3	毛泽东邓小平理论研究	101	1.84	2.82
4	马克思主义研究	99	2.797	2.77
5	求实	88	5.891	2.46
6	科学社会主义	77	1.766	2.15
7	社会主义研究	65	3.395	1.82

续表

序号	期刊名称	载文量	影响因子（2021）	占比（%）
8	红旗文稿	59	1.233	1.65
9	当代经济研究	53	1.853	1.48
10	理论探索	49	2.881	1.37

为进一步探究共同富裕领域研究成果质量，文章对相关文献所属的学术期刊进行分析，统计了发表该领域文章最多的10种学术期刊，排名前三的分别是《毛泽东思想研究》《人民论坛》和《毛泽东邓小平理论研究》，发文量均在100篇以上。刊登共同富裕文章的期刊，皆是对当代中国具有全局性、代表性、前沿性的重大现实问题进行研究且学术影响力普遍较大的高质量期刊。因此，也进一步表明了共同富裕领域研究的重大学术和实践价值。

四 共同富裕关键词知识图谱分析

（一）共同富裕领域高频关键词

关键词是对研究内容的高度凝练和概括，代表该领域研究的方向。频次越高表明研究越热烈，中心性越高代表研究越重要。[①] 本文运用 Bicomb 软件统计共同富裕领域的关键词，最终得到关键词5417个，出现总频次达15083次。同时依据多诺霍（Donohue）等人提出的确定高频词汇边界公式：$T = (1 + \sqrt{1+8I_1})/2$（其中 T = 样本文献关键词数量，$I_1$ = 关键词频次为1的数量，共有4002个），最终确定高频关键词89个。并将关键词出现频次前40名在表4列出，同时列出关键词的中心性。频次较高与中心性较高的关键词高度重合，中心性超过0.1的节点成为关键节点，中心性在0.1以上的关键词共有四个，依次是共同富裕、邓小平、社会主义、中国特色社会主义，这些关键词是2000—2021年共同富裕领域研究的核心问题，学界围绕这些主题展开了大量的研究。详见表4。

---

① 参见覃诚、方向明、陈典《中国农村产业融合发展研究现状与展望——基于 CiteSpace 文献计量分析》，《中国农业大学学报》2021年第10期。

表4　　　　　　　　　　共同富裕领域高频关键词

序号	关键字段	频次	中心性	序号	关键字段	频次	中心性
1	共同富裕	1054	0.72	21	公有制	61	0.01
2	邓小平	360	0.16	22	按劳分配	59	0.02
3	社会主义	323	0.17	23	贫富差距	57	0.02
4	中国特色社会主义	198	0.14	24	公平正义	56	0.02
5	社会主义的本质	189	0.04	26	收入差距	53	0.01
6	中国共产党	152	0.08	25	收入分配	53	0.02
7	生产力	113	0.05	27	发展	53	0.01
8	共享发展	112	0.07	28	以人为本	51	0.02
9	和谐社会	110	0.03	29	效率	50	0.00
10	科学发展观	99	0.06	30	全面建成小康社会	50	0.03
11	市场经济	97	0.05	31	基本经济制度	46	0.01
12	马克思主义	84	0.05	32	小康社会	45	0.01
13	社会主义初级阶段	78	0.07	33	社会主义本质论	44	0.01
14	改革开放	76	0.02	34	社会主义市场经济	44	0.02
15	毛泽东	74	0.02	35	以人民为中心	44	0.02
16	邓小平理论	74	0.02	36	社会主义制度	42	0.01
17	精准扶贫	69	0.02	37	社会公平	40	0.01
18	新时代	68	0.03	38	科学社会主义	37	0.02
19	公平	68	0.01	39	公有制为主体	36	0.01
20	习近平	67	0.03	40	两极分化	35	0.01

（二）可视化聚类分析

为更直观探究研究文献的热点主题和方向，本文运用VOSviewer软件进行可视化聚类分析，将所得89个高频关键词共现矩阵导入软件中生成研究主题聚类视图，揭示关键词间的复杂关系与隐含特征，详见图3。

图3中"共同富裕"作为最高频关键词出现频次高达1054次，中心性0.72，位于图谱中心位置，与其他关键词的连接线较多，表明该关键词与其他研究的关联性较强。依据关键词词义、属性及可视化结果将关键词分为四大议题群。议题1：共同富裕的探索历程，主要讨论建党百年来

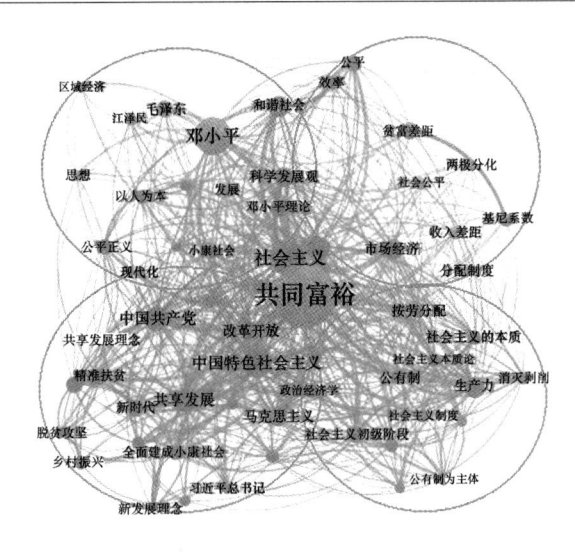

图3 共同富裕高频关键词可视化聚类图谱

党领导人民在建设共同富裕的道路上进行的积极探索、取得的辉煌成绩及不同发展阶段"共同富裕"实践地位的变化；议题2：生产力与所有制议题，该议题集中探讨了高水平的生产力作为实现"共同富裕"这一基础条件的重要地位，及为切合生产力发展不断改革完善的基本经济制度；议题3：贫富差距与公平效率议题，该议题主要围绕我国发展过程中贫富差距的变化情况及其潜在的严重后果及不断调整的"公平与效率"关系、其对实现共同富裕和关乎国家前途的重要性展开；议题4：共同富裕与中国特色社会主义，该议题集中讨论共同富裕与中国特色社会主义政治、经济、民主制度的紧密联系。详见表5。

表5　共同富裕领域研究主题及高频关键词分布

研究议题	高频关键词
1. 共同富裕的探索历程	共同富裕；邓小平；毛泽东；和谐社会；科学发展观；江泽民；发展；邓小平理论；南方谈话；小康社会；实践；以人为本；区域经济；西部大开发；启示；以人民为中心；马克思；思想；共产党人；公平正义；现代化；胡锦涛
2. 生产力与所有制	生产力；公有制；社会主义初级阶段；基本经济制度；所有制；公有制经济；公有制为主体；社会主义制度；消灭剥削；生产关系；科学社会主义；社会主义的本质；经济发展；价值取向；改革；马克思主义政治经济学；生产力标准；社会主义本质论；按劳分配

续表

研究议题	高频关键词
3. 贫富差距与公平效率	贫富差距；基尼系数；两极分化；社会公平；收入差距；经济体制改革；市场经济；分配制度；收入分配；初次分配；社会主义；效率；公平；和谐社会；资本主义；平均主义；集体经济；生产资料；非均衡发展；公平与效率；协调发展；分配方式
4. 共同富裕与中国特色社会主义	中国特色社会主义；改革开放；共享发展；精准扶贫；马克思主义；政治经济学；新时代；扶贫开发；贫困治理；全面建成小康社会；中国梦；改善民生；脱贫攻坚；全面小康；反贫困；中国道路；乡村振兴；中西部地区；新发展理念；习近平总书记；中华民族伟大复兴；中国共产党；中国特色；人的全面发展；中国特色社会主义制度；高质量发展；中国特色社会主义道路

（三）共同富裕领域研究热点议题分析

1. 共同富裕的探索历程：

中国共产党自成立之日起就将实现全体人民的共同富裕作为党始终如一的奋斗目标，这一远景目标的实现过程必将历经不同发展阶段，不同发展阶段党的中心任务不同导致共同富裕的实践地位不同。[①]

中国共产党自1921年成立后，带领人民经过艰苦卓绝的伟大斗争取得新民主主义革命胜利，消除了人民受剥削压迫的"总根源"，该时期虽未明确提出"共同富裕"这一概念，但为全体人民谋幸福的初心和使命已奠定了实现共同富裕的前提和基础。1949年，中华人民共和国成立，随后我国步入社会主义革命时期，"共同富裕"也在1953年12月发布的《中共中央关于发展农业生产合作社的决议》中首次提出，决议中提到"使农民能够逐步完全摆脱贫困的状况而取得共同富裕和普遍繁荣的生活"[②]。1956年，党带领人民完成社会主义改造，确立了社会主义基本制度，为共同富裕奠定了制度基础。1956至1966年，我国进入社会主义建设时期，建立了以公有制为主体的经济制度体系、完整的工业体系，为发展共同富裕道路奠定了产业基础。[③] 1978年开始实施改革开放政策，以"解放和发展生产力，使人民摆脱贫困，实现富起来"为中心任务，社会

---

① 参见郭瑞萍《论中国共产党共同富裕思想的百年演变》，《陕西师范大学学报》（哲学社会科学版）2021年第6期。

② 《建国以来重要文献选编》第4册，中央文献出版社1993年版。

③ 参见李军鹏《共同富裕：概念辨析、百年探索与现代化目标》，《改革》2021年第10期。

生产力得到快速发展,人民物质文化生活水平显著提高,共同富裕的实践地位由"美好愿景"变成"社会主义发展的最终目标"。中国共产党第十三届四中全会后,实现共同富裕成为社会主义的根本原则和本质特征。中国共产党第十六次全国代表大会将"以人为本的科学发展观"作为实现共同富裕的指导思想,赋予共同富裕新的内涵和鲜明的时代精神。中国共产党第十九次全国代表大会报告指出"到2035年,全体人民共同富裕迈出坚实步伐"。中国共产党第二十次全国代表大会报告中做出了"我国共同富裕取得新成效"的论断。百年来的积极探索与艰苦奋斗取得重大进展,全面建成小康社会,为实现共同富裕提供了良好的物质条件。

2. 生产力与所有制

马克思和恩格斯将全体社会成员遭受的普遍的、极端的贫困归因于低下的社会生产力水平,凸显出生产力发展对人民共享共富的基本前提意义[1],奠定了生产力发展在国家发展过程中的重要地位。中国共产党十一届三中全会确定"发展生产力"的中心地位,将"生产力的快速发展和实现共同富裕"视为社会主义制度优越性的体现。[2]

中国特色社会主义进入新时代,解放和发展生产力仍是现阶段我国走向共同富裕的根本手段,但传统的增长模式不能适应新发展阶段的要求,"高速"增长转向"高质量"增长是必然趋势。[3] 中国共产党第二十次全国代表大会报告中明确指出"高质量发展是全面建设社会主义现代化国家的首要任务",为此,必须坚持发展是第一生产力,优化生产力结构,助推中国经济高质量发展,以高质量发展全面推动共同富裕目标的实现。

为切合生产力发展,我国所有制构成发生历史性变革,由"单一的公有制"演变为"以公有制为主体,多种所有制共同发展"的格局。[4] 以公有制为主体,保证各族人民共享发展成果;鼓励支持引导非公有制经济

---

[1] 参见朱品儒、韩璞庚《共享发展与共同富裕的马克思主义蕴涵及其在当代中国的继承创新》,《学术论坛》2021年第4期。

[2] 参见王婷、苏兆霖《中国特色社会主义共同富裕理论:演进脉络与发展创新》,《政治经济学评论》2021年第6期。

[3] 参见蒋永穆、豆小磊《共同富裕思想:演进历程、现实意蕴及路径选择》,《新疆师范大学学报》(哲学社会科学版)2021年第6期。

[4] 参见陈小平《发挥基本经济制度优势 扎实促进共同富裕》,《红旗文稿》2021年第17期。

发挥其竞争优势，提升经济增长效率，既有利于激发各类市场主体活力、解放和发展社会生产力，又利于促进公平与效率统一、不断实现共同富裕。①

3. 贫富差距与公平效率：

图4中描述了我国1978—2021年基尼系数的变化趋势，改革开放初期我国居民收入差距较小，之后在波动中上升，2000年，首次超过警戒线0.4，2008年达到峰值。近几年虽有所缓和但仍然处于高位。贫富差距过大与社会主义的本质相违背，与实现共同富裕的初心相背离，因而解决贫富分化问题对中国来说十分迫切，而解决贫富差距过大的最有效手段就是实现共同富裕。

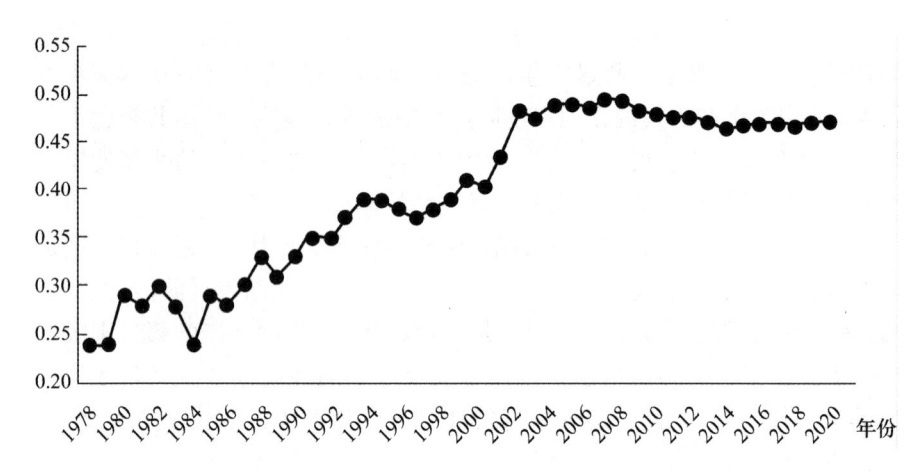

图4 我国居民收入基尼系数变化情况

贫富差距反映的不只是经济问题，也是社会物质层面发展不充分不平衡的问题，是最根本性问题。② 有学者指出，当前我国贫富差距主要体现在城乡发展差距大、地区资源分配不均、各阶层收入差距大三方面。③ 针

---

① 参见习近平《看望参加全国政协十三届三次会议的经济界委员时的讲话》，《新华网》2020年5月23日。
② 参见万广华《百年变局下的共同富裕：收入差距的视角》，《学术月刊》2022年第8期。
③ 参见葛和平、吴福象《中国贫富差距扩大化的演化脉络与机制分析》，《现代经济探讨》2019年第5期。

对发展不平衡的问题，必须考虑落实协调发展理念，实施多种类型的协调[1]，二十大报告从农民财富积累的角度出发，首提规范财富积累机制，通过改变农民的财富积累机制，帮助其获得财产性收入，缩小城乡收入差距，实现共同富裕。

七十多年的发展经验证明要实现共同富裕，必须做到公平与效率有机统一。正确处理公平与效率是以实现共同富裕为目标的收入分配改革的核心。[2] 改革遵循"重效率"向"重公平"转变的演变逻辑[3]，从新中国成立初期的计划经济，搞"大锅饭"的平均主义，到改革开放时期提出的"按劳分配"，再到中国共产党十四届三中全会提出建立以按劳分配为主体，效率优先、兼顾公平的收入分配制度。再由中国共产党十六届五中全会强调"更加注重社会公平"，兼顾效率的同时公平受到更多重视。中国共产党十九届五中全会强调正确处理效率和公平的关系。演变至今，中国共产党第二十次全国代表大会报告中特别强调促进机会公平，依托机会公平最大限度地激发人民群众的创造力，将发展成果更多更公平惠及全体人民，朝着共同富裕方向稳步前进。[4] 既要"做大蛋糕"又要"分好蛋糕"，才能实现全体人民的共同富裕。

4. 共同富裕与中国特色社会主义

共同富裕作为中国特色社会主义现代化区别于资本主义现代化的鲜明特征，是必须坚持的理想信念，是建设中国特色社会主义的必由之路，与我国政治制度、经济制度、民主制度建设息息相关。[5]

政治制度方面，作为一个人民民主专政的社会主义国家，人民富裕水平一定程度上反映了政治制度的完善程度；经济制度方面，实现共同富裕与我国基本经济制度的要求相契合，就是不断消灭贫穷，消除贫富两极分化。我国基本经济制度以公有制经济为主体，壮大国家综合实力，保障人民的共同利益；鼓励支持引导非公有制经济健康发展，以此实现社会主义

---

[1] 参见杨明伟《协调发展：对发展问题的哲学总结》，《当代中国史研究》2016年第6期。
[2] 参见李实《共同富裕的目标和实现路径选择》，《经济研究》2021年第11期。
[3] 参见孙豪、曹肖烨《收入分配制度协调与促进共同富裕路径》，《数量经济技术经济研究》2022年第4期。
[4] 参见韩喜平、何况《中国共产党百年分配制度变革及其人民立场》，《经济纵横》2021年第5期。
[5] 参见裴小革《共同富裕与中国特色社会主义》，《重庆社会科学》2011年第8期。

生产力的发展，履行先富带后富，实现共同富裕的责任，但不允许越来越悬殊的贫富差距，这也是社会主义市场经济与其他市场经济的重要区别；民主制度方面，只有实现共同富裕才能充分保障最广大人民群众的民主权利，才能巩固最广大人民群众的主人翁地位，最终巩固中国特色社会主义民主制度的根基。

新发展阶段，在共享发展中推动共同富裕，充分体现了社会主义的优越性，与中国特色社会主义下共同富裕的内在要求和实现途径的完美契合。[①] 中国共产党第二十次全国代表大会报告中提出"中国式现代化"更是中国特色社会主义的重大理论创新，是区别于西方现代化的以马克思主义中国化科学理论为指导，适合中国制度和国情的出发点和落脚点始终在人民的社会主义现代化道路。

五　共同富裕研究趋势分析

（一）突现词分析

突现词用于表示发表文献中骤增的专业术语，以此确定研究前沿及发展趋势。本文借助 CiteSpace V.5.5.R2 软件对共同富裕领域 3576 篇样本文献中的突现词进行识别，得到图 5 突现词强度与时间分布图。图中 Strengh 表示突现强度，数值越大代表出现频次越多，红色时间段长度代表热度。[②]

如图 5 所示，共检测到 11 个突现词，其中"科学发展观"突现强度最高（Strengh=28.62）、"以人为本"突现强度次之（Strengh=13.27），成为热点前沿的时间为 2004 年，研究分析发现 2004 年胡锦涛同志在讲话中提出以人为本的科学发展观，学界开始围绕以人为本、科学发展观展开丰富的研究。2003—2010 年，"创新"成为突现词。七十年的探索之路，为实现共同富裕提供了重要启示。十八大以来，中国进入新发展阶段，在总结经验教训的基础上，学界从制度创新和理论创新等研究视角出发针对共同富裕

---

① 参见耿百峰《新发展理念视阈下共同富裕的实现路径前瞻》，《科学社会主义》2018 年第 1 期。

② 参见陈绍辉、王岩《中国社会思潮研究的科学知识图谱分析——基于 Citespace 和 Vosviewer 的综合应用》，《上海交通大学学报》（哲学社会科学版）2018 年第 6 期。

展开研究。随着贫富差距问题越来越受到关注，学界聚焦社会热点进行研究，"收入差距""社会公平""公平正义""两极分化""社会公正"等成为突现词。2012年后共同富裕领域研究的注重点在"马克思""中国特色社会主义制度""中国道路"等方面，其突现性仍在持续。

Top 11 Keywords with the Strongest Citation Bursts

Keywords	Year	Strength	Begin	End	2000–2021
收入差距	2000	7.51	2001	2008	
创新	2000	3.62	2003	2010	
科学发展观	2000	28.62	2004	2011	
以人为本	2000	13.27	2004	2012	
社会公平	2000	7.48	2005	2013	
公平正义	2000	5.89	2007	2014	
两极分化	2000	4.18	2007	2015	
社会公正	2000	4.09	2007	2014	
马克思	2000	8.16	2012	2021	
中国特色社会主义制度	2000	3.58	2012	2021	
中国道路	2000	4.91	2013	2021	

图5 共同富裕研究突现词强度与时间分布

（二）关键词时区图谱分析

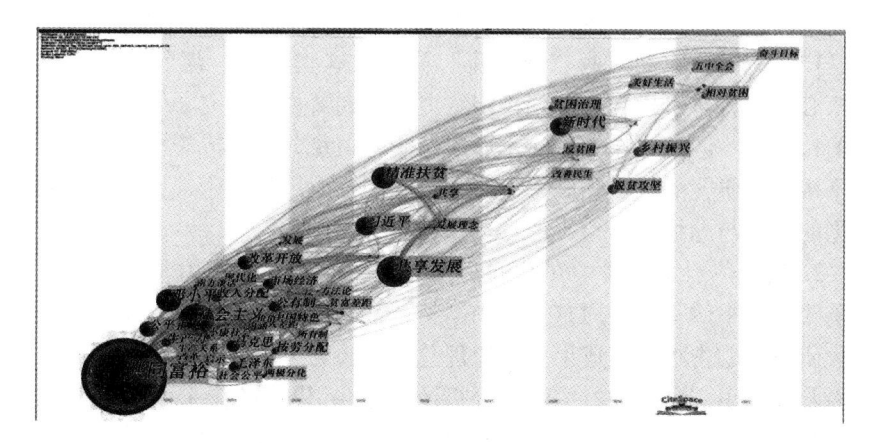

图6 共同富裕研究领域高频关键词时区知识图谱

为更清晰地呈现共同富裕研究主题的演变逻辑，文章进一步使用 CiteSpace V.5.5.R2 软件将关键词按照时间顺序进行排布，绘制图 6 高频关键词时区知识图谱。从高频关键词时区知识图谱可明显看出共同富裕领域研究呈现阶段性。第一阶段（2012—2015 年），该阶段研究主题较多，主要围绕政策文本对共同富裕进行研究，研究主题集中在社会主义、公有制、按劳分配、收入差距、生产力、公平正义等。第二阶段（2015—2020 年），主要围绕共享发展、精准扶贫、脱贫攻坚、发展理念、乡村振兴等热点议题。第三阶段（2020 年至今），全面小康社会的建成、绝对贫困的消除，使得妥善解决相对贫困、逐步实现共同富裕成为热点主题。图 6 中显示该阶段初现关键词明显减少，究其原因在于对共同富裕领域的新研究尚处探索阶段。

六　结论与展望

（一）研究结论

文章以筛选的共同富裕领域的 3576 篇文献作为数据样本，借助 Bicomb、VOSViewer、CiteSpace V.5.5.R2 进行了文献计量和知识图谱可视化分析，研究结论如下。

1. 共同富裕领域的研究成果虽丰，但尚未形成有影响力的核心作者群，且作者间、机构间的合作强度不高。研究发现：虽然共同富裕领域已有大量的研究成果，但核心作者与主要科研机构主要集中于中国社会科学院这样的一流智库和两所"双一流"高校，这些"双一流"高校中的个别核心作者、科研机构、期刊长期致力于共同富裕的研究，体现了学术研究的持续性。但核心作者群尚未形成，研究力量分散不成规模，不利于共同富裕领域研究的深入开展，也不利于原创性成果的产生，更不利于原创理论的提炼与总结。

2. 研究热点主要集中在共同富裕的探索历程、生产力与所有制、贫富差距与公平效率、共同富裕与中国特色社会主义这四大研究议题。且这四大研究主题中的研究成果多以梳理总结经验为主，缺乏前瞻性的可借鉴的经验和知识。研究通过突现词分析及时区知识图谱分析得到热点议题的演化过程与路径可知，研究主题与政策文本密切相关，政策迭代更新对学术研究的影响重大。表明中国公共政策的研究密切紧跟中国社会的发展需要，以契合时代发展需要的具有公共价值的议题研究引领公共事务展开。

3. 未来共同富裕领域研究议题将持续成为学界关注的焦点和研究的热点。研究发现高度发达的社会生产力是实现共同富裕的基础；缩小贫富差距是实现共同富裕的重要途径；社会公平是中国实现共同富裕的必然要求。未来，共同富裕作为第二个百年奋斗目标的重要指标，也将是学界关注的重要议题和重点研究对象。但随着社会发展阶段和经济实力的变迁，中国学界将在消除绝对贫困问题的基础上，就如何巩固脱贫攻坚成果、缓解相对贫困、增加农民收入、缩小社会贫富差距、发展有支撑力的产业等问题进而实现共同富裕展开契合中国社会时代发展需要的研究。

（二）研究展望

共同富裕是中国共产党带领14亿国人不断奋斗去实现的重要发展目标。中国共产党第二十次全国代表大会报告中明确提出了中国式现代化的方法与内涵，可将中国式现代化的"中国特色"概括为五个层面，即人口规模巨大的现代化、全体人民共同富裕的现代化、物质文明和精神文明相协调的现代化、人和自然和谐共生的现代化、走和平发展道路的现代化。[①] 共同富裕与其具有内在统一性，中国的共同富裕之路注定与西方不同，注定道阻且长，但中国的共同富裕之路注定瞩目非凡。未来如何更好地实现中国式共同富裕，基于上述研究，文章提出以下几个观点。

1. 加快构建完善的共同富裕研究体系，为实现中国式现代化提供理论支撑。实现共同富裕既是一个经济问题，也是社会问题，更是一个政治问题。为全方位地将共同富裕与中国特色社会主义建设紧密联系起来，倡导形成稳定的跨学科研究共同体，构建多学科、多领域、多视角的共同富裕研究体系，立足中国实际为扎实推进共同富裕提供有力支撑，进而为实现中国式现代化提供中国原创的理论支撑。

2. 丰富共同富裕的研究方法，为实现共同富裕提供科学路径。进一步推进共同富裕，要求我们更加全面、更加深入地理解"共同富裕"，现有研究积累了丰富的理论成果，但实现共同富裕是一个动态的发展过程，必须在不断完善理论成果的基础上，采用多样的研究方法，跨学科跨领域，形成定量与定性相结合的交叉研究范式，为推进共同富裕提供科学依

---

① 参见漆思《深入把握中国式现代化的战略命题》，《贵州大学学报》（社会科学版）2022年第6期。

据；同时，要立足中国的实践试验场域，注重本土典型案例的价值与作用，从案例研究中提炼总结推进共同富裕的理论和实践素材。

3. 拓宽与时代发展相契合的研究视角，彰显共同富裕的时代性。实现共同富裕的历史过程兼具长期性与复杂性，更具动态性，不同历史时期赋予共同富裕不同的理论内涵，新发展阶段必将为共同富裕注入新的时代灵魂。在取得脱贫攻坚伟大胜利的背景下，深入研究乡村振兴与共同富裕衔接问题；在高质量发展视域下推进共同富裕示范区建设，深入研究生态环境治理、经济发展过程中不充分不平衡、贫富差距、收入分配、公平正义等问题，真正做到人文社科研究服务时代发展需要、服务社会治理需要、服务人民关切的经世致用的价值。

A literature Review of Implementing the Spirit of the 20th National Congress of the Communist Party of China to Comprehensively Promote Common Prosperity

—Based on the Quantitative Analysis of 3576 Sample Literatures

Feng Zhaorui   Hou Xiaotong

(School of Management and Economics, Kunming University of Science and Technology, Kunming 650093, Yunnan, China)

Abstract: Common prosperity is the cornerstone of the great rejuvenation of the Chinese nation. The report of the 20th National Congress of the Communist Party of China made a major judgment on the new results achieved by common prosperity. Common prosperity is the essential requirement of socialism, the fundamental task of socialism with Chinese characteristics, and the distinctive feature that distinguishes socialist modernization with Chinese characteristics from capitalist modernization. The current research in the field of common prosperity lacks quantitative and visual empirical research, and through the quantitative visual analysis of 3576 documents on the theme of common prosperity included in CNKI from 2000 to 2021, this paper finds that the research results in this field are quite rich, but the core author group has not yet been formed, and the hot spots focus on the exploration process of common prosperity, productivity and ownership, wealth gap and fairness and efficiency, common prosperity and socialism with Chinese characteristics. Future research in the field of common prosperity can produce high-quality research results by building a sound research system, adopting a variety of research methods, and continuously broadening the research perspective that is in line with the development of the times, so as to provide research reference for the realization of common prosperity for all people.

Key Words: common prosperity; Knowledge map; Research status; evolutionary trends

赋权增能：乡村振兴战略下农村留守老人关爱服务体系的长效机制研究[*]

钟曼丽[1,2] 杨宝强[1,2]

(1. 海南师范大学经济与管理学院 海口 571158；
2. 海南省妇女/性别研究与培训基地 海口 571158)

内容提要：农村留守老人关爱服务体系建设不仅是缓解农村留守问题的重要措施，也是提升留守老人福祉的过程。研究发现，由于系统性规划缺失，政策"碎片化"以及政策执行者偏好与政绩考核的影响，一些因时、因势而建立的关爱服务平台，当政绩目标达成后，往往会陷入机构虚置、供需错配或供给断层的可持续发展困境。基于赋权增能的视角，提出从多层面对留守老人赋权以提升其自我效能感；通过乡村振兴的农技培训对其增能以提升其可支配收入；激活留守老人主体性，通过自助满足其"在地养老"需求；通过他助完善保障机制与监控机制，进而构建农村留守老人关爱服务体系的长效机制。

关键词：乡村振兴；赋权增能；农村留守老人；关爱服务；长效机制

一 文献回顾与问题提出

人口老龄化是近年来我国社会经济发展面临的重大问题。《2019年国民经济和社会发展统计公报》显示，2019年末，60岁及以上老年人口

---

[*] 基金项目：国家社会科学基金项目"乡村振兴战略下农村留守老人关爱服务体系长效机制研究"（20BRK016）

作者简介：钟曼丽，女，博士，海南师范大学经济与管理学院副教授，硕士生导师，海南省妇女/性别研究与培训基地副主任，主要研究政府发展与社会政策。杨宝强，男，博士，海南师范大学经济与管理学院副教授，硕士生导师，主要研究政府发展与社会政策。

25388万人，占总人口的18.1%。《中国农村发展报告2020》显示，乡村60岁以上人口比例将达到25.3%，约为1.24亿人。老龄化趋势预测也显示，2050年我国60岁及以上老年人口数量将接近5亿，占总人口数量的36.5%，且55.6%的老年人分布在农村。① 这也意味着，中国老龄问题的重点和难点在农村，而农村留守老人因子女外出务工，养老问题也是民生领域的主要短板。② 为保障留守老人权益，十八届三中全会提出要建立健全农村"三留守"人员的关爱服务体系，《中共中央国务院关于实施乡村振兴战略的意见》也提出构建多层次农村养老保障体系，健全农村留守老人关爱服务体系。因此，尽快建立和完善农村留守老人关爱服务体系既是党的重大战略决策，也是保障农村留守老人权益、满足其养老服务的客观要求。近年来，多数农村地区在地方政府、社会组织的帮扶下建立了留守老人照料中心，很大程度上满足了农村留守老人的养老需求。但受诸多因素影响，大量留守关爱中心在实现政绩目标后，因无法再创造"增量政绩"而难以受到政府的重视，潜藏的可持续发展问题也随即暴露。③ 随着精英和骨干人员的热情退却，"一些因时、因势、因项目而发展的关爱平台，一旦项目完成，平台往往因经费不足而搁置"④。此外，部分留守关爱服务平台建设由于调研不足，所提供的服务往往难以契合留守老人的需求。既造成了养老资源浪费，也导致党和政府的惠民政策难以真正落地，进而引发基层治理难题。

学界对农村留守老人的研究已持续多年，成果丰硕，主要集中在如下方面。一是留守老人生活状况。当前，农村留守老人面临着经济水平低、生活无人照料、内心孤独和发展没有保障等困境。⑤ 子女外出务工虽提高了留守老人的物质生活水平，但在医疗、生活照料和精神生活方面却存在严重问题，同时，由于子女务工时间的延长、留守老人的农业劳动参与率

---

① 参见陈卫《国际视野下的中国人口老龄化》，《北京大学学报》（哲学社会科学版）2016年第6期。
② 参见杜鹏、王武林《论人口老龄化程度城乡差异的转变》，《人口研究》2010年第2期。
③ 参见余成龙、冷向明《"项目制"悖论抑或治理问题——农村公共服务项目制供给与可持续发展》，《公共管理学报》2019年第2期。
④ 刘筱红：《农村留守老人关爱平台务求"治理有效"》，《中国社会报》2018年3月15日。
⑤ 参见钟曼丽《农村留守老人生存与发展状况研究——基于湖北省的调查》，《湖北社会科学》2017年第1期。

明显上升。① 此外，留守老人在物质供给上也存在显著的地域、年龄和性别差异。② 二是留守老人养老模式。农村留守老人养老模式的选择受到个体特征、家庭收入以及其他诸多因素的影响，年龄较大的、身体状况较差的、受教育程度高的农村留守老人更容易选择正规化养老模式；家庭收入越高、子女数量越少的越倾向正规化养老。③ "土地自养、互助自养、储蓄自养和再就业自养也是主要的养老类型。"④ 三是留守老人关爱服务的责任主体和内容。留守老人关爱服务责任主体的多元化已成学界共识，如政府、社会组织、社区以及子女等。在服务内容方面，学者们从物质保障网络和关爱服务人文社会环境方面进行了思考，强调应满足服务对象的日常生活照料需求、医护保健需求、心理健康需求以及精神需求，并从经济收入、社会资本、生活环境、精神生活或宗教价值、和谐的代际关系方面保障农村留守老年人的多元福利。⑤ 四是留守老人关爱服务面临哪些困境？如何解决？随着农村青壮年外流，留守老人面临着家庭支持功能弱化、社区支持资源匮乏、政府支持能力不足、非政府组织和志愿者服务缺位的局面。⑥ 在留守关爱服务方面存在信息数据库及平台利用不充分、服务供需对接缺口大、人才队伍不固定、服务质量缺乏评估标准、缺少专项资金支持等问题。⑦ 因此，要依托"互联网+"等技术平台对老年人互帮互助，构建以需求为导向的多层次、多维度的关爱服务体系，通过家庭教育传承、学校教育的引导、社会教育的倡导和熏陶绵续乡土社会的孝治关

---

① 参见卢海阳、钱文荣《农村留守老人生活调查与影响因素分析》，《调研世界》2014年第3期。

② 参见柯燕《农村留守老人物质生活的供需状况与群体差异》，《哈尔滨工业大学学报》（社会科学版）2019年第1期。

③ 参见吴海涛、宋嘉豪《农村留守老人养老模式选择及其影响因素研究——基于CLHLS数据的分析》，《华中农业大学学报》（社会科学版）2017年第5期。

④ 李俏、陈健：《农村自我养老的研究进路与类型诠释：一个文献综述》，《华中农业大学学报》（社会科学版）2017年第1期。

⑤ 参见贺雪峰《农村留守老年人的"多元福利"观——"低消费、高福利"何以可能》，《学习与实践》2019年第11期。

⑥ 参见陈芳《福利多元主义视角下农村留守老人社会支持体系的构建》，《理论导刊》2014年第8期。

⑦ 参见王武林、杜志婕《新时代乡村振兴视角下农村留守老人关爱服务体系构建》，《中共福建省委党校学报》2019年第5期。

怀，保障留守老人养老权益。① 推动社会力量广泛参与，形成家庭履责、政府保障、基层主导的多元共治型农村留守老人社会支持体系。②

上述研究丰富了农村留守老人研究领域，是我们研究的起点，但尚未揭示或深入研究的问题还有以下几方面。一是留守老人关爱服务体系的长效化。已有研究多侧重对留守老人生活和生存状况研究，强调从物质保障和人文社会环境方面来构建留守老人关爱服务体系，但在如何确保关爱服务体系的长效运行方面探讨不足。二是将农村留守老人关爱服务体系长效机制纳入乡村振兴战略框架中。随着农业老龄化的出现，老年人成了乡村振兴的主体，一方面乡村振兴需要发挥老年人的作用，另一方面农村老有所养也是乡村振兴的图景。三是将农村留守老人作为主体来研究。已有研究大多站在他者给予的角度研究农村留守老人关爱问题，较少从老人主体性方面探索。本研究将从赋权增能的视角探索农村留守老人关爱服务体系的长效机制，既可拓展农村留守老人关爱服务的研究视角，也有助于对其有效治理提供借鉴。

二 赋权增能：农村留守老人关爱服务体系建设新视角

农村留守老人关爱服务体系建设是一项复杂的系统工作，关涉到生活和生产、医疗卫生服务、精神慰藉以及康复护理等需求。本部分以当前农村留守老人关爱服务平台的机构虚置和关爱服务的供给断层为切入点，以乡村振兴为背景，从赋权和增能的维度将农村留守老人关爱服务体系纳入乡村振兴框架下，激活农村留守老人的主体性、能动性，提升其自我效能感，进而助推农村留守老人关爱服务体系的长效运行。（见图1）

赋权在社会研究领域被解释为，"帮助个人、家庭、团体和社区提高个人的、人际的、社会经济的和政治的能力，从而达到改善自己状况的目的"③。赋权对象主要是一些弱势群体，他们往往在社会生活中因权能缺失而陷入困境。农村留守老人在政界和学界的研究中多被认为是政府资源

---

① 参见陈静、栾文敬《变化中的孝悌：乡土文化振兴视域下留守老人的生活记忆和社会关怀研究——基于H省T村的口述史分析》，《兰州学刊》2019年第6期。
② 参见李国和、曹宗平《乡村振兴战略背景下农村留守老人关爱服务的困境与出路》，《兰州学刊》2021年第6期。
③ 王英：《中国社区老年教育研究》，博士学位论文，南开大学，2009年。

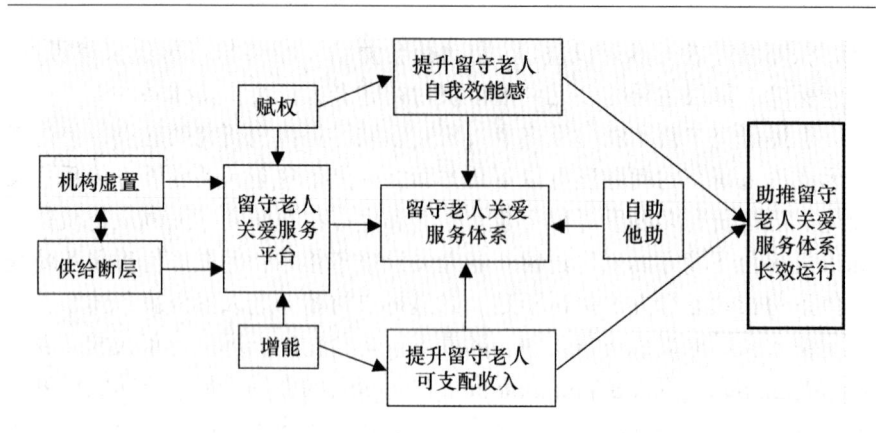

图1 赋权增能视角下农村留守老人关爱服务分析框架

的消耗者和家庭生活中的被照顾者。但需指出的是，我国农村老龄化问题虽较为严重，但大多数老人生活可以自理，在强调农村老龄化问题的同时不应忽视这些健康老年群体，应激活其主体性。留守老人的主体性可以被理解为在农业实践中表现出来的自主性、能动性、创造性、目的性等主体的规定性。① 随着农村青壮年的流失，农村老人逐渐成为农业生产的主体。统计显示，"我国农业劳动力的中位年龄达到44岁，45岁及以上人口所占比例达到47.1%，农业老龄化的程度和速度均高于第二、三产业"②。因此，在农村留守老人的研究中应将"积极老龄化"纳入其中。"'积极'不仅指老年人在获得健康的基础上积极参与经济社会发展，更是指政府、学术界和社会要积极地看待老年群体并有所作为。"③ 此外，提升农村留守老人生活和发展能力还应将关爱服务体系纳入乡村振兴战略框架内，激活留守老人主体性以提升乡村振兴的内源性动力。增能则是强调农村留守老人的主体性、能动性和积极性，通过技能培训，全方位提升留守老人的经济能力、健康状况、人力资本和社会资本等。自助强调要激活留守老人主体性，发挥其在乡村振兴中的主动性，通过互助养老和土地

---

① 参见李为善、刘奔《主体性和哲学基本问题》，中央文献出版社2002年版，第4页。
② 刘妮娜、孙裴佩：《我国农业劳动力老龄化现状、原因及地区差异研究》，《老龄科学研究》2015年第10期。
③ 杜鹏、王永梅：《乡村振兴战略背景下农村养老服务体系建设的机遇、挑战及应对》，《河北学刊》2019年第4期。

自养的方式实现"在地养老"。他助则强调政府要对留守老人关爱服务制定发展规划,将留守老人关爱服务纳入乡村振兴指标评价体系中以保障其长效运行。通过赋权增能,提升农村留守老人的自我效能感和可支配收入,通过自助和他助在激活农村留守老人主体性和能动性的同时,为关爱服务体系的长效运行提供内生动力和外部保障。

三 碎片化、虚置与断层:农村留守老人关爱服务的运行困境

农村留守老人关爱服务平台建设虽需经过严格的评审程序,但与一统体制下的其他治理模式一样,"一经自上而下推动,随即为各级政府广泛运用推广于各个领域,呈现出各种变异形态"①。自上而下的推动虽有助于提升县级以上政府项目运作效率,但也容易造成无法充分调动基层政府积极性的问题。② 本部分试图说明,农村留守老人关爱服务平台在运行中并未形成制度化的运行机制、完善的管理体系以及稳定持续的资金供给机制。相反却是规划的碎片化、机构虚置和供给断层,关爱服务平台建设的"运动式"特征明显。

(一)碎片化:关爱服务体系规划的非系统性

乡村振兴战略为完善农村留守老人关爱服务体系提供了契机,并强调"加快建立以居家为基础、社区为依托、机构为补充的多层次农村养老服务体系"。乡村振兴的规划目标也为留守老人关爱服务体系建设提供了动力支撑,如产业兴旺方面,规划提出要利用一定的治理面积发展农村旅游、康养等产业,并在土地方面做出规划。生活富裕的目标则有助于提升农村留守老人购买养老服务的能力,战略规划提出要通过土地政策,财政投入,发展集体经济、合作社经济等来提升农民(包括具有活动能力的留守老人)收入水平。"治理有效"的目标为农村留守老人关爱服务产业发展提供了内生动力,"自治、法治和德治"的"三治"结合为关爱服务产业提供了良好的治理环境。需要指出的是,乡村振兴战略虽为农村留守

---

① 周雪光:《项目制:一个"控制权"理论视角》,《开放时代》2015年第2期。
② 参见桂华《项目制与农村公共品供给体制分析——以农地整治为例》,《政治学研究》2014年第4期。

老人关爱服务体系建设提供了良好机遇，但并未从系统上对其进行中长期规划，针对农村关爱服务体系建设的有利因素也存在碎片化现象。如乡村振兴虽提出要构建农村养老服务体系，但如何构建，多是原则性的指导，并未提出资金、人员、用地以及规划和审批的具体流程及细则，且这些因素大多散落在碎片化政策中。已出台的《乡村振兴促进法（草案)》也未对农村养老服务体系建设提出系统性规划和行动方案，仅强调支持发展农村普惠型养老服务和互助性养老，各项有利因素同样碎片化严重。此外，各级政府的养老规划针对农村的规划尚未清晰，大多数县级政府部门仍处于摸索阶段，行业准入条件、养老服务分类及其规范还不确定，对有些养老机构的无序发展、损害老人权益的现象还难以约束和规范。①

（二）机构虚置：关爱服务平台的主体"漂移"与供需错配

1. 机构虚置：难以提供持续性关爱服务

关爱服务中心成立的根本目的在于为留守老人提供持续性服务，满足其养老需求。但由于基层政府对关爱服务体系建设的重"硬"轻"软"也导致项目一旦考核结束，不能再产生新的政绩时便被虚置，甚至是废弃。②

一是部分关爱服务中心虽配置了一定的设施，但却无人值守，大门常年紧闭，中心形同虚设，村里的留守人员虽知道关爱服务中心存在，但并不知道该中心由谁来管理，也不知道向谁寻求服务，以服务为宗旨的关爱中心变成了有名无实的空架子。从本质上讲，关爱服务中心成立的初始阶段，设施建设、人才队伍以及服务项目的设置等均需要政府专项资金支持以保障中心的良性运行。但当前的政府预算中并未包括农村留守老人关爱服务中心的专项资金，加之大多数农村地区经济落后，关爱服务中心缺乏内部造血功能，从而导致关爱服务中心缺乏内生动力。二是关爱服务队伍的人员不固定，流动性强。稳定的人才队伍是保障平台关爱服务持续运行和提供高质量服务的关键。实践表明，大多数关爱服务平台的人员存在短期性和流动性特征。部分平台的服务人员多是由留守妇女、志愿者以及部分党员组成，人员结构复杂，缺乏专业能力。加之受经济因素的影响，关

---

① 参见齐鹏《论农村养老服务体系的完善》，《西北人口》2019 年第 6 期。
② 参见李锋《农村公共产品项目制供给的"内卷化"及其矫正》，《农村经济》2016 年第 6 期。

爱服务队伍中常会出现人员离职,导致服务中断。三是缺乏规范化、系统化的评估体系。各地方政府针对《关于加强农村留守老年人关爱服务工作的意见》进行了积极探索,提出了诸多有益措施,但多是强调如何保障机构的运行,缺乏评估标准的制定,导致监管乏力。在资金短缺和监管乏力的双重压力下,留守老人关爱服务中心的作用日渐式微,并陷入了有场地无活动、有设施无维护、有机构无服务的尴尬境地。① 关爱农村留守老人,除政府支持外,村委会应扮演重要角色,但实践显示大多数村委会并未制定针对留守老人的关爱举措,仅是对村内特困户给予有限的帮扶,留守老人的关爱则被认为是子女的责任,难以进入村委会的帮扶范围。

2. 供需错配:关爱服务资源的浪费

留守老人服务项目实施的有效性建立在老人满意度基础上,而满意度的高低则与养老服务供给密切相关。由于大多数关爱服务平台成立时调研不足,平台的建设往往夹杂着政策执行者的偏好,留守老人的真实需求存在于执行者的主观判断甚至猜测中,进而导致以项目为导向的养老关爱服务平台的供给与留守老人的实际需求错位。不少地区虽建立了"幸福之家""关爱服务中心""服务队"等关爱服务平台,但使用效率却极低。

一是关爱服务供给与老人的迫切需求不符。由于缺乏系统性调研,部分关爱服务中心的建立仅是一厢情愿地将自我意志强加在留守群体身上,难以激发留守老人参与的积极性,结果是既造成了资源浪费,又未能解决留守老人的需求。二是关爱服务中心辐射范围有限。关爱服务中心大多以行政村为核心而建立,但现实却是行政村往往囊括多个自然村,尤其是在南方地区,自然村之间的距离较远,留守老人居住较为分散也限制了关爱服务中心的效能发挥。三是责任主体的推诿。政府在建立关爱服务中心后,其运营往往由各行政村负责,但却没有持续的配套资金支持,也未将其纳入地方政府预算,留守老人欲从村委会处得到支持,而村委会却又无力负担。四是医疗卫生与康复护理的双重缺位。2016年中国老年社会追踪调查显示,在社区提供的关爱服务中,供需缺口较大的是免费体检、上

---

① 参见余成龙、冷向明《"项目制"悖论抑或治理问题——农村公共服务项目制供给与可持续发展》,《公共管理学报》2019年第2期。

门看病、健康讲座以及上门护理，而免费体检又是留守老人最急需的。[①]而关爱服务中心仅提供一些娱乐、物质供给以及照料方面的服务，医疗卫生方面大多尚未触及。村卫生室作为农村留守老人健康的守护者却未能在慢性病管理，疾病预防以及健康教育方面发挥应有作用，且普遍存在医疗人员不足和医疗资源匮乏问题。各级政府一直试图治理此类"形象工程"，但项目裹挟资金的吸引力，项目检查和验收带来的压力，仍使基层政府热衷于树"样板"，虽消耗大量资金，留守老人却难从中获益。[②]

（三）供给断层：关爱服务的可持续困境

长期的城乡差异使养老资源的投入呈现出了明显的非均衡，加之农村留守老人数量众多，在养老资源的分配方面明显低于城市。政府在提升农村留守老人养老服务水平，专项资金支持以及相关基础服务设施建设方面也存在明显的短板，已有的应对措施多是临时性、被动式的缓解现状，未能制定出系统化和长效化的解决方案。如关爱服务中心在成立之初，政府往往高调宣布中心成立，并进行宣传，以引起留守群体的参与兴趣，在短时间内的确发挥了关爱服务功能。但随着时间的推移，政府热情减少，关爱服务中心也逐渐失去活力，难以发挥持久作用。留守老人也难以从这些"运动式"关爱服务项目中获得持久的关爱，政府对这些关爱服务项目多是"只搭台，不唱戏"，只是建立了中心，却对中心如何运行、资金状况等关注不足。加之，大多数农村地区经济水平相对较差，村内往往不愿或没有能力出资来维持平台的运行。部分平台在成立之初依托村内小工厂，借助其经济支持激发了村内留守群体的积极性，而一旦小工厂出现经营问题或停顿，留守群体的积极性也将消失，缺乏留守群体的参与，关爱服务供给自然中断。此外，大多数关爱中心的建设缺乏统一的制度规定，主要依靠主管领导的喜好来促成中心的建立，使得关爱中心陷入"人在政在，人走政息"的境地。由于缺乏长效的财政供给和责任监管机制，一些地方政府拨付给关爱中心的资金只够初期建设支出，如购置设备、组织宣传等，对中心运行产生的日常消费却无法长期供给。

[①] 参见王武林、杜志婕《新时代乡村振兴视角下农村留守老人关爱服务体系构建》，《中共福建省委党校学报》2019年第5期。

[②] 参见李锋《农村公共产品项目制供给的"内卷化"及其矫正》，《农村经济》2016年第6期。

四 赋权—增能—自助—他助：农村留守老人关爱服务体系的长效机制构建

养老服务政策的碎片化，关爱服务平台机构的虚置、资金短缺、人才队伍不稳定以及医疗卫生与康复护理的双重缺位，一方面表明留守老人在养老方面的权利不足，另一面则是留守老人关爱服务体系建设尚未形成系统性，缺乏长远规划。随着农村青壮年外流，留守老人已然成为乡村振兴的重要力量，乡村振兴需要激活老年人的主体性。因此，需将农村留守老人关爱服务的长效化纳入乡村振兴的考评体系内。鉴于此，本部分按照赋权—增能—自助—他助的思路，探索农村留守老人关爱服务长效机制建设的路径。

（一）赋权：提升留守老人自我效能感

赋权的观点认为个体或者整体在自身所处的环境中能有效行使自我权利，在自助和互助的过程中提升生活水准。赋予个体的权利通常是个人权利、社会权利和政治权利。而具体到农村留守老人的赋权则是能充分激活其优势和潜能，创设和优化社会环境，赋予农村留守老人参与有利于自身发展活动的权利，使其能有效对抗生活中的困境，平等地表达自我诉求。避免将留守老人看作消耗政府资源的群体，而是作为一个主体，引导其发现自身优势，提升其改善生活的能力和面对困境时的应对能力。

"经济、社会和政治上的安排会严重影响个人可行能力的发挥。"[1]而个体可行能力的发挥则必须嵌入特定的社会结构中，因此，对农村留守老人的赋权在强调政府和社会责任的同时，需从如下方面推进。一是个人层面赋权，即避免将留守老人问题化，通过赋权改善留守老人面临的困境，以缓解其无用感，提升自信心。通过设置监护机制，保障留守老人的安全，维护其权益，畅通司法申诉机制，为权益受损的留守老人提供法律援助。二是人际关系层面赋权，留守老人在村域中与其他主体长期的互动和交往，使其形成了一定范围的人际关系网络，从这一网络中，留守老人可获得提升自身效用的资源，以助力其改变不利的生活状况，留守老人亦可

---

[1] ［印］阿马蒂亚·森：《以自由看待发展》，任赜、于真译，中国人民大学出版社2002年版，第43页。

通过这一关系网络获取公平的社会地位。同时，留守老人在与他人加强交流与互助，表达自我诉求的同时亦能形成对自身有利的支持型关系网络。三是社会参与赋权，留守老人的社会参与多是强调其对自身社会权利的掌控能力，村级组织应畅通低龄留守老人参与村域事务的通道，使其能在村域事务中行使自己的权利，以达到改善生活环境，获取更多社会资源，提升自我效能感的目标。

（二）增能：提升留守老人可支配收入

随着经济社会的发展，留守老人因难以创造更多的经济价值而被异化为"多余者"，经济价值创造方面的代际差异也使留守老人逐渐失去了在大家庭中的主导地位，甚至被边缘化。"留守老人虽面临着各方面机能的衰微，但这并不意味着该群体应当被忽视和放弃。"① 有研究显示，"当前中国农村70%以上耕地仍然由农户家庭耕种，其中绝大多数是由农户家庭中老年父母耕种。"② "经常或偶尔参与农业劳动的留守老人占样本总数的61.99%，务农之外还在参与其他非农工作的留守老人占30.25%。"③ "老人农业"逐渐成为乡村的普遍状况，老人依然在乡村建设中发挥着积极作用。因此，对农村留守老人增能就是将其视为具有开发潜能的个体，通过接受再培训的方式来提升自我认同感，提升参与生产活动的意识，提升其可支配收入能力。

2018年，农业农村部出台了《农业部关于大力实施乡村振兴战略加快推进农业转型升级的意见》，并主办了"乡村振兴农业类技能培训专区"，培训内容涵盖了农艺工、农作物植保员、家畜饲养员、农业技术员、家禽饲养员、园艺工等。各基层政府应积极对接此类农业技能培训，组织本地农民和"城归"积极参与培训，并纳入低龄老人参与培训，以提升其参与农业生产的能力。此外，乡镇政府还可探索留守老人的多元合作培训模式。一是"社区+民政局+公司"的培训模式，为农村留守老人开展农业技能培训，健全乡镇农技站，在农技培训中纳入低龄老人和准

---

① 高瑞琴、叶敬忠：《生命价值视角下农村留守老人的供养制度》，《人口研究》2017年第2期。

② 贺雪峰：《乡村振兴战略要服务老人农业》，《河海大学学报》（社会科学版）2018年第3期。

③ 卢海阳、钱文荣：《农村留守老人生活调查与影响因素分析》，《调研世界》2014年第3期。

老年人，使其掌握最新的农业技术，提升农业生产的效率，进而提升可支配收入。如湖北荆门高新区爱民社工联合掇刀区民政局，借助荆门市沐泽商贸公司为农村留守妇女和留守老人开展了黑提和西瓜种植技能技术培训。二是通过"网络+电商平台+农户"的培训模式，为农村低龄留守老人或准老年人开展直播带货培训。如山西太原市清徐县清源镇吴村为解决水果滞销问题就为农村留守老人开展了直播带货培训，并计划借助京东、抖音等直播平台，开本村特产店铺以提高留守老人收入。山东省邹城市太平镇某村通过开设淘宝店，发动村内留守老人手工制作"婴儿服""儿童拜年服"等，既解决了留守老人的精神孤寂，也增加了收入。

（三）自助：激活留守老人主体性，实现"在地养老"

农村留守老人关爱服务体系建设的推进，需要明确留守老人的需求，使其积极融入关爱服务体系建设，发挥主体性。学界对农村留守老人的研究多是将其视为"被动接受者"，忽视了留守老人的主体性和能动性。Robert Butler 在 20 世纪 80 年代就提出，要重新思考和定义老年人的生产能力，改变全社会对老年人"依赖性"的传统社会角色定位，老年人不能被视为一个单向的需要被照料的对象，尤其是处于"第三年龄期"的老人（在我国指 60~75 周岁的老年人口），他们完全有能力按照自己的意愿，发挥自己的潜力。[①] 在关爱服务体系建设中，基层政府和社会组织应积极引导低龄留守老人参与养老服务活动。

一是互助养老。"互助养老既能为农村老年人提供其所需的养老服务，又能满足农村留守老人'在地养老'的心理需求，不改变老人对土地的本质需求和对原生家庭的依赖。"[②] 具体可采取留守老人在生活上互助，鼓励低龄老人在生活中帮扶高龄且身体较差的老人。积极发展老年志愿者，不定期为村内生活难以自理的老年人提供照护服务。这类以地缘为基础，以相互关爱为纽带的互助养老，最大优势在于精神上的满足。"通过邻里之间、社区间的相互扶持，低龄帮助高龄、健康帮助残疾和富裕帮助贫困等互助的方式，不仅可以为留守老人提供养老资源，也有利于促进

---

① 参见王维、刘燕丽《农村养老服务体系的整合与多元建构》，《华南农业大学学报》（社会科学版）2020 年第 1 期。
② 参见裴裔、史梦昱《农村公共养老服务发展问题及其对策研究——以江苏省为例》，《财政监督》2018 年第 8 期。

乡风文明。"① 二是土地自养。对农村留守老人来讲，以土地为基础的自主性养老往往是解决其生活支出和温饱的重要方式。低龄留守老人通过耕作实现自养，既可减轻子女的负担，亦可增加家庭的资源积累。乡村振兴战略的推进，各项优惠政策的落地也为留守老人土地自养提供了支持。如社区性农民合作社的成立，不但可以将留守老人纳入其中，还可以为其提供生产、购销、加工、储运、信息、融资、技术推广等生产经营服务，同时兼具社会福利的功能。② 自助养老通过不同的方式调动着留守老人的积极性，同时也激活了家庭中的生产性要素。在青壮年大量外出的当下，自助养老作为一种策略性安排，使农村家庭以较低成本解决了留守老人的诸多问题。

（四）他助：制定关爱服务中长期发展规划，完善保障机制与监控机制

1. 制定农村留守老人关爱服务体系中长期发展规划

城乡经济的差距决定了农村青壮年外出务工在短期内难以改变，留守现象亦将同步存在。因此，应尽快制定"农村留守老人关爱服务中长期规划"，其核心内容应包括当前和未来农村留守老人可能遇到的发展困境、发展形势。将农村留守老人关爱服务体系建设纳入乡村振兴战略，制定指标评价体系，明确当前阶段关爱服务的具体任务，并前瞻性地布置未来5到10年农村留守老人关爱服务体系建设的各项长期任务。探索关爱服务体系建设的具体措施，重点优化财政支持方案，突出关爱服务建设规划的前瞻性和务实性。进一步制定具体的专项规划，强化配套设施建设，衔接农村养老保障体系，从制度上打破养老服务的部门障碍，实现农村养老保障体系和农村留守老人关爱服务体系的一体化管理。

2. 构建关爱服务体系长效运行的保障机制

各类配套措施是保障关爱服务体系长效运行的基础。首先，建立农村留守老人关爱服务的公共财政长效投入机制，避免关爱服务平台"人走政息"，形成资金投入的常态化。中央和地方政府应在年度预算中设置农

---

① 李俏、陈健：《农村自我养老的研究进路与类型诠释：一个文献综述》，《华中农业大学学报》（社会科学版）2017年第1期。

② 参见许锦英《社区性农民合作社及其制度功能研究》，《山东社会科学》2016年第1期。

村留守老人关爱服务平台的资金投入比例，并向经济落后地区倾斜。考虑到通货膨胀等因素，应针对性地建立此类预算的动态增长机制。借助乡村振兴的发展机遇，鼓励和引导社会资本参与农村留守老人关爱服务建设，拓展资金来源渠道。其次，保障关爱服务体系的人才供给。当前，受就业观念和待遇的影响，关爱服务平台难以吸引大学生或其他养老机构的专业化人才。因此，在人才队伍建设方面，应因地制宜，转变观念，积极培养本土化人才。具体可通过招募本地年轻的，愿意从事这一行业的留守妇女，在政府支持下，定期去专业的养老培训机构开展培训。既解决了本地留守妇女就业，又因为同在一村也容易开展工作。同时还可动员低龄老人作为志愿者参与平台的日常工作以降低平台的运行成本。最后，积极引导社会力量介入关爱服务体系建设，社会力量可通过特许经营，公建民营或民办公助的方式进入。针对留守老人急缺的医疗卫生和康养服务，社会力量可运用专业化优势对农村留守老人的健康状况、医疗和康养需求进行评估，借助乡镇医疗卫生体系，兴办医养结合服务中心，满足留守老人的医疗和康养需求。

3. 将留守老人关爱服务体系建设纳入乡村振兴的监测与评价体系中

"实施乡村振兴战略是破解'三农'问题，促进农业发展、农村繁荣、农民增收的治本之策。"[①] 留守老人关爱服务长效机制的构建应抓住这一发展机遇，充分借助乡村振兴的有利政策，将留守老人关爱服务长效机制纳入乡村振兴战略规划，纳入其监测与指标评价体系内。一方面有助于科学衡量关爱服务体系建设的进展，另一方面可以利用指标评价体系对不同地区留守老人关爱服务体系建设情况进行监测、评价和对比，从中发现问题，总结经验。一是监测内容可包括平台的资金来源、资金的使用去向、提供服务的标准、服务的质量、安全检查等。根据监测结果，给予一定的经济支持或惩处，民政部门对存在的问题及时补救。"对独居、失能、贫困、高龄等特殊困难的农村留守老人要随时跟踪掌握情况并及时实施关爱救助，做到发现、报告、转介、救助工作有效衔接。"[②] 二是评估

[①] 张挺、李闽榕、徐艳梅：《乡村振兴评价指标体系构建与实证研究》，《管理世界》2018年第8期。

[②] 王武林、杜志婕：《新时代乡村振兴视角下农村留守老人关爱服务体系构建》，《中共福建省委党校学报》2019年第5期。

方式上，可选择政府评估、第三方专业评估机构、评估专家、留守老人以及公众等对关爱服务效果进行评价。在评估程序上可包括过程评估，主要是评估关爱服务项目的推进程度，人财物的投入。结果评估主要是评估关爱服务的实施效果，服务质量总体评价，项目的目标完成度等。最终将评估的结果反馈给基层政府、村委会、留守老人的子女，并结合实际，及时改进不足，总结运营经验。强化评估结果的运用，针对结果实施奖惩，纠正关爱服务体系建设过程中的形式主义，避免关爱服务平台的机构虚置和服务供给中断。

五　结语

关爱服务体系建设是破解农村留守老人养老问题的重要举措，关爱服务体系能否长效运行除取决于稳定的资金、人员以及相关服务供给，还需要积极发挥留守老人自身的主体性。本研究从赋权和增能的维度构建了分析框架，探讨了关爱服务平台运行的实践困境。研究发现，政府针对农村留守老人的支持政策存在碎片化，留守老人的主体性作用被忽视。平台建设中较注重硬件设施而忽视软性公共服务的持续供给，造成关爱服务平台在贡献政绩后被虚置，甚至废弃。供给方式上的政府单向主导也造成留守老人的真实需求被执行者的主观判断所取代，导致供需错配。满意度虽是衡量关爱服务平台运行的重要指标，但在留守老人"集体沉默"的话语体系中，对该指标的标准制定和评判则被设定在了可控范围内，留守老人的真实体验或被忽视或难以有效表达。

面对关爱服务平台可持续运行的困境，需从赋权增能的维度进行审视，借助乡村振兴的机遇，从发挥农村留守老人主体性的角度探索问题解决的路径。本研究归结为"赋权—增能—自助—他助"的解决思路。从个人层面、人际关系层面和社会参与层面对留守老人赋权，消除其"资源消耗者"的偏见，畅通其需求表达渠道。依托乡村振兴的发展机遇，将低龄老人纳入农技培训中，对其增能以提升其可支配收入。从积极老龄化视角，发挥留守老人主体性，通过互助养老和土地自养，满足其"在地养老"需求。在乡村振兴战略中，制定关爱服务体系的中长期发展规划，促推关爱服务体系建设与基层治理的结构性融合，稳定财政支持，实现留守老人与关爱服务平台间的利益关联，对接真实的供需。完善保障机制与监控机制，拓展多元支持体系，以实现留守老人关爱服务从单纯的政府性资源输入向多元共治转变，进而实现在乡村振兴战略下关爱服务体系的长效运行。

Empowerment: Research on the Long-term Mechanism of the Care Service System for the Elderly Left Behind in Rural Areas under the Strategy of Rural Revitalization

Zhong Manli[1,2] Yang Baoqiang[1,2]

(1. School of Economics and Management, Hainan Normal University, Haikou 571158; 2. Hainan women / Gender Research and Training Base, Haikou 571158)

Abstract: The construction of care and service system for the left behind elderly in rural areas is not only an important measure to alleviate the problems of left behind elderly in rural areas, but also a process to improve the well-being of the left behind elderly. the study found that due to the lack of systematic planning, policy "fragmentation" and the preference of policy executors and performance evaluation, some care service platforms established according to time and situation will often fall into the dilemma of sustainable development of institutional vacancy, supply-demand mismatch or supply fault when the performance objectives are achieved. Based on the perspective of empowerment, this paper proposes to endow the left behind elderly from multiple levels to improve their sense of self-efficacy; Through the agricultural technology training of rural revitalization, we can increase their energy to improve their disposable income; Activate the subjectivity of the left behind elderly and meet their "local pension" needs through self-help; Through his help to improve the security and monitoring mechanism, and then build a long-term mechanism of the care service system for the rural left behind elderly.

Key Words: Rural vitalization; Empowerment; Rural left behind elderly; Caring service; long-term mechanism

乡村基层党建创新引领乡村产业振兴研究[*]

——闽西北 J 县 A 乡的实证调查

王红卓　朱冬亮

（厦门大学马克思主义学院　福建厦门　361005）

内容提要：在城乡经济发展的推拉作用下，乡村青壮年劳动力和乡村精英离乡进城，导致乡村基层党组织不断弱化和乡村产业发展后继乏力，这是当前中国绝大部分乡村普遍面临的问题。闽西北 J 县 A 乡党委立足于本地乡村发展的具体实际，因地制宜成立产业联盟党委，整合乡村党建资源，引领乡村产业发展，这是乡村基层党建创新引领乡村产业振兴的有益探索。A 乡产业联盟党委，一方面以党建联村推动乡村联合，打破原有的行政壁垒，以整合乡村党建资源为抓手，带动乡村产业资源全面整合，让乡村产业振兴"有人管"；另一方面引导联村区域企业和合作社结成产业联盟，吸引涉农企业下乡参与乡村产业发展，促进资本、人才、技术等现代生产要素向乡村汇集，做大乡村产业"蛋糕"，让乡村发展能"留住人"。

关键词：产业联盟党委；乡村基层党建；党建联村；产业振兴

一　问题的提出

中国作为一个人口众多的农业大国，"三农"问题历来都是关乎国计民生的根本性问题，中国共产党自其建立开始就始终把解决好"三农"

---

[*] 基金项目：国家社科基金重点项目"土地集体所有权权能改革实践与农村治理能力研究"（20ASH004）。

作者简介：王红卓，男，厦门大学马克思主义学院博士研究生，厦门大学中国农村林业改革发展研究基地研究人员，主要研究方向为基层党建与乡村治理；朱冬亮，男，厦门大学马克思主义学院教授，博士生导师，研究方向为农村社会学与农村集体林权制度改革。

问题作为全党工作的重点。自1982年以来，党中央先后出台了24个专门指导三农工作的一号文件，引领乡村发展。党的十九大提出了乡村振兴战略，进一步把乡村发展上升到国家战略层面，党的二十大也提出"全面建设社会主义现代化国家，最艰巨最繁重的任务仍然在农村"[①]。"党的根基在基层"[②]，作为党在基层的战斗堡垒，乡村基层党组织是实现党和国家治国理政方略与推动全面实施乡村振兴战略的重要抓手，应因时、因地制宜地推进乡村基层党建创新，积极"推动乡村基层党组织工作创新，扩大基层党组织对乡村新型组织的覆盖面"[③]，强化其服务功能，提升其领导乡村社会治理的战斗力，不断适应当下乡村社会发展的新形势与新局面，这是全面推动实施乡村振兴战略和实现乡村社会持续发展的要务和急务。

在全面实施乡村振兴战略的背景下，乡村基层党组织是对上承接国家政策项目和对下推动乡村振兴战略具体落实的重要平台。乡村基层党组织既负有执行贯彻党和国家关于推动"三农"发展的路线、方针、政策的政治任务，也负有带领广大人民群众实现乡村全面振兴和共同富裕的历史使命。针对当前乡村社会发展出现的诸多问题确有必要以乡村基层党组织的联建和联动，推动村庄联合，实现连片发展区域经济、服务区域群众。在具体的乡村治理实践中，部分乡村地区为规避行政村"各自为政"的弊端成立了联村党组织，以党建联村引领乡村连片发展，这成为推进乡村社会治理新的着力点和支撑点。联村党组织这一党建方式创新根植于乡村基层群众建设美丽家园和提升乡村物质文化水平的现实需求，具有深厚的群众基础，能够充分反映与凝聚乡村社会中想发展与求变化的心声和力量，能够为新时代实现乡村社会的有效治理和推进实施乡村振兴战略提供有益借鉴。

首先，联村党组织能够整合乡村治理力量，推动乡村治理现代化。改革开放四十多年来，乡村社会发展虽然取得了极大进步，但乡村社会治理

[①] 《高举中国特色社会主义伟大旗帜　为全面建设社会主义现代化国家而团结奋斗》，人民出版社2022年版，第30页。

[②] 习近平：《万众一心，开拓进取，把新时代中国特色社会主义推向前进》，《人民日报》2017年12月20日第1版。

[③] 《决胜全面建成小康社会　夺取新时代中国特色社会主义伟大胜利——在中国共产党第十九次全国代表大会上的报告》，人民出版社2017年版，第65页。

依旧是国家治理体系建设的短板,作为推动乡村治理现代化核心力量的乡村基层党组织根基也被动摇。一方面,农民从事传统农业的收益持续下降,"厌农"情绪持续滋长①,大量乡村青壮年劳动力涌入城市寻求发展,他们对入党的政治需求不断降低,导致乡村党员发展愈发困难、规模不断缩小、年龄愈发老龄化。另一方面,乡村党员的流动性也不断加大,留村的党员数量大大减少,老弱化的乡村基层党员干部队伍并不足以应对乡村振兴背景下乡村社会日益繁复的各项事务。因而,以设立联村党组织的方式整合乡村的党建资源,能够塑造联合区域村庄党组织之间的联动机制,凝聚治理力量,形成治理合力,全面提升乡村基层党组织推进乡村社会治理的引领能力、统筹协调能力,不断优化其服务基层群众的功能,这是推动乡村治理现代化的可取之道。

其次,联村党组织能破除乡村行政壁垒,推动乡村产业振兴。传统小农的"生产方式不是使他们相互交往,而是使他们相互隔离"②,但是随着乡村社会的发展,交流与合作的意识逐渐深入乡村,人们认识到"单打独斗"不仅风险程度高而且发展潜力有限。党的十九大以来,党和国家致力于全面实施乡村振兴战略,乡村产业振兴则是第一要务,其直接关系着"农业发展、农民增收、农村劳动力就地就业"③。在党和国家的引导下,涉农企业下乡参与乡村产业发展,部分基础设施较为完善的村庄备受青睐,却日益受到土地的集中程度和劳动力的密集程度限制,亟须为村庄的持续发展腾挪出足够的空间,而经济落后的村庄却空有较为丰富的土地和劳动力资源而得不到发展。因而,以设置联村党组织的方式,建立更高层级的治理组织与机制,跨越传统乡村的行政边界限制,以联村党组织为载体整合与协调乡村各类"沉睡"的资源,推动乡村生产要素的流动与集聚,实现不同类型乡村的优势互补,进而能够为乡村产业振兴提供充足支撑。

最后,基层党组织设置的灵活性为设立联村党组织提供了可能。《中国共产党农村基层组织工作条例》第五条规定"以村为基本单位设置党

---

① 参见朱冬亮《农民与土地渐行渐远——土地流转与"三权分置"制度实践》,《中国社会科学》2020年第7期。
② 《马克思恩格斯选集》第1卷,人民出版社1995年版,第762页。
③ 李国祥:《实现乡村产业兴旺必须正确认识和处理的若干重大关系》,《中州学刊》2018年第1期。

组织"，但也强调"根据工作需要，经县级地方党委批准，可以成立党的基层委员会"[1]，这为联村党组织的设立提供了制度依据。地方基层党委可视推进乡村工作的需要灵活设置联村党组织，以之统筹与协调处理乡村社会中具有普遍意义的问题和事务，且在全国普遍推行"村党组织书记应当通过法定程序担任村民委员会主任和村级集体经济组织、合作经济组织负责人"[2]的基本背景下，联村党组织成员构成即为联村的各村党组织书记，不再需要通过村级党员大会选举等程序，只需要上级党组织任命和派遣专门干部指导协调即可，减少了程序消耗和提升了治理效率。因而，灵活设立联村党组织能够将乡村有限的党建资源整合起来，凝聚乡村治理力量，能更好实现乡村治理现代化的政治任务和历史使命。

对绝大部分中国乡村而言，全面实施乡村振兴战略不可能一蹴而就，也不可能全面发力和同时实现乡村的"五大振兴"。2021年8月，习近平总书记在河北承德视察时强调"产业振兴是乡村振兴的重中之重"，乡村产业是否兴旺直接关系着"农业发展、农民增收、农村劳动力就地就业"[3]，意义重大。在全面实施乡村振兴战略这个大局下，乡村基层党组织尤其应首先着力于实现乡村产业振兴，丰厚乡村长远发展的物质基础，进而带动乡村其他方面的振兴与实现乡村的长远发展。2018年，闽西北J县A乡党委立足自身发展实际，探索乡村基层党组织引领乡村产业发展的新方式，将"地域相邻""文化相连""产业相似"的乡村区域联合起来设立"产业联盟党委"，通过乡村基层党组织的联建与联动，推动村庄联合，不断壮大乡村集体经济，在乡村基层党建创新与产业发展上取得明显成效。闽西北J县A乡地处偏僻山区，乡域现有人口3497户，14436人，耕地1.9万亩，林地11.8万亩，下辖11个村和1个良种场，农民收入来源主要以种植烟叶、毛竹为主，是典型的农业乡镇。自改革开放以来，该乡大量青壮年涌入城市，该乡外出人口7236人，占全乡人口的50.1%，除了部分老农民定期砍收毛竹外，耕地基本上抛荒，人地关系基本分离，以村为单位推进乡村振兴十分乏力。本研究以闽西北J县A乡设

---

[1] 《中国共产党农村基层组织工作条例》，人民出版社2019年版，第7页。
[2] 《中国共产党农村工作条例》，法律出版社2019年版，第9—10页。
[3] 李国祥：《实现乡村产业兴旺必须正确认识和处理的若干重大关系》，《中州学刊》2018年第1期。

置"产业联盟党委"的实证调查为基础,分析 A 乡党委通过"党建联村"引导本区域形成"产业联盟"破解乡村社会发展困局的运作机制和基本经验,进而为全面实施乡村振兴战略提供有益思考。

二 党建联村:凝聚乡村基层党组织治理力量

办好乡村事情,推进乡村振兴,关键在党。乡村基层党组织,其成员来自乡村社会,根植于乡村社会生活,受到了中国共产党的政治塑造和规训,他们对乡村社会中的日常矛盾和人民群众日益增长的物质文化需求最为了解,"是确保党的路线方针和决策部署贯彻落实的基础"[①]。乡村基层党组织是党在乡村社会的根基,引领乡村治理更是职责所在。在全面实施乡村振兴战略的背景下,乡村基层党组织必须与时俱进,不断推动乡村基层党建创新,强化乡村基层党组织应对纷繁复杂的乡村事务的能力。通过党建联村的方式,凝聚乡村基层党组织治理力量,能够更好地服务于党和国家全面实施乡村振兴战略的决策部署与引领乡村持续发展的现实需要。

(一)创新乡村基层党组织设置方式,破解"孤军奋战"困境

20 世纪 80 年代,行政村取代生产大队成为国家治理体系的末梢,乡村基层党组织也以行政村为基本单位进行设置,用以巩固党的执政基础、稳定乡村社会秩序和推动乡村社会发展。但是随着乡村社会的急剧变迁,乡村社会治理进入新阶段,传统以行政村为单位设置乡村基层党组织的方式难以满足当下乡村社会发展的现实需求。在全面实施乡村振兴战略的背景下,引领乡村社会发展更需要加强和巩固乡村基层党组织的领导核心作用。因而,突破传统以行政村为基本单位设置乡村基层党组织的设置方式,不断扩大其覆盖面,凝聚乡村党建资源和治理力量,能够以有限的治理资源推动乡村实现更好的发展。

灵活设置乡村党组织,优化乡村治理结构。在 A 乡,余村、元村、岭村、泽村四个村在地理位置上相互毗邻,各项基础设施较为完善,在产业发展上也较 A 乡其他村更为充分,域内共计拥有耕地 8300 余亩,林地 77000 余亩,农业资源十分充裕,既具备联合发展的优势,又具有联合发

[①] 《决胜全面建成小康社会 夺取新时代中国特色社会主义伟大胜利——在中国共产党第十九次全国代表大会上的报告》,人民出版社 2017 年版,第 65 页。

展的需求。"建设强有力的乡村基层党组织在推进乡村振兴过程中具有基础性地位"①，A乡党委在多方征求意见的基础上，从"地域相邻、村情相近、产业相似"的实际出发，按照"便于资源共享，便于活动开展，便于管理服务"的原则，以余村牵头，联合元村，岭村、泽村三个村党支部构建专门引领乡村产业发展的A乡产业联盟党委。由A乡党委组织成立的产业联盟党委，不是简单的村庄合并，不会改变原有村庄的组织形式、土地资源、债权债务，也不会出现土地归并、利益均摊、资产平调等现象，而是在原有的党的"乡—村"两级治理结构中增加一级治理层级，形成"乡镇党委—产业联盟党委—村党支部"三级治理结构，其受A乡党委的直接领导，由其下派干部任第一书记，余村党支部书记任党委书记，其余三个村党支部书记担任党委委员，办公场所由余村提供。产业联盟党委主要功能是整合联合区域内的乡村党建资源，形成领导与协调联合区域内的产业发展的制度机制，扩大乡村产业规模，促进资源集聚，打造乡村产业发展的新优势。

整体规划乡村产业发展，强化乡村党组织领导核心。推进乡村振兴，应"做好顶层设计，注重规划先行"②，中国乡村点多面广，资源禀赋千差万别，发展水平不尽相同，推动乡村产业发展更需要因地制宜。A乡成立产业联盟党委，既能够把握联村区域的整体情况，也能够汇集基层党支部书记群体的智慧，形成统一意志，使得产业联盟党委在产业发展规划上能因地制宜与整体性的规划联村区域的产业发展路径，不打乱战。A乡作为一个典型的农业乡镇，农业资源相对充裕，在传统种植业上下功夫十分必要。A乡通过党建联村，不断提升乡村基层党组织在乡村产业发展上的领导力，促进联村区域内的资源尤其是土地资源的有效整合。目前A乡已逐步形成以脐橙、百香果为核心的乡村产业发展路径，其中脐橙种植基地规划面积为2000亩，已建成400亩，百香果种植基地规划面积1200亩，已建成400亩。

(二) 创新乡村基层党组织工作机制，提升组织战斗力

党的乡村工作能否顺利推进关键在于是否有一套合理的工作机制。推进乡村社会治理，不仅是简单地设置一个组织和建立一个部门，还需要建

---

① 梅立润、唐皇凤：《党建引领乡村振兴：证成和思路》，《理论月刊》2019年第7期。
② 《关于实施乡村振兴战略的意见》，人民出版社2018年版，第8页。

章立制，完善和细化相关的组织工作机制，"只有农村基层党组织强起来，党在农村的全部工作才会有坚实的基础"①。党建联村不是简单地将几个村的党组织联合起来，还需要建立新的党组织工作机制，细化党组织工作，提升乡村基层党组织的凝聚力和号召力，促进乡村基层党组织日常工作规范化、服务精细化。

加强制度供给，提升产业联盟党委组织力。产业联盟党委实行"组织统一建设，土地统一流转，服务统一提供，问题统一研究"的方式，实行定点联系制度，统筹指导产业联盟党委的建设，持续加强产业联盟党委的党建供给，构建新形势下符合本地实际的党建工作与发展新格局。同时，产业联盟党委不断建立健全议事、例会等工作制度，有效提升产业联盟党委的建设规范水平。A乡成立产业联盟党委，推动其建章立制，既是利用党组织设置的灵活性，突出乡村基层党组织在推进乡村产业振兴中领导核心地位，也是利用党组织的制度建设的先进性，为乡村基层党建提供持续制度供给，促使其形成科学有效的产业规划与决策，切实把乡村基层党组织的政治优势、组织优势转化为引领乡村产业发展的新动能。

建立良好联村机制，提升产业联盟党委战斗力。产业联盟党委围绕着推进乡村产业发展，着力构建联村协商机制、土地流转机制、产业规划机制、招商引商机制、基础设施建设机制。在联村协商机制上，产业联盟党委所辖四个村党支部书记都被纳入联盟党委之中，建立"月例会、季联席"的事务共商机制，协商联盟区域内的产业发展、基础设施建设，做到统一思想和统一行动，在联村区域内构建起村与村民、村与村的联村协商议事平台。在土地流转机制上，由产业联盟党委所辖四村的党支部书记出面向辖区村民沟通，将联村区域内闲置撂荒的土地资源集中流转到产业联盟党委名下，并以此向上级部门争取涉农政策支持与财政补贴，不断增强对涉农企业的吸引力。在产业规划机制上，在土地流转完成后，产业联盟党委坚持规划建设"一盘棋"的基本理念，将联盟区域内实行土地统一平整，产业统一规划。在招商引商机制上，以产业联盟党委为平台对外引进涉农项目和企业，并为其提供政策服务和落地协助，节省企业和村民的沟通成本，加快项目的落地进程。在基础设施建设机制上，产业联盟党委在推动乡村产业发展的同时，紧盯联盟区域内的民生热点、难点和重点

---

① 沈小平：《新时代党的基层组织建设》，中共党史出版社2018年版，第4页。

问题，整体推进区域基础设施建设，着力增强联盟区域治理实效，促进乡村全面振兴。

（三）推动乡村基层党组织人才培育方式转变，扩大组织影响力

"党的基层组织建设和党员队伍建设在党的整个组织工作中具有十分重要的地位，任何时候都必须高度重视，自觉抓紧抓好。"① 由于城乡发展差距造成的"推拉效应"，乡村基层党组织面临人才匮乏、组织体系不完善、覆盖面有限的困局，乡村党员发展范围变窄，基层组织活力不够，党员干部忙于私事而懈于公务，难以应对当下乡村社会日益繁杂的事务。这不仅需要乡村基层党组织从内部突破组织困境，还需要积极吸收外部人才。因而，在完善乡村基层组织治理框架的基础上，还必须注重基层党组织的人才队伍培育方式创新，要"从产业工人、青年农民、高知识群体中和在非公有制经济组织、社会组织中发展党员"②，积极扩大乡村基层党组织的覆盖面，将有能力、有觉悟、有素质的人才吸收到党的队伍当中来，为乡村发展注入活力。

创新人才培育机制，不断延伸党建触角。首先，A 乡通过建立产业联盟党委，打破原有行政隶属壁垒，破除各村"各自为政"障碍，紧紧围绕乡村产业发展建立"载体聚才，培训育才，定向储才"的人才培养机制。在产业联盟区域内实行"干部互调、集中培训、联系回应"等人才工作方式，强化人才在乡村产业发展中的突出作用。其次，通过产业联盟党委，把党建工作触角延伸到乡村产业发展的具体环节中，把企业与合作社全部纳入基层党组织的工作范围，把生产基地植入"红色基因"，把党的工作落到每个企业，把党的声音传递到每个员工，保证乡村产业发展始终坚持党的领导，健康发展、行稳致远。最后，以产业联盟党委为载体，通过"党员共育，设施共用，文化共建，发展共商"的形式，强化村级党组织、企业及党员联系互动，扩大乡村基层党组织在乡村产业发展中的影响力。

积极搭建人才工作平台，构建乡村产业发展新格局。首先，在 A 乡党委的牵头下，由产业联盟党委聘用乡土科技特派员、企业管理人员、合

---

① 《十七大以来重要文献选编》（下），中央文献出版社 2013 年版，第 688 页。
② 《决胜全面建成小康社会　夺取新时代中国特色社会主义伟大胜利——在中国共产党第十九次全国代表大会上的报告》，人民出版社 2017 年版，第 66 页。

作社负责人等熟悉乡村产业发展的人员担任村级产业顾问，帮助各村制订产业发展规划，带动一批本土产业项目发展落地，增强村级组织的内生动力，用活了一批"土专家"。其次，产业联盟党委充分发挥企业与合作社的技术优势，将联盟区域内各大产业打造成现代农业种植教学基地，定期组织联盟区域内种植农户进行果树种植、病虫害防治、作物管理等方面的专业技能培训，不断提升农户抗风险能力和自主经营致富的能力，培养了一批"田秀才"。最后，产业联盟党委利用产业发展带动效应，大力实施人才回引工程，积极引导外出经济能人、退伍军人和大学毕业生返乡创业就业，并结合"头雁储备"行动，选用人才进入村"两委"任职，提升产业联盟党委的发展潜力，引回了一批"农博士"。

三　产业联盟："捆绑"推进乡村产业振兴

"农业强不强、农村美不美、农民富不富，决定着亿万农民的获得感和幸福感，决定着我国全面小康社会的成色和社会主义现代化的质量。"[①]扎实推进乡村产业发展，实现乡村"农业强"，则为实现"农村美、农民富"奠定了坚实的物质基础。A乡各村产业发展基础较为薄弱，村收入来自烟叶返税和国家生态林补贴，缺乏推进实施乡村振兴战略的物质基础。A乡作为典型的山区农业乡镇，要推进乡村社会持续发展，既要立足自身实际状况，在乡村产业发展方式上下足功夫，盘活闲置资源和唤醒"沉睡的资源"，推动人才、技术、资金等生产要素向乡村流动和汇集，激活乡村产业的发展活力。因而，只有突破现有行政村的行政边界限制，让现代生产要素能够在村际快速流动和有效配置，生产要素的流动半径越大，乡村发展的水平和潜力才会越大，才能从根本上激发乡村的活力。在产业联盟党委的领导下，由联盟区域内各企业代表和合作社代表出任产业联盟理事长，推动产业联盟区域内各村、企业、合作社"捆绑"发展，实现产业联盟区域内企业和合作社的优势互补、资源共享，进一步做大乡村产业"蛋糕"。

（一）引进涉农龙头企业，拓展乡村产业发展空间

"改造传统农业，实现农业现代化，必须采取切实措施，加快提升小

---

① 《习近平关于"三农"工作论述摘编》，中央文献出版社2019年版，第14页。

农户的经营能力,以适应现代农业建设与发展的需要"①,必须推动人才、资金、技术等现代产业生产要素汇集,实现农业生产的规模化、科技化,有效提升其经济效益。涉农龙头企业往往资金实力雄厚、发展理念先进和具有广阔市场与人脉资源,能够利用自身优势解决乡村产业发展中的突出问题,能够实现农产品生产规范化、分级精准化、包装精美化、销售市场化。在乡村产业发展中,引进涉农龙头企业,既能够推动乡村产业发展现代化,不断提升乡村产业发展的样态和理念,深刻把握市场经济规律和城乡居民消费趋势,也使得乡村产业发展通过涉农龙头企业获得人才、资金、技术等乡村产业发展的必需要素,推动乡村产业延伸产业链,提升乡村产业价值,让农民更多地分享乡村产业发展带来的增值收益。

整合域内资源,扩大自身优势吸引涉农企业下乡。首先,产业联盟党委将联村区域内的土地资源、人力资源、公共产品供给,统筹起来,完善必要的基础设施,不断扩大自身优势与吸引力,"筑巢引凤",吸引涉农企业下乡参与乡村产业发展。其次,产业联盟党委立足于联村区域整体推进乡村产业发展的实际需求,针对不同地块、不同资源禀赋,引进适宜的落地企业,让联村区域各村融入整体发展战略当中,确保乡村产业振兴的稳步推进。最后,以产业联盟党委为平台对接上级涉农政策、资金、项目,并积极主动招商引商,协助落地企业申报相关项目和获取政策资金支持,宣传相关农产品,帮助企业做大做强。

构建产业联盟体系,全方位推动乡村产业发展。产业联盟党委在处理村民、企业、村级、乡镇等诸多事务中,形成了"村民—各村支部书记—产业联盟党委—企业"项目引进落地沟通机制。目前,产业联盟党委引进了雾野生态、博远嘉园、巨远果品、橙源农业、康达森绿五家涉农企业及农腾、鑫农植保、健辉、新粮农四家农业合作社等综合实力强发展潜力好的企业落地。在产业联盟党委的领导下,推动区域内落户企业和合作社"捆绑"发展,围绕高山生态、立体农业、红色旅游等具有本地特色的资源,构筑起覆盖广泛的产业联盟体系,形成集"产业—销售—文旅"于一体的产业联盟经济链条。

---

① 阮文彪:《小农户和现代农业发展有机衔接——经验证据、突出矛盾与路径选择》,《农业经济问题》2019年第1期。

（二）加强村企合作，加快各类要素向乡村汇集

中国乡村类型多样，推进乡村产业发展必须立足自身实际。徐勇教授根据中国乡村发展的自然条件、社会条件、历史条件，将中国乡村划分为七大类型[①]，在推进乡村产业发展过程中，一方面，必须因地制宜"培育农产品品牌，保护地理标志农产品，打造一村一品，一县一业发展新格局"[②]。同时，也要善于利用好涉农企业在资金、技术、人才、市场等方面的优势，通过外部力量，激发乡村产业发展的活力，培育乡村产业发展的内生动力，不断扩大乡村产业经济链条，真正带动村民共同富裕。乡村基层党组织在引进涉农企业时，一方面要坚持以人民为中心的基本原则，为广大村民"把好关"，选择适合本地实际的企业落户；另一方面也要加强村企合作，建立良好的沟通协商机制，帮助落地企业对接分散的小农户，减少企业与村民的沟通成本，撬动资金、技术、人才等现代生产要素向乡村产业汇集，推动乡村产业发展的现代化。

坚持贯彻生态发展理念，在农业种植领域下足功夫。A乡作为一个山区农业乡镇，林地资源和耕地资源相对丰富，广袤的"绿水青山"，就是实现乡村振兴的"金山银山"。同时，农业耕作历史悠久，农民种植经验丰富，以农业种植为突破口可收奇效。因而，A乡在推进乡村产业发展上，依旧选择在传统农业模式上求突破，着重引进种植企业，利用自身优势，把乡村产业"蛋糕"做大。其中，A乡橙源农业公司推进的"清语橙"种植项目，集中流转了产业联盟党委辖区内2000亩土地，建设"清语橙"种植基地。基地建成后，联合社将与专业公司开展合作经营，由其统一管理、统一经营、统一销售，经营期限30年。目前，该项目一期种植面积已达400亩。

依据当地农业发展历史，发展特色种植。A乡有较长的百香果种植历史，引进了雾野生态农业公司从事百香果种植，其总规划面积为1200亩。目前，该公司已经建成的百香果种植基地面积达400亩，总投资规模达400多万元。在产业联盟党委的协助下，该公司流转了A乡粮站旧仓库做冷库，帮助企业做大做强，不断扩大企业效益。该公司不仅可以批发鲜

---

① 参见徐勇《"分"与"合"：质性研究视角下农村区域性村庄分类》，《山东社会科学》2016年第7期。

② 《乡村振兴战略规划（2018—2022）》，人民出版社2018年版，第3页。

果，还能对百香果进行简单的加工，以百香果罐头的方式出售，生产经营趋于多元化，效益可观。

（三）强基固本，构建合理利益联结机制

乡村产业是乡村其他事业发展的物质基础，无论是增加村集体经济收入用于乡村基础设施建设升级，还是提高村民收入，吸引乡村闲置劳动力就地就业，都离不开乡村产业的发展。"引导农村集体经济组织挖掘集体土地、房屋、设施等资源和资产潜力，依法通过股份制、合作制、股份合作制租赁等形式，积极参与产业融合发展"①，推动乡村产业发展，要始终坚持把做大做强村集体经济、农民分享更多增值收益作为基本的出发点，强基固本，不断增强村集体经济长远发展的底子和农民勤劳致富的信心。因而，推进乡村产业发展，必须调动乡村产业发展涉及的各方积极性，捋清楚各方的权责，构建完善合理的利益联结机制，要通过"订单收购+分红""土地流转+优先雇用+社会保障""农民入股+保底收益+按股分红"等多种利益联结方式②，分好乡村产业发展的"蛋糕"，切实保障参与各方的合理利益，不断增强各方投身乡村产业发展的积极性。

积极构建村企利益联结机制，拓宽村增收渠道。产业联盟党委积极引导村级、企业形成了较为合理的利益联结机制，推动村集体经济收入渠道多元化。在产业联盟党委的领导下，增强村集体经济实现村增收方面，主要有三种方式。首先是土地流转管理费，由各村党组织出面向村内村民流转土地，保证土地连片，再将土地以产业联盟党委的名义流转给引进农业公司，收取土地流转管理费作为村集体经济收入。其次是由产业联盟党委争取的上级涉农扶持资金入股企业分红，在产业项目落地后，乡、村两级党组织积极向上级部门争取诸如土地平整、农业综合开发等相关农业支持扶助项目资金，以项目资金入股落地项目，让联盟各村享受股份分红收益，标准为每亩100元。最后是以村财入股企业项目分红，让产业红利覆盖全乡，在J县农业基金的担保下，A乡11个村均出资12万元入股产业联盟"清语橙"种植项目，每村规划面积约130亩，从第三年开始收益，第三年、四年每亩可收取固定分红825元，各村每年分红可达107250元，从第五年起，每亩可收取固定分红1650元，各村每年分红可达214500

---

① 《乡村振兴战略规划（2018—2022）》，人民出版社2018年版，第43页。
② 参见《习近平关于"三农"工作论述摘编》，中央文献出版社2019年版，第44页。

元。在第三种村增收方式中，A乡各村均可入股"清语橙"种植项目获取企业分红，使得A乡产业发展效益不仅仅局限于四个产业联盟村，同时还实现了A乡整乡产业捆绑发展，惠及全乡，全面提升A乡各村的村财收入水平。

引导村民参与乡村产业发展，保障村民合理利益。首先，村民可将闲置的土地流转给产业联盟党委获得土地流转金。产业联盟党委按农田干谷产量的20%—30%收成折合市价向农户支付流转费用，农户每亩每年可获得土地流转租金约200元。其次，参与土地流转的农户可优先参与项目雇工，获得劳务收入。在项目落地后，由A乡产业联盟党委统一牵头，优先雇用项目落地区域的村民参与种植基地务工以增加村民收入，其中"清语橙"项目每年度能够吸纳180名村民参与日常用工，百香果种植基地每年度用工也超过30个。最后，农户可参与落地项目获得收益。在产业联盟党委的领导下，督促区域内企业与合作社采用"产业联盟党委+公司+农户"的生产模式与订单式管理服务办法，为有能力参与项目的种植农户提供种苗、种养指导、统购统销等服务，在技术层面上充分发挥农业公司与合作社的技术优势，为参与种植农户提供全过程种植技术指导、病虫害防治技术指导和农用机械的使用指导，提高农户的技术水平和防御灾害的能力，减轻农户负担，保障参与种植农户收入。

四　双向互动：乡村基层党建与乡村产业发展共创新局

随着改革开放的进程与市场经济的纵深发展，乡村基础差、底子薄、发展滞后的状况没有得到根本性改变，乡村基层党组织影响力弱化、乡村集体经济发展水平偏低、乡村产业发展要素难以集聚等问题也持续困扰着乡村社会的发展。但是，乡村产业的发展是其他事业发展的基础，实现乡村产业振兴不仅是全面实施乡村振兴战略的首要任务，也是乡村基层党组织执行和贯彻党关于乡村发展战略部署的政治任务和历史使命，必须因地制宜采取强有力的措施，不断强化乡村基层党组织的领导作用，引领乡村产业发展，这既关系到乡村振兴战略能否得到落实和贯彻，也关系到党的执政基础能否得到持续稳固。推动乡村产业发展，必须实现乡村基层党组织和乡村产业发展的双向互动，既要树立引领乡村产业发展的领导核心，也要让乡村基层党组织想方设法发展乡村经济，丰厚乡村发展的物质基础。

党建联村与产业联盟的双向互动，开创了基层党建工作和产业发展新局面。A乡党委立足于本乡各村土地犬牙交错、村集体经济普遍不强、产业发展要素分散、产业发展各自为政等实际情况，充分发挥乡村基层党组织设置的灵活性，通过成立产业联盟党委，打破了原有的行政隶属壁垒，破除了辖下各村"单打独斗"的本位主义障碍，并以产业联盟党委为平台统筹协调乡村产业发展，形成"横向联合、纵向贯通、条块结合"的格局，不断突出乡村基层党组织在乡村产业发展中的领导核心作用。同时，产业联盟党委在最大程度上整合了全乡各村的农业资源，实现了土地资源和劳动力资源的高效利用，不断加强联盟内各类组织之间的协调沟通，为引进项目企业提供高效便捷的服务，有力地推动了全乡各村"抱团发展"。

党建联村与产业联盟的双向互动，实现了多方受益。首先，涉农企业下乡参与乡村产业发展，推动了农业现代化的进程，但是引进企业的发展极易受到乡村社会环境的影响，以产业联盟党委为平台流转土地和负责联村区域内各个村级的沟通协调，减少了企业、合作社与村民的沟通成本，加快项目的落地实施。其次，由落地企业、合作社代表组建产业联盟并由其代表担任产业联盟理事长，通过产业联盟党委这个平台实现区域内产业发展的信息互通共享，促进人才、技术等现代生产要素在联盟内的高速流动和有效配置，有力推动了乡村产业的发展，拓宽了村财收入渠道。再次，A乡以产业联盟为平台，实现了联盟区域内各个企业、合作社的"捆绑发展"，带动了本土企业的成长，共同做大做强乡村产业"蛋糕"。最后，在企业、合作社与村级组织不断获得收益的同时，也保障了村民的合理利益，让村民能够在产业发展中获益，使之"留得下"与"活得好"。

五　结　语

从乡村社会发展的实际情形来看，乡村基层党组织弱化、劳动力和精英外流、资源分散是绝大部分乡村当前都面临的发展困境。在乡村人口持续外流的基本状况下，破除原有的行政壁障，集中乡村基层党组织的智慧与力量，因地制宜通过"党建联村"推动乡村在各个方面的发展是一条可取之道。乡村基层党组织作为党在基层的根基,既要贯彻党中央关于"三农"工作的战略决策和部署,又要因地制宜推动乡村基层党建创新,要在乡村社会发展实际中解决乡村基层党组织弱化、虚化和边缘化的问题,不断强化其在乡村社会发展中的领导作用,提升其为广大农民群众服务的本领。尤其是在全面实施乡村振兴战略的背景下,乡村社会发展进入新阶段,产生许多新问题,出现许多新业态,不仅要在不断改善乡村基层党组织工作方式的过程中锻炼出一支"爱农村、懂农业、为农民"的"三农"队伍,还要将"善经营"的各类人才吸收到乡村基层党组织的队伍当中,不断扩大乡村基层党建的覆盖面,全方位提升乡村基层党组织的领导力。

Research on the Innovation of Rural Grass Roots Party Building Leading the Revitalization of Rural Industry
—An Empirical Investigation of A Township, J County, North West Fujian

Wang Hongzhuo, Zhu Dongliang

(School of Marxism, Xiamen University, Xiamen 361005, China)

Abstract: The outflow of labor and elites, the weakening of rural grassroots party organizations, and the weak rural industrial foundation are common problems currently faced by most rural areas in China. Under the background of comprehensively promoting the implementation of the rural revitalization strategy, it is very necessary to gather rural party building forces through a certain method and promote the sustainable development of rural society. Based on the specific reality of local rural development, the Party Committee of A Township in J County, Northwestern Fujian has established an Industry Alliance Party Committee in accordance with local conditions to integrate rural development resources and lead the development of rural industries. It is a useful exploration of rural grassroots party building innovation to lead the revitalization of rural industries. The Party Committee of the A Township Industry Alliance, on the one hand, promotes the rural union with village party building, breaks the original administrative barriers, and takes the integration of rural party building resources as the starting point to drive the comprehensive integration of rural industrial resources; on the other hand, it guided union village regional enterprises It formed an Industrial Alliance with cooperatives to attract agriculture-related enterprises to the countryside to participate in the development of rural industries, and promoted the gathering of modern production factors such as capital, talents, and technology to the countryside, and continued to expand the "cake" of rural industries, achieving multiple benefits.

Key Words: Industry Alliance Party Committee; Rural Grassroots Party Building; Union Village Party Building; Industrial Revitalization

影响乡村振兴高质量发展的因素分析及其对策[*]

——涪陵案例的研究

王志标

（长江师范学院武陵山区绿色发展新型培育智库 重庆 408100）

内容提要：乡村振兴高质量发展受到众多因素影响，对此的探讨有助于制定有针对性措施，克服障碍，从而实现乡村振兴高质量发展。涪陵乡村振兴的基本经验是：政府探索建立分类施策长效机制，构建"2＋X"特色产业体系，推动农村土地规模化、集约化经营，完成农村人居环境整治。目前影响涪陵乡村振兴高质量发展的因素包括人力资源返乡和下乡意愿、要素和产品流动的通道、乡村基础设施的布局和完善、乡风治理与教化。提出的对策建议是：加强美丽乡村、宜居乡村建设，铸实"乡愁"载体；创新政策，增强政策力度，保障乡兴主体；制定村规民约，携手共治，促进乡风文明；互联互通，"架桥""搭路"，打通流动通道。

关键词：乡村振兴；高质量发展；影响因素；产业；人力资源；乡风；流动；基础设施

一 引言

党的十九大以来，国家层面陆续出台了一系列政策支持乡村振兴。

---

[*] 基金项目：重庆市自然科学基金面上项目"重庆传统节庆经济价值与文化价值评估"（课题编号：cstc2019jcyj-msxmX0682）。

作者简介：王志标，男，博士，长江师范学院教授，西南政法大学硕士生导师，主要研究乡村产业。

2017年，在党的十九大报告中提出了乡村振兴战略[1]；2018年1月2日，中央一号文件为《中共中央 国务院关于实施乡村振兴战略的意见》，提出总要求是"产业兴旺、生态宜居、乡风文明、治理有效、生活富裕"[2]；2018年9月，中共中央、国务院印发了《乡村振兴战略规划（2018—2022年）》，提出"科学有序推动乡村产业、人才、文化、生态和组织振兴"[3]；2021年2月21日，发布《中共中央 国务院关于全面推进乡村振兴加快农业农村现代化的意见》，提出使"脱贫攻坚政策体系和工作机制同乡村振兴有效衔接、平稳过渡，乡村建设行动全面启动"[4]；2021年4月29日，十三届全国人大常委会第二十八次会议表决通过《中华人民共和国乡村振兴促进法》[5]，为乡村振兴保驾护航。

国家提出乡村振兴战略之后，学术界就进行了持续的研究，取得了一定的成果。现有研究包括：一是关于乡村振兴与某问题的关联性研究。研究了民族地区职业教育与乡村振兴的耦合关系，认为两者存在要素耦合、结构耦合和功能耦合[6]；探讨了国内大循环、乡村振兴与财政政策之间的关系，认为畅通国内大循环的关键是推进乡村振兴，财政政策可以促进乡村振兴，促进国内大循环[7]；探讨了乡村民宿"温度"与乡村振兴之间的关系，认为乡村民宿具有"温度"效应，会对乡村振兴"传温"和"增温"[8]。二是关于乡村振兴条件的探讨。提出可以通过文化环境塑造、制度保障供给、科学管理应有、人才体系优化和社会主体聚合实现教育对于

---

[1] 《决胜全面建成小康社会 夺取新时代中国特色社会主义伟大胜利——在中国共产党第十九次全国代表大会上的报告》，人民出版社2017年版，第27页。
[2] 《中共中央 国务院关于实施乡村振兴战略的意见》，《中华人民共和国国务院公报》2018年第5期。
[3] 《中共中央 国务院印发〈乡村振兴战略规划（2018—2022年）〉》，《中华人民共和国国务院公报》2018年第29期。
[4] 《中共中央 国务院关于全面推进乡村振兴加快农业农村现代化的意见》，《中华人民共和国国务院公报》2021年第7期。
[5] 《中华人民共和国乡村振兴促进法》，《中华人民共和国全国人民代表大会常务委员会公报》2021年第4期。
[6] 参见杨磊、朱德全《民族地区职业教育与乡村振兴耦合机制研究》，《西南大学学报》（社会科学版）2021年第5期。
[7] 参见杨远根《国内大循环、乡村振兴与财政政策优化》，《改革》2021年第8期。
[8] 参见王璐、郑向敏《乡村民宿"温度"与乡村振兴》，《旅游学刊》2021年第4期。

乡村振兴战略的服务目标[1];认为基础供给类和增量供给类法律对乡村振兴具有保障作用[2]。三是乡村振兴发展路径研究。提出了乡村振兴的差异化策略[3]、通过乡村旅游实现乡村振兴的路径[4]等。

由此可见,乡村振兴领域已进行了不少研究,且研究角度逐渐成形,研究观点不断丰富,从而为本文研究提供了有益参考。涪陵区在乡村振兴高质量发展方面不断探索,取得了一些可贵经验。但是,不容否认,在实践乡村振兴的过程中仍有一些阻碍因素存在,本文将基于这些因素提出促进涪陵乡村振兴高质量发展的对策建议。

二 涪陵乡村振兴实践的基本经验

涪陵区经过2017年以来乡村振兴实践积累了建立分类施策长效机制、构建"2+X"特色产业体系,推动农村土地规模化、集约化经营,以及进一步提升宜居水平的宝贵经验。

第一,政府加强领导和组织,探索建立分类施策长效机制。涪陵区成立了农村工作暨乡村振兴战略领导小组,由涪陵区委书记王志杰任组长;2021年6月,成立了涪陵区乡村振兴局;2021年2月25日,涪陵召开了区委农村工作暨巩固拓展脱贫攻坚成果同乡村振兴有效衔接工作会议,强调要紧扣乡村振兴,抓好"三农"工作重点任务落地落实[5];涪陵区规划和自然资源局以乡村振兴战略为统领,强化乡村规划引领,按照需求编制实用性村规划,2019年底,南沱镇睦和村参加"全国优秀村规划案例交

---

[1] 参见袁利平、姜嘉伟《关于教育服务乡村振兴战略的思考》,《武汉大学学报》(哲学社会科学版) 2021年第1期。
[2] 参见谢忠洲、彭强《法政策视域下乡村振兴战略的制度供给》,《农村经济》2021年第6期。
[3] 参见陈俊梁、林影、史欢欢《长三角地区乡村振兴发展水平综合评价研究》,《华东经济管理》2020年第3期。
[4] 参见谭俊峰《乡村旅游助推乡村振兴路径》,《社会科学家》2021年第3期。
[5] 参见魏东、庞建林《涪陵召开区委农村工作暨巩固拓展脱贫攻坚成果同乡村振兴有效衔接工作会议 不断开创"三农"工作新局面 奋力谱写涪陵乡村全面振兴新篇章 周少政种及灵讲话 李景耀徐志红出席》,《巴渝都市报》2021年3月1日第1版。

流会",其村规划获得了领导和专家的一致好评①。

第二,坚持以产业兴旺为基,构建"2 + X"特色产业体系。坚持巩固和发展榨菜和中药材这两大支柱产业,支持榨菜集团、太极集团等龙头企业组建以榨菜、中药材为主导的股份合作社,构建结合保护价、保证金和利益链的利益联结机制,保障乡村振兴。在该机制下,涪陵榨菜集团等龙头企业与涪陵区197个榨菜股份专业合作社全面签订粗加工订单生产协议,合作社按每吨30元标准向榨菜企业缴纳履约保证金,保证在扣除各项成本后合作社的每吨原材料能有150—200元的利润②。发挥全国休闲农业和乡村旅游示范区优势,大力发展乡村旅游,打造一批特色主题乡村旅游目的地和乡村旅游精品线路③。引进农产品精深加工企业并推动本地农产品加工企业上档升级,延伸农产品产业链并提升其价值链;大力发展农村电子商务,实现村级农村电商服务站的全覆盖;强化农产品质量安全保障,突出农业品牌建设。④

第三,落实承包地"三权"分置制度,推动农村土地规模化、集约化经营。2018年新发展农村新型股份合作社10个,家庭农场30个,农村土地规模经营集中度达到39.6%,主要农作物耕种收综合机械化率达到45%⑤。2019年涪陵区形成了农村集体产权制度改革联席会议制度,制定了《重庆市涪陵区稳步推进农村集体产权制度改革实施方案》《重庆市涪陵区农村集体经济组织成员身份确认指导意见(试行)》等文件⑥。已全面完成2779个村集体经济组织产权制度改革,这涉及354个村

---

① 参见杨莉菊、胡规划《涪陵:乡村规划成为乡村振兴的航标》,《巴渝都市报》2020年3月10日第3版。
② 参见张亚飞、刘玉佩《涪陵 探索稳定脱贫增收机制 有效衔接乡村振兴》,《重庆日报》2021年4月15日第T6版。
③ 参见魏东、罗顺《落实乡村振兴战略行动计划》,《巴渝都市报》2018年3月7日第6版。
④ 参见魏东、罗顺《落实乡村振兴战略行动计划》,《巴渝都市报》2018年3月7日第6版。
⑤ 参见种及灵《政府工作报告——2018年1月12日在重庆市涪陵区第五届人民代表大会第二次会议上》,http://www.fl.gov.cn/zfxxgk_ 206/zfxxgk_ zfgzbg/202101/t20210121_ 8794296_ wap.html,2021年1月21日。
⑥ 参见《涪陵:农村集体产权制度改革工作全面完成》,http://nyncw.cq.gov.cn/zwxx_ 161/qxlb/202009/t20200903_ 7843556.html,2020年9月3日。

（居）、2425个农业社（居民小组）、165万集体经济组织成员[①]。全区土地适度规模经营面积共66.8万亩，规模经营集中度达44.8%[②]。

第四，完成农村人居环境整治，进一步提升宜居水平。突出抓好农村垃圾治理、厕所革命、生活污水治理、村容村貌提升、农业废弃物资源化利用[③]。突出"五沿带动、全域整治"，全区所有村均实现村容村貌干净整洁第一档目标[④]。村庄清洁行动覆盖率达到100%，农村生活垃圾有效治理行政村比例、农村生活污水收集处理率分别达到100%、70%以上；累计改造卫生厕所近3万户，普及率达到88%[⑤]。创建市级绿色示范村23个、美丽庭院1100余个[⑥]。建设乡镇污水管网70公里，新建"四好农村路"1000公里、村组便道130公里[⑦]。

三 影响涪陵乡村振兴高质量发展的因素分析

目前，涪陵区在产业兴旺和生态宜居方面已经取得了显著成效。但是，在"乡风文明""治理有效""生活富裕"3个目标的实现方面尚有距离。就调研情况来看，影响涪陵乡村振兴高质量发展的因素具体包括四方面。

（一）人力资源返乡和下乡意愿

毫无疑问，制约涪陵乡村振兴高质量发展的首要因素是人力资源因素。这里的人力资源包括源自涪陵乡村的人力资源和源自涪陵城市和其他

[①] 参见《涪陵区全面完成农村集体产权制度改革》，http://sj.fuling.cbg.cn/2021/01/22/29084967.shtml，2021年1月22日。
[②] 参见张平权、张龙云《重庆涪陵：以特色产业发展绘就乡村振兴魅力新画卷》，《农家科技》2021年第2期。
[③] 参见《涪陵：聚焦"十大措施" 谋划乡村振兴》，http://guoqing.china.com.cn/2019-03/18/content_74584669.html，2019年3月18日。
[④] 参见张平权、张龙云《重庆涪陵：以特色产业发展绘就乡村振兴魅力新画卷》，《农家科技》2021年第2期。
[⑤] 参见张平权、张龙云《重庆涪陵：以特色产业发展绘就乡村振兴魅力新画卷》，《农家科技》2021年第2期。
[⑥] 参见张平权、张龙云《重庆涪陵：以特色产业发展绘就乡村振兴魅力新画卷》，《农家科技》2021年第2期。
[⑦] 参见种及灵《政府工作报告——2019年1月15日在重庆市涪陵区第五届人民代表大会第三次会议上》，http://www.fl.gov.cn/zfxxgk_206/zfxxgk_zfgzbg/gzbg/202101/t20210121_8794371.html，2019年1月17日。

地区的人力资源。涪陵乡村人力资源，尤其青壮年和有一定能力的人力资源流失严重。根据第七次人口普查结果，涪陵区 2019 年末户籍人口 114.83 万人，其中城镇人口 51.28 万人，乡村人口 63.55 万人；常住人口 117.03 万人，其中城镇人口 81.65 万人，乡村人口 35.38 万人①。可以发现，乡村人口净流出 28.17 万人，占乡村户籍人口的 44.33%。常住人口比户籍人口多 2.2 万人，所以涪陵存在外地净流入人口。这说明，涪陵城市对于人力资源具有微弱虹吸效应。

要实现乡村振兴，必须以一定的人力资源作为重要支撑。基于涪陵乡村人力资源流失现状和城市所具有的微弱虹吸效应可以认为，实现人力资源注入乡村振兴的关键因素在于人力资源返乡和下乡意愿。一方面，离开乡村的"能人异士"，甚至于普通青壮年劳动力是实现乡村振兴所必需的人力依托。他们熟悉乡情村情，能够在较短时间内发挥出人力资源的作用，撬动乡村发展动力。另一方面，从涪陵城市人口或者其他地区吸引人力资源是实现乡村人力资源缺口的另一重要途径。发达地区的逆城市化经验表明，城市人口向农村人口的回流是经济发展到一定阶段之后的必然结果，原因在于城市因规模扩张会出现交通拥堵、资源紧张、空气污染、压力增大等"城市病"，这迫使一部分人不得不考虑把乡村作为一个替代的归宿。而对于其他地区的吸引力主要在于涪陵能否在"一区两群"中真正发挥作用。而这又取决于涪陵经济引擎是否足够强大，乡村是否能够形成独特魅力。

(二) 要素和产品流动的通道

要实现乡村振兴，离不开要素的投入。除了人力资源要素以外，资金、机器设备、技术等要素对于乡村振兴而言也是必需的。效益尤其经济效益是资金投向决策的主要衡量指标，会影响资金流动的方向和大小。乡村相比城市往往缺乏大的项目，不少惠农项目都属于小微项目。所以，在这样的情况下，资金就成为项目能否落地和发展的一个制约因素。从现实来看，一些乡村之所以没有发展的原因在于缺乏对资金有吸引力的项目。现代农业离不开机器设备，在农业中引入机器设备帮助农村实现农业的标准化、机械化，提高农业效率和效益。而且，面对过剩农产品，可以通过

---

① 重庆市涪陵区统计局：《重庆市涪陵区 2019 年国民经济和社会发展统计公报》，http://www.fl.gov.cn/zwxx_206/gsgg/202007/t20200701_7629571.html，2020 年 7 月 1 日。

引入先进机器设备发展加工业，从而延伸农业产业链条。技术既体现在物质之中，例如融入机器设备之中，又以柔性人力资本方式存在，反映为知识、能力和经验等。要提升农业效率，实现农业单位增加值的提升，离不开技术指导和技术扩散。所以，在乡村振兴中，是否存在要素流向乡村的通道以及通道是否通畅就成为制约乡村振兴高质量发展的一个重要因素。

要素通道决定了能否顺利生产乡村产品。在形成乡村产品之后，则需要考虑为产品流动提供可能通道。现实中农村的生产存在几种类型。一是以企业化的方式进行生产，主要反映在那些已经实现了规模化、集中化的地区；二是以公司+合作社+农户的方式进行生产，可以把分散化转化为规模化；三是分散的农户生产，仍然在农村大量存在。除此以外，涪陵区探索了大型农业产业化联合体模式，涪陵榨菜集团发起、组建了以涪陵、武隆、梁平、丰都、垫江等区县的榨菜龙头企业、榨菜专业合作社等58家新型农业经营主体为成员的"涪陵榨菜产业化联合体"模式[1]。不同模式的产品产量、市场、销售方式都有较大差异，由此造成产品流动通道的异质性。随着参与产品流动的利益主体越来越多，产品流动便具有了多向性，利益主体博弈因之出现了复杂性，这是导致产品流动的主要障碍之一。同时，与其他地区产品的同质性造成了激烈的外部市场竞争，也阻碍了产品流动。

（三）乡村基础设施的布局和完善

乡村基础设施建设是当前涪陵乡村振兴的短板。所以，涪陵区2021年决定启动实施乡村建设行动，把公共基础设施建设的重点放在农村，加快补齐水、电、路、气、通信、物流、环保等设施，不断提升农村教育、卫生、文化等公共服务水平[2]。

乡村基础设施对于乡村振兴质量的影响在于两个方面。一方面，乡村基础设施影响农村产业项目布局。任何产业项目都需要以一定的基础设施作为支撑，单靠某个企业难有财力和物力完成基础设施建设，所以政府必须承担乡村基础设施建设任务，为乡村产业发力提供必要准备。在乡村基

---

[1] 参见廖存强《涪陵榨菜产业化联合体正式成立　系涪陵区首个跨区域大型农业产业化联合体》，《巴渝都市报》2020年9月12日第3版。

[2] 参见魏东、庞建林《打造生态宜居美丽乡村　让农村生活更令人向往　涪陵今年全面启动实施乡村建设行动》，《巴渝都市报》2021年3月3日第2版。

础设施比较完备的乡村，会更加容易将产业项目投产；在乡村基础设施不完备甚至较为匮乏的乡村发展产业项目步履维艰，且项目生产成本和运营成本都大幅提高，因此会打消人们在乡村创业的积极性。另一方面，乡村基础设施影响以内循环为主的乡村大市场格局。在我国以内循环为主、内外双循环发展的新阶段，涪陵乡村的市场主要依靠内循环。通信、物流、电商等设施的发展必然有助于涪陵乡村产品走出去，以及非乡村产品走进乡村，进而提升乡村生活品质；反之，教育、卫生、文化等公共服务的不完备则制约乡村消费，不利于人民美好生活需要的实现。

（四）乡风治理与教化

在调研中发现，乡风是涪陵乡村振兴中的一个内生制约因素。并非所有乡风都是与社会主义核心价值观合拍的，具有负外部性的乡风对于乡村企业家活动产生了干扰和破坏。聊举两例。一种不好的乡风是见利忘义。重庆驰邦生态农业有限公司吴小敏谈到，她与一农户进行了口头约定，投产后到了收获的时候，农户却不允许她收割种植的羊肚菌，非要在原来约定的基础上再追加租金，最后，她每亩追加了一千元，农户才同意她收割。在追加租金后，利润被极大稀释，从而影响了投资热情。另一种常见的例子是占道。涪陵乡村道路多为山路，本就很窄，一些农民在道路上晾晒谷物，还有农民在道路上堆积建筑用品或杂物，这极大影响了车辆通行，造成了不安全性。

乡风文明是指人民群众的思想、文化、道德水平不断提高，在农村形成崇尚文明、崇尚科学的社会风气[①]。乡风文明不会自然而然形成，有赖于对乡风的治理和教化。但是，不能采取强制性手段，因为一些不文明现象尚未触及法律的界限，属于法律法规的"灰色地带"。所以，只能以一种柔性方式开展对此的治理和教化。

四 涪陵实现乡村振兴高质量发展的对策建议

针对当前影响涪陵乡村振兴高质量发展的因素，结合其他地区在乡村振兴中的成功经验，考虑从铸实"乡愁"载体、保障乡兴主体、促进乡风文明、打通流动通道等方面提出对策建议。

---

① 参见汪康《乡风文明建设路径探究》，《现代化农业》2018年第9期。

（一）加强美丽乡村、宜居乡村建设，铸实"乡愁"载体

乡村不美，就难以唤起乡愁；乡村不宜居，就无法吸引人口。所以，美丽乡村、宜居乡村建设是铸实"乡愁"的载体，也是实现乡村振兴的目标所在。

一是加强对于乡村建筑的统一规划，塑造乡村美丽景观。相比城市，不少乡村处于一种无序管理状态，建筑杂乱错落，既不美观，又影响通行。在新时代乡村建设中，要因地制宜，就地取材，结合地方传统文化、民族文化，使建筑风格保持特色、整齐统一，避免千村一面，确保构建"乡愁"记忆。

二是加强对于农村垃圾和污水的统一处理。应在全区规划统一的垃圾中转站和处理中心，把农村垃圾管理纳入全区垃圾管理体系，实现农村垃圾分类管理和无害化处理，确保定时清理、转运垃圾。加强污水治理投入，建设污水处理设施，有条件的将污水就地处理，没有条件的可以将污水转运他处。

三是把美丽乡村、宜居乡村建设与乡村旅游有机结合。要通过发展农村种植、采摘、垂钓等产业吸引游客，实现农业与旅游业融合发展，以旅游业带动民宿、餐饮等其他产业，使农民主动参与美丽乡村、宜居乡村建设，把建设成效转化为经济效益。

（二）创新政策，增强政策力度，保障乡兴主体

乡村振兴依赖于实践乡村振兴的主体，所以政策着眼点也要放在乡村振兴主体上。保障乡村建设主体的政策包括"吸""稳""建"3个层面。

一是创新政策对于乡村振兴主体的吸引力。鼓励和支持有能力、有资金的致富能手、技术能手返乡创业。对于有返乡意愿和下乡意愿的创业者创办农村合作社、农业企业及其他类型与乡村振兴目标一致的企业和社会组织，提供创业初期的风险补贴、场地房租补贴、创业一次性补贴等补贴。鼓励金融企业设立针对乡村企业、组织和个人的小微贷款、农业贷款等低息、长短期组合的政策性贷款，助力乡村振兴主体的创业和事业发展。鼓励保险企业设立农业灾害保险，帮助乡村企业、个人应对突发的暴雨洪涝、干旱、大风、冻害等自然灾害；发展农产品保险+期货，化解粮食、鸡蛋、肉、禽等价格大幅波动风险。

二是创新政策对于乡村振兴主体的稳定力。无论是原本就来自乡村的返乡创业者，还是来自城市或其他地区的下乡创业者，都会在创业过程中

面临各种困难。能否解决和克服这些困难,对于乡村振兴主体是否稳定留下来完成乡村振兴的使命至关重要。一方面,要协助乡村振兴主体解决好子女入学、入托问题,以免除他们的后顾之忧;另一方面,要大力发展教育和医疗,促进乡村公共服务完善,使得乡村居民和创业者能够就近进行咨询、培训、就医、休闲等活动。

三是创新政策对于乡村振兴主体的建构力。要加强农村人才队伍建设,发挥他们农村"带头人"的作用。畅通新型职业农民、农民合作社、农业社会化服务组织等农村生产、经营、服务主体中技术人才的职称申报渠道;对于长期扎根乡村基层一线,在乡村振兴中作出重要贡献、取得突出业绩的专业技术人才,在其申报职称时可不受定岗定编的局限。[①] 要加强对于各类乡村振兴主体的技能培训、技术援助、技术指导,对符合条件的对象给予培训补贴或职业技能提升补贴,支持特派技术员下乡活动。支持农民高技能人才、乡村工匠、非遗传承人参加各类活动和评选评优,赋予他们相应的称号和待遇。

(三)制定村规民约,携手共治,促进乡风文明

乡风文明有助于构建和谐的乡村秩序,为乡村产业发展提供融洽的营商环境。形成乡风文明,既要靠规制约束,也要靠强力手段。

一是要加强乡村思想政治教育。以社会主义核心价值观为引领,深化新时代中国特色社会主义思想和道德体系的宣传教育,大力弘扬民族精神,加大对道德模范、英雄人物的宣传力度,推进家庭美德、社会公德和个人道德建设,加强诚信建设,牢固树立农民的社会责任意识、规则意识、集体意识、主人翁意识[②]。

二是传承发展中华优秀传统文化。要从中华优秀传统文化中深入挖掘爱国主义、团结友爱互助、仁义礼智信、舍身忘家、大公无私等宝贵的精神财富,利用招贴画、广告语、大字报等方式进行宣传宣讲,充分发挥中华优秀传统文化在凝聚人心、教化群众、淳化民风方面的积极作用,支持中华优秀传统文化转化为人们喜闻乐见的戏曲曲艺、民族文化、民间文化,推动中华优秀传统文化的创造性转化和创新性发展。

---

① 参见鲁哲《上海市人社局出台"30 条"助力乡村振兴 低收入困难家庭中的本市农民就业可享专项补贴》,《新民晚报》2021 年 8 月 21 日第 6 版。

② 参见刘丹《加强乡风文明建设 推进乡村振兴》,《学习时报》2018 年 8 月 17 日第 3 版。

三是鼓励新乡贤参与村规民约制定。新乡贤是乡村涌现出来的杰出人物和代表性人物，对于乡村治理具有强烈示范作用。要加强与新乡贤的联络，使其融入乡村振兴进程之中；充分发挥新乡贤的精神力量，挖掘其先进事迹，在报纸、广播、电视台、新媒体等平台广为宣传；引导新乡贤参与民风治理，倡导节俭养德、喜事新办、厚养薄葬、文明理事的移风易俗活动；结合当地传统制定和完善村规民约，由村委会监督并对违反者予以必要的经济处罚、劳动惩罚和道德教育。

四是加大打击"村霸""乡霸"等黑恶势力的力度。"村霸""乡霸"横行乡里，胡作非为，扰乱治安和公共秩序，侵害群众财产和人身安全，甚至通过贿选等手段加入村委会。纪检监察机关与政法综治部门要密切配合，对"村霸""乡霸"零容忍，保持高压态势，积极回应群众关切，发现一起，查处一起，坚决打掉"村霸""乡霸"背后的保护伞，使黑恶势力在乡村无容身之地，根绝黑恶势力滋生的土壤。

（四）互联互通，"架桥""搭路"，打通流动通道

要打通要素和产品流动的通道，就要通过"架桥""搭路"扫除路障，实现乡村市场与城市市场的互联互通、自由流动。

一是打通物流"最后一公里"。无论要素流入乡村还是乡村产品流出，都需要以便捷的物流作为保障。城市里的物流已经实现了到小区、到楼下，但是，不少乡村的物流还集中在乡镇。由于乡村人口大量外流，将物流点设置在乡镇从经济上而言是最优选择，但是却不便于偏僻乡村的振兴和发展。解决这一问题的出路是，在相邻村庄之间设置共享物流配送点，允许农民以自己拥有的运输车辆以个体户方式兼职加入物流运输队伍，对于乡村物流所涉及的用地、用电、用网给予一定的优惠补贴。

二是在农村积极发展电商和微商。随着网络在乡村的普及，农民利用电子商务平台和微信群、微信小程序进行销售具有了可行性。加强对农民的技术指导和推广，使农民能够充分利用相关平台做好农产品的自产自销；不断扩大电商和微商在农村的覆盖面，坚持使线上线下融合发展、齐头并进，畅通农产品上行和工业品下乡的双向流通体系；探索"一村一品""一镇一业"的农村电商发展格局，推动农村电商和微商分类化、差异化发展。

三是促进城乡市场双向融通。积极发挥邮政网点触角广泛的优势，使其在城乡市场互联互通中发挥更大作用；健全城乡市场网络，进一步发展

乡村批发中心、批发市场和乡村集市，搭接桥梁促进农产品向超市、大专院校、中小学校、企事业单位、饭店、酒店的直供直销；在有条件的农村或乡镇建设大型冷库，为短期储藏新鲜农产品提供基础，并通过冷链运输确保农产品品质。

五　结　论

涪陵在乡村振兴实践中已经探索了宝贵的基本经验，同时其他地区的经验模式也为涪陵未来乡村振兴高质量发展提供了借鉴。在迈过乡村振兴的探索阶段后，影响涪陵乡村振兴高质量发展的因素逐渐凸显，成为实践中不得不克服的屏障。本文在调研基础上对于影响涪陵乡村振兴高质量发展的因素进行了较为深入的分析，在此基础上提出了涪陵实现高质量发展的对策建议。

在20世纪二三十年代中国开展了轰轰烈烈的乡村建设运动，但是该运动因日本发动侵华战争而腰斩。一百年后，中国政府再次开展乡村建设运动，但是本次运动的目标更为宏伟，是为了实现乡村振兴。乡村振兴是21世纪中国所开展的一项伟大实践，也是在后工业化时代实现城乡均衡发展、城市反哺乡村、走向共同富裕的必然选择。相信在中国共产党的坚强领导下，在各方力量的综合作用下，乡村将有望成为美丽的家园、富裕的社区和"乡愁"的依托。

Analysis on Factors Affecting High Quality Development of Rural Revitalization and Its Countermeasures：
—The Study about the Example of Fuling

Wang Zhibiao

(New Tank Cultivated for Green Development in Wuling Mountain, Yangtze Normal University, Chongqing 408100, China)

Abstract：The high-quality development of rural revitalization is affected by many factors, and the discussion on this will help to formulate targeted measures to overcome obstacles, so as to achieve high-quality development of rural revitalization. The basic experience of Fuling's rural revitalization is: the government explores the establishment of a long-term mechanism for differentiated policy implementation; builds a 2 + X characteristic industrial system; promotes large-scale and intensive rural land management; and completes a campaign to improve the rural living environment. At present, the factors affecting the high-quality development of rural revitalization of Fuling include willingness of human resources to return and go to the countryside, channels through which elements and products flow, layout and refinement of country infrastructures, rural governance and education. Relevant countermeasures and suggestions are suggested as follows: strengthen the construction of beautiful and livable villages, and forge a solid carrier of homesickness; innovate policies and strengthen them to ensure the main body of rural prosperity; formulate village rules and regulations, and work together to promote rural civilization; advance the interconnectivity and build bridges and roads to get through the flow channels.

Key Words: rural revitalization; High Quality Development; factors affecting; industry; human resources; rural custom; flow; infrastructure

新时代乡村文化振兴的现实境遇与实践要求[*]

王 成[1] 邓 倩[2]

(1. 广西师范大学马克思主义理论与区域实践研究中心、
广西师范大学马克思主义学院 桂林 541004;
2. 桂林医学院马克思主义学院 桂林 541004)

内容提要：乡村文化振兴是乡村振兴的首要前提。乡村文化振兴成为解决乡村社会主要矛盾、实现"两个一百年"奋斗目标和全面振兴乡村的关键举措。但在现实实践中，一些制度短板、外部异己力量对乡村文化振兴形成的障碍和羁绊，对中国特色社会主义乡村文化功用效能的释放形成挑战和考验。作为对这一现实境遇的回应，筑牢主流意识形态引领地位、强化理论创新、保障民生公正就成为一种必然的战略选择和现实方案。也只有具备这样的理论与实践理性，新时代中国特色社会主义乡村文化振兴才能在逐步完善中不断释放和增强效能，为中华民族复兴伟业和全面建设社会主义现代化提供坚强的保障。

关键词：乡村振兴；中国式现代化；基层党内政治文化

---

[*] 基金项目：国家社科基金西部项目"新时代中国共产党坚定历史自信的理论与实践研究"（22XDJ004）；教育部人文社会科学研究一般项目"新时代中国共产党推进自我革命理论与实践研究"（19YJC710068）；广西哲学社会科学规划研究课题"乡村振兴中基层党员领导干部政治'三力'提升对策研究"（21FDJ028）；"广西高等学校千名中青年骨干教师培育计划"人文社会科学类立项课题"新时代自我革命精神涵育共产党人初心意识研究"（2021QGRW014）；广西高校人文社科重点研究基地专项项目"新时代中国共产党党内政治文化建设研究"（2020MKSJDC08）。

作者简介：王成，男，博士，广西师范大学马克思主义学院副教授、硕士生导师，广西师范大学马克思主义理论与区域实践研究中心研究员，浙江省中国共产党创建史研究中心研究员，主要研究中国共产党与中国现代化；通讯作者：邓倩，女，博士，桂林医学院马克思主义学院讲师，主要研究马克思主义生态理论与实践。

乡村振兴是民族复兴的必然。党的十九大首次提出"乡村振兴战略"。乡村振兴战略是全面建设社会主义现代化国家的重大历史任务，是新时代做好"三农"工作的总抓手。党的十九届五中全会再次提出，要"走中国特色社会主义乡村振兴道路，全面实施乡村振兴战略"。当前我国经济已由高速增长阶段转向高质量发展阶段，进入转变发展方式、优化经济结构的关键性攻关期。2021年中央一号文件《中共中央国务院关于全面推进乡村振兴加快农业农村现代化的意见》明确指出，要坚持把解决好"三农"问题作为全党工作的重中之重，把全面推进乡村振兴作为实现中华民族伟大复兴的一项重大任务，以全党和全社会之力推动实现农业农村现代化，让乡村民众过上更加美好的生活。

　　如何在新时代充分发挥乡村文化振兴的政策优势，优化乡村振兴战略格局，对于全面开启社会主义现代化新征程和实现中华民族复兴伟业具有重大意义。习近平指出："要推动乡村文化振兴，加强农村思想道德建设和公共文化建设，以社会主义核心价值观为引领，深入挖掘优秀传统农耕文化蕴含的思想观念、人文精神、道德规范，培育挖掘乡土文化人才，弘扬主旋律和社会正气，培育文明乡风、良好家风、淳朴民风，改善农民精神风貌，提高乡村社会文明程度，焕发乡村文明新气象。"[①] 近年来，学术界对于乡村振兴的研究主要集中于以下方面：一是关于乡村振兴的内涵，即指提升农村内生动力改善乡村风貌，其目的就是满足社会需求，维持基层稳定和国家权威，实现农业农村的"善治"（韩长赋，陈文胜，2017；袁金辉，乔彦斌，钟钰，黄祖辉，2018；李汉卿，2020）。二是关于乡村振兴的价值，既要设计科学、合理的规范和制度，又要激发"人"的自觉意识，才能实现城乡良性互动（徐勇，2019）。三是关于乡村振兴的路径，必须更好发挥基层自治组织、中介组织、社团、行业组织的作用，形成社会治理合力（张红宇，贺雪峰，刘彦武，2018）。四是关于乡村振兴水平的测量，必须体现民主、法治等原则，从社会民生、社会公平感、居民幸福感等主客观因素考虑进去（陈秩分等，2018；闫周府等，2019）。上述研究成果表明：一方面，乡村振兴战略为其提供了足够的政策空间与市场空间；另一方面，农业农村是形成强大国内市场的双循环战

---

① 习近平：《在庆祝中国共产党成立95周年大会上的讲话》，《人民日报》2016年7月2日第1版。

略核心环节和战略动力源泉。本文基于乡村全面振兴的时代背景,阐释乡村文化振兴的价值意蕴,进而实现对现有运作机制的革新与完善,以期为乡村全面高质量振兴提供理论借鉴和实践指引。

一 新时代实现乡村文化振兴的功能效用

由古及今,农业、农村和农民始终是数千年中华文明不可或缺的组成部分。随着时间的推移和空间的转换,新时代乡村文化在接续传承中华民族优良传统美德之外还承担着以下几个方面功能效用。

第一,强化道德引领。文化是道德产生和生长的基本场域,道德与文化具有共通性和同构性特征。作为人类社会进入文明时代以后而出现的一种社会意识形态,道德是人们共同生活及行为的准则和规范。道德总是现实而又具体的,没有离开具体现实条件的抽象道德,没有脱离社会历史背景的永恒道德形式,任何道德观念都有其不同的时代和阶级限制。道德一经产生就有其相对独立性,作为传统社会的一种教化和意识形态控制手段,与文化内在关联又彼此区别。从西方苏格拉底、柏拉图、亚里士多德等哲学先贤到东方孔子、老子、孟子诸子百家,"轴心时期"的贤人达士无不强调"公序良俗"在"意义""秩序"层面重建与重构中的地位和作用。同时道德作为调节基于利益关系而形成的社会关系的有效方式和规制,是衡量人的行为正当与否的标准,具有历史性特征。一般而言,道德分为私德和公德两个范畴,私德适用于个人、个人之间、家庭等的关系调整;公德则是用于调整个人与社会关系的规范。就政治伦理学而言,道德本质上指向"善"。古代希腊哲人认为,知识是指从具体现实的道德理性行为中寻求各种道德的一般而普遍的定义。[①] 中华传统文化中蕴含的传统美德和社会公德集中体现了中华民族的道德共性,具有永恒的价值性和普遍的意义性。随着科技革命向纵深领域的不断发展以及我国社会生活日新月异的发展,人们生活和生产方式、思想观念、价值取向和行为模式历经颠覆性变革。实现富有当代中国特色的乡村文化振兴,以社会主义核心价值观引领当代中国农村的发展,充分利用中华文化的包容性和创造性,利用马克思主义理论精髓深刻透视、反思与整合和引导当代中国文化,有利

---

① 参见蔡彦士、叶志坚《文化学导论》,福建教育出版社2002年版,第157页。

于充分把握历史发展的客观规律。基于此,以文化振兴作为现代乡村振兴和提升乡风文明的路径选择有着深刻的历史与现实支撑。

在社会主义情境下,精神文明是社会主义道德文化最为具体的体现形式,是推进新时代乡村振兴的"根"和"魂"。众所周知,中华文化是道德文化的主要载体,道德精神是中华文化的思想精髓。文化的产生、发展、转换与升级是一个客观的历史过程,是人的主观选择性与社会规律性的统一。马克思指出:"不是人们的意识决定人们的存在,相反,是人们的社会存在决定人们的意识。"[1] 道路认同、理论认同和制度认同以文化认同为根基,没有文化认同的道路认同、理论认同、制度认同难以持续稳固,而文化认同的根本又在于道德认同,因此在我国当前乡村振兴的首要任务就在于引领广大人民对于社会主义制度和当代中国社会主流意识形态的文化和道德认同。乡村振兴作为实现中国特色社会主义现代化的必要阶段和民族复兴的重要基石,只有立足于农村、农民的一般性特点和实际情况,切实加强新时代农村精神文明建设,才能使农民坚定理想信念、培养道德情操,奠定乡村振兴之基,筑牢乡村振兴之魂。道德文化作为社会主义文化的一个重要向度,可分为对先进文化以及对落后、腐朽文化两种样态,对社会的发展起到促进、阻碍和延滞作用。

第二,构建价值认同。文化是实现价值和引领价值的载体和媒介,二者好似一对孪生儿,没有乡村文化振兴,乡村振兴只能是"镜花水月"。文化振兴与发展暗含价值的实现,没有不包含价值的文化。解码近代以来中国落后挨打以及当代中国的兴旺发达的奥秘,一个重要的维度在于:中国文化经由文化自闭导致的文化虚骄与文化自卑的两极病态以后,在新文化运动特别是五四运动的洗礼下,在东西方文化的交流整合特别是马克思主义的沁润与指导下得到了深刻重塑,中国文化的现代化为中华民族的复兴与再次崛起准备了前提性条件。乡村文化振兴是乡村振兴的基础和核心,乡村振兴需要以乡村文化振兴为其起点,何为社会主义乡村振兴?从其整体性意义来看,乡村振兴只有建立在社会主义制度和社会主义道路上的发展与进步,才能真正实现这种意义上的蜕变与转化,其前提是实现社会主义的现实性。从哲学的一般理论和范畴出发,价值则指代物的属性对人的需求的满足,体现了客体与主体的统一。以马克思主义的理论范畴出

---

[1] 《马克思恩格斯选集》第 2 卷,人民出版社 1995 年版,第 32 页。

发，价值是基于利益之上的主体之间的关系与互动，在不同语境中有着不同的含义。以认识论的视角出发，价值是指客体能够满足主体需要的效益关系，是一种主体利益在对象化世界的映射和投影。当代中国特色社会主义文化是对资本主义文化的超越，最重要的表现在于马克思主义在意识形态领域的指导地位，人在其本质意义上将成为物质生产和精神建构的中心，而不同于在资本主义语境下人的物化与异化。价值无疑是凝聚人心、汇聚力量和引领民众的手段和方式，文化是教化人心的基本方式和手段。基于文化而形成的价值理念包含社会主体对共同理想和信念的信仰和追求。文化是价值的表现形式，价值则是蕴含于文化之中的一条主线，价值决定文化，文化反映价值。

乡村文化的改造与发展对于乡村社会的改造与发展而言，具有根本性的作用和地位。乡村振兴对于当代中国乡村社会价值维度的实现而言意义重大，是实现中国乡村文化现代化的必然选择。当代中国乡村振兴具有十分丰富的内涵，包括产业兴旺、生态宜居、乡风文明、治理有效、生活富裕等。现代化本质上是一个多元因素互动的系统工程，包含政治现代化、社会现代化、经济现代化、主体的现代化以及文化现代化。其中，主体的现代化和文化现代化的程度具有主导性和引领性。海德格尔在《林中路》一文中认为现代社会中历史的发展是贯彻人的"各种意志"的活动，而隐蔽于技术统治之下的人的存在则是"散见于文化与文明的广泛领域之内"[1]。我国是一个有着绵延数千年历史的文明古国，有其独特的价值理念和价值追求，今天我们倡导的社会主义核心价值观正是中华传统文化在马克思主义指导下的一次深刻重塑。伴随时代变迁和市场经济快速发展，我国乡村社会的需求越来越体现出双重性特征，即精神需求与物质需求的统一。乡村振兴离不开乡村文化的引领。可以说，一旦失去具有正确价值追求的文化指引，乡村振兴要么失去灵魂。基于此，乡村文化振兴是决定我国农村、农民和农业的"关键一招"，只有自觉将乡村文化振兴摆在振兴"三农"的首要地位，才能有效抵制"意识形态终结"、"普世价值"、"历史虚无主义"和"指导思想多元化"等错误思潮对乡村振兴的干扰和阻碍。

第三，提供精神动能。乡村振兴离不开物质文化的支撑，更需要精神

---

[1] ［德］马丁·海德格尔：《海德格尔文集 林中路》，孙周兴译，商务印书馆2015年版，第326—327页。

文化的推动。人世间一切美好的理想与追求，以及美好生活不是从天上掉下来的，只有靠不懈奋斗才能实现。要实现中华民族伟大复兴中国梦，必须立足于文化自信，用理想信念集聚中国力量，用中国文化激发中国智慧，用中国自信展现中国精神。人民富足、国家强盛和民族复兴的根本动力来源于文化自信，而乡村振兴也离不开乡村文化的振兴。随着时间推移和时代变迁，社会生产力的主要力量源泉已经由"物质空间"向"知识空间"转换，乡村文化振兴与发展已经成为先进生产力生根发芽和开花结果的内源性动力。农民是实施乡村振兴的主体和主力军，加强对农民的宣传动员力度，把乡贤文化与桑梓情怀有机勾连，让农民真正了解乡村振兴战略的政策内涵、具体措施、发展前景，最大限度地激发和调动农民的主动性、积极性和创造性，才能为当代中国乡村振兴提供强大的动力源泉。马克思主义是当代中国的主流意识形态和价值形态，对中华文化的传承与创新有着极其重要的指导作用，是当代中国乡村文化重塑的思想保障。毛泽东在民主革命时期也曾指出：经由马克思列宁主义改造以后，中国文化以及中国人的精神世界已经为之一新，精神上已经"由被动转入主动"。"从这时起，近代世界历史上那种看不起中国人，看不起中国文化的时代应当完结了……就其精神方面来说，已经超过了整个资本主义的世界。"①

乡村振兴战略是一个城乡融合、协调推进、产业融合、文化守护和改革创新的国家战略，需要全党全社会的共同行动。把乡村文化振兴有效融入乡村振兴战略，使之不断向日常生活加以渗透，多形态、多角度、全方位地展示和宣传乡村振兴战略成果，有助于形成强大的舆论氛围。法兰克福学派的霍克海默和阿尔多诺在他们的著作《理性的衰落》和《启蒙辩证法》等中就将在后工业化社会中的理性的形式化和现代化视为一种"文明涂地"和"野蛮复归"，而主体在其本质意义上丧失了理性和人本身，整个人类社会及其精神世界就像"着了病魔似的"，借助工具理性以及技术培训来提高大众的能力，最终只是将其塑造为资本主义操控下生产系统和社会机构服务的"仆役"。以他们的视角出发："文化工业的每一个运动，都不可避免地把人们再现为整个社会所需要塑造出来的那种样子。"② 这个学派

---

① 《毛泽东选集》第4卷，人民出版社1991年版，第1516页。
② [德]马克斯·霍克海默、特奥多·威·阿多尔诺：《启蒙辩证法》，洪佩郁、蔺月峰译，重庆出版社1990年版，第118页。

另一位代表人物马尔库塞更是沿着这条道路致力于对资本逻辑下后工业社会文化和文明的批判,进而极大发挥了西方马克思主义理论著名的"文化批判理论"。马尔库塞认为,后工业化社会的文化作为一种虚假的或是被歪曲的意识形态成为诞生于人类社会却又操控人类社会的一种异己的外在力量,"在技术的媒介作用中,文化、政治和经济都并入了一种无所不在的制度,这一制度吞没或拒斥所有历史替代性选择。这一制度的生产效率和增长潜力稳定了社会,并把技术进步包容在统治的框架内。技术的合理性已经变成政治的合理性"[1]。循此路径,我们不难发现:现代性概念下人作为经济社会发展的价值实现主体,需要把外在动力变为内在动力,把盲目的动力变为自觉的动力,这是个人主体实现自身发展的内在需要。

二 新时代实现乡村文化振兴的现实境遇

乡村振兴在根本上是亿万人民自己的事情,只有通过乡村文化的道德维度以润物无声的方式加以引导,才能在更深层次和更高维度推动乡村振兴事业的发展,当前我国乡村文化振兴中存在诸多痛点、堵点和难点。

第一,乡村经济发展困境对乡村文化振兴造成挑战。首先,工业化改变了传统的生产方式,加剧了农村社会的不平衡和自我割裂。在我国乡村振兴和发展过程中,乡村经济振兴与乡村文化振兴犹如"车之两轮""鸟之两翼",二者相互影响、相互推动。一方面,乡村文化为经济发展提供价值引领和精神导向,缺乏内在文化支撑的农村经济往往难以实现长足发展;另一方面,乡村经济则是乡村社会发展的物质基础,因而也是乡村文化建设的物质保障,发达的乡村经济能为乡村基础文化设施提供经济支撑,提高村民的文化消费水平。改革开放以来工业化的快速推进使空心农村、失地农民等新问题日益凸显,乡村传统伦理、邻里信任,以及生活方式等不断受到冲击。总体来说,乡村基础文化设施文化功能发挥有限,与乡村文化建设的基本要求和目标相距甚远,造成二者陷入恶性循环和相互掣肘的困境之中。其次,城镇化导致现代乡村人口的单向度流动,加剧了传统乡村社会的衰落。城镇化对现代乡村和乡土文明造成了极大的冲击,

---

[1] [美]赫伯特·马尔库塞:《单向度的人:发达工业社会的意识形态研究》,刘继译,上海译文出版社2014年版,第10页。

城镇化在推动乡村居民从乡村向城镇流动的同时，迫使大批乡村居民离开世代繁衍栖息的乡土长期居留城镇，抽走了农村大量有知识、有技术且年富力强的劳动力资源，使"空心化""老龄化"现象愈加明显，边远地区中有些村落甚至随着留守老人的逝去无人居住而逐渐消陨，这种"有去无回"的单向度流动在意义和秩序层面瓦解了传统农村中稳定的乡缘、业缘以及维系其中的情感纽带。最后，城镇化与工业化交织之下的城乡二元经济结构阻滞了乡村经济社会的良性发展，影响到乡村文化建设尤其是乡村文化的振兴与发展。乡村文化衰落、危机与转型根本上是由于资本逻辑主导下的现代二元经济的外化表现，在本质上造成了城乡发展的不平衡和乡村发展的不充分，这在理性层面的直接结果是，人民物质生活水平的提高是以精神层面的贫乏为代价的。在多元张力的冲击之下，乡村振兴在事实上形成一种二律背反。一方面，在工业反哺农业以及城镇化延伸效应的刺激之下，乡村社会经济在其总量上一再出现跨越式增长的虚假镜像，物质文化和基础设施现代化水平和档次得到了显著提高；另一方面，乡村社会的"空心化""老龄化"又导致大量基础设施的荒废，乡村精神世界在意义层面逐渐"虚无化"，所建文化和基础设施利用率一再下降。

第二，主流意识形态领导力下降对乡村文化振兴形成制约。首先，农村劳动力的单向度流动及其价值观错乱削弱了社会主义主流价值观的引领力。改革开放以来，农民工进城务工，既推动了所在城市的经济发展又解决了自身的就业问题，实现了经济学意义上的"双赢"与"共生"。然而从社会文化发展的视角出发，这种资本逻辑支配下工具理性对价值理性的进一步吞噬导致农民工群体在意义层面的虚无化和无力感，农村个体的孤独、迷失和焦虑使得一些农民工个体变成游荡于都市的"流浪者"，他们在城市中的所见所闻以及城乡差距拉大的事实对于农民工群体以及乡村主流文化无可避免地形成了冲击。其次，传统乡村文化的功利化和传统乡村道德的虚无化削弱了社会主义主流价值观的公信力。乡村社会呈现出传统文化和现代文化相互交织、城市文明和乡土文化激烈碰撞的现象，一定程度上使乡村文化发展迷失方向，造成文化断裂和价值观错乱。随着风起云涌的各种社会思潮在城乡社会广泛传播，使乡村居民价值观念从相对统一趋向日益弥散化和多元化，在价值选择上更易产生困惑。在市场经济的推波助澜下，一些乡村居民以金钱标准取代了道德标准，缺乏集体主义精神和社会道义责任，价值取向更加功利化，人的价值在意义层面逐渐沦丧直至虚无化；一些乡村社会风气日益低俗化和奢靡化，操办红白喜事铺张浪费、盲目攀比，封建迷信活动盛行，盲目信教之风蔓延，聚众赌博现象屡禁不止，在纸醉金迷之中意志消沉。最后，现代网络信息技术的冲击削弱了主流价值观的传播力。在乡村与城市现代性碰撞与互动之中，其背后隐藏的无序竞争的资本逻辑是导致乡村社会价值观和信仰发生变异以及现代社会撕裂的重要原因。乡村文化的异化无疑是乡村社会最为深层次的异化与脱轨，是关涉人的本质性异化。近年来伴随互联网经济的发展，国内一些"网红村"应运而生，这些"网红村"大多数依托网络积攒人气后通过售卖土特产获利，由此催生的"饭圈文化"和粉丝文化、直播文化有效推动了村域经济的发展，但有些网红主播为了能够以网络直播形式传播低俗文化和恶搞文化，甚至假借网红经济之名大肆传播淫秽色情文化，有的为了增加点击率和点赞率，不惜造谣惑众、颠倒秩序、混淆视听，对主流意识形态的领导力产生了负面影响。

第三，基层治理短板对乡村文化振兴形成障碍与干扰。首先，基层治理主体责任缺失致使农村空心化等社会问题突出。各级乡镇政府主导、协调和管理的职责对乡村文化建设至关重要，影响着乡村文化振兴实现进程和建设效果。然而在目前的市场经济环境下，部分基层政府过于注重经济绩效和生态环境追责，乡村文化振兴和发展因为其不能快速取得政绩而被悬置，多数基层一把手往往把工作重心向经济事务倾斜，缺乏主动加强文化建设的意识。长期以来，大量优势和优质文化资源、文化人才和文化服务集中于城市，政府对于城市文化建设的投资也远高于乡村，城乡经济发展的二元结构导致了文化的二元结构，乡村文化发展条件和机遇愈加难以和城市相比。其次，乡村文化建设流于形式导致乡村基础文化设施利用率不高。部分乡村基层政府把文化基础设施的修建视为"面子工程"，重建设、轻使用，图书室、活动室等公共设施有名无实，平时冷冷清清，检查时敲锣打鼓、热闹非凡，乡村文化振兴被看成是乡村振兴不可或缺的点缀和"门面"，其基本设施一再被挪作他用甚至废弃，很多举措流于形式和口号，基层党员领导干部干事创业的热情不高。同时，留守在农村居住和生活的人口中很大比例是妇女、儿童和老人，这些人员不仅无法承担起农业生产的重任，更使乡村治理主体乏力，不能承担起乡村治理的重任，特别是影响村民自治的顺利推行。最后，地方政府对于乡村文化建设缺乏系统性和整体性，导致部分乡村文化振兴未能与乡村实际情况相结合。基础文化设施是乡村文化建设和发展的重要载体，是乡村开展各类文化活动不可或缺的场所。一些地方的农村文化基础建设投入不足，文化基础设施严重缺乏，不少地区乡村居民文化生活贫乏，宗教、迷信、赌博甚至淫秽色情活动乘虚而入，成为乡村居民主要文化形式。一些地方文化设施的建设存在同质化严重的问题，对地方特色资源的结合与利用被忽视，对乡村文化遗产挖掘不深，特色文化资源流失，各地文化建设模式千篇一律，自然地域特色被掩盖。

三 新时代实现乡村文化振兴的实践要求

在新时代乡村振兴的实践历程中，我们要坚持文化自信和文化创新的统一，把乡村文化振兴放在乡村振兴的重要位置，从而不断增强制度效能。

第一，筑牢主流意识形态引领地位以打造乡村文化振兴的精神引擎。文化不可能是脱离社会形态的"普世存在"。文化振兴和文化自信的根基在文化认同，文化认同的根本目的在于实现价值。确立一种适合当代中国国情、富有中国特色、对于当代中国社会和中国文化具有规定性的伦理秩序、道德规范以及与之相适应的意识形态，是当代中国乡村社会重构的首要任务。萨义德从意识形态视角出发认为，文化并非一个"文雅平静"的领地，而是多元力量角逐以及权力较量的"场域"。"它甚至可以成为一个战场，各种力量在上面亮相，互相角逐。"[1] 意大利思想家葛兰西在解析资本主义国家统治权力结构时即已指出其政治权力的核心不在于绝对的暴力和强制，而是其占据霸权地位的文化及其意识形态。[2] 哈佛大学约瑟夫·奈关于"软实力"的概念一经提出和阐释便在世界范围内得到了认可。从其视角出发，与军事和经济实力这类传统有形的"硬性命令式力量"截然不同，在信息技术迅猛发展的背景下，文化作为国家软力量的存在形式和话语构建资源，以柔性、隐性或无形的方式影响和制约着国

---

[1] ［美］爱德华·W. 萨义德：《文化与帝国主义》，李琨译，生活·读书·新知三联书店2003年版，第3页。

[2] 参见［意］安东尼奥·葛兰西《葛兰西文选：1916—1935》，中共中央马克思、恩格斯、列宁、斯大林著作编译局、国际共运史研究所译，人民出版社1992年版，第7页。

家的吸引力、强制力、竞争力和渗透力,与社会层面、个体层面、心理层面理论与实践等多维空间相互关涉。[1] 这就是说,文化作为观念的内在存在和外在表现形式,对社会的发展起到促进、阻碍和延滞作用。众所周知,在经济全球化和世界一体化激烈竞争与博弈中,任何一个民族要站稳脚跟,实现经济发展和民族复兴,必须保持其精神独立性和文化稳定性。社会主义国家的乡村发展与振兴一旦在精神文化领域失去自身特质,无限融入异质性特别是西方资本主义思想资源,最终只能亦步亦趋,甚至有可能经由"颜色革命"重新成为资本主义国家世界体系附庸存在。

中国式现代化的首要特点在于社会主义道路和共产党领导,乡村振兴作为中国式现代化的组成部分也不能例外。"中国气派"、"中国话语"抑或"中国气派的中国话语"就是要实现中国共产党领导下文化再生和话语转换运动。当代中国乡村振兴战略的提出和形成,建基于文化力、自信力二维有效融合、再生,是实现"西方话语"向"中国话语"转变的关键,意味着中国共产党治国理政能力的进一步提升。改革开放以来,我国新型城镇化发展规模与速度在世界上遥遥领先,市场化、工业化和城镇化的迅速推进为我国经济社会特别是城镇发展提供了强大的内需潜力和推进动力。市场经济的高度发展打破了原来计划经济时代利益格局相对单一、集中的基本态势,走向了利益多元化、平等化和契约化趋势,但在此过程中逐渐滋生的利益差距、利益矛盾、利益冲突,和"理性经济人"思维加剧社会割裂与不平衡状态,给乡村文化振兴形成严峻挑战。迅猛发展的市场化、工业化与城镇化特别是以现代网络信息技术主导的城镇化的发展在拉动经济发展的同时产生了强大的"虹吸效应"。近年来伴随乡村传统价值观和道德观念受到侵蚀,村民之间的交往日趋功利化,维系乡村的价值基础遭到破坏,乡村文化和乡土秩序逐渐松动乃至崩塌,黑恶势力和黄赌毒盗拐骗等犯罪行为乘虚而入,造成了乡村社会秩序的失范,文化复古主义、国粹主义、民主社会主义、自由主义以及少数民族地区的宗教主义和汉族地区基督教思想夹杂激荡、沉渣泛起。

第二,强化理论创新以夯实乡村文化振兴的政治基础。文化具有反复性、地方性和民族性等多元复杂特征。理论的先进性取决于实践的科学

---

[1] 参见[美]约瑟夫·奈《软力量:世界政坛的成功之道》,吴晓辉、钱程译,东方出版社2005年版,第31页。

性，马克思主义的科学性立基于革命性和批判性。如前所述，现代工业文化在我国乡村社会的"安营扎寨"使得社会的内在凝聚力和向心力一再遭到冲击与削弱，大众文化在人们的精神世界形成垄断甚至操控了人们的精神生活，从而使得现代乡村文化丧失其内在的超越的维度，出现了众多的"逃避现实者"。社会主义文化是作为人类社会全新的观念存在，本质上与西方文化形态以及中华传统文化存在差异性。基于此，在建设社会主义文化的时候必须与传统文化结合起来，使之真正成为中华民族精神与文化的有机组成部分。民族的创造力和创新力是中华文明奔腾向前的不竭动力。恩格斯曾明言："马克思的整个世界观不是教义，而是方法。它提供的不是现成的教条，而是进一步研究的出发点和提供这种研究使用的方法。"[1] 从全球化历史的大逻辑出发，中国共产党在中国革命、建设和改革的整体进程中始终注重运用马克思主义的立场、观点和方法解构、建构和重构中华民族传统文化。当代中国社会面临急速转型和剧烈调整变动，错综复杂的现代性问题日益凸显。基于此，乡村文化振兴在话语的时空维度仍然面临挑战，必须正视这种复杂性、反复性和艰巨性。面对当前意识形态领域日益复杂的态势、信息传播技术的深刻变革以及转型时期人们思想观念的深刻变化和调整，乡村文化振兴是党要重点关注和解决的现实性问题，全面研究新的历史时期文化自信的实现路径有着重大的理论意义和现实价值。当代中国乡村文化振兴不能脱离中国的历史与现实。

党的十八大以来，以习近平同志为核心的党中央擘画了新时代乡村振兴的宏伟蓝图，其中文化振兴是实施乡村振兴战略的重要内容。中华民族有着数千年的农耕史，以农耕文化为主要代表的乡村文化，是中华传统文化的重要组成部分。乡村文化振兴助力乡村振兴，依托传统乡贤文化培育现代"新乡贤文化"，把"塑形"和"铸魂"紧密结合，防止只重形式而忽视内容，注重传统乡土文化向现代乡村文化的转型。一方面，要深入挖掘传统农耕文化内蕴，传承农村耕读传世、仁爱孝悌、克勤克俭、敦亲睦邻、笃实诚信、守望相助、谦和好礼等思想观念、人文精神和道德规范，守护好中华文化的根脉。另一方面，要以社会主义核心价值观为引领，结合时代发展与社会需要，将农耕文化蕴含的优秀内容在保护传承的基础上进行创造性转化、创新性发展，使之转化为乡村振兴的发展优势之

---

[1] 《马克思恩格斯全集》第39卷，人民出版社1975年版，第142页。

一。实现当代中国乡村文化振兴，必须从工具理性和价值理性双重维度进行分析和把握，勾连其规律属性与价值属性，并在综合平衡中稳步推进。"乡村文明是中华民族文明史的主体，村庄是乡村文明的载体，耕读文明是我们的软实力。"① 挖掘传统民间文化资源，培育具有鲜活生命力的乡村文明。要保留乡村风貌，坚持传承文化。加强乡村社区文化建设，要注重突出发展乡土文化特色，充分发掘本土的人文资源、传统文化、民俗文化、民间艺术资源，并对之加以整理、保护、传承和利用，使之成为农民所共享的丰富精神财富。

第三，改善民生公正以增强乡村文化振兴的物质保障。理论创新的根本驱动力在于广大人民群众对于美好社会生活需要的扩展和延伸。改革开放以来，我国"三农"问题的存在与发展存在着内外两个方面的促动力。一是经济领域的革故鼎新推动了文化领域的改革与发展，中国文化的发展水平与中国乡村经济水平很不匹配，这是内生变量；二是受到全球化和信息化的叠加交织，西方国家的意识形态、价值理念及学术体系和话语体系逐步侵入，使得乡村文化领域更具多元性、挑战性，这是外生变量。两个变量的交互作用，决定了当代中国乡村文化振兴的必要性和紧迫性。真正确立道路自信、理论自信、制度自信和文化自信，就要立足中国基本国情构建中国话语，超越西方中心话语体系。开启全面建设社会主义现代化新征程背景下，只有不断改进民生、满足广大人民群众对美好生活的期许，协调推进"四个全面"战略布局，贯彻落实"五大发展理念"，才能提升社会主义文化影响力，从根本上推动乡村文化振兴。必须看到，全面建设社会主义现代化国家，实现中华民族伟大复兴，最艰巨最繁重的任务依然在农村，最广泛最深厚的基础依然在农村。当前，中国社会和广大农村正处于价值重建和现代化转型的关键时期，需要全方位提升和构筑乡村文化自信，从而在更广泛领域和更深层次推动社会主义主流价值与道德的认同和建构。从中华民族伟大复兴战略全局看，民族要复兴，乡村必振兴。从世界百年未有之大变局看，稳住农业和农村基本盘、守好"三农"基础是应变局、开新局的"压舱石"。

乡村文化对于普通民众的现实生活更富渗透力和控制力，对于社会大众的思维导向、政治认同以及价值认同产生了潜隐而深刻的影响。毛泽东

---

① 《十八大以来重要文献选编》（上），中央文献出版社2014年版，第605页。

在民主革命时期即已指出："一切群众的实际生活问题，都是我们应当注意的问题。假如我们对这些问题注意了，解决了，满足了群众的需要，我们就真正成为了群众生活的组织者，群众就会真正围绕在我们的周围，热烈地拥护我们。"[①] 一方面，我国经济领域的持续快速发展，为乡村文化振兴带来机遇；另一方面，广大农村民众的教育和就业问题、住房问题、收入分配公平问题、社会保障等问题都深刻影响其对主流价值观的认同，直接决定了乡村文化振兴能否实现。只有解决事关社会成员的生存、发展的民生问题，确保其正当利益需求不受侵扰，切实解决其实际问题，才能在更广泛的社会阶层构筑起中国特色社会主义文化自信。这就要求我们，把拓宽乡村人民群众利益获取、分配、保障渠道和改善民生公平公正放在乡村振兴的重要位置，不让其感受到被边缘化和被剥夺，将社会转型中社会利益的分化和分层保持在合理区间以确保不出现"极化"现象，弥合工具理性支配下市场经济中价值理性的缺失以及利益矛盾凸显所造成的社会撕裂；继续加大财政投入，建设乡村文化基础设施，加强乡村公共文化供给，实施惠民文化工程，特别是推进乡镇文化站、农村文化广场、农家书屋、农民体育健身工程等一系列惠民工程的建设，同时也要不断加强其他农村文化供给，举办农民书画展、摄影展、文艺会演、体育赛事以及乡村地区节庆活动等，为农民群众搭起展示自我的平台。

The Realistic Situation and Practical Requirements of Rural Culture Revitalization in the New Era

Wang Cheng　Deng Qian

(Guangxi Normal University Marxist Theory and Regional Practice Research Center; School of Marxism, Guangxi Normal University; Guilin 541004; School of Marxism, Guilin Medical College; Guilin 541004)

Abstract: The revitalization of rural culture is the primary prerequisite for rural revitalization. The revitalization of rural culture has become a key measure to solve the main contradictions in rural society, achieve the goal of "two

---

① 《毛泽东选集》第 1 卷，人民出版社 1991 年版，第 137 页。

hundred years" and comprehensively revitalize the countryside. However, in practice, some institutional shortcomings and external dissident forces pose obstacles and fetters to the revitalization of rural culture, and challenge and test the release of the functional effectiveness of socialist rural culture with Chinese characteristics. As a response to this realistic situation, it is an inevitable strategic choice and realistic plan to strengthen the leading position of mainstream ideology, strengthen theoretical innovation and ensure the justice of people's livelihood. Only with such theoretical and practical rationality can the revitalization of socialist rural culture with Chinese characteristics in the new era continue to release and enhance its effectiveness in the gradual improvement, and provide a strong guarantee for the great cause of national rejuvenation and the comprehensive construction of socialist modernization.

Key Words: Rural revitalization; Chinese modernization; Political culture within the party

农业经济研究

◆ 农村土地集体所有制改革中的潜在风险与对策

全面建设社会主义现代化国家，最艰巨最繁重的任务在农村。农村土地制度改革是推进实现农村现代化的基本内容和重要环节。农村现代化百年历程中，农村土地制度发挥了基础导向作用。在新的历史条件下，明晰农村土地集体所有制在农村现代化进程中的时代定位，深刻认识当下农村土地制度改革实践现状，总结实践经验教训，以实现共同富裕、实现农村现代化、实现社会主义全面现代化为目标探寻农村土地制度改革的发展方向。

◆ 中国式现代化新征程农业农村现代化研究

中国式现代化新征程推进农业农村现代化意义重大，之所以如此，主要在于新时代新征程推进农业农村现代化遵循中国共产党在建党百年的各个阶段持续推进农业农村发展的历史逻辑和马克思主义城乡一体化发展观、马克思主义共享共富观、马克思主义现代化发展观等理论逻辑，中国式现代化新道路下农业农村现代化道路还遵循马克思主义理论逻辑和实践逻辑。如其遵循马克思主义城乡一体化发展观、马克思主义共享共富观和马克思主义现代化发展观等理论逻辑。同时，还遵循推动形成"新发展格局"、破解农业农村现代化道路短板和建设现代化经济体系等实践逻辑。

◆ 统计口径调整对农机跨区作业面积指标及其应用的影响研究

农机跨区作业是我国农业机械化进程中备受关注的现象，其指标的构建与发展是相关领域研究的关键环节。2014年，农业部调整了农机跨区作业面积的统计口径。本文分析了这一调整对农机跨区作业面积指标的影响。结论表明：统计口径调整使得全国汇总和区域层面的农机跨区作业面积数据均大幅度下降，这种影响一方面意味着统计口径调整前后的农机跨区作业面积数据不具有可比性。另一方面，2013年前后农机跨区作业面积能够分别从供给与需求层面反映一个区域的农机跨区作业服务水平。因此，本文构建了单位机械跨区作业面积、跨区作业面积与本区域机械作业面积的比值、跨区作业面积占比这三个指标分别反映不同区域对跨区作业服务供给能力与需求程度。以期为从供给和需求两个侧面考察农机跨区作业服务提供便利。

农村土地集体所有制改革中的潜在风险与对策*

张乂凡

(东华大学马克思主义学院　上海　201620)

内容提要：全面建设社会主义现代化国家，最艰巨最繁重的任务在农村。农村土地制度改革是推进实现农村现代化的基本内容和重要环节。农村现代化百年历程中，农村土地制度发挥了基础导向作用。在新的历史条件下，明晰农村土地集体所有制在农村现代化进程中的时代定位，深刻认识当下农村土地制度改革实践现状，总结实践经验教训，以实现共同富裕、实现农村现代化、实现社会主义全面现代化为目标探寻农村土地制度改革的发展方向。

关键词：农村现代化；农村土地集体所有制；社会主义全面现代化

习近平指出："全面建设社会主义现代化国家，最艰巨最繁重的任务仍然在农村。要全面学习贯彻党的二十大精神，坚持农业农村优先发展，发扬延安精神和红旗渠精神，巩固拓展脱贫攻坚成果，全面推进乡村振兴，为实现农业农村现代化而不懈奋斗。"[①] 农村土地制度改革为农村现代化发展提供了制度保障和动力支持，是推进实现农村现代化的基本内容和重要环节。在新发展阶段，深入推进农村土地制度改革面临艰巨挑战，

---

* 基金项目：东华大学中央高校基本科研业务费专项资金项目"建党百年来农村现代化思想的逻辑理路与历史演进研究"（21D111608）；国家社会科学基金重大项目"中国共产党迈向第二个百年对人类社会进步发展的新贡献研究"（21&ZD020）。

作者简介：张乂凡，男，博士，东华大学马克思主义学院讲师、硕士生导师，主要研究农村现代化。

① 《习近平在陕西延安和河南安阳考察时强调　全面推进乡村振兴　为实现农业农村现代化而不懈奋斗》，《人民日报》2022年10月29日第1版。

总结中国共产党百年来农村土地制度改革经验，深入分析农村土地制度改革进程中存在的问题，加强农村土地集体所有制实现方式和发展趋势的研究，对深化农村土地制度改革、推进农村现代化具有重要意义。

一 农村现代化与农村土地集体所有制的本质关联

当代中国的社会主要矛盾是人民日益增长的美好生活需要同不平衡不充分的发展之间的矛盾。其中农村现代化的相对滞后，又是这一矛盾的重要表现。农村现代化是中国式现代化的重要组成部分，而农村现代化的关键则是坚持农村土地所有制。

（一）农村土地集体所有制是农村现代化发展的基础制度支撑

习近平指出，"农村土地属于农民集体所有，这是农村最大的制度"，"坚持农村土地属于农民集体所有，这是坚持农村基本经营制度的'魂'"。[①] 农村土地集体所有制是中国共产党人基于当代中国国情创造性提出的一条有别于西方工业化和城市化的农村现代化道路的基础制度。这一制度改变了以往数千年来中国农村土地粗放式碎片化的经营状态，同时也改变了农村原有的治理方式和社会组织结构。随着小康社会的全面建成，社会主义全面现代化建设的开启，农村土地集体所有制面临新的抉择。中国特色社会主义进入新时代，中国农村发生了巨大变化，社会主义全面现代化也为农村现代化提出了新的发展目标。农村土地制度是否要进行根本的改革成为社会讨论的一个重点。但社会主义全面现代化的基础社会主义制度没有变，作为社会主义农村基本制度的农村土地集体所有制仍然是当下农村现代化发展的必要前提，也是必然坚持，更是深化农村土地制度改革的重要原则，同时也是扩大农民财产收益、推进实现共同富裕的重要保障。

从改革开放以来农村的发展成就和当下农村的实际发展状况来看，农村土地集体所有制仍然是不可或缺的。社会主义现代化进程中，"农村土地集体所有制是一种十分具有中国特色的制度，这一制度是在中国革命与社会主义建设实践中形成的，是中国共产党将马列主义理论与中国革命与

[①]《中央农村工作会议在北京举行 习近平李克强作重要讲话》，《人民日报》2013年12月25日第1版。

建设实践相结合而探索出来的,是与世界上其他国家的农村土地制度有很大差异的制度实践。这个已经实践了半个多世纪的农村集体土地制度已经形成了与之相适应的社会心理结构、利益分配结构"[1]。虽然改革开放以来中国农村有了巨大发展,但农村基本的社会、政治、经济等形态尚未发生根本性变化,基于此形成的农村土地集体所有制仍然是当下农村现代化发展的必要基础。与此同时,农村现代化进程中,伴随着农村社会结构的调整、农民对经济收入需要的不断提高、农村治理体系和治理能力的现代化水平提升的要求,农村土地集体所有制原有的实现形式难以完全适应发展的需要,必须进行改革以支撑农村现代化发展。改革的朝向正如邓小平提出农业发展的"两个飞跃"时所指出的:"中国社会主义农业的改革和发展,从长远的观点看,要有两个飞跃。第一个飞跃,是废除人民公社,实行家庭联产承包为主的责任制。这是一个很大的前进,要长期坚持不变。第二个飞跃,是适应科学种田和生产社会化的需要,发展适度规模经营,发展集体经济。"[2] 20世纪90年代,邓小平就提出了农业发展的方向,中国当下的农业也正是在不断朝向这一目标前进的。这表明,无论是家庭联产承包的分散经营,还是适度规模经营,都是以农村土地集体所有制为基础的。"不论经营制度有何种形式和变化,都是以基本的经济制度为基础的。农村集体所有制,尤其土地'公有'制度,是农村各种经营制度的基础和实质。"[3]

(二)坚持农村土地集体所有制是农民实现共同富裕的基本前提

先富带动后富逐步走向共同富裕是实现社会主义初级阶段根本目标的重要指导思想,邓小平说:"我们允许一些地区、一些人先富起来,是为最终达到共同富裕的,所以要防止两极分化。这就叫社会主义。"[4] 全面脱贫的实现、小康社会的全面建成为实现共同富裕提供了坚实的基础。从整体对比来看,农民是最庞大的低收入群体,实现农民富裕是我们走向共同富裕进程中最难解决也是最迫切需要解决的问题。从各群体的收入组成

---

[1] 贺雪峰:《论农村土地集体所有制的优势》,《南京农业大学学报》(社会科学版)2017年第3期。

[2] 《邓小平文选》第3卷,人民出版社1993年版,第355页。

[3] 徐俊忠:《土地农民集体所有是农村基本经营制度之魂》,《马克思主义与现实》2017年第4期。

[4] 《邓小平年谱(1975—1997)》(下卷),中央文献出版社2004年版,第1161页。

要素来看，农民群体收入呈单一化、低水平特点，尤其是我国在劳动密集型产业转型升级进程中，企业用工需求迅速减少，对劳动力综合素质要求提升，这使得农民群体获取收入的范围缩减、收入水平降低。从各群体的发展水平来看，农民群体的发展整体落后，无论是个人自身的发展还是其依托的农业发展，都落后于当前的社会发展水平。习近平也指出，实现两个百年目标，"根本上靠劳动、靠劳动者创造。因此，无论时代条件如何变化，我们始终都要崇尚劳动、尊重劳动者，始终重视发挥工人阶级和广大劳动群众的主力军作用"[①]。农民是最伟大的劳动者，也是推进共同富裕的主力军，其自身实现群体共同富裕是社会主义发展的应有之义。

从当前农民收入的主要途径来看，提高农业增收能力、实现农民就地就业是重要内容，这些离不开土地和制度的支撑。从国家战略来看，无论是乡村振兴战略还是城镇化战略，都与土地密切相关。当下农村的土地制度是农村土地集体所有制，也是广大农民长期以来所拥护和支持的制度。在外部动力不足以支撑实现农民增收达到共同富裕目标的情况下，寻求内生动力成为必然，农村土地集体所有制则是激发农民实现共同富裕内生动力的基础。在农业产业化发展中，适度规模经营是重要发展方向，农村土地集体所有制在国家政策的引导下保障了农民依托土地要素实现增收的现实可行性和基本权益。如当下较为常见的以村集体为依托建立的农民专业合作经济组织，连片农田在方便管理的同时可以少量增加耕地面积，农民将土地入社后既可以享受分红也有固定租金，还可以优先在合作社工作，在经营范围上与市场相对接，依靠规模经营获得规模效益，以此提高农民收入。这些是在国家对农民专业合作经济组织的帮扶下进行的，帮助其与市场对接，为其提供资金、技术、法律等支持和保障，同时不断完善相关法律规章制度以保障农民合法权益。

从国内外的发展现状来看，我国农村原有的土地分散经营形式满足不了农业现代化的需要、满足不了农民实现共同富裕的需要，但改革的前提是坚持农村土地集体所有制，以此来保障农民的基本权益，当下的改革实践也充分说明了坚持农村土地集体所有制的必要性和正确性。中国几千年土地私有化的恶果是最好的经验教训。并且，"按照西方理论逻辑实行

---

① 习近平：《在庆祝"五一"国际劳动节暨表彰全国劳动模范和先进工作者大会上的讲话》，《人民日报》2015年4月29日第1版。

'土地私有化+流转市场化'的结果，无一不是贫富两极分化，农村贫困地区游击战，城市贫民窟黑帮泛滥，甚至走向恐怖主义"①。由此看来，坚持农村土地集体所有制是实现农民共同富裕的基本前提，也是推进社会主义现代化的必然选择。

（三）农村土地集体所有制是保证农村社会稳定的"定海神针"

中国是传统农业国家，经过了改革开放40多年的发展，中国社会发生了翻天覆地的变化，但农村常住人口仍有近5亿，②并且城镇常住人口中农村户籍人员占据相当大比重，这一群体与农村社会有着密切联系。从农村常住人口来看，土地依然是其重要经济和生活资料来源，依托农村土地集体所有制所形成的社会结构依然牢固存在。从农村转移人口来看，农村青壮年群体转移到城镇从事非农领域工作，这是由社会发展进程中农村发展落后于整体水平，单纯依靠务农收入难以满足生活需求导致的。农村转移人口中不同群体呈现不同特点，逐渐步入老龄化的壮年农民对耕种土地有巨大热情，耕种收获时节积极地往返于城市和乡村；而农村新生代青年劳动力在城镇的年均收入普遍不高，个别高危、高强度工种收入较高，但多以短期工为主，难以持续，在保证家庭生活消费后，大部分人的收入难以在城市安家落户，在相当长时间内只能在城市被迫流动工作，抗风险能力极低。从现有发展来看，以农村土地集体所有制为依托的土地经营，为其基本的稳定生活提供了制度基础，在此之上形成的农村社会体系则是保证农村社会稳定的外在表征。

当下，农村的发展变化也表明了土地制度的这一特性。当下多数农村家庭已经形成了固有的发展认知，在无力继续接受教育后，外出务工寻求增加收入是第一选择，但这并不会改变他们对农村的眷恋。乡村振兴背景下，部分农民实现了当地就业，但从整体来看，外出务工仍是大部分人的首选。从当下农村发展来看，虽然农村常住人口在持续减少，农村空心化现象严重，但农村却呈现出另类的畸形繁荣。在改革开放40多年的历程中，农村住房的翻盖周期在不断缩短，农村家庭对新建住房的投入越来越高，部分村庄自建二层新房已成为普遍现象，实际状况是多数房间无人居住，乃至整体空置，极大地浪费了资源。这种畸形繁荣背后是他们对土

---

① 温铁军：《我国为什么不能实行农村土地私有化》，《财经界》2015年第19期。
② 国家统计局2021年数据显示，乡村常住人口为49835万人。

地、对农村的眷恋，在其思想深处将农村视为根本。在迈入小康社会之后，农村整体生活水平迈上了新台阶。以此为背景，在这种羁绊的影响下，农村社会必然会有长久的稳定，这种稳定会辐射影响整个社会。邓小平20世纪90年代所说的"农村的稳定是中国稳定的基础"至今依然适用，农村土地集体所有制则是实现农村稳定的重要基础。

二 新时代农村土地集体所有制的发展趋向

农村土地集体所有制对于农村现代化、社会主义全面现代化的实现至关重要，新时代新的历史条件和背景对农村土地集体所有制提出了新的要求，而为了实现新的要求，我们需要推动农村土地集体所有制改革。在农村现代化发展的历程中去认识中国土地制度的变迁，可以更好地明晰新时代农村土地集体所有制改革的朝向。中国共产党人对农村现代化的把握，更多的是在社会主义现代化的整体中去实践、认知的。长期以来，农村现代化并未在理论上独立，在实践中也是作为社会主义建设的组成部分整体推进的。直到党的十九大报告首次提出农村现代化，农村现代化才开始作为独立概念被认知。但并不能以此否定中国共产党人此前为农村现代化做出的种种努力和伟大成就。农村土地制度在农村现代化进程中发挥了至关重要的作用，农村现代化在不同时期的历史地位和时代定位均凸显了土地制度的重要性。在中国共产党人带领中国人民进行农村建设的百年历程中，对农村现代化和土地制度的认知大致可以分为四个阶段，分别体现了不同时期基于土地制度开展的农村建设的历史地位和时代定位。

第一阶段，新中国成立前以土地改革为基础的农村建设。新民主主义革命时期，中国共产党历经曲折最终走上了"农村包围城市、武装夺取政权"的革命道路。实行土地革命，动员广大农民参与革命是这一时期的一个工作重点。毛泽东指出，"农民问题，就成了中国革命的基本问题"，"中国的革命实质上是农民革命"。[①] 从土地革命战争时期的土地革命，到抗日战争时期的减租减息运动，再到解放战争时期的土地改革，围绕"土地"进行的革命给中国带来了深刻的社会变革。这一时期除了土地制度的系列变革之外，立足于土地改革之上的中国农村，也积累了初步

---

① 《毛泽东选集》第2卷，人民出版社1991年版，第692页。

的建设经验。正如毛泽东所指出的，除了动员人民进行革命战争之外，我们还要"提高农民的劳动热情，增加农业生产"，"解决群众的穿衣问题，吃饭问题，住房问题，柴米油盐问题，疾病卫生问题，婚姻问题"。[①] 这些问题的解决是以土地改革来提升农民劳动的积极性，增加农业生产，在中国共产党的帮助下逐步恢复各行业手工业生产，基本的经济贸易和一系列制度建设来实现的。

第二阶段，新中国成立后建基于农村土地集体所有制之上的以农业现代化为代表的农村现代化。中国共产党人对农村现代化的认识在理论上最早源于新中国成立后"四个现代化"中的农业现代化。农业现代化的提出源于中国当时落后的农业现状和农民为满足生存需要对粮食的渴望。但农业现代化并非只有农业生产，还包括农村建设和农民发展。这一阶段的农村现代化建设经历了三个时期，一是以农业现代化为核心的分散式农村现代化时期，也是农村土地集体所有制的形成时期。农业现代化的提出源于中国当时落后的农业现状和农民为满足生存需要对粮食的渴望。将农村与农业并行进行系统化设计，涵盖农村基本政策、双层经营体制、农业社会化服务体系、农村集体经济、农产品价格和流通体制改革等方面，其基础是中国共产党人结合中国实际国情对土地制度的创造性设计——农村土地集体所有制。二是以高度精神文明和高度物质文明为目标的农村现代化时期。党的十一届四中全会通过的《中共中央关于加快农业发展若干问题的决定》中，第一次将城镇化应用于农村建设，并将农村风貌建设作为农村建设的重要任务。[②] 以此为基础，在1982年的中央一号文件中，提出了建设具有高度精神文明和高度物质文明的新农村的目标。[③] 农村现代化在物质丰富的基础上有了精神建设的新内涵。三是与农业并行进行系统化设计的农村现代化时期。1991年党的十三届八中全会通过的《中共中央关于进一步加强农业和农村工作的决定》，第一次将农村建设与农业建设在国家政策层面并行使用，并对农村建设进行了系统的规划设计。将深化农村改革的政策指导设计为六个方面，涵盖农村基本政策、双层经营

---

① 《毛泽东选集》第1卷，人民出版社1991年版，第136—137页。
② 参见《三中全会以来重要文献选编》（上），人民出版社1982年版，第198页。
③ 参见《中共中央国务院关于"三农"工作的一号文件汇编（1982—2014）》，人民出版社2014年版，第14页。

体制、农业社会化服务体系、农村集体经济、农产品价格和流通体制改革。农村土地集体所有制在顶层设计之下，其实现形式开始不断丰富。党的十五届三中全会通过的《中共中央关于农业和农村工作若干重大问题的决定》，以小康社会建设为契机，进一步丰富了农村建设的内涵。

第三阶段，以社会主义新农村为标志的农村现代化对农村土地集体所有制提出了改革要求。2006年的中央一号文件从政治、经济、文化三个方面制定了新农村建设的目标，从现代农业建设、农民收入增加、基础设施建设、发展社会事业、体制机制改革、民主政治建设和党的领导等七个方面为整体推进新农村建设进行了指导规划。① 2008年党的十七届三中全会通过的《中共中央关于推进农村改革发展若干重大问题的决定》，对农村改革发展在社会主义现代化中的地位进行了深刻论述："农村改革发展的伟大实践，为建立和完善我国社会主义初级阶段基本经济制度和社会主义市场经济体制进行了创造性探索，为实现人民生活从温饱不足到总体小康的历史性跨越、推进社会主义现代化作出了巨大贡献。"② 这是改革开放30年之际，对农村发生的广泛而深刻变化的总结，也是对农村未来发展设想和实现路径的具体指导。以社会主义新农村为整体表达的农村建设，对农村土地集体所有制提出了更高的发展要求，无论是农民收入的提升，还是资源节约型、环境友好型农业生产体系的建立，都对农村土地集体所有制提出了改革要求。

第四阶段，以农业农村现代化为整体概念的农村现代化建设为农村土地集体所有制改革指明了发展朝向。党的二十大报告将"全面推进乡村振兴"作为推进高质量发展的重要内容，强调要坚持农业农村优先发展，并强调要"深化农村土地制度改革，赋予农民更加充分的财产权益"。③ 2023年中央一号文件将农村现代化建设与乡村振兴从制度政策角度相结合，在实现农民增收致富方面，土地制度改革成为关键基础。④ 全面建成

---

① 参见《中共中央国务院关于"三农"工作的一号文件汇编（1982—2014）》，人民出版社2014年版，第115页。
② 《十七大以来重要文献选编》（上），中央文献出版社2009年版，第669页。
③ 《高举中国特色社会主义伟大旗帜　为全面建设社会主义现代化国家而团结奋斗——在中国共产党第二十次全国代表大会上的报告》，人民出版社2022年版，第31页。
④ 参见《中共中央国务院关于做好二〇二三年全面推进乡村振兴重点工作的意见（二〇二三年一月二日）》，《人民日报》2023年2月14日第1版。

小康社会以后，我国步入实现第二个百年奋斗目标的发展阶段。全面建设社会主义现代化国家，推进实现全体人民共同富裕，农业农村现代化都是题中应有之义。以农业农村现代化为指引，农村现代化有了新的更加时代化、具体化的理论导向和实践导向。能否推进社会主义全面现代化建设、推进实现共同富裕、推进实现乡村振兴，是衡量农村土地集体所有制改革成效的标准，为解决好"三农"问题提供制度支撑，是农村土地集体所有制改革的核心内容。

三 农村土地集体所有制改革实践中的潜在风险

在农村现代化进程中，各地开始了对农村土地集体所有制实现形式新的探索，并取得了一系列成果。整体来看，探索基本围绕着习近平指出的"要不断探索农村土地集体所有制的有效实现形式，落实集体所有权、稳定农户承包权、放活土地经营权，加快建构以农户家庭经营为基础、合作与联合为纽带、社会化服务为支撑的立体式复合型现代农业经营体系"[①]来进行的。但探索不仅呈现出了积极有效的一面，在实施中还可能产生新的问题和风险。

第一，以农村土地集体所有制为基础的集体意识在农村现代化进程中呈现淡薄状态。改革开放进程中，随着家庭联产承包责任制的实施和人民公社的解体，农民的集体意识开始发生变化。这种变化大致经历了三个阶段。第一阶段，集体仍是农民信赖和选择的对象。在一段时期内，农村土地集体所有制在保证土地所有权归属的同时，已经极大程度地在农民思想中形成了集体意识。家庭承包只是改变了土地的经营方式，在农村社会中，无论是经济发展还是文化生活，集体都占据着绝对的主导地位。第二阶段，农民的集体意识大幅削弱。城乡差距的迅速拉大，农村贫富差距的扩大，使农民更多地以个体家庭发展为核心，个体意识超越了集体意识，集体在改革开放进程中也在逐渐削弱自身的影响力，除了依托村集体进行行政事务外，集体的权威和导向对农民的影响降至低谷。第三阶段，农民有限度地提升集体意识。随着整体农民文化水平的提升，民主参与意识开始增强，在农业生产规模化经营中对集体的信任和依赖程度提升，但作为

---

① 《习近平关于全面深化改革论述摘编》，中央文献出版社2014年版，第66页。

集体成员的意识尚未完全觉醒。

第二,基于农村土地集体所有制和家庭经营为基础形成的分散化小农生产仍然是农业生产的主流,不利于农村现代化发展和实现农民共同富裕。当下在土地生产经营中,"承包经营权流转的农民家庭越来越多,土地承包权主体同经营权主体发生分离,这是我国农业生产关系变化的新趋势"①。从全国土地经营状况来看,小农生产依然占据优势地位。以农业大省河南省为例,2020年,河南省行政村规模经营的耕地面积达到1575.6万亩,全省实有耕地1.2229亿亩,全省人均耕地1.12亩,② 超过一亿亩耕地是以小农生产为经营方式。随着基础农业生产投入成本的提高,农产品市场价格的循环波动,个体农业经营与市场对接滞后,规模化农业经营的竞争力提升,小农户单纯依靠分散化土地经营的收益越来越低。

第三,在土地承包经营权流转中农民权益未能得到充分保障,降低了农民积极性,阻碍了农业规模经营的发展。截至2021年底,我国土地流转面积达5.32亿亩,从各地的实际经营状况来看,承包经营主体对个体农民权益的损害屡见不鲜。这种权益的损害大致可以归为三类:一是违法变更土地用途,对耕地进行非农经营,违规修筑建筑,承包到期后难以复耕,迫使农民低价续租;二是利用政策法规侵犯农民权益。如承包经营主体将土地用于经济林种植,地方林业部门按照规定每年限额采伐,承包到期后林木未能采伐,在承包合同未作明确规定的情况下,主管部门一般主张自行协商,在农民无力偿付林木价值的情况下,被迫续租。三是村庄内部低租金的无协议土地流转,这种小规模经营一般以种植原有农作物为主,利润较低,一旦遭受较大灾害后无法兑付租金。在规模经营中,土地一旦流转出去,农民就成为绝对的弱势群体,当低廉的租金无法保证时,为了保证对土地承包经营的绝对权利,不参与土地流转成为首选。

第四,农民从土地获取更多财产性收入的风险较高。除了常规的土地流转之外,现阶段农民依靠土地获取更多收入的机会便是将土地承包经营权入股享受分红。从实际经营状况看,外部投资接受土地承包经营权入股的项目大多具有较高经营风险,且由于监管不完善,实际经营成本虚高,

---

① 《论坚持全面深化改革》,中央文献出版社2018年版,第71页。
② 数据来源:《2020年河南省乡村社会经济发展报告》,河南省统计局。

农民所能享受到的股权分红极少。而市场稳定、模式成熟的项目多以租用方式进行，农民只能得到价格较低的租金。能够在股份制经营中保障农民利益的大部分是以集体为主导的经营项目，但数量和体量较小，只能作为多种规模经营形式中的引导和补充。农民自发形成的小规模联合经营，由于普遍缺乏技术、资金、与市场对接能力等，实际经营风险较高，收益较低。

四　规避风险的对策思考

党的十八大以来，国家对于农村土地制度改革进行了全面部署，各地结合实际情况进行了相应的实践探索，从对各地改革实践的经验教训总结和农村社会反应来看，可以归纳出较为一致的观点认知，应当是深化农村土地制度改革的基本坚持和发展朝向。

第一，坚持社会主义农村土地集体所有制不动摇。习近平在2013年中央农村工作会议上强调："坚持农村土地农民集体所有，这是坚持农村基本经营制度的'魂'。农村土地属于农民集体所有，这是农村最大的制度。"[1] 改革开放40多年来，农民生活有了翻天覆地的变化，这种变化的基础就是农村土地集体所有制。随着社会主要矛盾的转变，围绕全面建设社会主义现代化新战略的实施，中国特色社会主义制度需要进一步完善以适应发展的需要，土地制度也是如此。在土地制度改革进程中，出现了诸多否定农村土地集体所有制的观点与实践，典型代表便是以农村土地私有化为基础进行产权制度改革，各地在土地制度改革实践中也出现了诸多以土地制度改革之名，行违法占有土地之实的案例，其实质就是将土地变相私有化。2020年，最高人民法院发布了耕地保护典型行政案例，[2] 其中最普遍的是对租用农地进行生产建设，以达到长期占有的目的。早在2014年两会期间，新华社就刊发了"警惕资本借土地流转囤地"的采访文章。在社会主义现代化进程中，实施乡村振兴战略是加快推进农业农村现代化

---

[1]《中央农村工作会议在北京举行　习近平　李克强作重要讲话》，《人民日报》2013年12月25日第1版。

[2]《最高法发布耕地保护典型行政案例：坚决遏制农村乱占耕地行为》，https：//www.chinanews.com.cn/gn/2020/12-14/9362191.shtml。

的必然要求,"新时代实施乡村振兴战略,必须处理好坚持农村土地农民集体所有、坚持家庭经营基础性地位、坚持稳定土地承包关系这'三个坚持'之间的关系"①。坚持农村土地农民集体所有则是另外二者的前提,也是新时代土地制度改革的前提。实践表明,只有坚持农村土地农民集体所有,才能保证农民在实现共同富裕进程中的权益,才能更好地推进农业农村现代化进程,才能更好地发挥社会主义制度的优越性。

第二,发展适度规模经营。中国当下的国情决定了土地经营的模式。其一,中国短时间内无法实现农业大规模经营。2021年公布的第三次全国国土调查数据显示,以2019年底为标准时点,我国耕地总面积约19.18亿亩,全国人均耕地面积仅有1.36亩,乡村从业人员超过5亿,农林牧渔业从业人员2.7亿。从城镇化的发展进程来看,短时间无法实现农民的大规模转移。"城镇化最基本的趋势是农村富余劳动力和农村人口向城镇转移。从目前的我国城镇化发展要求来看,主要任务是解决已经转移到城镇就业的农村转移人口落户问题,努力提高农民工融入城镇的素质和能力,提高高校毕业生、技工、职业技术院校毕业生等常住人口的城镇落户率。"② 其二,碎片化经营无法满足发展需求。习近平强调:"保障好初级产品供给是一个重大战略性问题,中国人的饭碗任何时候都要牢牢端在自己手中。"海关总署发布数据显示,2021年中国进口粮食16453.9万吨,同比增长18.1%,粮食进口金额则同比增长45.7%。粮食增产增收的任务无比迫切。在以碎片化经营为主要方式的农业生产过程中,我国粮食总产量连续十八年小幅度增长,但仍无法补足缺口,且进口粮食总量持续增加。这表明碎片化经营已经无法满足粮食增产增收的需求,与现代农业发展不相适应。同时,碎片化经营也满足不了农民增收的需求。较低的粮食价格和超低的耕地面积只能给农民提供少量收益,即使是在国家提高补贴种类和金额的情况下,也只能有限度地维持农民务农的积极性,无法满足农民增收的需求。由此,发展适度规模经营成为当下农村土地改革的必然选择。

第三,通过农村土地制度改革推动农村集体化进程。农村集体化进程

---

① 程恩富、张杨:《坚持社会主义农村土地集体所有的大方向——评析土地私有化的四个错误观点》,《中国农村经济》2020年第2期。

② 《习近平关于社会主义经济建设论述摘编》,中央文献出版社2017年版,第162页。

具有两个内在要求，一是农村集体经济的发展，二是农村集体意识的提升。农村土地制度改革对实现其内在要求具有重要推动作用，这既是改革的目标要求，也是时代发展的内涵规定。新中国成立后，毛泽东对中国农村现代化的探索启示我们，"农村生产关系的变革一定要适应农村生产力的水平"，"中国农村必须走社会主义现代化道路，走集体共同致富道路"。[①] 农村土地制度改革是全面推进乡村振兴的重要内容，集体共同致富是新时代推进农村现代化的必然路径。集体经济的发展离不开土地，无论是土地规模经营，还是各种形式的农村合作组织，其实践基础都是农村土地集体所有制。在社会主义全面现代化进程中，实现共同富裕是重要目标，同时在实现过程中要坚持好农村现代化的社会主义属性是必然要求。推动集体化进程，发展壮大社会主义集体经济则是必然选择。农村土地制度改革要在坚持土地集体所有的前提下，着力通过地权的集体化推动经济的集体化，建立相应的土地效益集体统筹分配机制，在农村集体经济发展进程中逐步实现共同富裕。从已有的地方改革探索实践来看，村集体直接经营和专业合作社集体经营是两种较为成功的经验。两种形式在实现集体经济发展过程中，都直接或间接提升了农民的集体意识，提高了集体归属感，进而提升了对村集体的政治认同。其本质就是农村现代化进程中农村土地制度与农村集体化耦合的过程。

第四，在农村土地制度改革中赋予农民更加充分的财产权益。首先对于农民所享有的土地权利进行明确规定，建立清晰的土地权属关系。进而在更大范围内赋予农民更多的土地收益权，包括土地承包权和经营权出让、土地股份制合作、土地经营权抵押等。在探索农民有偿退出承包权过程中，既要充分尊重农民意愿，也要统筹好短期利益和长远利益，保护好农民的土地财产权益。各地在实践探索中，按照自主自愿原则，一般以一次性补偿的方式使农民永久退出耕地，土地后续产生的所有效益与农民无关，农民和集体土地彻底分割开来。苏南地区曾经推行的土地置换，采用农民以退出土地承包经营权的方式置换养老保险。从后续的追踪调查来看，农民对一次性补偿方式持不同态度，更多农民对土地产生的长期较高收入抱有更大期待，期望土地制度改革能够更有效地保护其长期财产权益。农村土地制度改革要在坚守农民利益底线的基础上，推动农业发展、

---

① 龚云：《毛泽东探索中国农村现代化》，中国社会科学出版社2019年版，第404页。

农村繁荣、农民增收。

总的来看,农村现代化进程中,土地制度改革已经普遍实施。不同地区由于经济社会发展条件不同,农村土地制度改革实践的方法和形式也不尽相同。其共同点是通过土地制度改革进行土地统合,以规模经营的形式实现土地的统合利用,达到土地资源的高效利用,实现农民增收和农业农村发展的目标。农村土地制度改革需要诸多条件才能够顺利推进,包括坚持农村土地集体所有制这一基本前提、土地产出效益的合理分配、在实现粮食增产增收的基础上推进农业产业化、充分保障农民土地财产权益基础上实现农民非农就业,等等。而从全国来看,土地仍然是农民生计的重要来源,家庭联产承包责任制难以直接变革为集体统一经营的形式。农村现代化进程中的农村土地制度改革要通过渐进的方式逐步加强土地的集体化,实现以保障农民主体权益为主的规模经营;不断提高农地利用效率,推动农业现代化发展;形成与整体现代化进程相匹配的农村土地经营结构,在良性改革循环中扎实推动实现共同富裕。

The Potential Risks and Countermeasures in the Reform of Collective Ownership of Rural Land

Zhang Yifan

(School of Marxism, Donghua University)

Abstract: The most arduous and onerous task of building a modern socialist country in an all-round way lies in the countryside. The reform of rural land system is the basic content and important link to promote the realization of rural modernization. In the course of rural modernization for one hundred years, the rural land system has played a basic guiding role. Under the new historical conditions, we should make clear the position of the collective ownership of rural land in the process of rural modernization, deeply understand the current situation of rural land system reform, and sum up practical experience and lessons, to achieve common prosperity, the realization of rural modernization, the realization of a comprehensive socialist modernization as a goal to explore the direction of rural land system reform.

Key Words: Rural modernization; Collective ownership of rural land; Comprehensive socialist modernization

中国式现代化新征程农业农村现代化研究

陈 健

(东华大学马克思主义学院 上海 201620)

内容提要：中国式现代化新征程推进农业农村现代化意义重大，之所以如此，主要在于新时代新征程推进农业农村现代化遵循中国共产党在建党百年的各个阶段持续推进农业农村发展的历史逻辑和马克思主义城乡一体化发展观、马克思主义共享共富观、马克思主义现代化发展观等理论逻辑，中国式现代化新道路下农业农村现代化道路还遵循马克思主义理论逻辑和实践逻辑。如其遵循马克思主义城乡一体化发展观、马克思主义共享共富观和马克思主义现代化发展观等理论逻辑。同时，还遵循推动形成"新发展格局"、破解农业农村现代化道路短板和建设现代化经济体系等实践逻辑。

关键词：中国式现代化；党的二十大；农业农村现代化；人类文明新形态

党的二十大报告指出："在新中国成立特别是改革开放以来长期探索和实践基础上，经过十八大以来在理论和实践上的创新突破，我们党成功推进和拓展了中国式现代化。"[①] 可见，中国共产党经过建党百年的实践

---

* 基金项目：国家社会科学基金一般项目"新发展格局下'一带一路'的布局优化与实践创新研究"（21BKS063）、中央高校基本科研业务费专项资金资助和东华大学"励志计划"资助项目"习近平总书记关于'一带一路'的重要论述研究"（LZB2022003）。

作者简介：陈健，男，博士，东华大学马克思主义学院副教授，硕士生导师，主要研究方向：中国特色社会主义政治经济学、马克思主义中国化研究。

① 习近平：《高举中国特色社会主义伟大旗帜 为全面建设社会主义现代化国家而团结奋斗——在中国共产党第二十次全国代表大会上的报告》，《人民日报》2022年10月26日第1版。

探索，走出了一条五个文明协调发展的现代化新道路，这一新道路的创造不仅是中华民族发展史上的大事，也对于广大发展中国家结合自身实际走出符合自身发展现实的道路，提供了新方案，其超越了西方以资本为中心的文明。但是在新发展阶段，要想继续走好中国式现代化新道路，必须对于影响现代化新道路建设的短板加快补齐，如农业农村问题是几千年来中国发展不平衡的显著表现，中国共产党成立以来，尤其是新中国成立以来，中国共产党积极推动农业农村的发展，取得了巨大历史性成就，如消除了绝对贫困，决胜了全面建成小康社会。党中央陆续出台了系列支持农业农村发展的文件，如在党的十九届五中全会通过的《中共中央关于制定国民经济和社会发展第十四个五年规划和二〇三五年远景目标的建议》（以下简称《建议》）中也有论述，《建议》指出："坚持把解决好'三农'问题作为全党工作的重中之重，走中国特色社会主义乡村振兴道路，全面实施乡村振兴战略，强化以工补农、以城带乡，推动形成工农互促、城乡互补、协调发展、共同繁荣的新型工农城乡关系，加快农业农村现代化。"[①] 党中央为何如此重视农业农村问题？主要基于如下原因：一是，推进农业农村现代化是事关全面建设社会主义现代化国家目标实现的关键；二是，农业农村现代化是在高质量发展中实现共同富裕的重要举措，目前农民群体中还有相当一部分没有实现富裕，有的是刚刚解决绝对贫困问题，因此，应充分对标中国式现代化新征程的目标要求，加快推进农业农村现代化，以农业农村现代化进程的推进助力农民实现共同富裕；三是，农业农村现代化中还存在一些短板，这些短板有待补齐；四是，中国共产党的使命与担当。中国共产党自成立之日起就把为人民谋幸福、为中华民族谋复兴作为使命与担当，因此，中国共产党有必要推进农业农村现代化，从而为更好地捍卫农民利益，提升农民幸福感、获得感和安全感提供重要保障。

但是如何更走好农业农村现代化呢？只有对标中国式现代化新征程的目标任务，深入分析建党百年农业农村现代化的演进历程，才能为中国式现代化新征程农业农村现代化道路提供理论依据和实践指导。

---

① 《中共中央关于制定国民经济和社会发展第十四个五年规划和二〇三五年远景目标的建议（二〇二〇年十月二十九日中国共产党第十九届中央委员会第五次全体会议通过）》，《人民日报》2020年11月4日第1版。

一 中国式现代化新征程推进农业农村现代化的历史逻辑

(一) 农业农村现代化的初步探索阶段 (1921—1949)

中国共产党在成立初期对于农业农村发展也进行了积极探索和实践,如在革命根据地等共产党领导的地区进行的土地革命等,这些都为中华人民共和国成立后中国共产党带领人民追求农业农村现代化奠定了坚实基础、积累了丰富经验。如在中央革命根据地,在中国共产党领导下,有力促进了革命根据地农业生产力的发展和农民生活水平的提高,具体采取了如下举措:一是,土地所有制的变革,变封建地主土地所有制为农民土地所有制,这一变革为农业农村的发展提供了基本的制度保障。但是由于当时个体农民的劳动力和劳动工具等存在普遍不足等问题,要想有力提升农业的生产力水平,必须在农民土地所有制不变的基础上开展互助合作,实现农具、劳动力等的互助,这种互助合作也像家庭联产承包责任制一样是来源于农民的创造,然后进行的推广,如中央革命根据地的互助合作运动首先从福建省龙岩市上杭县才溪镇开始的,这个乡镇在1929年由于当时很多男劳动力去当红军了,当地农民就办起了耕田队,这一办法有力克服了劳动力不足的问题,这种做法后来在革命根据地政府的领导下突破了村的限制,扩大了互助合作范围,1930年6月毛泽东同志到该镇调研时还专门表扬了这种做法,在毛泽东的指示和关心下,该乡镇在耕田队的基础上成立了中央革命根据地第一个劳动互助合作组织,这一组织在革命根据地的实践有力促进了革命根据地农业生产的发展。二是,通过合作社的方法,解决生产工具的不足等问题。例如针对耕牛不足和农具不足等问题,成立了犁牛合作社等。三是,充分调动妇女力量参加农业生产。为了提高妇女劳动生产的能力,中央苏区政府还专门号召成立妇女劳动教育委员会,鼓励教授妇女耕田等技能。四是,号召广大农民积极开垦荒地、科学种田,兴修水利、改良土壤等。如中央苏区政府要求各区乡政府成立"水利委员会",领导好农民兴修水利。关于开垦荒地,毛泽东同志还专门就开垦荒地进行了调研,中央工农民主政府也专门出台了《开垦荒地荒田办法》。在抗日战争、解放战争时期,中国共产党在其领导的农村地区也进行了积极探索。可见，在中国共产党成立初期，中国共产党也领导了革命根据地人民进行了农业农村发展的积极探索，这些都为中国式现代化新征程推进好农业农村现代化提供了重要经验借鉴。

（二）农业农村现代化的艰难探索阶段（1949—1978年）

农业农村现代化的提出和发展也经历了一个长期探索的发展历程，如中华人民共和国成立初期就提出了"四个现代化"，"四个现代化"中就有关于农业现代化的表述，农业现代化作为"四个现代化"之一，成为从中华人民共和国成立到改革开放之间这段时间农业发展的重要指导思想，这一战略目标的提出也经历了一个发展过程，在中华人民共和国成立初期党中央就认识到农业现代化和工业现代化同等重要，如1949年12月周恩来总理就在全国农业生产会议上强调要推进农业现代化，在1954年9月召开的第一次全国人民代表大会上他又强调要建设强大的现代化农业，而且关于如何实现农业现代化毛泽东主席也有相关论述，指出："过去我们经常讲把我国建成一个工业国，其实也包括了农业的现代化。"[①]可见，中华人民共和国成立初期，中国共产党已经认识到了科技在农业现代化中具有重要作用，如1961年3月周恩来总理在广州召开的中央工作会议上进一步丰富和发展了农业现代化的内涵，明确将水利化、电气化、化肥化、机械化这一"新四化"作为农业现代化的内涵，这一新内涵的形成，突破了我国对农业现代化的传统认识。由于受苏联模式的影响，在中华人民共和国成立初期我国把农业现代化理解为农业机械化，在这一理解的基础上认为农业现代化就是要尽快实现农业机械化，进而促进农业生产力的发展，在这一时期以毛泽东同志为主要代表的中国共产党人经过不断的实践和探索，不断赋予了农业现代化新的内涵，形成了以"新四化"促进农业现代化的思想体系。关于农业现代化目标的实现，以毛泽东同志为主要代表的中国共产党人也有相关论述，如在第三届全国人大会议上，周恩来总理作的政府工作报告中指出要在20世纪内把中国建设成为具有现代工业、现代国防、现代农业和现代科学技术的社会主义强国。这一阶段的实践为改革开放后中国特色农业现代化实践提供了重要的经验借鉴，也为中国式现代化新征程推进农业农村现代化提供了重要的经验借鉴和思想指导。

---

① 《毛泽东文集》第7卷，人民出版社1999年版，第310页。

（三）农业农村现代化的稳步推进阶段（1978—2012 年）

改革开放后，中国共产党对于农业现代化不论是在认识上，还是在实践上都获得显著提升，开启了中国特色农业现代化的实践探索，这一探索伴随着改革开放的推进而同步进行，而且为了尽快实现农业现代化，1979 年党的十一届四中全会还专门通过了《中共中央关于加快农业发展若干问题的决定》（以下简称《决定》），在该《决定》中明确提出要通过农业现代化使得我国农民尽快"富起来"。还强调要努力提高农业的区域化、科学化、专业化、机械化、社会化和农工商一体化等水平。这一阶段还随着社会主义市场经济的实行，也赋予了农业现代化新的内涵，不仅重视农业技术、农业科技的发展，还重视农业的商品化、生态化、社会化、专业化等发展。同时，在一些地方如江苏苏南也积极发展乡镇企业，以乡镇企业的发展促进农业现代化发展，实现农业现代化和乡镇企业的协调联动，在这些乡镇企业中有的时至今日仍然具有重要影响力，如江苏阳光集团、江苏海澜集团等乡镇企业已经实现了转型升级，成为大型民营企业，在海内外也都有分支机构。关于农业的市场化发展在党的十五届三中全会通过的《中共中央关于农业和农村工作若干重大问题的决定》（以下简称《决定》）中也有论述，该《决定》明确强调实现农业的市场化、专业化和现代化。2007 年党的十七大报告中也明确提出繁荣农村经济，走中国特色农业现代化道路。党的十七届五中全会提出了农业现代化、城镇化和工业化的"三化"同步协调。这一时期的实践为中国式现代化新征程推进农业农村现代化提供了重要的经验借鉴。

（四）农业农村现代化的巨大发展阶段（自 2012 年至今）

2012 年党的十八大提出了"四化同步"的发展战略，即农业现代化、城镇化、工业化和信息化。"四化同步"发展战略的提出为农业农村现代化的实践提供了重要动力，如信息化的发展为提升农业现代化水平提供了重要助力，工业可以起到反哺农业，城镇化可以起到带动农业的发展。农业农村现代化在党的十九大报告中被正式提及，并对于如何实现农业农村现代化提出了乡村振兴战略这一具体实践方案，党中央提出了农业农村现代化体现了我们党在农业农村现代化道路上结合时代特点实现了创新性发展，突破了原来只强调农业现代化的认识，而且在 2018 年的中央一号文件中还把农业农村现代化上升到国家现代化的高度予以重视，这一认识上的变化体现了中国共产党对于三农工作认识的深化,如中国共产党不仅重视农业的现代化,还重视农村发展的现代化,例如农村的道路、公共基础设施、教育资源及医疗资源等的现代化,以及农民收入水平、生活水平等是否实现了现代化。之所以会丰富和发展农业农村现代化思想,也是以习近平同志为核心的党中央立足于当前农村发展中存在的机遇与挑战并存这一实际,这一实际具体表现在如下方面:一是,改革开放以来,出现了大量的农村人口进城务工,在一定程度上造成了农村的空心化,农村土地的效能也未能充分彰显;二是,农村公共基础设施、教育、医疗等公共资源也存在一定程度短板,这些短板的存在影响了农民享受改革发展的成果;三是,农村发展面临重大战略机遇。如以数字科技为主要特征的新经济的发展也为农村发展带来很大机会,尤其是随着人民对美好生活的诉求日益强烈,人民越来越希望能够吃上生态农产品,这些都对农村发展带来很大机遇。正是基于此,以习近平同志为核心的党中央适时提出了农业农村现代化思想。可见,以习近平同志为核心的党中央为了适应全面建设社会主义现代化国家和实现共同富裕的目标要求,丰富和发展了农业农村现代化的内涵,并进行了系列实践,如通过乡村振兴战略的实施促进农业农村现代化,这就为中国式现代化新征程推进农业农村现代化提供了重要实践举措。

二 中国式现代化新征程农业农村现代化道路发展的理论逻辑

(一) 马克思主义城乡一体化发展观

马克思主义经典作家关于城乡一体化发展也有相关论述,这些论述为建党百年中国共产党带领人民推进农业农村现代化实践探索、统筹城乡一体化发展提供了重要的理论基石。中国式现代化新征程推进农业农村现代化也是遵循马克思主义城乡一体化发展观这一理论逻辑。按照马克思主义的逻辑,随着生产力的发展,造成社会分工的扩大,必然产生城市和乡村的差别,但是这种城乡差别也会随着生产力的进一步发展而消失。因为城市由于交通、自然环境等方面的因素会自然而然地发展比较迅速,正如马克思恩格斯指出的:"资产阶级使农村屈服于城市的统治。它创立了巨大的城市,使城市人口比农村人口大大增加起来,因而使很大一部分居民脱离了农村生活的愚昧状态。"[1] 尽管城市比乡村的发展速度要快，但是城市和乡村不是对立的，二者完全可以实现一体化发展，但是要具备一定的条件，即促进生产力发展，正如马克思恩格斯指出的："消灭城乡之间的对立，是共同体的首要条件之一，这个条件又取决于许多物质前提，而且任何人一看就知道，这个条件单靠意志是不能实现的。"[2] 建党百年来中国共产党推进农业农村现代化目标实现正是基于坚持马克思主义城乡一体化发展观这一理论逻辑，如在党的十九届五中全会上通过的《建议》强调应加快形成城乡互补、协调发展的新型工农城乡关系。而且建党百年的农业农村的实践历程就是一部通过切实举措促进农业农村生产力发展的实践历程，如在新民主主义革命时期中国共产党在革命根据地实施的土地革命、在中华人民共和国成立初期实施的农业改造、在改革开放时期实施的家庭联产承包责任制和新农村建设等，以及中国特色社会主义进入新时代实施的乡村振兴战略等，这些都体现了中国共产党在促进农业农村生产力发展和城乡一体化发展的积极实践，也是遵循马克思主义城乡一体化发展观这一理论逻辑的体现，因此，建党百年来，中国共产党推进农业农村现代化的实践也是遵循马克思主义城乡一体化发展观这一理论逻辑。

（二）马克思主义共享共富观

马克思主义经典作家关于共享共富发展也有系列论述，而且马克思主义理论也是一部为了人类实现解放和自由全面发展的理论，那人类如何来实现解放和自由而全面发展呢？需要树立共享共富这种马克思主义共享共富观才能更好地实现。纵观共享共富的发展也存在两种发展范式：一种范式是资本主义主导的共享共富范式，这种范式究其实质并不是真正的共享共富的范式，而是资本主义主导的建立在赤裸裸的物质交换层面的共享共富范式，这种范式只是一种虚假的共享共富范式，是一种虚假共同体，这种共享共富只是资产阶级群体内部的共享共富，在这种共享共富下不仅会加剧资产阶级国家内部的贫富差距，而且会加剧南北国家之间的贫富差距。而社会主义制度下的共享共富范式是一种马克思主义共享共富范式，这是一种能够代表人类整体利益、以人民为中心的共享共富范式，在这种共享共富范式下人类的整体利益和广大人民群

---

[1]《马克思恩格斯文集》第2卷，人民出版社2009年版，第36页。
[2]《马克思恩格斯文集》第1卷，人民出版社2009年版，第557页。

众的个人利益都能够得以实现,人民能够共享社会发展的财富,这是一种真正的共同体。对此,恩格斯指出在共产主义制度下"使社会的每一成员不仅有可能参加社会财富的生产,而且有可能参加社会财富的分配和管理……足以保证每个人的一切合理的需要在越来越大的程度上得到满足"①。中国共产党人的共享共富观正是基于对马克思主义共享共富观的继承与发展,是马克思主义共享共富观的当代实践,如中国共产党不仅提出了共享发展理念和共同富裕目标,还通过实际举措于2020年消除了绝对贫困,绝对贫困问题的解决,表明我国更加接近共享共富目标。而且中国共产党历届党中央对于践行马克思主义共享共富观也提出了系列论断,进行了系列实践,因此,建党百年来,中国共产党推进农业农村现代化实践也是坚持马克思主义共享共富观这一理论逻辑,这一遵循也将随着我国生产力水平的提升而得以更好地体现。

(三) 马克思主义现代化发展观

马克思主义理论究其实质就是一部指导人类如何真正实现能够代表人类整体利益、实现人类解放的现代化理论,如马克思一方面对于西方的工业文明加快促进生产力发展是持肯定态度的;另一方面还对西方主导的这种工业文明的现代化存在着天然的负面影响进行了辛辣批判,并对人类的现代化进程方向进行了构想和预判,提出了通向共产主义美好图景这一远大理想,在共产主义这一美好图景中必然是各方面都实现了现代化。马克思主义经典作家的系列论述形成了马克思主义现代化发展观,关于马克思主义现代化发展观蕴含着丰富的思想精髓,是内涵丰富的理论体系,具体体现在如下方面:一是,马克思主义强调生产力的发展,强调通过生产力的巨大发展为通向人类的理想社会奠定物质基础。具体来讲,马克思恩格斯还强调通过切实举措促进生产力的发展,如马克思恩格斯强调工业化是现代化的基础;认为工业化具有巨大作用,正如马克思恩格斯指出的:"资产阶级在它的不到一百年的阶级统治中所创造的生产力,比过去一切世代创造的全部生产力还要多,还要大。"② 正是基于此,中国共产党历届党中央也非常重视工业化的发展。二是,马克思主义强调科学技术对于促进生产力发展和现代化的实现具有重要作用。如马克思对于科学的地位

---

① 《马克思恩格斯文集》第3卷,人民出版社2009年版,第460页。
② 《马克思恩格斯文集》第2卷,人民出版社2009年版,第36页。

具有很高的评价,他把科学提高到最高意义上的革命力量的高度予以论述;中国共产党建党百年来,从革命根据地到中华人民共和国成立后的以毛泽东同志、邓小平同志、江泽民同志、胡锦涛同志为主要代表的中国共产党人均非常重视科学技术在推动生产力发展、实现现代化方面的巨大作用,并指出科学技术是促进生产力发展、加速现代化进程的关键力量。正是基于坚持马克思主义现代化发展观,以习近平同志为核心的党中央提出了全面建设社会主义现代化国家和推进农业农村现代化的目标要求。可见,建党百年来,中国共产党推进农业农村现代化的实践正是遵循马克思主义现代化发展观这一理论逻辑。

三 中国式现代化新征程农业农村现代化的实践逻辑

(一) 推动形成"新发展格局"的实践使然

当前我国已经进入了新发展阶段,在这一新发展阶段,出现了一些新机遇和新挑战,以习近平同志为核心的党中央根据形势及我国发展基础等新变化的实际,提出了推动形成以国内大循环为主体,以国内国际双循环相互促进的新发展格局,对此,在党的十九届五中全会通过的《建议》中也强调指出:"加快构建以国内大循环为主体、国内国际双循环相互促进的新发展格局,推进国家治理体系和治理能力现代化,实现经济行稳致远、社会安定和谐,为全面建设社会主义现代化国家开好局、起好步。"[①] 可见,加快推动形成"新发展格局"已经成为新时代新征程的主要战略目标,但是如何推动形成以国内大循环为主体的新发展格局呢?关键在于要培育新的消费主体,培育强大的内需体系,而纵观中国的国情,我国农村人口占很大比重,这部分主体如果能够被激发出消费潜力,必将成为强大的内需体系中的重要力量,如此将有利于以国内大循环为主体的这一新发展格局的构建。因此,必须加快推进农业农村现代化进程,以农业农村现代化进程的加快,促进农业农村生产力的发展,提高农民的收入水平,从而提升其消费能力。但是要想更好地

---

① 《中共中央关于制定国民经济和社会发展第十四个五年规划和二〇三五年远景目标的建议(二〇二〇年十月二十九日中国共产党第十九届中央委员会第五次全体会议通过)》,《人民日报》2020年11月4日第1版。

推进农业农村现代化，还必须对标中国式现代化新征程的目标要求，并通过切实举措进行推进，如一方面应加快农村基本公共服务供给，这一供给体系的建立应充分对标中国式现代化新征程的目标要求，并参照城市基本公共服务建设标准，积极落实推进，从而为农业农村现代化提供基础保障；另一方面应建立常态化的农业农村现代化的资金投入机制，建立从中央到地方的投入机制，鼓励和引导银行等机构积极支持农业农村现代化建设；同时，还应深入实施农村居民收入倍增计划，把农民收入水平提升纳入政府工作规划，并在规划中积极对标城市居民收入水平。还应引导大中型商业体积极落户乡镇地区，为农村居民消费需求的满足提供现实可能。通过以上举措更好地推进农业农村现代化，如此，不仅可以提升农村居民的幸福感、获得感、安全感，还有助于培育强大的内需体系，提升农村居民消费能力。因此，中国式现代化新征程推进农业农村现代化是推动形成"新发展格局"的实践使然。

（二）补齐农业农村现代化短板的实践要求

建党百年来，尤其是中华人民共和国成立以来 70 余年，尽管在各个时期对于农业农村现代化的表述不同，如中华人民共和国成立初期是农业现代化的表述，当前是农业农村现代化的表述，但是其目标是一致的，都是促进农业农村生产力发展、提升农民获得感，经过建党百年的实践，尤其是党的十八大以来的实践，我国现在比任何时候都更加接近农业农村现代化的目标，但是在取得巨大成就的同时，还应看到在中国式现代化新征程，我国农业农村现代化还存在一些短板，这些短板需要通过切实举措进一步补齐，这些短板具体表现在如下方面：一是，农业的质量和效益还存在短板。我国农业发展，尤其是农业的产业化发展、规模化发展短板还一定程度存在，目前我国的农业发展方式仍然以家庭经营为主，这种经营方式在过去农业机械化水平不高等情况下发挥了重要作用，但是在农业机械化水平获得巨大提升的今天，原有的以家庭为主的单户经营已经难以发挥规模经济效益，而且目前很多青壮年农户都进城务工，剩下从事农业经营的都是劳动能力不强的老年人或者留守妇女等，这些因素将直接导致农业的质量和效益难以有效提升。二是，乡村建设方面还存在短板，这些有待进一步补齐。我国农业人口占很大比重，是典型的乡村大国，基于此，必须高度重视农业农村现代化的推进，如党的十九届五中全会通过的《建议》中指出："实施乡村建设行动。把乡村建设摆在社会主义现代化建设的重要位置。"① 可见，以习近平同志为核心的党中央已经开始加大力度实施乡村建设行动，因为目前在乡村建设方面还存在有待进一步推进的空间，如乡村水电、燃气、网络等农村生活基础设施建设方面还存在不足，尤其是农村的生产生活环境还存在一定问题，这表明"目前针对乡村生态治理缺少一个可持续的推进机制"②。三是，农村发展活力有待通过进一步深化改革进行激发。当前农业农村发展领域还存在活力有待进一步激发等问题，如农村土地、农村住宅、农村产业、农村集体经济、农村金融等方面还存在通过进一步深化改革进行完善的空间。四是，脱贫攻坚成果和乡村振兴的衔接融合方面有待进一步推进。2020年我国消除了绝对贫困，对于脱贫攻坚成果如何巩固、如何与乡村振兴战略进行精准衔接融合，仍需要精准施策、持续发力。具体来讲，一是，要建立高质量的现代化农业发展体系。如深入推进乡村产业振兴，结合农村特点，建立适合农村发展的现代化乡村产业体系。二是，加快实施乡村建设行动。如加快农村环境建设，建立常态化的乡村水电资源、燃气资源、教育资源、公共卫生资源等的供给体系。三是，加快做好巩固脱贫攻坚成果与乡村振兴战略的衔接和融合。农业农村现代化最大的困难在于贫困问题的解决，尽管2020年我国解决了绝对贫困问题，但是相对贫困问题仍然存在，因此，一方面应通过切实举措巩固好脱贫攻坚成果；另一方面还要立足于相对贫困群体的发展问题，为相对贫困群体的发展、实现共同富裕提供重要的支撑。因此，中国式现代化新征程推进农业农村现代化是遵循破解农业农村现代化短板这一实践逻辑。

（三）建设现代化经济体系的逻辑必然

中国式现代化新征程要想更好地推进农业农村现代化，必须加快建设现代化经济体系，但是建设现代化经济体系还存在一些有待补齐的短板，如农业农村方面还存在有待进一步补齐的短板，但是农业农村现代化建设又是建设现代化经济体系的重要方面，基于此，必须补齐这一短板。这一短板目前主要表现在如下方面：一是，还未形成现代化农业发展体系，也

---

① 《中共中央关于制定国民经济和社会发展第十四个五年规划和二〇三五年远景目标的建议（二〇二〇年十月二十九日中国共产党第十九届中央委员会第五次全体会议通过）》，《人民日报》2020年11月4日第1版。

② 陈健：《国家治理现代化视阈下乡村生态治理新体系构建》，《现代经济探讨》2020年第6期。

就是说还存在农业产业质量和效益不高等问题，这些问题的存在将直接制约农业农村的现代化；二是，农村各种要素资源的配置和活力还有待进一步通过改革进行促动；三是，乡村产业发展还未实现与当地农民利益的有效衔接。中国共产党推进的农业农村现代化目标是农民增收，为农民实现共同富裕提供助益，但是还存着当地农民的利益没有充分融入当地乡村产业发展之中，例如在入股分红方面还存着不足，这一问题将直接造成当地农民只能获得工资收入，而不能获得分红等方面的收入，这就必然不能加速当地农民向共同富裕的目标迈进。这些问题的存在都表明必须通过建设现代化经济体系进行补齐，具体可通过如下举措：第一，建设现代化农业发展体系。一方面应充分利用智慧科技特点，加快智慧农业建设，为建设现代化农业发展体系提供基础支撑；另一方面建设现代化农业示范区，根据各地特色选择适合的农业种植，建设适合各地特点的现代化农业示范区；同时，还应加快粮食主产区建设，为粮食主产区加快发展提供各种资金、政策等的支持，并加快绿色农业、生态农业的建设步伐。第二，深化农村改革，为农业农村发展提供重要推动力。如加快事关农民切实利益问题的改革，通过改革维护好农民利益。第三，加快构建乡村产业振兴与农民财富增加的协调联动共同体。具体来讲，通过有效的制度设计，把农民利益充分融入产业发展之中，构建利益共享的乡村产业振兴共同体。如通过制度设计规定乡村开办工厂等必须把农民作为股东或者参与利益分红，引导农民自愿参与入股或者以土地等进行入股。同时，还应积极发挥共享经济、数字经济等新技术新业态，发挥共享经济等在促进乡村振兴、助力农民富裕中的作用，"农村引入共享经济发展后，农村的氛围也活跃了起来，通过引入共享经济等新经济新业态促进农村经济发展，究其实质也是三农领域通过农业农村科技创新引领农村经济高质量发展"[①]。通过以上举措，推进农业农村的现代化进程，为建设现代化经济体系提供助益，因此中国式现代化新征程推进农业农村现代化是建设现代化经济体系的逻辑必然。

---

① 陈健：《中国农村产权制度改革历程与新时代实践》，《经济体制改革》2019年第6期。

Research on Agricultural and Rural Modernization on a New Journey of Chinese Modernization

Chen Jian

(School of Marxism, Donghua University, Shanghai, 201620)

Abstract: It is of great significance for the new journey of Chinese modernization to promote agricultural and rural modernization. And it is also the key to build a modern socialist country in all aspects and promote common prosperity for farmers. The reason is that the new journey of Chinese modernization can promote agricultural and rural modernization. This follows the historical logic that the Communist Party of China (CPC) has promoted continuously the development of agriculture and rural areas in each stage of the centenary of the founding of the CPC. It also follows the theoretical logic of the Marxist concept, such as integrated urban-rural development, sharing and common prosperity, and modernization development and so on. Meantime, it further follows the practical logic, such as promoting the formation of "new development pattern", the practical requirements of complementing the shortcomings of agricultural and rural modernization and the logical necessity of building a modernized economic system and so on.

Key Words: a new journey of Chinese modernization、the 20th National Congress of the Communist Party of China agricultural and rural modernization

统计口径调整对农机跨区作业面积指标及其应用的影响研究[*]

陈 涛 金宇琴 杨佳怡

(长江大学经济与管理学院 湖北荆州 434023)

内容提要： 农机跨区作业是我国农业机械化进程中备受关注的现象，其指标的构建与发展是相关领域研究的关键环节。2014年，农业部调整了农机跨区作业面积的统计口径。本文分析了这一调整对农机跨区作业面积指标的影响。结论表明：统计口径调整使得全国汇总和区域层面的农机跨区作业面积数据均大幅度下降，这种影响一方面意味着统计口径调整前后的农机跨区作业面积数据不具有可比性。另一方面，2013年前后农机跨区作业面积能够分别从供给与需求层面反映一个区域的农机跨区作业服务水平。因此，本文构建了单位机械跨区作业面积、跨区作业面积与本区域机械作业面积的比值、跨区作业面积占比这三个指标分别反映不同区域对跨区作业服务供给能力与需求程度。以期为从供给和需求两个侧面考察农机跨区作业服务提供便利。

关键词： 农机跨区作业；统计口径调整；服务供给；服务需求

---

[*] 基金项目：湖北省政府智力成果采购项目"乡村振兴背景下湖北省'双水双绿'模式可持续发展研究"（HBZZ-2019-10）。

作者简介：陈涛，男，湖北监利人，博士，长江大学经济与管理学院副教授、硕士生导师，研究方向为农村产业发展；金宇琴，女，湖北监利人，长江大学经济与管理学院硕士研究生，研究方向为农村产业发展；杨佳怡，女，山西运城人，长江大学经济与管理学院硕士研究生，研究方向为产业创新发展。本文的通讯作者：金宇琴。

一　引　言

在大国小农的基本国情下，农机作业社会化服务被公认是实现"小农户与现代农业发展有机衔接"，进而保障粮食安全并驱动农业增长的重要途径[1][2][3][4][5][6]。其中，农机跨区作业是我国生产实践中发展速度快、社会经济效益突出且受关注度最高的农机作业社会化服务模式[7][8][9][10][11][12][13]。农机跨区作业模式（例如从南到北的小麦跨区机收）是指供给主体利用区域间的时间差进行大范围、规律性转移作业[14]。我国农机跨区作业诞生

---

[1] 参见王志刚、申红芳、廖西元《农业规模经营：从生产环节外包开始——以水稻为例》，《中国农村经济》2011 年第 9 期。

[2] 参见姜长云《关于发展农业生产性服务业的思考》，《农业经济问题》2016 年第 37 期。

[3] 参见孔祥智《健全农业社会化服务体系　实现小农户和现代农业发展有机衔接》，《农业经济与管理》2017 年第 5 期。

[4] 参见罗必良《论服务规模经营——从纵向分工到横向分工及连片专业化》，《中国农村经济》2017 年第 11 期。

[5] 参见张露、罗必良《小农生产如何融入现代农业发展轨道？——来自中国小麦主产区的经验证据》，《经济研究》2018 年第 53 期。

[6] 参见罗必良《小农经营、功能转换与策略选择——兼论小农户与现代农业融合发展的"第三条道路"》，《农业经济问题》2020 年第 1 期。

[7] 参见曹光乔、张宗毅、易中懿、王彬《冀、鲁、豫、苏、皖五省农机夏收跨区作业调研报告》，《农机化研究》2007 年第 6 期。

[8] 参见 Yang, J., Huang, Z., Zhang, X., Reardo, T., "The Rapid Rise of Cross-regional Agricultural Mechanization Services in China", *American Journal of Agricultural Economy*, No. 95, 2013, pp. 1245 – 1251.

[9] 参见 Chen J., Guo, H., Jin, S., Yang, J., Ma, W., "Outsourcing Agricultural Production: Evidence from Rice Farmers in Zhejiang Province", *Plos One*, No. 12, 2017, pp. 1 – 16.

[10] 参见 Zhang, X., Yang, J., Reardon, T., "Mechanization Outsourcing Clusters and Division of Labor in Chinese Agriculture", *China Economic Review*, No. 43, 2017, pp. 184 – 195.

[11] 参见伍骏骞、方师乐、李谷成、徐广彤《中国农业机械化发展水平对粮食产量的空间溢出效应分析——基于跨区作业的视角》，《中国农村经济》2017 年第 6 期。

[12] 参见方师乐、卫龙宝、伍骏骞《农业机械化的空间溢出效应及其分布规律——农机跨区服务的视角》，《管理世界》2017 年第 11 期。

[13] 参见杨进、向春华、张晓波《中国农业的劳动分工——基于生产服务外包的视角》，《华中科技大学学报》（社会科学版）2019 年第 33 期。

[14] 参见钟甫宁《正确认识粮食安全和农业劳动力成本问题》，《农业经济问题》2016 年第 37 期。

于20世纪80年代的陕西等地,而后随着国家一系列扶持政策的实施,北方麦区迅速形成了大范围的农机跨区收割服务市场[①②③]。2000—2013年,全国农机跨区收割面积从0.9亿亩增加到3.8亿亩,年均增长11.7%。农机跨区收割服务市场在提高农机利用率、优化整体市场环境、促进粮食增产与农业增长、降低农户生产成本等方面发挥了重要作用[④⑤⑥⑦]。

显然,农机跨区作业面积指标和统计数据是农机跨区作业和农业机械化相关研究的重要支撑。实际上,我国农机跨区作业面积统计数据发布时间较早,而且指标体系不断完善。自2001年开始,《中国农业机械工业年鉴》每年公布全国和各省农机跨区机收小麦面积、跨区机收水稻面积和跨区机收玉米面积三个指标数据。自2009年开始,《中国农业机械工业年鉴》和《中国农业机械化年鉴》增加了跨区作业面积、跨区机耕面积、跨区机播面积和跨区机收面积。这些数据为研究农机跨区作业提供了重要支撑材料。特别地,一些研究利用分省或分市的农机跨区作业面积数据实证分析了农机跨区作业对粮食产量和农业经济增长的空间溢出效应。

2014年农机跨区作业面积指标的统计口径发生变化,但这种调整对农机跨区作业面积指标及其应用的影响目前尚缺乏探讨。从2014年开始,农业部将农机跨区作业面积统计口径从农机具在县域外的作业面积调整为一个区域内由县域外农机具作业的面积[⑧]。然而,一些研究并未注意到这种统计口径调整对统计指标及相关实证研究的潜在影响。例如,方师乐等指出,自2014年,中国农机跨区作业服务面积出现骤减,比2013年减少

---

① 参见张秀花、路明《跨区作业经济效益影响因素剖析》,《农机化研究》2005年第6期。
② 参见李斯华《我国跨区机收的发展现状、效益分析及对策研究》,《农机化研究》2004年第1期。
③ 参见董洁芳《我国农机跨区作业的效益与趋势分析》,《中国农机化学报》2015年第36期。
④ 参见仇童伟、罗必良《市场容量、交易密度与农业服务规模决定》,《南方经济》2018年第5期。
⑤ 参见罗斯炫、何可、张俊飚《修路能否促进农业增长?——基于农机跨区作业视角的分析》,《中国农村经济》2018年第6期。
⑥ 参见黄炎忠、罗小锋《跨区作业如何影响农机服务获取?》,《华中农业大学学报》(社会科学版)2020年第4期。
⑦ 参见吴智豪、党敬淇、季晨《农业机械化对粮食生产的空间溢出效应——基于江苏省13个地级市的空间计量分析》,《中国农业大学学报》2020年第25期。
⑧ 参见董洁芳《我国农机跨区作业的效益与趋势分析》,《中国农机化学报》2015年第36期。

19%，其中机收面积下降32%①。他们认为农机跨区作业服务面积突然大幅度下降的原因在于农机本地作业服务市场扩大从而造成农机跨区作业服务市场萎缩。虽然该研究意识到了农机跨区作业面积指标数据的变化，但没有将这一变化与统计口径调整关联起来。只有极少的研究注意到了统计口径调整对农机跨区作业面积指标数据的可能影响。董洁芳的研究认为，2014年全国农机跨区作业面积大幅度下降的主要原因是统计口径的调整。然而，该研究并未进一步解释为什么统计口径调整导致全国层面农机跨区作业面积的大幅度下降，也未分析统计口径调整对地区层面农机跨区作业面积指标数据的潜在影响。那么，统计口径调整到底会不会影响全国层面和区域层面的农机跨区作业面积指标数据？如果有影响，产生这种影响的中间机制是什么？在这种影响下，农业机械化相关的研究在应用农机跨区作业面积指标时应注意哪些事项？本文将系统性分析这一问题。

二 统计口径调整对农机跨区作业面积指标的影响

（一）统计口径调整对全国层面农机跨区作业面积指标的影响

从理论上讲，统计口径调整不会干扰全国整体农机跨区作业面积指标数据的变化趋势。2013年及以前的农机跨区作业面积实际上是从供给角度统计农机具在县域以外作业的面积（以下简称第一种统计口径），而2014年及以后的农机跨区作业面积实际上是从需求角度统计一个地区由县域以外机械作业的面积（以下简称第二种统计口径）。从理论上讲，在农机没有跨越国界进行作业的情形下，使用上述两种统计口径统计得到的全国整体农机跨区作业面积应该是一致的。任何一个作物地块的机械作业都是由县域内机械（以下简称本地机械）和县域外机械（以下简称外地机械）其中的一种来完成的②。当一个地块由外地机械作业时，按第一种

---

① 参见方师乐、卫龙宝、伍骏骞《农业机械化的空间溢出效应及其分布规律——农机跨区服务的视角》，《管理世界》2017年第11期。

② 农机作业一般通过农户自购机械进行自我服务和农户直接购买作业服务两种方式完成。显然，无论使用哪一种统计口径，前一种方式显然不属于跨区作业。当农户购买的农机作业服务是由外地机械提供时，在第二种统计口径下相关地块面积应计入农户所在地的跨区作业面积，而在第一种统计口径下相关地块面积应计入农机具所在地的跨区作业面积。另外，现实中可能存在同一地块由农户自有机械和本地其他机械（外地机械）共同完成，但这种情况比较少见。

统计口径该地块面积应该计入机械所在地的跨区作业面积,而按第二种统计口径该地块面积应该计入农户所在地的跨区作业面积。由于包括跨区作业在内的农机作业服务是不可储存的服务型产品(无库存),既定时期内(例如1年)全国农机作业服务的供给量和需求量必定相等。第一种统计口径统计的是农机跨区作业服务供给量,而第二种统计口径统计的是农机跨区作业服务需求量。因此,从全国汇总数据来看,两种统计口径得到的数据应该是一致的。这意味着,在无特殊事件冲击情形(例如禁止跨区作业的行政手段和其他措施)下,全国各项农机跨区作业面积指标在2014年前后不会出现大的波动。

为了更形象地分析统计口径的影响,我们在图1中做了一个简单的展示。图1中,某个国家包括A、B、C三个省份,三个省份分别有6个、8个和10个地块(每个小矩形为1个地块),而且每个地块面积为1。图中三角形、圆形和五角星分别表示来自A省、B省和C省的农业机械。每个地块上相应的符号表示该地块由来自相应省份的机械提供机械作业服务。按照第一种统计口径,A省、B省和C省农机跨区作业面积分别为4、5和3。其中,A省的农机跨区作业面积为该省机械在B省和C省作业的面积,B省的农机跨区作业面积为该省机械在A省和C省作业的面积,

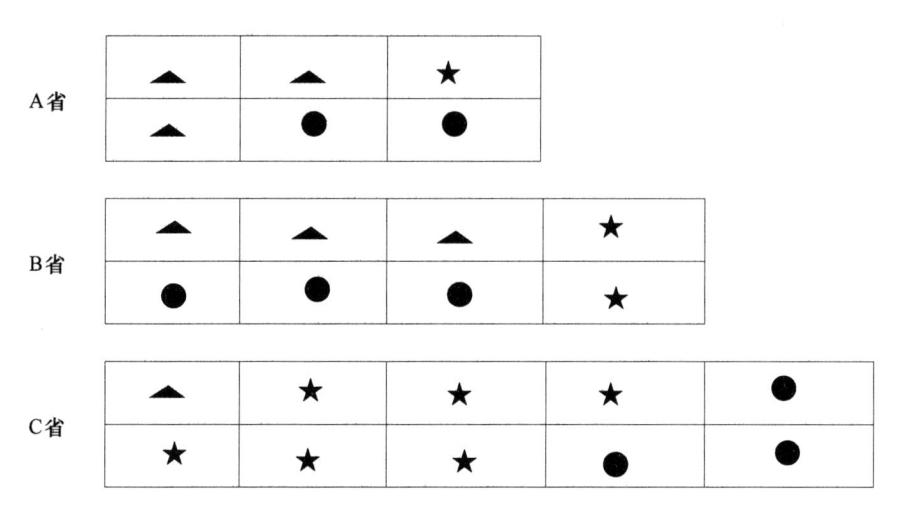

图1 不同统计口径下农机跨区作业面积构成示意图

C省的农机跨区作业面积为该省机械在A省和B省作业的面积。这样，按第一种统计口径全国农机跨区作业面积为12。

如果按照第二种统计口径，A省、B省和C省农机跨区作业面积分别为3、5和4。其中，A省的农机跨区作业面积为该省地由来自B省和C省机械作业的地块面积之和，B省的农机跨区作业面积为该省地由来自A省和C省机械作业的地块面积之和，C省的农机跨区作业面积为该省地由来自A省和B省机械作业的地块面积之和。这样，按第二种统计口径全国农机跨区作业面积为12。显然，两种统计口径下，全国层面农机跨区作业面积相同。

但从实际数据来看，统计口径调整导致了全国各项农机跨区作业面积指标在2014年大幅度下降。图2展示了2000—2017年全国小麦、水稻和玉米跨区机收面积的变化情况。

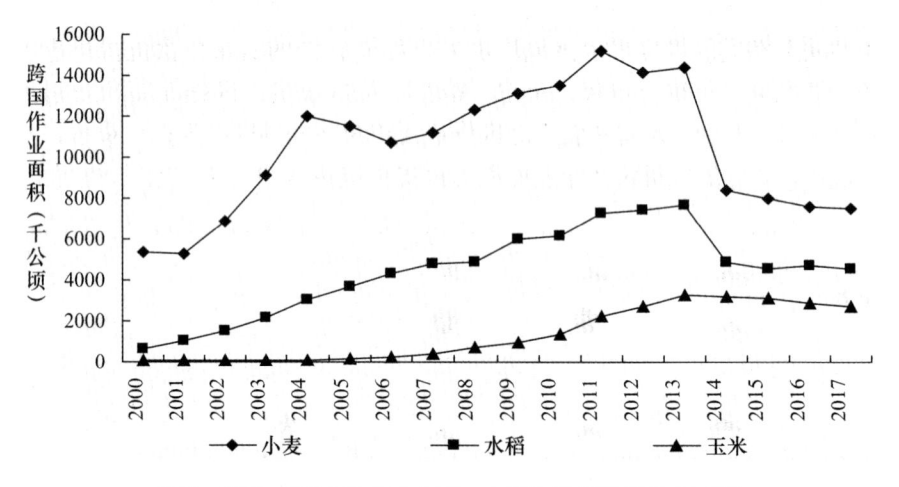

图2 2000—2017年全国小麦、水稻和玉米跨区机收面积

从中可以看到，2000—2013年，三大粮食作物跨区机收面积在波动中保持总体上升趋势，但2014年小麦和水稻跨区机收面积大幅度下降，玉米跨区机收面积则略微减少。相比2013年，2014年全国小麦、水稻跨区机收面积分别减少41.94%和36.53%。类似地，不区分农作物，农机跨区作业总面积、耕种收三大农艺环节跨区作业面积在2014年均有一定程度的下挫（图3）。

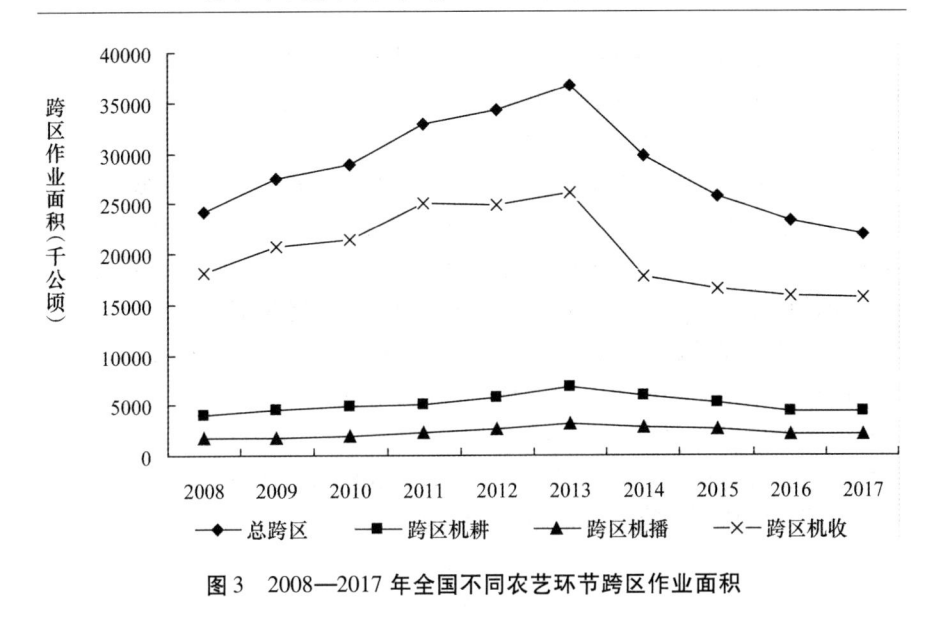

图3 2008—2017年全国不同农艺环节跨区作业面积

结合前文的理论分析以及2014年以前不同跨区作业指标整体呈现的持续上升趋势，2014年农机跨区作业面积应该增长或者略微减少。但是，实际情况恰恰相反，跨区作业规模最大的机收环节特别是稻麦跨区机收面积减少幅度最大。这说明，统计口径调整造成了农机跨区作业面积的下降。

那么，为什么实际数据出现大幅度变化？本文认为主要原因在于第一种统计口径可能高估了农机跨区作业面积，而第二种统计口径则可能低估了农机跨区作业面积。农机跨区作业面积数据由各地区提供的数据逐级汇总而成，那么各地区统计数据的偏差会造成全国汇总数据较大的出入。在统计本地机械在外地跨区作业面积时，各地区可能存在高估数据的倾向。这种高估倾向可能源自两个方面：其一，第一种口径下的农机跨区作业面积代表一个地区对外农机服务能力，因而各地区统计部门可能存在凸显该指标的倾向；其二，在农机跨区作业实践中，可能存在两台及以上机械在同一地块协同作业的情况，这可能造成农机跨区作业面积的重复统计。但是，在统计区域内由外地机械作业的面积时，各地区又可能存在低估数据的倾向。这种低估倾向源自两个方面：其一，为了凸显本地机械对区域内机械作业面积的贡献，各地区统计部门存在低估外地机械作业面积的可能性；其二，不同于第一种统计口径，第二种统计口径下的外地机械作业面积首先要甄别为各地块和农户提供作业服务的机械类型，而甄别过程可能存在误差，进而造成统计数据的偏差。

（二）统计口径调整对区域层面农机跨区作业面积指标的影响

从理论上讲，统计口径调整将造成区域层面农机跨区作业面积的显著变化。当农机跨越本区域范围进行作业时，两种统计口径得到的农机跨区作业面积存在较大差异。当外出机械超越统计区域范围时，使用第一种统计口径得到的农机跨区作业面积与统计区域内的作物播种面积无关，甚至可能出现跨区作业面积大于播种面积的情况。相比之下，使用第二种统计口径得到的跨区作业面积不会超过统计区域内的作物播种面积。因此，当机械跨区进行作业时，两种统计口径得到的农机跨区作业面积不具有可比性，而统计口径调整将造成指标数据的显著变化。

从实际数据来看，统计口径调整前后，各省农机跨区作业面积数据变化明显。表1展示了2013年和2014年跨区机收稻麦面积最高的15个省份指标数据的变化情况。

表1　2013年和2014年15个省份农机跨区机收稻麦面积变化情况

单位：千公顷、%

省份	2013年跨区机收小麦面积	2014年跨区机收小麦面积	两年平均机收小麦面积	跨区机收小麦面积下降幅度	2013年跨区机收水稻面积	2014年跨区机收水稻面积	两年平均机收水稻面积	跨区机收水稻面积下降幅度
江苏	2626	936	2429	64.36	2880	902	2220	68.68
河南	3307	1481	5284	55.22	835	143	514	82.87
安徽	1617	1588	2386	1.79	1039	1054	2078	-1.44
山东	2529	1676	3631	33.73	41	46	88	-12.20
河北	1481	938	2372	36.66	24	5	56	79.17
湖北	444	247	1011	44.37	479	373	2026	22.13
黑龙江	291	24	151	91.75	611	510	3748	16.53
陕西	872	388	947	55.50	22	29	71	-31.82
湖南	43	17	22	60.47	325	310	3189	4.62
甘肃	327	349	460	-6.73	7	0	0	100.00
四川	98	88	518	10.20	214	232	1128	-8.41

续表

省份	2013年跨区机收小麦面积	2014年跨区机收小麦面积	两年平均机收小麦面积	跨区机收小麦面积下降幅度	2013年跨区机收水稻面积	2014年跨区机收水稻面积	两年平均机收水稻面积	跨区机收水稻面积下降幅度
新疆	280	346	1153	-23.57	10	13	71	-30.00
江西	52	10	8	80.77	164	163	2888	0.61
浙江	68	63	78	7.35	147	135	742	8.16
吉林	4	0	2	100.00	203	198	614	2.46

从中可以看出，相比于2013年，2014年除安徽以外的北方小麦主产省份跨区机收面积大幅度下降。其中，江苏下降64.36%，河南下降55.22%，山东下降33.73%，河北下降36.66%。2014年，全国跨区机收小麦面积大幅度下降主要是由这几个省份数据指标大幅度变化直接引起的。相比于2013年，2014年江苏、河南两省跨区机收水稻面积大幅度下降。其中江苏下降68.68%，河南下降82.87%。2014年，全国跨区机收水稻面积大幅度下降主要是由这两个省份数据指标大幅度变化直接引起的。

三 统计口径调整背景下农机跨区作业面积指标应用中的注意事项

（一）2013年前后农机跨区作业面积数据不具可比性

由于统计口径调整，2013年前后农机跨区作业面积指标在含义和数据大小方面都发生了实质性的变化。因此，在利用农机跨区作业面积数据时不宜直接比较2013年前后全国或者各地区农机跨区作业面积数据。例如，按照第一种统计口径，2013年全国各项农机跨区作业面积整体呈上升趋势，但按照第二种统计口径，2014年以后全国各项农机跨区作业面积整体呈下降趋势。我们既不能据此断定全国农机跨区作业面积上升趋势结束于2013年，也不能断定全国农机跨区作业面积下降趋势始于2014年。对这一数据正确的用法是区分2013年及以前和2014年及以后这两个时间段进行单独分析。相应地，构建区域层面的面板数据时，也应该区分这两个时间段来分别构建数据库。因此，方师乐等在其研究中构建的省级面板数据应该去掉2014年的样本数据，这样获得计量分析结果才更具有一致性和可靠性。

（二）可从供给层面考察区域农机跨区作业服务能力

虽然统计口径调整阻碍了农机跨区作业面积指标数据在时间轴上的连贯性，但却为我们从供给层面审视农机跨区作业提供了便利。根据前文的分析，2013年及以前的农机跨区作业面积是指农机外出作业面积，反映了一个地区对外跨区作业的供给能力。那么，可以利用2013年及以前的指标数据分析各地区农机跨区服务供给能力。当然，只有消除行政面积和农机保有量的影响后，才能比较不同区域间农机跨区作业服务供给能力的差异。本文认为单位机械跨区作业面积和跨区作业面积与本区域机械作业面积的比值是体现跨区作业供给能力的两个比较合适的指标。单位机械跨区作业面积可以用如下公式来表示：

$$CRM_{it} = \frac{CR_{it}}{M_{it}} \qquad (1)$$

式（1）中，i表示区域，t表示年份（$t<2014$），CRM表示单位机械跨区作业面积，CR表示机械跨区作业面积，M表示机械保有量。利用该公式可以计算不同农艺环节（例如机耕、机播、机收）单位机械跨区作业面积，也可以计算同一农艺环节不同作物（例如小麦、水稻、玉米机收环节）单位机械跨区作业面积。跨区作业面积与本区域机械作业面积的比值可以用如下公式来表示：

$$CRR_{it} = \frac{CR_{it}}{MA_{it}} \times 100\% \qquad (2)$$

式（2）中，i表示区域，t表示年份（$t<2014$），CRR表示跨区作业面积与本区域机械作业面积的比值，CR表示机械跨区作业面积，MA表示本区域内相应作物相应环节的机械作业面积。该公式既可应用于不同农艺环节指标计算，也可应用于同一农艺环节不同作物指标计算。

根据式（1）和（2）的两个指标，可以比较不同地区农机跨区作业服务能力差异，进而识别出农机跨区作业服务能力最高的地区。通过这一识别过程，我们可以知道开展跨区作业服务的农机专业户主要产生在哪里，从而为优化农机具购置补贴政策提供参考。进一步地，可以构建区域层面的面板数据，并以上述两个指标被解释变量，通过回归估计分析农机跨区服务供给能力的影响因素；同时，也可以把上述两个指标作为核心解释变量，通过回归估计分析农机跨区服务供给能力对其他社会经济指标如粮食产量的影响。

（三）可从需求层面考察区域农机跨区作业服务需求程度

2014年及以后的农机跨区作业面积是指统计区域内由外地机械作业的面积，它反映了一个地区对跨区作业的需求量。因此，利用2014年及以后的农机跨区作业面积数据可以分析各区域农机跨区作业服务需求程度。当然，只有消除行政面积和农机保有量的影响后，才能比较不同区域间农机跨区作业服务需求程度的差异。本文认为跨区作业面积占比是体现跨区作业服务需求程度的比较合适的指标。跨区作业面积占比可以用如下公式来表示：

$$CRDR_{it} = \frac{CR_{it}}{MA_{it}} \times 100\% \qquad (3)$$

式（3）中，i表示区域，t表示年份（$t>2013$），$CRDR$表示跨区作业面积占比，CR表示机械跨区作业面积，MA表示本区域内相应作物相应环节的机械作业面积。该公式可以应用于不同农艺环节指标计算，也可应用于同一农艺环节不同作物指标计算。通过比较不同区域跨区作业面积占比大小，可以识别农机跨区作业需求程度最高和最低的地区，从而为外出作业服务主体寻找业务提供参考。

进一步地，可以构建区域层面的面板数据，将跨区作业面积占比作为被解释变量，利用回归估计分析跨区作业服务需求程度的影响因素。特别地，有研究认为农机保有量增加是造成近年来农机跨区作业面积持续下降的重要原因[1][2]。为了检验这一理论假说，可以利用2014—2017年31个省份（自治区、直辖市）面板数据，以跨区作业面积占比作为被解释变量，以农机保有量为核心解释变量进行回归估计。

四 基本结论

2014年，农业部将农机跨区作业面积统计口径进行了调整。本文分析了这一调整对农机跨区作业面积指标及其应用的影响。调整前的农机跨

---

[1] 参见杨进、向春华、张晓波《中国农业的劳动分工——基于生产服务外包的视角》，《华中科技大学学报》（社会科学版）2019年第33期。

[2] 参见董欢《农机服务体系：模式比较与政策优化——基于农业经营主体分化视角的考察》，《农村经济》2018年第10期。

区作业面积凸显了一个区域对外跨区作业服务的供给能力,而调整后的农机跨区作业面积则反映一个区域对外地机械跨区作业服务需求的程度。从理论上讲,统计口径调整不会对全国层面的农机跨区作业面积汇总数据造成大的影响。但是,从实际数据来看,统计口径调整使得全国汇总的农机跨区作业面积在2014年大幅度下降,并终结了2013年以前指标数据的上升趋势。本文认为,造成这一结果的原因在于各地区在使用调整前的口径时有高估跨区作业面积数据的倾向,而在使用调整后的口径时有低估跨区作业面积数据的倾向。在理论和实践上,统计口径的调整使得区域层面的农机跨区作业面积数据发生了显著变化。

统计口径调整对农机跨区作业面积数据变化的影响也为该指标的应用提出了三点启示:第一,2013年前后的农机跨区作业面积数据在含义和数据大小方面均不具有可比性,因而实际应用中应分不同的时间段进行单独分析;第二,2013年及以前的农机跨区作业面积反映了一个区域对外跨区作业服务的供给能力,因而可以利用单位机械跨区作业面积和跨区作业面积与本区域机械作业面积的比值这两个指标来比较不同区域对外跨区作业服务供给能力大小,也可以构建区域面板数据分析跨区作业服务供给能力的影响因素或者跨区作业服务供给能力对其他社会经济指标的影响;第三,2014年及以后的农机跨区作业面积反映一个区域对外地机械跨区作业服务需求的程度,因而可以利用跨区作业面积占比这一指标来比较不同区域对跨区作业服务需求程度的大小,也可以构建区域面板数据分析跨区作业服务需求程度的影响因素。

Research on the Influence of Statistical Caliber Adjustment on the Cross-regional Operation Area Index of Agricultural Machinery and Its Application

Chen Tao, Jin Yuqin, Yang Jiayi

(School of Economics and Management, Yangtze University, Jingzhou, Hubei, 434023)

Abstract: The cross-regional operation of agricultural machinery is a phenomenon that has attracted much attention in the process of agricultural mechanization in China, and the construction and development of its indicators is a key link in the research of related fields. In 2014, the Ministry of Agriculture adjusted the statistical caliber of cross-regional operation area of agricultural machinery. This paper analyzes the impact of this adjustment on the cross-regional operation area index of agricultural machinery. The conclusion shows that the statistical caliber adjustment has greatly reduced the cross-regional operation area data of agricultural machinery at the national summary and regional level, which means that the cross-regional operation area data of agricultural machinery before and after the statistical caliber adjustment are not comparable. On the other hand, around 2013, the cross-regional operation area of agricultural machinery can reflect the cross-regional operation service level of agricultural machinery in a region from the supply and demand levels. Therefore, this paper constructs three indicators: the cross-regional operation area per unit of machinery, the ratio of cross-regional operation area to the mechanical operation area of the region, and the proportion of cross-regional operation area, respectively, to reflect the supply capacity and demand degree of cross-regional operation services in different regions. In order to facilitate the cross-regional operation service of agricultural machinery from the two aspects of supply and demand.

Key Words: cross-regional operation of agricultural machinery; statistical caliber adjustment; service provision; Service requirements

乡村历史与村治研究

◆ **身份适应：民间传统权威参与乡村共治的实践与路径——基于四川凉山彝族聚居区"德古"的调查与思考**

在推进民族地区现代化进程中，民间传统权威呈现出与现代国家政权互嵌的关系。文章运用案例分析法，从身份适应视角出发，通过民间传统权威参与乡村共治的实践形态探究民间传统权威参与乡村共治的有效路径。研究发现：民间传统权威参与乡村共治既有适应性的一面，又有矛盾性的一面。为此，推进民间传统权威参与乡村共治需要注重合法性、增强专业性、强化使命性，积极推动民间传统权威的现代转型，使民间传统权威参与乡村共治更符合新时代民族地区乡村治理的核心要义和发展方向。

◆ **乡风何以文明：明代乡村治理的国法与乡约**

乡风文明建设是乡村振兴的文化基础和精神保障。但受国家法与民间法纠葛的影响，乡风文明建设的路径尚未十分明了。从历史的经验考察，明代乡风治理将两种规则有机协调：在立法上，国家律法统摄乡规民约，后者是前者的补充规范；在执法与司法上，乡绅里老依托国家认可、乡民信服的乡约推动法的实施，使运作乡约等同于实现国法；在守法上，乡民充分尊崇和敬畏与国法相合的乡约礼仪，最终促进在法规范运行的全阶段实现良法善治。当下，有必要重视和显化乡土习惯、村规民约和自治章程等规则的效用，科学规划法治系统与阶段要素的关系，在本土资源的滋养下使文明乡风成为和谐世风之先导。

◆ **关系叠加视角下以家户为基的村落制度形态——基于"深度中国农村调查"材料的分析**

人类社会基本组织经历了原始公社—部落—村社整体，再到家户的演进过程，在这些主要形态以外存在着过渡性形态。中国幅员辽阔，村落社会存在较大的区域差异性，以血缘关系为主导的家户制是我国的基础性制度，但不同区域的村庄由于不同的地理环境和不同的村民构成来源，形成了不同的关系叠加形式。经研究，西南区域的村寨血缘关系占主导，呈现出血缘关系和地缘关系重叠的关系叠加；华北区域的村庄存在较强的家族血缘关系，呈现出浓厚的血缘关系寓于地缘关系之中；东北地区的移民底色让血缘关系在单个家庭中维系，呈现出稀薄的血缘关系寓于地缘关系之中。不同的社会形态形成了不同的社会制度，相对于基础性制度的家户制，不同区域村庄实际的社会制度更为丰富和复杂。具体来看，西南地区是家—寨复合制，华北地区是家族共和制，东北地区是家—拟血缘缔合制。农村的社会形态与制度是国家的底色与根基，理解社会形态和制度有利于提升基层治理和国家治理能力。

◆ 生存倒逼下的自愿联合——传统家户村落的公共物品供给机制及其当代启示

本文以典型华中家户型村落为例，通过口述历史和田野调查收集资料，运用个案研究的方法，对国家不在场的传统时期华中家户型村落的公共物品供给机制和村落治理模式进行分析。研究表明：（1）传统时期华中家户型村落仅供给为数不多的生存型公共物品，其供给机制是自愿联合，其经济基础是私人的一次性募集，使用模式是谁生产谁使用。（2）自愿联合作为村落一种组织方式，形塑出自我调节的自主性治理模式。（3）不同的自愿联合组织单元形成不同的权威主体，并产生对应的治理权力。产权占有是公共治理权力产生的本源性机制，与生存倒逼、权责对等共同构成治理权力的合法性基础。（4）传统时期家户型村落公共治理结构呈现出分散化权力结构的特征，具体表现为主体多元化、权力临时化、权力低公共性和权力弱组织性。本研究结论对于实施乡村振兴战略进程中农民的合作及参与、村庄公共物品供给及乡村治理等难题的破解具有一定的启发意义。

身份适应：民间传统权威参与乡村共治的实践与路径[*]

——基于四川凉山彝族聚居区"德古"的调查与思考

冯雪艳　李海金

[中国地质大学（武汉）马克思主义学院　武汉　430074]

内容提要：在推进民族地区现代化进程中，民间传统权威呈现出与现代国家政权互嵌的关系。文章运用案例分析法，从身份适应视角出发，通过民间传统权威参与乡村共治的实践形态探究民间传统权威参与乡村共治的有效路径。研究发现：民间传统权威参与乡村共治既有适应性的一面，又有矛盾性的一面。为此，推进民间传统权威参与乡村共治需要注重合法性、增强专业性、强化使命性，积极推动民间传统权威的现代转型，使民间传统权威参与乡村共治更符合新时代民族地区乡村治理的核心要义和发展方向。

关键词：身份适应；民间传统权威；乡村共治；彝族德古

一　问题的提出

党的二十大报告指出，"中国共产党的中心任务就是团结带领全国各族人民全面建成社会主义现代化强国、实现第二个百年奋斗目标，以中国

---

[*] 基金项目：研究阐释党的十九届五中全会精神国家社科基金重大项目"新时代新阶段推进中国特色社会主义政治制度自我完善和发展研究"（21ZDA125）。

作者简介：冯雪艳，女，汉，中国地质大学（武汉）马克思主义学院博士研究生，主要研究农村基层治理；李海金，男，汉，博士，中国地质大学（武汉）马克思主义学院副院长、教授、博士生导师，主要研究乡村振兴与基层治理。

式现代化全面推进中华民族伟大复兴"①。国家治理体系和治理能力现代化是中国式现代化的重要组成部分，推进基层治理体系和治理能力现代化又是提升国家治理体系和治理能力现代化的基础。然而，在少数民族聚居区推进基层治理体系和治理能力现代化不仅具有普遍性，更具民族独特性。"大分散、小集中，大杂居、小聚居是我国少数民族分布格局的真实写照，不同的民族无论在语言文字、风俗习惯、心理模式等方面都有各自的特点，形成了错综复杂的社会环境。"② 特殊的社会环境又制约着民族地区治理现代化的发展。民族地区民间传统权威作为乡村社会治理主体有着深厚的历史根基，并在现实社会中发挥着重要作用。新时代党和国家高度重视创新民族地区基层治理，因此如何促进民族地区民间传统权威参与乡村共治，既是提升民族地区基层治理能力的关键，也是推动民族地区治理现代化的内在需要。

目前，学界关于民间传统权威参与乡村治理研究较多，但是总体看主要形成三种研究视角：第一，主体性视角，着重强调民间传统权威对乡村治理产生的影响。比如从传统乡村演剧的生成机制出发，一些学者认为"正是乡村'精英'在演剧'文化网络'中的权力竞逐推动了传统乡村演剧的持续生成"③。在政权稳定之后，传统民间权威依旧发挥着重要补充作用。王建新指出，民族地区传统体制的村民自主管理能对地方政府行政管理及福利制度的不到位进行补救。④ 第二，国家化视角，重点关注国家政权对民间传统权威的形塑。郭忠华等学者"围绕'村民自治制度实行以来，国家如何塑造乡村精英'这一核心问题"，将"国家对乡村精英的塑造区分为两个层次：一是作为'整体的国家'以宏观政策方式塑造乡村精英，二是基层政府作为与乡村精英直接互动的行动者塑造乡村精

---

① 《高举中国特色社会主义伟大旗帜　为全面建设社会主义现代化国家而团结奋斗——在中国共产党第二十次全国代表大会上的报告》，人民出版社2022年版，第21页。
② 许才明：《民族乡治理现代化：困境、关键领域与实现之道》，《行政论坛》2015年第5期。
③ 李乐：《传统乡村演剧的生成机制与新政权应对（1946—1953）——以浙东地区为中心》，《中国农史》2021年第4期。
④ 参见王建新《阿科瑶寨的家族、宗教与寨老：权威的传统建构》，《思想战线》2010年第5期。

英"①，完整地将乡村精英被形塑的过程在国家化的图景中展现出来。同样李里峰也形成了与之相似的认识，即"现代化进程和国家权力下移造成传统精英的分化"②。第三，国家社会互动视角，聚焦于国家政权与民间传统权威的互塑。陈军亚通过对"板结社会"的客观描述与形成机制分析，认为"国家政权对乡村社会的渗透，不仅重构了乡村社会形态，而且塑造了政权本身"③。具体而言，从政府层面看，一些学者指出，"政府要因时、因地、因人而异，积极引导各种权威为民族地区乡村振兴服务"④。从社会层面看，一些学者认为"通过新乡贤文化的重构和现代乡村精英的培育，恢复和强化乡村权威与秩序，继承和弘扬民族文化传统，确立社会主义核心价值观，以推动乡村治理创新、探索与改善"⑤。

综上所述，民间传统权威参与乡村治理的主体性功能以及国家化对民间传统权威的形塑已成为学界的基本共识。但是，就目前研究成果而言，从"自下而上"的维度出发，过多地强调了民间传统权威的主体性力量，相对忽略了国家化对民间传统权威的塑造；而从"自上而下"的维度出发，又过多地强调了国家对民间传统权威的形塑，而对民间传统权威主体性力量有所忽视。"自上而下"和"自下而上"结合起来的维度在具体论证过程中又不自觉地向国家化视角偏移。所以，在"自上而下"和"自下而上"结合的双向维度中，民间传统权威参与乡村共治呈现出何种实践样态？并且如何有效推进民间传统权威参与乡村共治？成为本文思考的问题。基于此，本文以民族地区民间传统权威为研究对象，通过分析民间传统权威参与乡村共治的主动适应性、参与中的矛盾性，以期探寻民间传统权威参与乡村共治的合理路径。

笔者于2017年7月至2017年10月在凉山彝族Y县城部分乡镇围绕民间传统权威——德古展开了累计近3个月的田野调查，2019—2022年

---

① 郭忠华、夏巾帼：《国家如何塑造乡村精英？——关于乡村精英变迁中的国家角色述评》，《上海行政学院学报》2022年第1期。
② 李里峰：《乡村精英的百年嬗蜕》，《武汉大学学报》（人文科学版）2017年第1期。
③ 陈军亚：《超越内卷："板结社会"与国家渗透》，《社会科学》2022年第4期。
④ 张中奎：《乡村振兴背景下民族村寨治理权威嬗变与能人权威的兴起——以贵州省为考察中心》，《广西民族研究》2019年第2期。
⑤ 李宁：《乡贤文化和精英治理在现代乡村社会权威和秩序重构中的作用》，《学术界》2017年第11期。

期间，由于受疫情影响，其间多次通过电话、网络等媒介进行调查访谈，文中凡未标明出处的材料，均来自上述田野调查。按照学术惯例，文中未出现的姓名均作化名处理。Y县位于凉山彝族自治州东部，是一个半农半牧县，属于大凉山腹心区域。截至2021年，全县辖20个乡镇，153个行政村、10个社区，823个农牧服务社、20个居民小组，户籍总人口32.26万人，其中彝族人口占98.53%。

二　身份适应：行动者与基层治理环境相契合的分析视角

身份不仅是自我概念的一部分，主要回答"个体是谁"以及"个体能做什么"，身份更是一个重要的社会学概念，并且在社会结构分析中占据着重要地位。[①] 身份的概念起初可以在社会学关于"角色"的理论中发现线索。"美国社会学家乔纳森·H. 特纳（Jonathan H. Torner）提到'自我概念和角色'的关系，认为一个人的'自我概念'是需要借助在他人面前扮演的'角色'来见证的，但'角色'并不就是身份（自我认同），因为'自我附着于角色的程度'并非总是一致。"[②] 而身份的社会学概念主要指"社会成员在社会中的位置，其核心内容包括特定的权利、义务、责任、忠诚对象、认同和行事规则，还包括权利、责任和忠诚存在的合法化理由"[③]。

"身份既具有公共性（即社会性）的方面，也具有私人性（即个体性）的方面。"[④] "身份涉及个人与其生活的外在社会环境之间的联系方式，即个人与社会之间双向互动的过程：一是社会对个人地位和行为方式的界定，身份具有社会性，个人是在与他人的对照和互动中进行自我确认的；二是

---

① 参见［美］戴维·波普诺《社会学》，李强等译，中国人民大学出版社1999年版，第96页。
② ［美］乔纳森·H. 特纳：《社会学理论的结构》，吴曲辉等译，浙江人民出版社1987年版，第454页。
③ 张静：《身份认同研究：观念、态度、理据》，上海人民出版社2005年版，第4页。
④ 李海金：《身份政治：国家整合中的身份建构》，中国社会科学出版社2011年版，第15页。

个人对社会性身份的自我认知,即自我的客体化,即'自我评价'的过程。"① 保罗·吉尔特(Paul Giltoy)认为,"身份既不是某种客观条件的天然限定,也不是某种主观幻觉支配下的随意构设,它是一种被环境所激发的认识和被认识所促动而表达在一定环境中的互动行为。作为一个分析工具,身份这一个概念是'一种在我们对世界的主体性的经验与这种微妙的主体性由以构成的文化历史设定之间相互作用的理解方式'。"②

"适应"这一概念的运用,笔者更多受到工作适应理论和制度适应理论的启发。"工作适应理论是由特质因素理论发展而来,强调人与环境的契合,既要求工作环境可以满足员工的需求,也要求员工可以满足环境的要求。该理论认为工作对员工的满意度(外在满意)以及员工对工作的满意度(内在满意)这两种满意度相互影响、相互制约,进而达到契合的状态。"③ 制度适应理论主要强调的是"制度总是处在形成、协调和衰败的动态过程之中,制度的实施可能随地域的变更而改变,或者随着时间的推移而改进,地方行动者和现实环境将进一步定义制度并使其适应当地环境的要求。这种制度的概念整合了'自上而下'和'自下而上'的政策实施模式。"④

基于基层治理环境的复杂性与多样性,考虑到民间传统权威参与乡村治理的实践逻辑,本文尝试提出身份适应的视角,即身份适应是由于治理环境的变化,行动者对自身身份进行调整,实现外部治理环境对行动者满意度和行动者对外部治理环境满意度的相互契合,进而适应基层治理的现实需要。而面对行动者对基层治理环境的身份适应性而言,区分出"强适应"和"弱适应"之别,明晰身份适应在基层治理中的价值具有重要意义。"强""弱"两种层次的身份适应取决于行为者与基层治理环境的契合程度,契合程度越高则身份适应性越强,契合程度越低则身份适应性越低。因此,本文采取身份适应的视角观察在国家化进程中,民族地区民

---

① 李海金:《身份政治:国家整合中的身份建构》,中国社会科学出版社2011年版,第15页。
② 钱超英:《身份概念与身份意识》,《深圳大学学报》(人文社会科学版)2000年第2期。
③ 刘冰、李逢雨、朱乃馨:《适应变化:柔性人力资源管理的内涵、机制与展望》,《中国人力资源开发》2020年第10期。
④ 连宏萍、张嫒、曾元:《制度适应理论视角下征地冲突及其化解——以北京新机场征地拆迁为例》,《中国行政管理》2017年第12期。

间传统权威在参与乡村共治时依靠主体性而展现出的身份强适应性特征及其与现实治理生活的张力,并对民族地区民间传统权威参与乡村共治提供合理的实践路径。

三 民间传统权威参与乡村共治的适应性

德古作为彝族民间传统权威,在调解乡村纠纷方面,有着深厚的历史渊源。伴随社会变迁,彝族乡村社会的纠纷调解方式也发生了深刻变化,这一变化反映出民间传统权威在参与纠纷调解事务方面的身份变换。此外,德古通过身份迁移承担起国家政策宣传的职责,化身为国家政策宣传员。同时在彝族社会移风易俗工作中德古通过身份调和成为民族地区讲文明树新风的支持者。

(一)身份变换:从纠纷调解者向法律陪审员转变

经典的社会控制理论强调对社会行为的控制,特别是"对社会越轨行为实施惩罚和教育的过程"①。社会矛盾的产生往往由于不符合社会正常运行的规范,产生了危害社会的情形。而社会矛盾的化解需要在国家法律的框架内进行,但又不能脱离其地方性,所以多元纠纷调解机制是实现地方解决社会矛盾的关键。以笔者调研的彝族村庄为例,民主改革之前,当地的矛盾纠纷调解方式是由德古依照传统习惯法开展;民主改革后,纠纷调解方式转变为以国家法律为主,以德古调解为辅。由此,可以从调解内容、调解依据两个维度窥探民间传统权威在纠纷调解方面的身份变换。

1. 调解内容——从一切纠纷到特定纠纷

在民主改革前,德古作为矛盾纠纷调解人,主要调解的事务被称为木牛唯克,木牛是指由劳动而引起的纠纷,涉及生产、劳动、交换等方面,解决的是由物质利益引发的纠纷;"唯克"指由婚姻引起的纠纷。木牛唯克主要从纠纷产生的根源上进行区分,涵盖了由纠纷而引起的械斗、死伤等现代社会中的犯罪性后果,由此构成了彝族传统社会中的一切纠纷。而在 20 世纪五六十年代,纠纷调解主要依法律开展,其事实遵循三段论式的审核标准,当大小前提都符合事实后,纠纷的结论自然产生。改革开放后,随着彝族社会传统文化的复苏,根植于人们心中的传统纠纷调解惯习

① 邓伟志:《社会学辞典》,上海辞书出版社 2009 年版,第 26 页。

也逐渐苏醒，德古重新恢复了调解纠纷的职能，但是调解内容已不同于民主改革前，德古所调解的纠纷主要从纠纷结果去界定调解范围，如德古不再调解涉毒、刑事、法院判决的案件，而是仅调解不涉及法律裁定的家庭、邻里、婚姻等特定纠纷。

2. 调解依据——从惯习到法律

遵从事物产生与发展的真实性是任何社会中矛盾纠纷解决的关键。在民主改革前的彝族社会，合规性判断、道德性判断以及宗教性认同综合到一起构成了事实的"真实"面貌。20世纪五六十年代，随着政党下乡、政权下乡、民主下乡、法律下乡、宣传下乡等系列下乡①活动，国家实现了对乡村社会的有效整合，民族地区也不例外。由此，法律事实的真实性成为调解矛盾纠纷的重要依据。虽然人们的生活被规范在组织内，但是作为纠纷的当事人在心理层面依然无法脱离传统纠纷调解的评判依据。据一位老德古BQMG回忆："20世纪六七十年代，人们在纠纷解决上比较难熬，一些有纠纷的人家，即使经过法律调解结束了案件。但纠纷当事人面服心不服，这时会在躲避汉族干部和比较积极的彝族干部的情况下，偷偷邀请德古调解。"

改革开放后，一方面传统的纠纷调解方式开始复苏，德古的纠纷调解能力得以重新展示。在"八十年代以来，在彝区的村庄，尤其是腹心地带，民间调解人运用习惯法解决纠纷逐渐超过纠纷总数的80%以上，其中包括绝大多数的民事案件以及轻微刑事案件，甚至还有少量严重刑事案件"②。另一方面市场经济的进入、国家法制观念的传播，增强了彝族民众学法、懂法、知法的意愿。因此，将传统纠纷调解的评判依据融入现代国家法律范围之内，逐渐成为彝族人能够普遍接受的评判依据。可见，彝族的纠纷调解依据由惯习向法律的逐渐转变。

（二）身份迁移：化身国家政策宣传员

国家源于社会但又高于社会，当国家产生之后，便根据自身逻辑重新安排和构造社会，在民族地区也是如此。当国家根据自身逻辑重新安排构造基层社会时，必然涉及大量政策向下传递。将政策有效传递至民族地区基层社会，成为国家在民族地区实现有效治理的关键环节。民族地区民间

---

① 参见徐勇《国家化、农民性与乡村整合》，江苏人民出版社2019年版，第172—307页。
② 李剑：《论凉山彝族的纠纷解决》，博士学位论文，中央民族大学，2010年，第84页。

传统权威与生于斯,长于斯的民众有着亲密的联结关系,对政策传递有着天然的优势。

在民主改革前,国家对边远民族地区的治理鞭长莫及,相应的政策宣传也难以到达。民主改革后,在合作社、集体化、人民公社的背景下,政策宣传主要由驻村干部和驻村工作队以及乡镇工作者承担。改革开放后,随着彝族传统思想观念的重新复燃,基于长期以来对德古超强领悟和学习能力的认可,彝族民众在遇到不懂的政策时会主动寻求德古帮助。不知不觉中,德古扮演了政策宣传员的角色。2017年Y县德古协会成立,德古协会与政府积极配合,在一些乡镇形成了"支部+协会"的治理模式,其中德古协会一个重要职能是宣传国家政策。例如,德古协会与科教文卫部门合作,在乡村社会中宣传卫生政策。村民WQLZ说:"有些村民不懂的政策,在路上碰到德古的时会打听,如果遇到重要政策,村民们还会上门询问。德古在向村民介绍国家政策时也十分有耐心,有些德古怕自己解释错,还会找到村干部求教。"

20世纪90年代以来,调研所在地贩毒吸毒现象屡禁不绝,威胁着彝族民众的身心健康和地区稳定。因贩毒、吸毒等而造成的盗窃、抢劫等刑事犯罪的案件层出不穷,与吸毒贩毒相关的艾滋病也成为威胁该地区安定的隐患。2017年该地区成立"禁毒协会",主动吸纳德古参与其中。一方面,德古在宣传禁毒防艾知识的同时,还将吸毒贩毒行为与家支荣辱相连接。如果发现家支中有吸毒贩毒者,会对其说服教育并帮助戒毒,对屡教不改者,开除其家支。另一方面,与制毒、贩毒和吸毒相关的其他行为,比如赌博、打架、高利贷等对其按照制毒贩毒的原则来处置,并开除家支。

(三) 身份调和:转变为移风易俗的支持者

移风易俗是现代社会治理的主要内容之一。Y县作为凉山彝族自治州的腹心县城,传统风俗习惯较为浓厚,但是彝族地区推进现代化不得不移风易俗。而德古作为传统文化习俗的代言人,其自身则面临着转型的张力,既要突破产生自身权威的外壳,又要保障自身的社会权威地位。因此,德古权威的维持需其主动调和身份,转变为移风易俗的支持者。主要表现在婚嫁和丧葬仪式上。

1. 婚嫁聘礼的重新认定

彝族传统的婚姻习俗遵循着繁杂的通婚规则以及名目繁多的婚姻礼

金，如包括舅舅礼金、兄弟礼金、叔父礼金、媒人礼金、伴郎礼金、族亲礼金等。随着社会发展，婚嫁礼金也经历着变迁。从民主改革前彝族不同等级决定婚嫁礼金的多寡，到改革开放以来，"依据男女双方特质与条件来决定婚嫁礼金的多寡，"[①] 而婚嫁礼金在这一变迁过程中出现了高额攀升的现象，高额礼金超越了普通家庭所承受的范围。受访者 WQLZ 透露："为了对抗这种高额的婚姻聘礼，Y 县曾由多名德古组织起来，共同商讨婚嫁礼金过高的问题，并且对婚嫁礼金新的数额进行了互相约定，如'婚嫁使用车辆严格控制在七辆以内'等，这些举措得到了当地村民的认可与支持。"可见，在婚嫁礼金方面的移风易俗，德古在其中发挥了重要作用。

2. 丧葬仪式的简约化处理

彝族的丧葬仪式十分隆重，丧葬仪式的隆重性主要源于祖先神明观和家支等级能力观。祖先神明观主要表现为对祖先的崇拜，彝族民众普遍认为，祖先的灵魂会对生者的日常生产生活产生巨大影响。所以，必须通过厚重的祭祀物品来安抚和感化祖先的神灵，以消除各种灾祸。家支等级能力观关系到办理丧事的规格。等级实力强的家支办理丧事时，则会十分隆重；等级实力弱的家支，办理的丧事会相对简单。据黑彝德古 BQMG 描述在民主改革之前为自己爷爷办理丧事的情形："自己爷爷去世时，杀了 6 头牛、宰了 10 只羊、15 头猪，另外，请毕摩做了三天三夜的迷信"，可见丧葬仪式的奢侈与复杂。

在民主改革之后，丧葬仪式的奢靡状况有所缓解。20 世纪 50 年代至 70 年代，彝族民众中办理丧事的流程相对简化。但在改革开放后，随着传统习俗重新复苏，大操大办之风也随之兴起。新时期以来，Y 县通过在各行政村广泛培育和完善村两委班子、村民议事会、红白理事会等群众组织，加强了对相关移风易俗政策的宣传。在调研点 Z 村村支部书记 BQAR 强调："在建立红白理事会时，要求会长由村干部担任，副会长、理事职务要着重吸引德高望重、组织协调能力强且具有影响力的德古。其中，红白理事会要承担宣传厚养薄葬，积极提倡火葬，制止封建迷信等重要职责。同时还要制定详细的红白事办理操作原则，如红白喜事杀牛不超过 5

[①] 冯琳、袁同凯：《凉山彝族婚俗的当代变迁与社会适应——以身价钱与婚姻缔结为例》，《民族研究》2019 年第 6 期。

头等。"据 Y 县 C 村的受访村民 ADSQ 讲:"在彝族村的红白理事会成员的召集中,如果能够吸纳德古进入理事会,不仅能帮助政府宣传政策,而且在开展工作时,阻力也会减小,因而村里会努力争取德古参与到理事会中,他们经常会被召集到一起,而且德古在办理丧葬事务时会以身作则,这样我们大家也会向他看齐,民众看到这么有威望的人都主动简化仪式,其他人再简化起来也不会觉得低人一等了。"

四 民间传统权威参与乡村共治中的矛盾性

中国是一个多民族国家,乡村治理与民族状况有着密不可分的关系,而每个民族的现状又无法脱离其传统,即民族地区的乡村有效治理需借力于传统时期形成的优秀治理资源。比如借助民族地区传统权威在乡村社会中发挥的正向作用,实现乡村有效治理。不难发现,虽然民间传统权威在乡村治理中发挥着正向作用,但也面临着一些治理困境。就彝族地区而言,德古在调解纠纷、宣传国家政策、促进移风易俗等方面表现出较强的身份适应性,同时也面临着矛盾性。

(一) 民间传统权威参与纠纷调解的包容性与法律的零容性

人类社会是一个漫长的历史过程,人类社会发展的起点相同,过程却以不同的路径演进,并会形成路径依赖。① 凉山彝族民众长期生活在封闭的环境之下,独特而原始的农业生产方式铸就了长期生活于此的血缘理性。在此基础上,形成了以父系血缘为纽带的同一血缘内部的集体意识。马克思认为:"人们是自己的观念、思想等的生产者,但这里所说的人们是现实的、从事活动的人们,他们受自己的生产力和与之相适应的交往的一定发展——直到交往的最遥远的形态——所制约。"② 生活在凉山地区的彝族民众深受同一父系血缘理性的制约,而德古正是血缘理性的代表。

德古作为传统社会的纠纷调解人,其本身的血缘理性发挥着重要作用。但伴随国家权力深入至民族地区,法理型权威替代民间传统权威的过程中出现了适应性的矛盾。表现在:第一,德古调解纠纷所依据的习惯法

---

① 参见徐勇《祖赋人权:源于血缘理性的本体建构原则》,《中国社会科学》2018 年第 1 期。

② 《马克思恩格斯选集》第 1 卷,人民出版社 2012 年版,第 152 页。

并非现代国家意义上的法律，而是特定社会的产物，它所代表的是家支共同体的利益，目的是保障家支制度的良好运行。第二，德古调解本家支与其他家支事务时双方家支派出的德古会偏重自己的家支。而国家法律强调以事实为依据，讲究证据的规范性与充分性。按照彝族习惯法来判定，如果是本家支的家支成员攻击了仇人家支成员，即使导致对方失去生命，在本家支内部也不会受到处罚，甚至会得到奖赏。但是按照法律，发生致人死亡的情况，必须给予施暴者相应的惩罚。民间传统权威在参与纠纷调解时符合本民族、本地区、本家族的调解意愿，但是某些调解却违背了国家法的意志。这种伦理上的正当性、合意性与法律上的零容性为民间传统权威在参与乡村治理的适应性问题上埋下了伏笔。因此，如何在法律范围内发挥民间传统权威参与矛盾调解的优势，将纠纷化解在基层，考验着民族地区广大实践者的智慧。

（二）民间传统权威理解政策的随意性与国家政策的严谨性

国家政策在向基层推进的过程中，民间传统权威参与乡村治理的重要性不容忽视。习近平总书记在中央民族工作会议上指出，"要提升民族事务治理体系和治理能力现代化水平。要根据不同地区、不同民族实际，以公平公正为原则，突出区域化和精准性，更多针对特定地区、特殊问题、特别事项制定实施差别化区域支持政策"[①]。国家对民族地区的政策更注重区域化和精准化、规范性与严谨性。在彝族地区，德古虽然在宣传国家政策方面起到了关键作用，但也有其局限性，主要表现在两个方面：一方面德古由于自身知识水平限制和生活环境的封闭，在宣传解读国家政策时，比较宽泛而粗略甚至会出现偏差。另一方面德古在乡土民情的宣传解读中，可以把个案讲得清楚，但抽象到普遍性上，又陷入了随意性。

随着国家治理治理体系和治理能力现代化的推进，基层治理被赋予新的时代内涵。"基层社会精细化治理"成为当前基层社会治理的发展趋向。民族地区本身具有浓厚的独特性，乡村社会之间也存在较多的差异。比如在凉山彝族传统社会中，不同区域由不同的家支控制，不同的家支有其自身的特征，这些特征部分地被延续下来，塑造着不同地方的独特性。民间传统权威一方面有效地促进了国家政策理念的向下传递；另一方面，

---

① 《以铸牢中华民族共同体意识为主线 推动新时代党的民族工作高质量发展》，《人民日报》2021年8月29日第1版。

在传递中，亦需要对乡村独特性有精准的把握。因此，如何增强民间传统权威对国家政策理解的准确性与严谨性，成为民族地区乡村社会有效治理的关键。

（三）民间传统权威对风俗习惯的依赖性与移风易俗的脱嵌性

民族聚居区大多地处边远山区，高山险阻、路途阻隔。即使在改革开放后，外出务工人员的返乡为当地民众带来了外界的新思想和新观念，而传统思想和观念并非被完全取代，仍作用于日常生活。德古凭借着对传统习俗的掌握和日常实践，获得了彝族民众对其身份的认可并不断积累起威望，与生活在乡村社会的彝族民众建立了信任、互惠与合作的社会关系网络。随着移风易俗的开展，红白理事等村落组织吸纳德古进入。德古虽然通过新的组织方式，建立起了与彝族民众的联系，但是这种联系不似以往的联结纽带，能够直接促成彝族民众对其权威认同的强化。这也导致了德古的自我权威感的弱化，甚至不愿参与到乡村发展、建设和治理中，为彝族民众服务。

民间传统权威一般有着深厚的传统根基，权威身份的树立离不开传统的风俗习惯。然而在国家化的推进中，民间传统权威与传统风俗之间的关系开始出现裂痕，一方面民间传统权威参与乡村治理在村民的观念里具有天然的合理性，这种合理性是在传统习俗中所形成的；另一方面民间传统权威若要有效地参与乡村共治，又需要撼动长久以来其自身权威形成的根基。因此，如何推进民间传统权威在破除传统不良风俗习惯的同时，建立起新的权威生成机制，实现民间传统权威与推进移风易俗的互利式发展，成为民间传统权威参与乡村共治要解决的难题之一。

五　民间传统权威参与乡村共治的发展进路

民族地区民间传统权威诞生于传统的乡土社会，作为长期被社会认可的权威人物，在某些特定的历史时期或事件中发挥着重要作用。在新时期，民间传统权威参与乡村治理是中国共产党组织领导下民族地区自治、法治、德治相结合的重要表现形式之一，是民族地区参与乡村基层治理的重要主体力量。但民族地区民间传统权威参与乡村治理也面临着纠纷调解触碰法律的边界、政策解读违背政策的原意、移风易俗无法摆脱传统风俗赋予的合法性。针对上述问题民族地区民间传统权威应在纠纷调解中注重合法性，实现法律范围内纠纷治理有效；增强专业性，提升政策理解力；强化使命性，激发参与乡村治理的责任感。进而使民族地区民间传统权威参与乡村共治更加符合新时代乡村治理的核心要义和发展方向。

（一）注重合法性，实现法律范围内民间传统权威纠纷调解有效

传统时期，民族乡村地区中社会矛盾纠纷的调解全部由民族传统权威来处理。新时期，依旧有相当一部分矛盾纠纷的处理需要民族传统权威的协助。但是，这种协助作用的发挥也对民族传统权威提出了新要求。换言之，民族地区民间传统权威在参与纠纷调解时，不能与国家法律法规相抵牾，即在符合法律的前提下，发挥民间传统权威参与乡村治理应有的作用。首先，民间传统权威对法律的认同是保障其参与乡村纠纷调解行为合法性的基础，因此，需要培养民间传统权威对法律的认同感，最大限度地提供机会让其参与法律调解纠纷的过程，使其切身体会法律处理纠纷时展露的公平公正，最终形成对法律的强认同。其次，考虑到民族地区民间传统权威与外界沟通少、文化水平不高等问题，在其参与纠纷调解中要进行备案和合法性审查，实现在法律允许范围内的纠纷调解有效。最后，政府和相关部门要定期培训民间传统权威，帮助民间传统权威转型为依法调解纠纷的职业性群体，让民间传统权威以规范化的方式参与乡村纠纷治理活动。

（二）增强专业性，提升民间传统权威的政策理解力

在长期血缘关系维系的社会中，民间传统权威承担起了乡村治理工作。因此，国家政权在民族地区现代化建设中，必然不能脱离民间传统权威。而民间传统权威参与现代化治理不仅是乡村治理现代化的要求，更是时代发展的必然趋势。如何推动民间传统权威实现与国家政权的有效联结，政策固然成为二者的联结媒介，所以增强民间传统权威的专业性，提升其政策理解力至关重要。首先，政府等相关部门在制定有关民族地区政策时，要充分考虑民族特性，如留意政策使用的官方语言转化为民族语言后的影响力，保证政策宣传者之一——民族传统权威的可操作性。其次，在政策下达后，相关部门及时开展对民族传统权威的政策解读培训，提升其后期政策宣传时的准确性。最后，就民族传统权威自身而言，其权威性的来源之一是超强的学习能力，所以在新时期民族传统权威应继续发扬学习新鲜事物的能力，尤其是政策学习能力和领悟能力，不断提升政策理解力。

（三）强化使命性，激发民间传统权威参与乡村治理的责任感

乡土社会的风俗习惯、民族传统权威自身的超凡魅力构成其权威的来源，这也决定了民族传统权威的使命是为同族人服务。尽管新时期，民族地区移风易俗的开展使民族传统权威必须打破自身权威形成的根基，但是民族传统权威的使命不会改变。因此，强化民族传统权威使命性，激发其参与乡村治理的责任感十分必要。第一，要在国家引导下，让民族地区的民众正确认识民族传统权威的历史地位和在历史发展中的作用。第二，要重构乡村舆论环境。改革开放以来，民族地区的民众与外界联结越来越密切，传统权威的社会地位在年青一代民众心中地位弱化，造成传统权威参与乡村治理时话语权和存在感下降。所以，如何在强开放性和强流动性的环境下，增强年青一代对民族传统权威的认同，发挥民族传统权威参与乡村治理的作用，是民间传统权威转型的核心要义。其中最为重要的是，民族传统权威在参与乡村治理时在着眼于乡村发展的现实情况下，充分考虑不同年龄群体的需要，做到与乡村各类群体的共商共建。最后，建立正向激励机制。为服务民众的民间传统权威实行正向奖励，开展选优评优活动，以榜样的力量激励民族传统权威为民服务，提升民族传统权威为村民服务、为地区服务、为民族服务的责任感。

六 结论

在推进民族地区基层治理体系和治理能力现代化的进程中，民间传统权威的合理转化起到了重要作用。在传统时期，乡村治理中社会精英所蕴含的民间传统权威的建立主要依据其本身的特殊才能以及传统文化习俗。这些权威人物缺乏政权的认可资格，处于一种非正式的权威形态，但是这种权威形态并不妨碍民族地区内部治理的有序性。

从"自上而下"和"自下而上"的维度出发，发现在现代国家建设中，国家通过强力在民族地区建立起具有现代特征的法理型权威的情形下，民间传统权威并没有消失，而是表现出了对社会环境极强的身份韧性和适应性。而这种适应并非制度随着时间、地域的变化而出现的变更，相反民间传统权威是为了适应制度而主动变更身份。民间传统权威这种身份的变换、迁移、调和与法理型权威相契合，赋予了其合法的政治权威性。但是由于这种民间传统权威有其自身产生的历史根源和社会基础，所以在参与乡村治理时不可避免地会产生矛盾性。正如马克思所说，"人们自己创造自己的历史，但是他们并不是随心所欲地创造，并不是在他们自己选定的条件下创造，而是在直接碰到的、既定的、从过去承继下来的条件下创造。一切已死的先辈们的传统，像梦魇一样缠绕着活人的头脑"①。因此，现代国家在规范民间传统权威的基础上，可以将民间传统权威培养成为其在民族地区治理乡村的"助手"，形成国家政权与民族地区民间传统权威的良性互动，为国家在推进民族地区现代化建设上提供充分条件。

Identity Adaptation: the Practice and Path of Traditional folk Authority's Participation in Rural Co-governance
—Based on the Investigation and Thinking of "Degu" in the Yi Inhabited Area of Liangshan, Sichuan

Feng Xueyan　Li Haijin

(Marxism College, China University of Geosciences (Wuhan), Wuhan 430074)

Abstract: In the process of promoting the modernization of ethnic areas, the traditional authority of the folk presents the relationship of embeddedness with the modern state power. From the perspective of identity adaptation, the paper explores the effective way of traditional authority's participation in rural co-governance through the practice of traditional authority's participation in rural co-governance. It is found that the participation of traditional folk authority in rural co-governance has both adaptability and contradiction. Therefore, to promote the participation of the folk traditional authority in the rural co-governance, we should pay attention to the legitimacy, strengthen the specialty and strengthen the mission, and actively promote the modern transformation of the folk traditional authority, the participation of folk traditional authority in rural co-governance is more in line with the core of the new era of rural governance in ethnic areas and the direction of development.

Key Words: Identity adaptation; Folk traditional authority; Rural co governance; Yi degu

---

① 《马克思恩格斯选集》第1卷，人民出版社2012年版，第669页。

乡风何以文明：明代乡村治理的国法与乡约[*]

董小红

(华中师范大学马克思主义学院　武汉　430079)

内容提要：乡风文明建设是乡村振兴的文化基础和精神保障。但受国家法与民间法纠葛的影响，乡风文明建设的路径尚未十分明了。从历史的经验考察，明代乡风治理将两种规则有机协调：在立法上，国家律法统摄乡规民约，后者是前者的补充规范；在执法与司法上，乡绅里老依托国家认可、乡民信服的乡约推动法的实施，使运作乡约等同于实现国法；在守法上，乡民充分尊崇和敬畏与国法相合的乡约礼仪，最终促进在法规范运行的全阶段实现良法善治。当下，有必要重视和显化乡土习惯、村规民约和自治章程等规则的效用，科学规划法治系统与阶段要素的关系，在本土资源的滋养下使文明乡风成为和谐世风之先导。

关键词：乡风文明；国法；乡约；乡村治理；明代

一　引言：国家法与民间法二元框架的反思

党的十九大报告指出，实施乡村振兴战略，要坚持农业农村优先发展，按照产业兴旺、生态宜居、乡风文明、治理有效、生活富裕的总要求，建立健全城乡融合发展体制机制和政策体系，加快推进农业农村现代化。当前，乡风文明建设既要充分认识到乡村品格、乡土情怀的作用，又

---

[*] 基金项目：国家社科基金项目"基层党建引领乡村自治、法治、德治的融合模式研究"（21BZZ024）。

作者简介：董小红，女，法学博士，华中师范大学马克思主义学院副教授，主要研究基层党建与乡村治理。

要为乡村治理提供科学的制度支持和行为规范。文明乡风、良好家风、淳朴民风，可以不断提高乡村社会文明程度，并作为振兴之灵魂辐射于乡村治理的各个领域。

问题在于，现代乡村治理在"国家—社会"的框架下，呈现出规范冲突、权力矛盾等结构性障碍，导致乡风文明建设既难以在《村民委员会组织法》等基层治理基本法中栖身，又在地方乡规民约、宗法族规等软规则渗透下增加了不确定性。中国传统治理乡村的策略，究竟是依赖皇权还是绅权？国家触角如何延伸至乡村角落？国家/社会，或言国家法/民间法，到底是何种关系？以上疑问，近百年来聚讼纷纭，莫衷一是。

就国家法与民间法如何相处互动，学界大致存有以下几种学说：一是"容忍说"，即在新旧社会交杂更替之际，国家法应当有限度地容忍民间法存在，使之满足一定区域和一定人员的法律需求，民间法也必然会向国家法过渡；[1] 二是"互养说"，认为大传统的国家法与小传统的民间法冲突是难免的，二者并非包容关系而是在契约性法律沟通下的"互养关系"[2]；三是"矛盾说"，认为国家法和民间法没有明确界线，其对立在很大程度上是普遍性与特殊性的矛盾问题；[3] 四是"补充说"，认为民间法在国家法本身模糊、不明确或产生解释歧义时，可以成为司法解释的重要资源并被法院有条件适用；[4] 五是"分道说"，认为根据法律需要调整的社会关系和社会利益不同，由国家法和民间法分开或合作进行规制，从二者功能上讨论等等。[5]

不难发现，即便是承认国家法与民间法容忍、互养等温和观点，也不免陷入到国家、社会二元化的困境之中，使传统家国关系在现代国家理论的视域下遭到裂解。因此，当更多学者通过学术视野的下移化、平民化、田野化，逐渐抽离出制度典章的文本叙事体系，他们便不约而同地发现，传统中国的统一性要素似乎不在于市民社会与国家的二元调和，而在于以

---

[1] 参见田成有《乡土社会中的国家法与民间法》，《开放时代》2001年第9期。
[2] 参见谢晖《论当代中国官方与民间的法律沟通》，《学习与探索》2000年第1期。
[3] 参见陈冬春《法治的资源：国家法与民间法的对立和融合》，《民间法》2005年第1期。
[4] 参见梁治平《清代习惯法：社会与国家》，中国政法大学出版社1996年版，第25页；谢晖《论民间法对法律合法性缺陷的外部救济》，《东方法学》2017年第4期。
[5] 参见廉睿、高鹏怀《来自民间的社会控制机制——中国"民间法"的过去、现在和未来》，《理论月刊》2016年第2期。

文化为核心的天下观念无远弗届地辐射到中国的腹地与边陲。采取国家法/民间法的理论框架去量度传统时代的制度规范，可能误解了传统家国结构的生成逻辑，有比附西方政治概念之嫌。徐勇指出，"在现代国家建构之前，国家权力的元素便已渗透到农村社会"，带有西方中心主义色彩的"现代国家建构"概念难以准确描摹、解释中国乡村的治理现象，而"家户制""祖赋人权"等从村社生活提炼的概念，更加适合建构中国本土的话语体系。①

故此，从本质上说，国家法与民间法的纠葛并非根源于两种规范固有的对立，而源出于西方学术话语建构导致的概念异化和视角偏颇。在中国传统治理之道中，国家律法与乡村规约是内生于家国关系的产物，具有肌理的融通性和相机选用的弹性。明代国法与乡约交融修筑的乡风文明，足以作为切入点化解今日遇到的此类矛盾，进而构建良善的乡村治理秩序。本文即从明代国法与乡约的融通共治出发，就乡风与世风、律法与乡法的调适略陈管见，以求教于方家。

二 皇皇国法：立法正风的律典先导

《大明律》作为朱明王朝的基本法典，是朱元璋明刑弼教思想的产物，也是有明一代整饬乡风的根本遵循。在明初政治格局的演变中，朱元璋采取先分权、后集权的手段，废宰相、升六部，"事皆朝廷总之"②，开辟了新的国家治理体制。为了因应六部职掌，《大明律》从洪武七年（1374年）"一准《唐律》"的编纂模式改为洪武二十二年（1389年）分设"吏、户、礼、兵、刑、工"的"六事法"体例。客观上讲，这种体例强化了法律的传播可行性，高度贴合了国家行政管理体制和民众认知，使"明于五刑，以弼五教，期于予治，刑期于无刑"③的法律思维变为现实，有利于法律的公示、引导、教育和被服从，进而以法律的适度介入重塑乡风旧貌。

---

① 参见徐勇《田野政治学的核心概念建构：路径、特性与贡献》，《中国社会科学评价》2021年第1期。
② 参见（清）谷应泰《明史纪事本末》，中华书局2018年版，第182页。
③ 参见（汉）孔安国、（唐）孔颖达《尚书正义》，上海古籍出版社2007年版，第130页。

在内容上,《大明律》不遗余力地推行乡风净化,企图在国家法层面将惩治触角伸向全体臣民,维护乡风清明。在治官上,百司官吏皆有讲读律令的义务,每年由都察院、分巡御史和提刑按察使司考核,违者轻则罚俸、重则褫降。在治民上,明确要求乡饮酒礼须"长幼序坐,贤否分席",维护"亲亲""尊尊"的宗法秩序。且对乡社理讼的申明亭加以保护,"凡拆毁申明亭房屋及毁板榜者,杖一百,流三千里"[①],为里老权威提供国家后盾。可以说,明代立法者善于通过《大明律》等国家法的直接调整和理念约束,在顶层设计上把控乡风文明发展进程。

在方法上,以《大明律》为代表的成文律令,把儒家纲常礼仪作为控制和教化百姓的首要工具,促使乡民世界观和方法论集中于现实社会和人伦道德。这些法律条文具有通俗易懂、条令简要、贴近民众的突出特点,贴合乡村村民的教育程度、心理要素和法律认知,使法律公开性、社会性和普遍性大大增强。更重要的是,《大明律》"吏律"中规定官员有"讲读律令"之义务,使得普通官吏在培养、选拔、任免和考核等诸方面都离不开律法研判与法制教化等指标,基层官吏还承担着道德教师爷、法律宣讲家的重任,促使一方百姓和一方风气在其引导下向上向善。最后,国家的法律法规通过榜文、布告、碑禁等多种传播形式普及到基层民众,促使乡风文明在国家规制轨道上运行。朱元璋于洪武三十一年(1398年)将"老人理讼"和禁止滥讼的乡村治理模式推行后,以民间化程度极高的《教民榜文》作为定分止争的一大依据,矫正好讼民风和刁讼乡风。由此,明代乡风得以依托法律下沉不断匡正,在国家法消极惩恶和积极扬善中去除时弊、良性运转。

与之相适应的是,乡约在制定上一般需要先服从国法,在国家立法缺位之后予以补充。譬如,在明代,农业生产的脆弱属性和自然灾害的应对无力,使乡村救难成为基层政权的常态工作。在国家法层面,《大诰》对官吏贪污赈灾粮款施以极刑。嘉靖八年(1529年)还要求"每州县村落为会,每月朔日,社首社正率一会之人,捧读圣祖《教民榜文》,申致警戒,有抗拒者重则告官,轻则罚米入义仓,以备赈济"[②],以君主诏令的形式直接干预乡村义仓筹备情况。但是,国家法由于体系宏大、法网宽

---

① 《大明律》,怀效锋点校,法律出版社1999年版,第201页。
② (明)李东阳:《大明会典》(卷二十),江苏广陵古籍刻印社1989年版,第368页。

疏，对全国乡村的规制难免不够具体。对此，明代乡约在国家法的统合下，有不少济贫扶弱的救恤规定：合族同居十数代的浦江郑氏《义门规范》要求宗人"更于缺食之际，揆其贫者，月给谷六斗，直至秋成住给。其不能婚嫁者，助之。"①《泰泉乡礼》还仿照《吕氏乡约》，专设"患难相恤"章，胪列水火、盗贼、疾病、死丧、孤弱、诬枉、贫乏等七种困厄，倡导同约之人"协力济之，无令失所"②。可见，在乡风文明建设过程中，乡规民约多是结合村情村貌对国家法作的阐发与补充。乡规民约在制定上皆须以国家律法为依据，一般不得创设或变更律法所无的规则，最终达至二者兼容，不相排斥。

三　郁郁乡约：执法护风的民间本位

与立法层面国家法占据上风不同，明代乡风文明在实际运行中，适用的规范主要是经国家法渗透的乡规民约。一方面，国家法指导民间法，对民间法的规范性、合法性、适用性予以规范。突出的是，明代出现了部分乡规民约由官府预先审批的行政干预现象。嘉靖时，礼部尚书姜宝提出"家法之行，永赖国法"，认为如果不以官法行家法，就不能使家法功效久远，为此他将本人所在的姜氏宗族家法报请中央王朝批准。乡约审批制度崭露头角，反映出明代乡约已经成为国家干预与乡民意志相调和的产物，且是前者主导后者补充，由官府把控乡约规范命脉，实质上延长了国家的垂直管理系统。

另一方面，民间法作为国家法主导和指引下的乡民规范，为国家法与时俱进提供充足养分。总的来说，就是以乡约直接对接国法，使乡民遵守乡约本身就是遵守国法，打通乡风、世风壁垒。一是维持宗族秩序，以基层安定稳固明王朝统治根基。劝忠孝、行善举、勤学业、有仁爱、戒忤逆、戒赌博、禁酗酒、禁伐林木等成为明代乡约主旨，在里老审断下成为宗族坚守的规范。洪武二十一年（1388年），解缙就敏锐地观察到："古者善恶，乡邻必记。今虽有申明旌善之举，而无党庠乡学之规。互知之法

---

① 宋国桢：《郑氏宗族史》，中州古籍出版社1994年版，第104页。
② （明）黄佐：《泰泉乡礼》，载杨一凡、刘笃才编《中国古代民间规约》，社会科学文献出版社2017年版，第59—60页。

虽严，训告之方未备。臣欲求古人治家之礼，睦邻之法，若古蓝田吕氏之《乡约》，今义门郑氏之家范，布之天下。世臣大族，率先以劝，旌之复之，为民表帅。将见作新于变，至于比屋可封不难矣。"① 单纯的国家律法和文化设施，显然不足以化解纷繁复杂的民间纠纷，也不可能应对千差万别的乡村风土。而通过乡约仪式培育乡民敬畏感、认同感和尊崇感，可以使之自觉恪守乡规民约、执行乡约制度，投身乡约倡导的乡风文明建设。

二是主要依靠乡绅里老在法律适用层面将国法贯穿到乡约之中。乡里老人是县官职权在乡村的直接延伸，在"长老权力"（费孝通语）的教化下具有了国家公共管理者的身份。一个里老权力公共化的典型立法例是，《大明律》"收粮违限"条规定："官吏里长受财而容拖欠者，计所受赃，依枉法从重论。"同样将"官吏"与"里长"、"保人"、"甲首"和"族长"等并称的法条还如"脱漏户口"条、"检踏灾伤田粮"条和"逃避差役"条等。当时的律学家雷梦麟甚至认为，"官吏受财"条中的"无禄人"，是指"凡在官之人，若里老之得以判断事情者，皆是"②。国家基本律典通过对里老科以重责，倒逼其依附在官府的指点之下整饬乡风，进而制定和维护不与国家法相悖的乡约。故此，在当时人的眼中，"所谓老人，率阘茸辈，不过督办勘委，以取刀锥之利"③，顾炎武也感叹道，"本朝之老人则听役于官，而靡事不为"④。

表面上看，乡绅里老缺乏管治的独立性和职务的自治性，但从实质上说，皇权下县正是通过里老下县实现的。里老或许不具有州官县宰对国家律法的掌握及适用能力，却并不妨碍他们通过合法的、通俗的和乡民普遍信服的乡约惩恶扬善、保安一方。在此之外，他们作为家族或地区首领，还可以依凭村社族权和个人威望治理乡土社会、整顿不良乡风。嘉靖年间大规模地由国家力量推行乡约制度，要求"每一乡举公正有实行、素信于乡人如宗长副者一二人或三五人，呈立为乡约长，以劝善惩恶，率皆其主之，一如宗之法。每月朔，会于公所，书纪过、彰善二簿一凭稽考，本

---

① （清）张廷玉等：《明史·解缙传》第 14 册，中华书局 2013 年版，第 4117 页。
② （明）雷梦麟：《读律琐言》，怀效锋、李俊点校，法律出版社 2000 年版，第 423 页。
③ （明）叶春及：《乡约篇》，载杨一凡、刘笃才编《中国古代民间规约》，社会科学文献出版社 2017 年版，第 108 页。
④ （明）顾炎武：《日知录校释》，张京华校释，岳麓书社 2011 年版，第 365 页。

职自行戒免"①。地方官为了保持一方安定，不使乡风恶化，也自觉加强了乡约在治理中的运用，不仅通过乡约传达和执行政令，要求乡约管理人配合官府执行赋税征缴、催粮差遣、上报案情等工作，甚至引用乡约作为国家法的补充司法渊源。

其因在于，朱元璋在制定《大明律》后明确表示不准后世修改，导致"太祖之定律文也，历代相承，无敢轻改"②，具有滞后性。乡约相较国家法具有道德抽象性和特殊地域性，在国家法脱节后，更加适合地方官吏详断一方案件，起到息讼平争的诉讼效果。并且，《大明律》对宗法关系、伦理道德等儒家纲常的约束相比《唐律》松动，所谓"重其所重，轻其所轻"，对不少违反礼制之刑罚已由《唐律》中的徒刑降为《大明律》中的杖刑。礼仪教化、纠纷调解、人伦管束等内容可以下移于乡规民约、宗法族规予以规制，轻刑化的国家刑律有利于直接对接民间里老作出的有强制力的纠纷解决决定，从国家法定刑的角度加持民间法的执法和落实。易言之，乡绅里老对触犯礼法教义者有鲜明的执法依据、可行的用刑条件和高度的心理威慑力，使乡里之间通过民间法形成内部小法域，配合"轻其所轻"原则实施国家治理，促使儒家礼法成为重刑之外的鼓励性、宣示性理念，刚柔相济地构建起明代乡风规制的法律框架。

四　淳淳人心：守法造风的信念源流

明代族人普遍地将遵守国家法作为维护乡风、家风的第一要义，是促成国法和乡约有机融合的连接纽带和基本保障。在朱元璋《圣谕六条》指示下，"各安生理、毋作非为"，守法者荣、违法者耻成为乡民公认的信念。谯国曹氏宗族法"守法度"条规定："朝廷法度，是人宜守。吾族幸赖祖宗训教，颇有一个忠厚家声，倘或违法，不惟自家难保，抑且玷辱先人。"婺源萧江氏宗族祠规也申斥道："一切逆天理、拂人心、犯国宪，不应得为之事，皆属非为，皆当谨守，不可一毫妄作，重取罪殃。"③ 乡民对充分体现国家意志的律法显露出尊崇和敬畏的感情，使乡规民约在制

---

①　常建华：《明代徽州的宗族乡约化》，《中国史研究》2003年第3期。
②　（清）张廷玉等：《明史·刑法志》第8册，中华书局2013年版，第2287页。
③　卞利编著：《明清徽州族规家法选编》，黄山书社2014年版，第288页。

度设计、立约意旨上必须与国家法契合，有效避免了国法与乡约的对立和冲突。

个中逻辑是，传统中国借助公共事务的上下分工，实现了规范的次序排布和法理融通，进而对风俗人心加以规制：涉及户婚田土之类的民间细故，民间规约享有更大的自由裁处的空间，而面临棘手的命盗重案可能才引入国家角色，与"官有律令，民从私约"的传统系属一脉相承。譬如，对于地方赛会演戏，国法一般不予干涉，以便乡里民俗。但是，由于装扮春色"填街塞巷，举国如狂"，一旦"争斗滋兴，盗贼窃发，为祸不小"[1]，从《大明律》"搬做杂剧"条到地方官颜俊彦，都会勒令禁止，剔除乡约的不良因素，将无形浮动的风俗文化维系在有形良善的文化活动之中。如果乡约害民，盘剥百姓，如香山县有规约，"例有里长答应"，但"里长复借此科敛小民"，"借名色帮贴于图户之中"[2]，则此约亦会被禁毁，对里长加惩示责。其间，国法与乡约多以规制对象的社会危害性作界分，进而在"出礼则入刑"的圈层标准线上约束了人们的行为，而不是以制定主体为规范位阶的主要区分依据。乡风民俗，主要在温情脉脉的礼仪伦常中得到矫正和规训。

其中，不得不提及王阳明《南赣乡约》《十家牌法》的实践及王学后人的努力，导致明代以东南区域为代表的乡风发生了质的变化。王阳明将作为人物的乡约树立为乡贤典范，赋以教训子孙、和顺乡里之责，不止"今后一应斗殴不平之事，鸣之约长等公论是非"，而且"军民人等若有阳为良善，阴通贼情，贩卖牛马，走传消息"[3]，亦由约长劝诫报官，一应田宅产业、男女婚丧、耕织买卖事务，亦交乡约调处。在熟习国法的循吏安排下，乡约制度将保甲、学校、规约三者结合，逐渐替代了明中晚期颓坏的里老理讼，形成了官批民调、官督民治、官民共事、化民成俗的传统肃风格局。据载，"赣人初与贼通，俗多鄙野，为立保甲十家牌法，于是作业出入皆有纪。又行乡约，教劝礼让。又亲书教诫四章，使之家喻户晓，而赣俗丕变，赣人多为良善，而问学君子亦多矣"[4]。直至清康熙

---

[1] （明）颜俊彦：《盟水斋存牍》，中国政法大学出版社2001年版，第339页。
[2] （明）颜俊彦：《盟水斋存牍》，中国政法大学出版社2001年版，第346页。
[3] （明）王阳明：《王阳明全集》（奏疏　公移），华中科技大学出版社2015年版，第300—301页。
[4] （明）钱德洪、王汝中辑：《王阳明年谱》，力行要览发行所1933年版，第266—267页。

《赣县志》,仍言"倘以十家牌,严保甲,禁游惰,查生理,朔望取具其结。如有窝赌,十家连坐;如有游惰,报明重惩。庶盗源可塞,而风俗可移乎!"① 王学后人如薛侃推行的《乡约十事》(正德,广东揭阳)、邹守益协行的《安福乡约》(嘉靖,江西安福)、聂豹参撰的《永丰乡约》(嘉靖,江西永丰)等,皆大兴明代中晚期国法下沉、与乡约互为表里的盛状。

普遍地说,在事前讲习和引导上,讲学国家成法是明代乡村教育的重要一环。至洪武十七年(1384年)明代科举定式后,八股文虽为考核头等要务,却未能妨碍律法考察的延续。在乡试、会试的第二场中,考生皆须拟写判决五道,以骈俪体作判语,每条百字,作为必考文体之一。故此,上自国子监,下至乡社学,《大明律》、《大明令》和《大诰》等从官吏断案的依据变为乡学士子求取功名的必读书。在明代私塾兴盛的背景下,"家必有塾,塾必有师,师必有德行道艺者而左右……教始于乡间,而化于天下,故风俗厚而王道纯"②,使乡风儒礼自小就可接入国家统治要求。此外,为了防止族人学成入仕后触犯国法、延祸家乡,明代不少乡约在鼓励科举之后,增订了要求子孙廉洁奉公、事君爱民的条款,使贪墨枉法者声名狼藉,造福一方者入谱流芳。时人认为,"宗族子弟一人之贤,众人之光也,其不肖者,门户亦与玷焉",故此,有违风化、落入刑网者,必于"祠前深责其罪"③,乃至对贪官奸佞除谱削名,永不入嗣。在严苛的宗法族规面前,依附于家族血缘的乡绅乡民大多不敢为非作歹,以确保宗脉繁衍、光耀门楣,最终在敬畏宗法的基础上形成了维护乡风的心理信仰,并予以代际相传。

在事后处置和惩戒上,申明亭与旌善亭的广泛设置是矫正乡民理念的必要阵地。尽管申明亭不是严格意义上的司法机关,却在里老裁断或调解下达到了解决纠纷的实际功效,免却了官民裁判的层级阻隔和政权风险,以乡村内生的解纷系统快速解决了基层矛盾。旌善亭以具象立体的榜样树立、教训示例,达到"以案说法"的教育和道德引领功效,使乡贤文化

---

① (清)刘瀚芳等:《康熙赣县志》,凤凰出版社2014年版,第333页。
② (明)何继之:《方氏讲学碑记》,载浦东新区档案馆、浦东新区党史地方志办公室编:《浦东碑刻资料选辑》,上海古籍出版社2015年版,第59页。
③ 费成康:《中国的家法族规》,上海社会科学院出版社2016年版,第236页。

成为乡风文明的中流砥柱。孔子云："子欲善而民善矣。君子之德风，小人之德草，草上之风，必偃。"① 申明亭与旌善亭都有宣传本村乡贤、推广贤德文化的色彩，劝民向善、导民和睦等文明乡风吹拂在两亭之中。

更微观地说，在乡村日常礼仪规范上，洪武二年（1369年）朱元璋行"乡饮读法之令"，要求里社乡饮酒礼须有"读律仪式"②，洪武五年（1372年）又颁行读律礼图，要求有司学官组织百家为一会，自觉讲读律令。此举至清代不废，既在《大清会典图》中以"乡饮酒位次图"明确了乡间读律的场所布置、人物站位和宣教流程，也被加强为"凡乡饮酒，序长幼、论贤良，高年有德者居上，其次序齿列坐有过犯者，不得干预，违者罪以违制失仪"。经国家法指导的民间礼仪和乡规民约，很自然地包含了乡村百姓的长幼序列和亲属等级，被乡民行为实践化和具象化，成了明代乡村生活的习惯和灵魂。

五　结论：明代乡风文明建设路径的当代引申

通过梳理明代乡风文明建设中国法与乡约的效用，我们可以发现，二者在法规范运行的不同阶段呈现不同特性。首先，乡规民约、宗法族规为代表的民间法以维护伦理关系为主要任务，与国家制定法具有高度一致性，呈现出宗法贯穿、家国同构的局面。特别是儒家礼法对国家法和民间法进行了同等质量的洗涤，更加促使二者精神实质互融互通。纵向衔接个人、家户与国家的天下观规范化后，礼与法便成为其结出之花果。通过礼法互动、引礼入法、出礼入刑，乡村秩序得到一体化的制度约束和思想整饬，构成德法共治的两股动力：礼别异，规范个人伦理责任、言行举止，治其心；法同一，彰善瘅恶、静水烛照，治其行。并且，由于中国传统乡村的基本单元是极具"韧性"、自主性和稳定性的家户小农，对国家政权依赖度较低。③ 以礼代法、以礼化法的治理效果比纯粹法规范的落地来得稳妥和奏效。科大卫甚至认为，"礼仪成了国家与社会之间的共同语言，成了国家与社会协商权力的基本游戏规则"，"中国社会的统一性源于共

---

① 杨伯峻译注：《论语译注》，中华书局2009年版，第127页。
② （清）查继佐：《罪惟录》，浙江古籍出版社1986年版，第690页。
③ 参见陈军亚《家户小农：韧性国家的历史社会根基》，《学海》2021年第1期。

同的礼仪"①。所以，与其说是"皇权下县"，毋宁说是通过国家统一的礼法观整合了乡村仪轨。

在以国家政权为保障的国家法制定后，民间法实为宗族组织的自治法，顺理成章成为国法的重要补充。不过，民间法为了维持乡村社会秩序的安定、倡导文明乡风建设，同时也为了保护自己的特殊利益，会以国家法律、民间习惯及纲常礼教为原型，在执法、司法和守法上自发删减增补、加工整理，形成了各具特色、法域平行的民间法分布局面。当然，这种差异性不能触碰国家基层政权治理的底线，不能抵触国家法和君主权威，只能局限于乡情民风、不涉及统治基础的民间小型秩序。因此，民间法在古代以宗族自身力量和国家力量作为其强制执行的保证，以维持既定的宗族秩序为直接目的，从基层巩固的层面起到支持国家政权、维持统治的重要作用。在明代，它与国家法一起，共同组成传统法律体系，国家多正式或非正式、明示或默示地承认其效力。

从明代到近代的乡约实践表明，调和国家法与民间法矛盾关键在于矫正西方视角，以家国伦理为内核，通过区域、底层的规范支撑全域、顶层的制度，又借助上层规范哺育和滋养基层规范。乡风文明建设仅是综合治理中的一环，却足以成为探索前述规则共治的出发点，最终从基层善治着手构筑国家治理体系与治理能力的现代化。

笔者认为，从当下看，如果将国家法的管理对乡风文明的影响视为（x），将民间法的进益对乡风文明的影响视作（y）：在极端情况下，当 x=0 时，乡风文明完全由民间法主导；当 y=0 时，乡风文明完全由国家法主导，这两种是极端情况，而一般情况则是在国家法主导、民间法补充下对乡风文明进行合力建设。这样，就会形成乡风文明建设的"乡风曲线"（M），在特定乡村基础上表示出国家法与民间法对乡风文明建设的相关函数关系（见图1）。如图所示，当国家法与民间法充分协调时，位于曲线 M 上所有的点（如 M1）都能表明乡风文明建设比较科学合理。沿曲线 M 往上，表示民间法发挥的补充作用大于国家法的直接规制，这种情况一般出现在民间法比较发达、历史传统深厚的乡村；沿曲线 M 往下，表示国家法的主导作用明显强于民间法的补充作用，这种情况一般会出现在民间法薄弱、形成较为晚近的乡村。

---

① 科大卫：《明清社会和礼仪》，北京师范大学出版社2016年版，第3、73页。

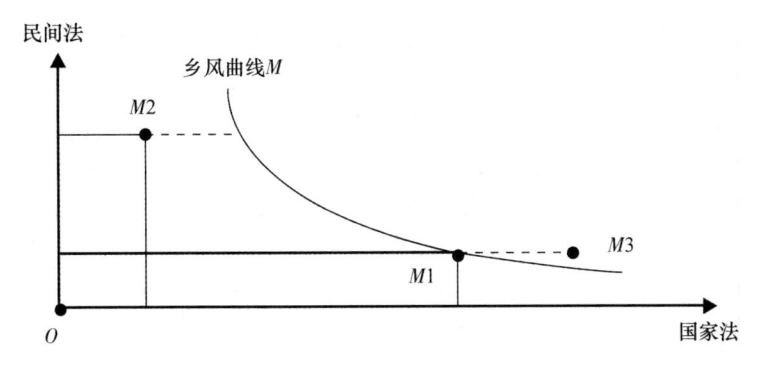

图 1　国家法与民间法之间的函数关系

此时，则要求我们因势利导，针对历史传统、人口地理等因素各异的乡村进行二法协调，保持国家法主导、民间法补充的良性互动局势。在法律制定上，国家法要对民间法的制定、执行和适用加强指导乃至合法性审查，由地方司法行政机关指引村委会、村民大会等订立符合宪法和法律、贴合村情、思想先进、应用性强的乡规民约或宗族法规，与国家法良性协作，构建国家基层治理体系的法治化平台。既不能对民间法放任自流，又要给予其松动的活动空间。

在法律适用上，要坚持依法行政、依法理政，以国家法限制宗族长老运用民间法建造乡民惩戒机制的空间。同时，要加强村规民约的搜集整理，仔细审查其是否具有适用的可能性、合理性，在基层法院和乡村派出法庭中敢于适用民间法作为补充的司法渊源。特别是依据《民法典》第10条："处理民事纠纷，应当依照法律；法律没有规定的，可以适用习惯，但是不得违背公序良俗。"派出法庭是基层法院的派出机构和组成部分，直接驻扎于乡镇，是人民法院审判工作的前沿阵地，担负着大量民事纠纷案件的审理任务，在社会主义法治建设进程中发挥着"神经末梢"的作用。在直接面向农村、面向基层、面向群众的基层审判中，要继承和弘扬"马锡五审判方式"等优良传统，牢固树立司法为民的宗旨意识，要将民间法活学活用，将乡村自治、德治在民间法的完善中立体建构。

在法律文化上，需要以国家法乡风重解民间法乡风，使民间法驱导的乡风文明不违背公序良俗，具备法律品格和现代气息。质言之，由于"法治国家对我们来说不是一个政治概念，而是一个文化概念。它意味着保持相对于秩序的自由,相对于理智的生活,相对于规律的偶然,相对于成规的丰富"[1]。如果说,在法律规范的客观实在上国家法的主导和民间法的补充已被承认,那么,从法律文化上进行再度包裹就是延长其生命力的题中之义。国家法的完备会形成相对稳定的制度文化,一如明代初年形成严惩贪墨、法不阿贵之传统,导致全国官民律己之风和乡村廉正之气肃然。当前,以国家立法规范要求基层村干部和村民略显单薄,如果能够以国家法形成的崇法向善文化为基础,补充以各乡乡约所附带的德业相劝文化,就容易形成正向文化"1+1>2"的制度效益,潜移默化地推动法治乡村内化于心。

在法律人才输入方面,精通国家法的专业人才进入,是改善乡风文明的客观要求。农村司法所、农村法律顾问和农村法律援助等司法行政事务和社会公共服务,需要国家法从资金、政策上予以顶层设计和指导。这些法律人才,不仅应具有明代官吏"讲读律令"的理论素养和职务要求,能够在乡民遭遇法律困境时给予帮扶,更需要有适合基层的娴熟运用民间法的调解功底,将调解制度置于化解矛盾方式的首位。如果驻村法律人才在普法宣传和矛盾纠纷解决中能从容应对,则乡风文明能够成为洽合国家法和民间法的交融点,使法治之风欣然下县。特别是应当加强《宪法》《选举法》《村民委员会组织法》等法律宣教,促使村民充分认识到自身民主权利和义务,不使乡村选举异化为宗族轮岗。特别是在现代乡约制定过程中,应当通过村民会议的审议和民主评议,将具有内部强制力的村规民约、自治章程公开公正、合理有序颁行落实,注重结合村情进行民主选举、民主管理规范建构,对破坏选举秩序、漠视选举规则和认知选举不足者,因人而异予以规制,加强民间法制定的现代效益。

还要指出的是,需要避免图中 $M2$ 和 $M3$ 两种偏转。$M2$ 表明,民间法未臻成熟,国家法没有及时为其提供养分,导致民间法积弱和国家法缺位,或者是当民间法补充强度泛滥,无视国家法的存在,国家法的主导优势会相应削弱,容易出现民间法与国家法抵触。$M3$ 表明,当国家法干预力度过大时,民间法补充空间会相应限缩,出现"全国一个样"的国家法越位局面,消解了民间法对乡村治理因地制宜的合理性和民主性。

总之,要使乡风文明始终位于曲线之上,既要保持国家法的适度干

---

[1] [德]拉德布鲁赫:《法学导论》,米健译,商务印书馆2013年版,第248页。

预，又要充分发挥民间法的执行和适用效能，使之从单纯的道德教义上升为具有法律约束力的行为规范。我们希望，在传承明代乡村文明建设的丰富经验和有力举措之下，能够弃其糟粕，取其精华，寻找到最适合我国当前乡村振兴战略的新路径，不断为乡村永续发展增添可资借鉴的瑰宝。

Why Rural Become Civilized: The National and Folk Law of Rural Governance in Ming Dynasty

Dong Xiaohong

(School of Marxism, Central China Normal University; Wuhan 430079)

Abstract: The construction of rural civilization is the cultural basis and spiritual guarantee of rural revitalization. However, due to the entanglement between national law and folk law, the path of rural civilization construction is not yet clear. According to the historical experience, the two kinds of rules were coordinated organically in the governance of rural civilization in Ming Dynasty. In the legislation, the national regulations controlled rural rules, the latter were the supplementary norm of the former. In terms of law enforcement and judicature, the squires rely on the rural rules recognized by the state and trusted by the villagers to promote the implementation of the law, so that the operation of the rural rules was equivalent to the realization of national law. In compliance with the law, the villagers fully respected the rural rules and etiquette in accordance with the national law, and ultimately promote the realization of good law and good governance in the whole stage of the standardized operation of the law. At present, it is necessary to pay attention to and demonstrate the effect of local customs, village regulations, autonomous regulations and other rules, scientifically plan the relationship between the rule of law system and stage elements, and make the civilized village style become the leader of harmonious social style under the nourishment of local resources.

Key Words: Rural civilization; National law; Rural law; Rural governance; Ming dynasty

关系叠加视角下以家户为基的村落制度形态[*]

——基于"深度中国农村调查"材料的分析

朱 露

(华南农业大学马克思主义学院 广州 510642)

内容提要：人类社会基本组织经历了原始公社—部落—村社整体，再到家户的演进过程，在这些主要形态以外存在着过渡性形态。中国幅员辽阔，村落社会存在较大的区域差异性，以血缘关系为主导的家户制是我国的基础性制度，但不同区域的村庄由于不同的地理环境和不同的村民构成来源，形成了不同的关系叠加形式。经研究，西南区域的村寨血缘关系占主导，呈现出血缘关系和地缘关系重叠的关系叠加；华北区域的村庄存在较强的家族血缘关系，呈现出浓厚的血缘关系寓于地缘关系之中；东北地区的移民底色让血缘关系在单个家庭中维系，呈现出稀薄的血缘关系寓于地缘关系之中。不同的社会形态形成了不同的社会制度，相对于基础性制度的家户制，不同区域村庄实际的社会制度更为丰富和复杂。具体来看，西南地区是家—寨复合制，华北地区是家族共和制，东北地区是家—拟血缘缔合制。农村的社会形态与制度是国家的底色与根基，理解社会形态和制度有利于提升基层治理和国家治理能力。

关键词：血缘关系；地缘关系；关系叠加；家户制；制度形态

《习近平谈治国理政》提到，当今中国国家治理体系是在"历史传承、文化传统、经济社会发展的基础上长期发展、渐进改进、内生性演化

---

[*] 作者简介：朱露，女，博士，华南农业大学马克思主义学院讲师，主要研究中国政治与基层治理。

的结果"。通过有效的国家制度来组织和治理国家,一直都是超大规模国家的治理难题。中国幅员辽阔,区域差异较大,作为一个长期延续的超大规模政治统一体,其呈现出较强的内部韧性与活力。国家治理方式与社会形态发育有关,对社会形态和社会制度的研究是对国家治理和乡村治理的底色和根基进行研究,根基不同,国家的治理方式、治理手段、治理过程都不一样,探究中国农村治理的底色和根基是研究国家治理一把重要的钥匙。本文拟通过对中国三大区域村落的深度调查和研究,以关系叠加为视角,在充分肯定家户制作为中国本源型传统的基础上,补充探究和丰富认识中国传统时期的村落社会形态和社会制度。

一 作为基础性制度的家户制传统

家庭作为一个社会、经济、政治的基本单元,从古至今,一直是社会学和政治学的研究主题,关于家庭制度的研究也由来已久。美国社会学家古德说过,家庭机构不像军队,教会或者国家那样强大,但它却是最难征服的,也是最难改造的。任何一个具体的家庭可能是脆弱而不稳定的,但家庭制度就其整体而论,却是坚不可摧、富有活力的。即使在强大的政治压力下建立了新的社会单位,对个体家庭的支持大大削弱,我们仍然会看到,人们还是会回到某种类型的家庭生活中去。[①] 费正清认为中国是家庭制度的坚强堡垒,并由此汲取了力量和染上了惰性。[②] 可见,家庭制度具有稳定性、持续性和内在活力。徐勇通过与俄国和印度的村社制进行对话,提出中国的基础性制度是家户制,并在此基础上形成独特的农村发展道路。他详细阐述道:"与俄国和印度的村社传统相比,自由、独立的小农家庭构成中国村落社会的内核,是村落社会存在的根基。以强大的习俗为支撑的完整的家庭制度和以强大的国家行政为支撑的完整的户籍制度共同构成的家户制,是中国农村社会的基础性制度或本源型传统。"[③] 家户制概念的提出是将学界已有研究的家庭制

---

① 参见[美]古德《家庭》,魏章玲译,社会科学文献出版社1986年版,第1—2、17页。
② 参见[美]费正清《美国与中国》,张理京译,世界知识出版社1999年版,第21—22页。
③ 徐勇:《中国家户制传统与农村发展道路——以俄国、印度的村社传统为参照》,《中国社会科学》2013年第8期。

度与中国自秦以来实施的户籍制度相结合，试图从基础制度的角度去解释中国农村的经济、社会和治理形态。在人类历史上，因为对农业社会的组织方式不同，产生出部落制、村社制、庄园制、家户制等农村社会的基本组织制度。相对于部落、村社和庄园而言，家户制作为血源性组织，是最基本的单元。

学者们对家户制进行深入挖掘和拓展研究，如陈明以家户为视角，研究日常生活中农民家户主义行为逻辑，以及农民家户主义同村庄公共治理的关系。① 陈军亚认为在传统中国家国同构体系下，"老有所养"的功能主要由家户承担，并形成了以家族为单位的共担、分担、均担、共养机制，构成了中国老有所养的厚实底色。应汲取传统经验，适应社会变化，以"家国共责"实现老有所养作为更为有效的中国治理方案。② 任路认为中国的国家治理表现为纵横治理结构，这种结构原型来自本源性的家户制，即"家"与"户"两个不同性质的单元合为一体，形成以"家"为基点的横向治理和以"户"为基点的纵向治理。家与户之间既存在着合作，又面临着张力，共同塑造了国家纵横治理结构的内在韧性。③ 黄振华与西方的马克思主义小农论进行对话，认为中国小农户的韧性和活力蕴含于长期形成的家户制传统之中，表现为弹性的家户产权、独立的家户经营、整体的家户意识以及有效的家长治理。④ 李华胤从"家村关系"视角提出中国的村落社会具有较高的异质性，呈现出以血缘关系为基础的团聚型"家村关系"，以地缘关系为基础的联合型"家村关系"和以利益关系为基础的结合型"家村关系"。⑤ 可见，学者们在家户制概念提出后，积极拓展相关研究，在家户与乡村治理、家户与公共治理、家户与国家治理等方面开展创新研究，并取得一定研究成果。

---

① 参见陈明《家户主义的行为逻辑及其公共治理》，博士学位论文，华中师范大学，2015年，第1页。
② 参见陈军亚《由家到国、家国共责："老有所养"的中国治理进程——基于大型农村实地调查的认识和启示》，《政治学研究》2018年第4期。
③ 参见任路《"家"与"户"：中国国家纵横治理结构的社会基础——基于"深度中国调查"材料的认识》，《政治学研究》2018年第4期。
④ 参见黄振华《中国家户制传统与"小农户"的历史延续——兼对马克思主义有关小农论断的再认识》，《广西大学学报》（哲学社会科学版）2019年第6期。
⑤ 参见李华胤《家村关系：中国村落社会异质性认识的新视角——基于"深度中国农村调查"材料的分析》，《广西大学学报》（哲学社会科学版）2019年第1期。

马克思认为，人类历史是一个由整体到个体的演进过程。"我们越往前追溯历史，个人，从而也是进行生产的个人，就越表现为不独立，从属于一个较大的整体：最初还是十分自然地在家庭和扩大成为氏族的家庭中；后来是在由氏族间的冲突和融合而产生的各种形式的公社中。"① 他认为农村社会形态经历了从最早的原始公社到次生形态的村社过程，徐勇提出中国的农业生产也经历了原始公社和农业公社的阶段，只是表现形式不一，其重要特点是受血缘关系的支配。② 人类社会基本组织经历了从原始公社—部落—村社整体，再到家户的演进过程。在这些主要的形态中，存在着一些过渡性形态，血缘关系作为一个影响变量，随着村庄区域和地理位置的不同呈现出原生、次生和再生的表现形式。笔者通过在三大区域开展田野调查过程中发现血缘关系的支配载体和支配程度在不同的区域表现为不同形式，区域农村社会也形成不同的制度形态。本文拟在已有研究基础之上，以三个村庄的深度调查材料为基础，从关系叠加的研究视角探究家户制这一本源性制度在不同区域的农村展现出来的不同衍生制度形态，补充从原始公社制到家户制制度演变与发展中的一些过渡性制度形态。

二　三大区域村落的社会关系与形态

（一）村庄的区域性特征

在对中国村庄的认识上，巴林顿·摩尔认为："中国的村庄，跟其他任何地方一样，是中国乡村社会的基本单元，如果将之与印度、日本甚至是欧洲大部分地区的乡村相比，就会发现前者明显缺乏内在的凝聚力。""中国的乡村更像是众多农民家庭聚集在一起居住的一个场所，而不是一个活跃的运转良好的社区。"③ 徐勇认为村庄不仅仅是农业空间聚落，而是人与人的结合，并形成人与人之间的关系及其相应的意识形态。透过村庄这一微观的社会组织，有可能发现整个农业社会及其区域性特质的构成

---

① 《马克思恩格斯全集》第2卷，人民出版社2012年版，第684页。
② 参见徐勇《关系中的国家》，社会科学文献出版社2020年版，第358页。
③ [美]巴林顿·摩尔：《专制与民主的社会起源——现代世界形成过程中的地主和农民》，王茁、顾洁译，上海译文出版社2012年版，第213页。

要素。① 学界对农村的区域划分有两种主要的方式：一是徐勇从"分"与"合"的维度将村庄划分为七大区域，分别是"有分化更有整合"的华南宗族村庄、"有分化缺整合"的长江家户村庄、"弱分化强整合"的黄河村户村庄、"小分化大整合"的西北部落村庄、"低分化自整合"的西南村寨村庄、"高分化高整合"的东南农工村庄和"强分化弱整合"的东北大农村庄。② 二是贺雪峰通过对农民认同和行动单位的考察，将中国农村依南中北进行区域划分，分别是南方团结型的宗族村庄、北方分裂型的小亲族村庄和中部分散型的原子化村庄。③ 村庄划分的维度不同，划分的村庄类型也不同，但总体来看都需要从地理方位上考虑村庄的划分。

笔者在综合两位学者的区域划分基础上，结合自己的实证调查，拟选择西南、华北和东北三大区域来进行村庄的比较研究。关于三个区域的选择和三个村庄的代表性笔者需要做一定解释说明，首先是区域选择方面，在徐勇划分的七大区域标准下，目前学界对长江流域、黄河流域以及华南宗族地区的村庄都有较为丰富的研究成果，但是对于西南和东北这两大边陲地区且有区域特色的研究成果比较少，可以进行补充性研究。将西南、东北两地与华北区域相连，三个区域在中国版图上呈西南—东北走向，此走向在国家文化、地理方面有多条分界线，三个区域村庄的社会形态是否呈现规律性或渐进性特征也有待进行研究。其次是村庄的区域代表性方面，三个村庄并非随意选择，而是遵循了理想型分类的科学方式。理想类型研究是德国社会学家韦伯所创立的研究方法，这种研究将事物的本质特性抽象出来，加以分类。在农村研究中，选择最符合区域性特征的村庄进行深度调查。只要选择若干最能体现区域性的村庄进行调查研究，就有可能从总体上把握该区域类似村庄的共同特征。村庄性与区域性是相联系的。只有从区域性整体特征出发，才能选择最能反映区域特征的村庄；只有深度把握村庄特性，才能充分说明区域特性。本文所使用的村庄个案源于笔者参与华中师范大学中国农村研究院组织的"深度中国农村调查"，在村庄的选择上严格按照区域整体性特征，有一定的代表性。

---

① 参见徐勇《"分"与"合"：质性研究视角下农村区域性村庄分类》，《山东社会科学》2016年第7期。

② 参见徐勇《"分"与"合"：质性研究视角下农村区域性村庄分类》，《山东社会科学》2016年第7期。

③ 参见贺雪峰《论中国村庄结构的东部与中西部差异》，《学术月刊》2017年第6期。

（二）西南区域的原生型村寨形态

因历史原因，西南地区离皇权中心较远，属于边陲地区，大多数村庄基本上是同一个姓氏，同一家族的人，表现为血缘与地域的重叠，形成有共同的认同感和归属感的血族共同体。贵州省黔南州龙里县的安金寨，是典型的单一民族、单一姓氏聚集的自然村寨。据罗氏族谱记载："相传在明朝洪武年间，罗氏先祖奉调南征，自赣来黔，从江西南昌到贵州龙里，平定后，立有功，就地安居，留此填籍，后世与汉、夷、苗等族通婚，妻汉则汉，妻夷则夷，妻苗则苗，依妻堂之宗教信仰、礼仪、风俗、习惯以至于今。罗氏始祖龙公，重农业、尚勤俭、治家有方、家模聊阔，一时乡人称羡。"[①] 安金寨作为单一姓氏的山区民族村寨，经济、社会和治理形态情况如下：

1. 村寨经济形态：寨山寨田，寨民公有

安金寨有岩洞脚山、背后山、长城坡、望栏坡、马坡、新狮坡、老虎冲坡等大小山林共十多座，山林大多数属于村寨所有，少部分山林树木的使用权归各家庭所有，各家庭的山林间没有明显边界，但本寨与外寨的山林以明确的山岭、壕沟、石头为界。村寨有近5亩公共山林，山内的林木有几大固定用途：一是村寨人家有白喜事时，向寨老请示经同意，可以将其用作办白喜的燃料，不限量；二是如果寨内有人家的房屋倒塌，向寨老请示经同意，可以去砍公共山林的树木来建新房子；三是如果寨内道路不好，有壕沟导致牛马过不去，可以砍公共山林的树去做木桥，不需要请示。其他情况村民需要用到树木，就只能砍自家拥有使用权的林木。安金寨的公共田有"冬至田"和"清明田"，冬至田有4亩，为全寨人所有，清明田有8亩，归寨内四个房支的人分别拥有。

2. 村寨社会形态：社会活动，寨民互助

安金寨人共同居住、共同生活，在办理红白喜事等社会事务和抵御自然灾害等方面体现了较强的互助性。家庭有红白喜事时，由家门长老担任总管，在寨里的成年人都要去帮忙，听从总管安排，如果寨内同时有两户及以上人家办事，则由主人们共同商量按寨内上院、竹山院、井边院的分布平均分配帮忙人口。办红事时，多由主人家自己准备材料，办白事时，前去帮忙的人要从自己家带着粮食蔬菜过去送给主人家，寨民共同出资出

---

① 贵州省黔南州龙里县湾滩河镇安金寨《罗氏族谱》。

力以解燃眉之急。村寨白事抬老人上山的龙杆归村寨所有，有白事发生的人家用完进行保管，如果损坏或者丢失，要进行赔偿。安金寨房屋多为木质房，在冬季和刮风天气，烧柴火易引发火灾，寨前平坝地的水稻在夏季生长期易发生虫灾。为了抵御各种灾害，安金寨民形成了一个紧密的联合体。村寨遇到严重的旱灾、虫灾、火灾时，全寨人以家庭为单元进行"共投"集资、"打清醮"求雨、"打保坝"防虫灾和"扫火会"防火灾等集体活动，驱灾避祸，保寨民平安，村寨整体是一个紧密联结的共同体。

3. 村寨治理形态：寨老为首，寨民共治

安金寨长期的有序发展得益于村寨中自然形成的最高权威"寨老"的管理。寨老由村寨内辈分大、年纪大、经济条件好、人缘好、有信用和有担当的男性担任，寨老不能由特定的房支担任。在村庄公共事务的管理方面，寨老不定期组织寨民召开村寨大会，各家的家长出席共同商讨，如修桥修路，由寨老安排筹资筹劳。寨内有成文的寨规，每年冬至祭祖结束之后，寨老要在祠堂对寨规进行补充，然后对寨民进行宣布，寨规民约包括共同维护村寨公共卫生，不允许有偷盗行为，不允许砍伐公共树木，不允许弄脏公共水井等。如果寨民违反寨规，寨老会对违反者进行罚款并当众批评，给予警示。

（三）华北地区的次生型村庄形态

华北地区位于皇权中心地区，村庄较为集聚，村庄中有大姓形成的大家族，在地方有较高的经济和社会地位，表现为浓厚的血缘关系寓于地缘关系之中。河北省保定市容城县的北张村是典型的以大姓为主的多姓村庄，据说在早期，北张村与邻村南张村是由一对张姓兄弟分家而重新立村，老大居北张村，老二居南张村，张氏是北张村一开始的主要姓氏。后在明朝洪武年间李氏、刘氏因移民政策从山西省洪洞县迁徙到北张村，成为村里的两大姓氏，形成村里的两大家族。

1. 村庄经济形态：族田祖地，家族共有

北张村的刘、李两大家族是第一批迁移到北张村的村民，首先占据了村庄大量的庄窠[①]和耕地，后随着家产积累又不断买入土地，两大家族的家庭占有村庄一半土地，其余小家庭占有村庄另外一半土地，农民土地占有极不平均，大家庭土地高达一千多亩，小家庭则低至两三亩，村庄内部

---

① 指农户的宅基地。

贫富差距较大。北张村的土地占有情况形成了村庄大家族发达的雇工经济和小家户的互助合作，大家族主要采取雇佣长工、季工和短工等方式来进行土地经营，而小家庭则采取"伙俱"①、"叉俱"② 和"雇赏"③ 等家户互助合作的方式来进行生产经营，仅能维持日常生活。刘氏和李氏家族中不仅各个家庭有较多的土地，家族也有不少的公地，血缘性公田包括族田、祠堂田和祖坟地三种。族田属于整个大家族所有，个人没有变卖的权利，祠堂田所产粮食用于供奉香火或祠堂修缮等家族公共活动。

2. 村庄社会形态：社会防卫，家族保护

北张村两大家族对家族成员的保护主要体现在三个方面：一是身份保护。家族身份涉及这个人能否参与家族的公共活动，能否享有家族权益。家族内部成员可以将祖宗供奉到家族祠堂中，参与家族组织的清明节聚餐活动等。二是经济保护。家族内会承认各家庭土地的所有权、耕作权和收益权，也不会随意侵占家庭的土地，并对家庭土地私有进行保护。家族成员之间可以置换土地，在一些家庭的土地受到侵占时，家族会出面保护。此外，家族的公共土地会让族内较为贫穷的人家进行租种，让其维持日常生活。三是防卫保护。北张村经济水平在几个邻村之间相对较高，且村庄开放性程度较高，常常招引来外地"砸明火"的土匪和强盗，绑票事件常常发生，住在村周围被抢劫和偷盗的情况比较严重。在防卫方面，中等家庭采取组织维持会的方式联合防卫，刘氏和李氏这些大家族的富人家庭进行家族内部的自我防卫，如将房屋建在街里，修建高墙大院，雇佣会武术的人看家护院等。

3. 村庄治理形态：族长为首，兼任村长

村里的两大家族都有自己的族长，家族的族长人选是辈分高、年龄大、有声望和有经济条件的人家。族长主要管理家族内部的公共活动，比如续写族谱、修缮祠堂、老人过世、男丁出生等大事的主持，清明节组织祭祖活动等。由于两大家族在村庄中经济条件较好，族长在家族内有较高权威和声望，所以族长在整个北张村和在其他普通村民心中，也有较高的

---

① 指两户人家各有一头牲口和部分农具，农忙的时候两家相互使用对方家庭的牲口和农具，耕地效率更高。
② 指两户人家共同买一头牲口，每户人家轮流养半个月，谁需要用的时候就用。
③ 指人工换牛工，劳动力多的人家去给有牲口的人家做三天活儿，便可以使用一天牲口，三天人工换一天牛工。

社会地位。在 1949 年以前，北张村的村长大部分都是来源于这两大家族，且历任村长中数李氏族人数量最多。能够当村长的人首先家中的经济状况要好，有一定的财力才能解决一些问题；其次，村长要和各方面的人都能打交道，需要在村民心中有较大权威；最后，村长要有一定的知识文化，要读过书有见识。

（四）东北地区的再生型村落形态

东北地区的村庄因为有移民底色，村庄没有形成大家族，是由多个姓氏形成的杂姓村，表现为稀薄的血缘关系寓于地缘关系之中，地缘关系的纽带强于血缘关系，村民对村落共同体有较强的认同感。辽宁省开原市兴隆台村是典型的有移民底色的杂姓村庄，兴隆台的村民按先后顺序可分为坐地户、先来移民和后来移民三类。传统时期兴隆台村有两户大户人家，分别是谭家和富家，他们到兴隆台村比较早，先占的土地比较多，社会地位也比较高。兴隆台村有很多姓氏，在日常生活中，各个姓氏以血亲、姻亲、干亲等丰富的社会关系构成了村庄完整的社会形态。

1. *村屯经济形态：土地私有，家户经营*

兴隆台村没有属于村庄和家族的公共土地，只有属于学校的 20 亩学田地，其他土地基本上都是家庭所有。兴隆台村土地较多，分布在东西垄、北台子、南边坝、四天半和南洼子等地，土地最多的农户有 200 亩，最少的也有 10 亩左右，村民间土地占有差距不大，村内没有经济条件特别好的大户人家。较晚来村的移民大多数靠给有地人家做长工、短工为生，另外还有部分晚来移民靠从事手艺活维持生计，如鞋匠、铁匠和木匠等。在兴隆台村，家长是一家之主，最主要的权力就是家庭内的劳动分配权，家庭的土地经营全部由家长直接管理，如果家中土地较多的话，劳动力不够，就需要与其他家户进行生产合作，主要包括榜青①、帮工、换工等互助合作经营。总体来看，在有移民底色和血缘关系较为薄弱的村庄，家户自主经营是土地经营的主要方式。

2. *村屯社会形态：社会合作，缔结拟血缘*

在兴隆台村，血缘关系和亲属关系是最主要的关系，但因为村庄有来自各地的移民，为了更好地开展生产生活，村民们自发建构一种拟血缘关

---

① 当地人又称之为"招青"，属于一种分益雇役制，榜青户承担用工，土地所有者承担其他，耕种之前双方讲好报酬。

系，扩大社会交往。拟血缘关系是以家户为单位，男性拜把子，当地话也叫作"磕头的"，一起磕头的人家经济条件都差不多，穷苦人家拜把子的情况更普遍，磕头的成员大多数都是长工，或是自家有少量土地的普通庄稼人，还有铁匠、木匠、石匠等手艺人，磕头的不分外来户还是坐地户，可以跨周边几个村屯，只要大家条件差不多，合得来，就会形成拟血缘关系。磕头的兄弟最少有五六个，最多有十七八个，磕头了的人家在日常生活中互相帮助，比如生产互助、借钱借粮不收利息，红白喜事主动积极帮忙，一年要聚齐吃几顿饭等。因为这些普通家庭自身经济条件有限，扩大社会交往和形成血缘之外的社会联结对他们来说尤为重要。拟血缘关系成为除血缘关系以外联系最紧密的一种社会关系。

3. 村屯治理形态：村长为首，屯长协助

兴隆台村隶属于施家堡村，施家堡村有十几个自然屯，分别是董孤家子、南老边、前施家堡、后施家堡、项家窝棚、前三家子、后三家子、王家窝棚、关公台、南英城、马架窝棚、兴隆台、老虎头、孤家子等。施家堡村的村长是兴隆台村的谭御林，能担任村长的人在当地有威望、教育水平较高、能够解决具体事务。村长管理施家堡的所有事务，如摊派劳工、摊派车马等。管理兴隆台村的人叫作屯长，屯长主要听从施家堡村村长的工作安排，协助主村将村庄的各项事务有效落实，其次还需要解决本屯内的一些矛盾纠纷。屯长一定要是本屯的人，对本村的事情比较上心，有较强的能力处理屯内的公共事务，善于与人交往和勇于承担责任等。

以上分别讨论了西南区域、华北区域和东北区域在村庄经济形态、社会形态和治理形态，这些区域特点深深影响着当地人的日常关系和行为，关系影响着群体的行为，而行为反过来又能加深关系，进而也就形成了当地长期存续的社会形态和社会制度。

三 血缘—地缘关系中的村落社会制度

徐勇提出"关系叠加"理论，其核心观点是：国家是在人类社会关系中生长、发展和演化的。在中国的文明进程中，依次出现的社会关系不是简单的断裂和重建，而是长期延续、不断扩展和相互叠加，由此造成制度的重叠式变迁和政治现象的反复性出现，并通过国家治理体系的改进而不断再生产出新的关系模式。简而言之，关系构造国家，国家再造关系。① 通过对三个区域进行深度田野调查，笔者发现农民不仅生活在村庄中，而且生活在一个关系非常丰富的世界中，各种关系将孤立分散的农民联结起来，并构成农民在经济生活、社会生活和政治生活中的行为逻辑。不同区域的村庄处于不同的地理环境中，村民的构成来源不同，村庄也形成了不同的关系构成，村庄越发达，关系越丰富。以家户单元为主的血缘关系是所有关系中最基础的关系，从人类自身生产来看，血缘关系是最初的社会关系。血缘关系是一种自组织的力量，即当事人依据自然形成的血缘关系组织成为一个群体，并依据血缘关系进行自我治理。血缘关系在不同区域也表现出不同的形态，经过深度中国农村调查可知，西南区域血缘关系占主导关系，呈现出血缘关系和地缘关系重叠的关系叠加；华北区域村庄的大家族仍然存在着较强的血缘关系联结，呈现出浓厚的血缘关系寓于地缘关系中的关系叠加；东北地区的村庄的血缘关系只维系在各家庭之中，较为松散，只能靠拟血缘等其他社会关系来加强社会联结，呈现出稀薄的血缘关系寓于地缘关系中的关系叠加。不同的区域形成了不同的关系叠加，也就形成了不同的社会制度，相对于作为基础性制度的家户制，不同区域村庄实际的社会制度关系就是在家户制基础上和其他关系相互叠加的一种制度形态，比基础的家户制度更为丰富和复杂。

（一）西南地区的家—寨复合制

西南地区村寨所有家户彼此之间以共同的血缘关系作为纽带，联结着各家户的经济、社会和政治生活。由于西南村寨的封闭性，寨民很少外出，从出生到离世，家庭关系、村寨关系是贯穿寨民一生的主要关系。如费孝通所说，"'生于斯，死于斯'把人和地的因缘固定了。生，也就是血，决定了他的地。世代间人口的繁殖，像一个根上长出的树苗，在地域上靠近在一伙。……血缘和地缘的合一是社区的原始状态"②。家户血缘和村寨地缘的合一正是西南村寨的原始状态。首先各个家庭作为血缘单位，进行自我繁衍和扩展，由小的核心家庭扩展为由若干家庭构成的村寨整体，村寨具有血缘关系和地缘关系的重叠性和复合性，寨民既是亲人，又是邻里。村寨共同体在西南地区的寨民心中要比单个家庭更为活跃和重要。首先是经济方面。西南村寨普遍有较多的公共山林和公共土地，产权由村寨所有，

---

① 参见徐勇《关系中的国家》，社会科学文献出版社2020年版，第2页。
② 费孝通：《乡土中国 生育制度》，北京大学出版社1998年版，第70页。

使用权归寨民所有,使用规则由寨老管理和监督,村寨的整体性在经济上有所体现。其次是社会方面。村寨地处偏僻,容易遭到外界侵扰,村寨生产条件落后,容易引起各类灾害。一家一户力量薄弱,无法解决因自然条件引起的各种困难,需要村寨整体合力解决问题,村寨在生活防灾、生产防虫和治安防卫等社会互助中表现出紧密的社会联结。最后是治理方面。村寨是地域关系的基本单位,村寨共同体的功能表现为维护内部秩序和组织外部防御,寨老是村寨自然形成的公共权威,村寨内的矛盾纠纷、村寨祭祀等都由寨老解决。相关研究者曾提出"由于西南地区远离国家政治中心,相对于国家而言,家户对村寨的依赖程度更高。村寨基本单元孕育了以村寨地域关系为主导的双重权力结构、双层规则体系和村寨主义价值取向,形成村寨共同体的自治传统。村寨制政治形态是西南特殊地域下传统国家成长进程中的阶段性产物,也是村民自治发源于南方少数民族地区并运行较好的重要基础"[①]。可见,如图1所示,西南地区的社会制度形态是"家户制+村寨制"的家—寨复合制,表现为血缘关系与地缘关系的重叠。

图1 血缘关系与地缘关系重叠的西南村落形态

(二)华北地区的家—族共和制

与西南地区的宗族不同,华北地区的家族是家户之上的主要共同体。有学者曾对宗族和家族在狭义和广义上分别进行概念界定,岳庆平认为

---

① 秦荣炎:《关系叠加视角下的村寨制政治形态——以西南传统侗族村落社会调查为基点》,《云南社会科学》2020年第4期。

"狭义宗族是指血缘关系明确、存在经济联系并通常同居一地的父系组织；广义宗族是指所有的同姓"，"狭义家族是指血缘关系较近、经济联系密切但又不同居共饮的父系组织；广义家族是一种纵横结合的组织，它不仅包括纵的血缘的父族，而且包括横的以姻缘为主的母族和妻族"[①]。费正清认为"从社会的角度看，村子里的中国人直到最近，主要还是按家族组织起来的，其次才组成同一地区的邻里社会。村子通常由一群家庭和家族单位（各个世系）组成，他们世代相传，永久居住在那里，靠耕种某些祖传土地为生"[②]。徐勇也提出家族是以核心家庭为主干，因为血缘和婚姻关系向外扩展，形成比核心家庭更大的血族团体。[③] 华北地区的村庄在家户的基础上存在着若干个大家族，家族共同体在村庄的经济、社会和治理形态中都发挥较大作用。在经济方面，村庄的大家族有族田、祠堂田和祖坟等，产权归整个家族所有，土地的产出一是用于家族在清明节和冬至等重要节日的开支，二是用于祠堂的修缮等公共事务的开支，家族财产归族长代为管理。在社会方面，家族内部经常举办祠堂供奉、续写族谱、治安防卫等家族事务，以维系家族社会的存续。在治理方面。年纪大、辈分高和有声望的家族长辈担任族长，形成内生于家族内部的家族权力，一定程度上约束了家族内各家户的行为活动。可见，如图2所示，华

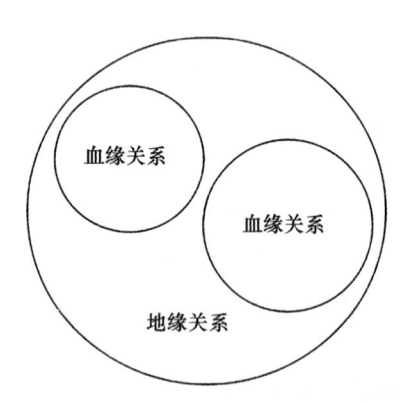

图2　浓厚血缘关系寓于地缘关系的华北村落形态

①　岳庆平：《中国的家与国》，吉林文史出版社1990年版，第63页。
②　［美］费正清：《美国与中国》，张理京译，世界知识出版社1999年版，第25页。
③　参见徐勇《关系中的国家》，社会科学文献出版社2020年版，第200页。

北地区的社会制度形态是"家户制+家族制"的家—族共合制，表现为浓厚的血缘关系寓于地缘关系中的大部分重叠。

（三）东北地区的家—拟血缘缔合制

由于自然和社会原因，乡村除了同一血缘关系的单姓村以外，还有非同一血缘关系的多姓村和杂姓村。各家庭之间不是血缘关系，而是一种地域关系，即因共同的地域联结而成。[①] 东北地区农村社会的村民来源有本地的坐地户，还有不同时期从各地来的移民，姓氏不同，未形成较大的家族，社会的主要单元就是基础的家户。东北的村庄是由若干家庭组合而成的一个村落，各家庭间有着稀薄的血缘关系，村民们主要通过建立拟血缘关系来加强社会联结。在经济方面，有拟血缘关系的家庭会在农业生产中进行生产互助，以面对天灾和劳动力缺乏等问题。在社会方面，有拟血缘关系的家户之间在红白喜事和房屋修建方面会主动帮忙，在姻亲联结方面也作为优先考虑的对象。在治理方面。东北村庄这种地域性村落无法形成以血缘主导的寨老或者族长等内部权威，村长就是村落的主要权威，村长是以能力为导向，同时家庭经济较好、个人学识和声望较高也是村长需要具备的条件。可见，如图3所示，东北地区的社会制度形态是"家户制+拟血缘制度"的家—拟血缘缔合制，表现为稀薄的血缘关系寓于地缘关系中的小部分重叠。

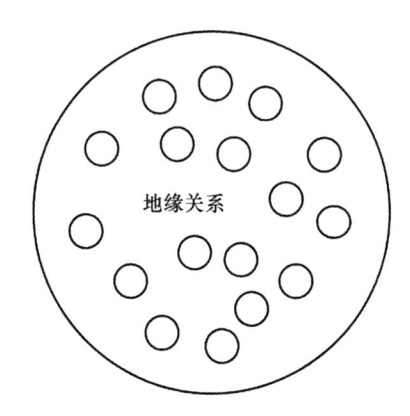

图3 稀薄血缘关系寓于地缘关系的东北村落形态

① 参见徐勇《关系中的国家》，社会科学文献出版社2020年版，第160页。

通过以上对三个地区村落社会形态的考察，从关系叠加的视角发现，西南地区血缘与地缘合一，华北地区血缘关系大于地缘关系，东北地区地缘关系大于血缘关系。但除了血缘关系和地缘关系这两种主导关系之外，各个地方还有作为影响变量的其他不同的关系，除了血缘—地缘关系，西南还有民族关系，如苗族和布依族等少数民族；华北还有阶层关系，如各村因经济差距形成的大财主和贫苦农民；东北地区还有熟人关系和业缘关系，如由同一地区的移民熟人形成的同乡会，还有因没有土地可开发而形成的以做木匠、铁匠等手艺活为生的业缘群体，村庄是一个多种关系叠加的网络。具体如下表所示：

表1　　　　　三大地区的村落社会关系、制度和形态

	西南区域	华北区域	东北区域
姓氏构成	单姓	多姓	杂姓
血缘—地缘关系	血缘地缘合一	血缘强于地缘	地缘强于血缘
村落社会制度	家—寨复合制	家—族共合制	家—拟血缘缔合制
社会形态	原生形态	次生形态	再生形态
其他关系	民族关系	阶层关系	熟人关系 业缘关系

四　结论与讨论

马克思说过："人们自己创造自己的历史，但是他们并不是随心所欲地创造，并不是在他们自己选定的条件下创造，而是在直接碰到的、既定的、从过去承继下来的条件下创造。"① 徐勇也提出"当下是历史的延续，中国的发展和中国的道路是在长期历史过程中形成的"②。他还认为中国国家进程的重要特点是，尽管地域关系占主导地位，但久远的血缘关系及其组织形态没有被炸毁，反而一直延续下来。③ 可见，起点决定路径，原型规制转型，认识和理解中国都需要从传统的和历史的视角来看未来的发

---

① 《马克思恩格斯全集》第1卷，人民出版社1995年版，第585页。
② 徐勇：《历史延续性视角下的中国道路》，《中国社会科学》2016年第7期。
③ 参见徐勇《关系中的国家》，社会科学文献出版社2020年版，第250页。

展。目前的中国正处于"世界百年未有之大变局"的时代背景下，提高国家治理能力要从中国的历史中来寻求中国道路。在马克思主义者看来，社会分工是文明和国家产生的重要原因。在中国，社会大分工到了第二次就停止了，农业家庭成为社会基本单位，并在此基础上建立起国家，近代以来，遭遇工业文明，个体化成为大趋势，但中国的家户制在现代化进程中仍然有其恰当的位置。通过关系叠加的视角发现中国各个区域在家户制的基础上，仍然存在其他的独特制度，如西南地区是家户制和村寨制的重叠，华北地区是家户制和家族制的重叠，东北地区是家户制和移民制度的重叠，从而造就了血缘关系和地缘关系不同的重叠方式。只有深入认识和理解各区域村落社会形态和制度，才能进一步提升基层治理能力和国家治理能力。

Family Based Village System from the Perspective of Relationship Superposition
—Analysis Based on the Materials of "in Depth Rural Survey in China"

Zhu Lu

(College of Marxism, South China Agricultural University, Guangzhou 510642, China)

Abstract: The basic organizational unit of human society has gone through the evolution process from primitive commune, tribe, village community as a whole to household. Besides these main forms, there are some transitional forms. China has a vast territory, and there are great regional differences in village society. The family system dominated by blood relationship is the basic system and original tradition in China. However, villages in different regions have formed different forms of relationship superposition due to different geographical environment and different sources of villagers. According to the research, the blood relationship of villages in southwest region is dominant and the only one, showing the relationship superposition of blood relationship and geographical relationship; the families in North China region have strong blood relationship, showing the relationship superposition of strong blood relationship in geographical relationship; the immigration background in northeast region makes the blood relationship only maintain in a single family, showing a rare phenomenon Thin consanguinity lies in the superposition of geographical relations. Different social forms form different social systems. Compared with the family system of basic system, the actual social systems of villages in different regions are more abundant and complex. Specifically, the southwest is a family village complex system, the North China is a family nationality republic system, and the northeast is a family pseudo kinship association system. Rural social form and system are the foundation of a country. A deep understanding of social form and system is conducive to improving rural governance and national governance capacity.

Key Words: blood relationship; geographical relationship; relationship superposition; family system; institutional form

生存倒逼下的自愿联合*
——传统家户村落的公共物品供给机制及其当代启示

郑永君 吴义飞 杨 雯

(西北农林科技大学人文社会发展学院 陕西杨凌 712100)

内容提要：本文以典型华中家户型村落为例，通过口述历史和田野调查收集资料，运用个案研究的方法，对国家不在场的传统时期华中家户型村落的公共物品供给机制和村落治理模式进行分析。研究表明：（1）传统时期华中家户型村落仅供给为数不多的生存型公共物品，其供给机制是自愿联合，其经济基础是私人的一次性募集，使用模式是谁生产谁使用。（2）自愿联合作为村落一种组织方式，形塑出自我调节的自主性治理模式。（3）不同的自愿联合组织单元形成不同的权威主体，并产生对应的治理权力。产权占有是公共治理权力产生的本源性机制，与生存倒逼、权责对等共同构成治理权力的合法性基础。（4）传统时期家户型村落公共治理结构呈现出分散化权力结构的特征，具体表现为主体多元化、权力临时化、权力低公共性和权力弱组织性。本研究结论对于实施乡村振兴战略进程中农民的合作及参与、村庄公共物品供给及乡村治理等难题的破解具有一定的启发意义。

关键词：国家不在场；家户型村落；公共物品供给；自愿联合；自主性治理

---

* 基金项目：国家社会科学基金青年项目"乡村振兴中的基层'动员—参与'协同机制研究"（21CZZ017）。

作者简介：郑永君，男，政治学博士，农林经济管理博士后，西北农林科技大学人文社会发展学院副教授，硕士生导师，研究方向为城乡公共治理；吴义飞，男，硕士研究生，西北农林科技大学人文社会发展学院，研究方向为农村公共治理；杨雯，女，硕士研究生，西北农林科技大学人文社会发展学院，研究方向为农村公共物品供给。

一 文献梳理与问题提出

传统中国[①]"皇权不下县",县以下没有国家官员,政府不提供民生性公共物品。秦晖认为,传统时期"国权不下县、县下唯宗族、宗族皆自治、自治靠伦理、伦理造乡绅"[②]。孙中山说"人民对于皇帝只有一个关系,就是纳粮,除了纳粮之外,便和政府没有别的关系"[③]。传统中国如何实现"皇帝无为而天下治"[④],基层社会如何实现公共物品的自我供给和自我满足?区域和类型比较的视野下,华南的宗族型村落依托宗族组织供给公共物品[⑤],华北的会社型村落则依托功能性会社供给公共物品[⑥],那么缺乏组织基础与合作传统的华中家户型村落如何实现基础性公共物品的自我供给?又形塑出何种村落治理形态?

回顾中国乡村公共物品供给问题的研究,主要可以概括为制度、主体和产权三种基本视角。制度视角关注村庄内外的正式制度与非正式制度对农村公共物品的影响。一是自上而下的政府治理体制,如城乡差距、乡村治理制度与公共物品供给制度不匹配[⑦]等。二是村庄内部的地方治理体制,如乡村内生权威和组织结构[⑧]、自治单元集体搭便车[⑨]等。三是村庄内部和外部因素综合影响,如政府组织和社会制度[⑩]、村民自治与行政干预[⑪]等。

[①] 借鉴以往研究,本文将传统时期界定为晚清及民国时期。参见狄金华、钟涨宝《从主体到规则的转向——中国传统农村的基层治理研究》,《社会学研究》2014年第5期。
[②] 秦晖:《传统十论》,东方出版社2014年版,第8页。
[③] 孙中山:《三民主义》,九州出版社2012年版,第89页。
[④] 费孝通:《乡土中国 生育制度》,北京大学出版社1998年版,第62—63页。
[⑤] 参见黄振华、常飞《家户与宗族:国家基础性治理单元的辨识及其逻辑》,《华中师范大学学报》(人文社会科学版)2021年第4期。
[⑥] 参见麻国庆《家与中国社会结构》,文物出版社1999年版,第115页。
[⑦] 参见张兵、楚永生《农村公共物品供给制度探析》,《江海学刊》2006年第5期。
[⑧] 参见孔卫拿、肖唐镖《财政转移支付、地方治理结构与中国农村基本公共品供给质量——基于2011年全国23省149村抽样调查的实证分析》,《人文杂志》2013年第12期。
[⑨] 参见刘筱红、柳发根《乡村自主治理中的集体搭便车与志愿惩罚:合约、规则、群体规范——以江西Y乡修路事件为例》,《人文杂志》2015年第5期。
[⑩] 参见 Xueguang Zhou, "The Road to Collective Debt in Rural China: Bureaucracies, Social Institutions, and Public Goods Provision", *Modern China*, No. 3, 2012, pp. 271–307.
[⑪] 参见王晓毅《乡村公共事务和乡村治理》,《江苏行政学院学报》2016年第5期。

主体视角关注公共物品供给主体。一是内生性权威，如士绅等。内生性权威的积极介入能够促进村庄公共物品供给。[1] 二是宗教。宗教在农村公共物品供给中发挥了一定的功能，[2] 但对农村公共文化供给也会产生负面效应[3]。三是宗族。在一定条件下，如同时存在宗族与民主[4]，宗族能够促进村庄公共物品供给[5]，但也可能会产生不良的治理后果，如宗族矛盾掣肘村民就公共事务达成共识[6]。四是会社。郑永君认为会社是传统时期北方村落供给公共物品的重要主体[7]。五是行政组织。村委会、村小组、村民构成了农村公共物品供给的三级主体，但村委会的自主性不足[8]。六是村民自身。利益是驱动农民合作的内在原因，乡村精英是推动农民合作的主导力量，社会资本则是整合和动员农民合作的机制[9]。但集体行动和利益博弈导致了村庄公共物品供给困境[10]。

产权视角则从产权与治理关系来考察公共物品供给。一是产权的社会属性与公共物品供给。邓大才认为中国的产权具有很强的社会属性，且产权的社会属性的强弱与国家公共物品供给能力呈负相关[11]。陈于认为产权

---

[1] 参见罗小锋《社会资本与公共物品供给中的精英动员——基于对闽西M村的实地研究》，《福州大学学报》（哲学社会科学版）2014年第5期。
[2] 参见李浩昇《锲入、限度和走向：乡村治理结构中的基督教组织——基于苏北S村的个案研究》，《中国农村观察》2011年第2期。
[3] 参见阮荣平、郑风田、刘力《公共文化供给的宗教信仰挤出效应检验——基于河南农村调查数据》，《中国农村观察》2010年第6期。
[4] 参见孙秀林《华南的村治与宗族——一个功能主义的分析路径》，《社会学研究》2011年第1期。
[5] 参见温莹莹《非正式制度与村庄公共物品供给——T村个案研究》，《社会学研究》2013年第1期。
[6] 参见韩燕、何欢、张琴、郭艳《宗族组织、权威人物和农民进城对农村公共物品供给的影响——以川南乡村筹资修建"户户通"公路为例》，《公共管理学报》2021年第2期。
[7] 参见郑永君《产权的政治：产权结构、公共物品供给与传统村落治理——基于华南、华中及华北三村的比较研究》，博士学位论文，华中师范大学，2020年。
[8] 参见苏海玲、林聚任、解玉喜《论村庄内部因素在公共物品供给中的作用及实现机制》，《社会科学》2009年第10期。
[9] 参见黄翠萍《公共物品供给中的农民合作何以可能？——M村个案研究》，《社会科学论坛》2016年第6期。
[10] 参见陈潭、刘建义《集体行动、利益博弈与村庄公共物品供给——岳村公共物品供给困境及其实践逻辑》，《公共管理学报》2010年第3期。
[11] 参见邓大才《中国农村产权变迁与经验——来自国家治理视角下的启示》，《中国社会科学》2017年第1期。

性治理不仅维护产权的经济属性,还维护其社会属性,为村落提供基础的生存性公共物品,进而实现集体生存①。二是产权配置权力影响公共物品供给。村庄之所以无法组织公共服务,是因为土地产权向农民集中且比较稳定②,但可以通过所有权和使用权分置以促进公共物品的合作治理③。三是公共物品的产权结构。公共物品的产权结构与其生产和提供相联系,不同产权结构的公共物品的使用范围具有差异性,而农村社区公共物品可以采用不同的产权结构进行供给④。

以往学者的研究为本文奠定了坚实的基础,但也存在局限性。一是缺乏历史的视角。传统时期的制度和社会底色将会对当下现实产生重要影响,而以往研究较少关注中华人民共和国成立前的村落公共物品供给问题。二是缺乏区域及类型比较的视角。学者们提出的三区说⑤与七区说⑥等区域类型学说并未具体考察不同区域村落公共物品供给机制。三是对治理结构影响公共物品供给的研究较多,对公共物品供给形塑治理结构的研究较少。

本文将综合历史、制度、主体、产权等理论视角,研究传统时期华中家户型村落的公共物品供给机制以及公共物品供给模式形塑出何种治理结构与形态。本文研究资料来自作者 2016 年 10 月、2016 年 12 月至 2017 年 1 月、2017 年 7 月、2019 年 8 月在典型华中家户型村落(湖北省荆州市公安县小堤村⑦)所进行的长时段驻村调查,具体调研方法包括田野观察、深度访谈及村庄 80 岁以上明白老人的口述历史调查。

---

① 参见陈于《基于产权治理的集体生存性策略——以传统时期云南彝族依村为对象》,《中国农村研究》2020 年第 2 期。
② 参见邓大才《产权发展与乡村治理:决定因素与模式——以粤、湘、鄂、鲁四村为考察对象》,《中州学刊》2014 年第 1 期。
③ 参见傅熠华《有一用分置:公共水井的产权形态及其合作治理——以重庆祝村水井治理为典型》,《学习与探索》2017 年第 11 期。
④ 参见李海舰《产权结构、交易成本与农村社区公共产品供给》,《河南师范大学学报》(哲学社会科学版)2012 年第 2 期。
⑤ 参见贺雪峰《论中国农村的区域差异——村庄社会结构的视角》,《开放时代》2012 年第 10 期。
⑥ 参见徐勇《"分"与"合":质性研究视角下农村区域性村庄分类》,《山东社会科学》2016 年第 7 期。
⑦ 依据学术伦理做匿名化处理。

二　家户型村落公共物品的自愿联合供给

家户型村落多位于华中地区，属于典型自给自足的传统小农经济。当农户们面对单个家庭无法满足生产生活需要时，就产生出基础性公共物品需求。

(一) 生存第一：公共物品供给内容

传统时期的小堤村主要供给生存型公共物品以满足农户自身难以供给的生存性需求，主要包括台子、垸子、堰塘、沟渠、石桥、木桥等。

1. 台子

台子用以抵御水患，保证房屋安全。其高约一米，面积因农户数量和建房面积各有不同，小的有二三户，面积二三百平方米；大的有五六户，面积五六百平方米。村中有徐家台（4户徐姓）、张家台（2户张姓）、严家台（2户严姓）和伍家台（3户伍姓），自西北至东南，沿着壕沟河依次分布。台子很少扩建，除非台上村民对周边田地有所有权。对于台子的建设，通常由单个家庭完成，经过繁衍和分家，台子变成小亲族共有，其他村民无权在该台子上建造房屋。台子一般禁止转让，因为台子多属于小亲族共有，且台子可以抵御水患，保证生命财产安全。分家的小家庭可以卖房，但须按照亲兄弟、同姓亲属、异姓亲属、外人的顺序选择购房对象，亲属一般选择购买以免台子被"侵占"。另一种建台方式是多家共建、产权共有。台子的命名形式一般是"姓氏＋台"，如李家台。对于产权分配，村民一般可获得窗户一侧台子的使用权，对于无法分配的空地可共用。村民可在不影响他人正常生活的条件下直接在所属私人份额上建房。若村民迁出台子并放弃所有权，则该村民及后代对台子产权再无主张；反之，则仍有所有权。若村民将房屋赠予亲属，则亲属可给予钱粮以示感谢。

台子间多以空地为界，但内部一般不分界。若有边界，其标准是：第一，有明确分界物，如房屋墙壁、花草树木等。第二，"滴水为界"，即房檐滴下的水滴以内属于该村民。但内部一般不用田埂分界，亲属间以田埂为界意味着产权的明确分割和关系的彻底破裂。此外内部分界会随着使用权的细分和彼此关系的改变而变化。

2. 垸子

垸子是指挡水的堤坝或堤坝围成的区域，用以抵御水患。村民的房屋土地多集中在垸内，是生产生活的平台。较小的垸子约与一个三五十户的村相当，多是在台子外围加盖垸堤而成；较大的垸子一般是河堤围起来的区域，与乡镇相当，小堤村便是所在垸子的一部分。垸子外围有挡水的堤坝，且地势相对较高。垸子具有公共产权的特征，因为垸子保护全体村民。因此村民应自觉承当维护责任，即垸堤保护谁，谁具有维护这段垸堤的责任。具体是指每户均要提供人力，有地者须按拥有田亩提供物力。

相较于台子，围垸建房对于经济一般但有地的家庭更好，因为只需要在四周垒砌高约 1 米的垸墙，中间留出建房平地即可。但若洪水冲破垸墙，垸子内部会因地势低而淤积水患。因此小堤村仅有张家垸，位于壕沟河东岸，与伍家台相邻。

3. 堰塘

堰塘是对田间洼地挖掘而成，仅与水渠相连，主要用作农业灌溉，是小堤村主要的生产用水来源，90%以上的田地用水来自堰塘。该村有堰塘十四五处，其中面积大的有一百五六十平方米，小的有二三十平方米，其水深约有两米。堰塘兼具私人和公共产权的性质。私人属性源自村民为修建堰塘提供人力、物力（如私人土地）。公共属性是因为堰塘处在小型田地中间或大型田地旁边，周边田主共享产权。使用塘内水源需要有能放置水车的水码头。村民可在自己或租赁的土地上建造水码头，还可以在获得田主同意的前提下于他人田中架设临时性水码头，但佃户只有水码头的使用权。土地与水码头的产权变更应同步，否则村民既不能使用原水码头，也不能另建码头，因为村民一口堰塘只能有一个水码头。因损坏而需另建的必须先知会相关方。堰塘管理者一般基于村民默认，主要是有势力者、水田多者、工具多者。其责任主要是：看管堰塘及其缺口，使其免遭破坏；干旱时打开堰塘缺口，让水流通；组织维护堰塘。但不负责管理堰塘水源的取用。堰塘维护主要包括洗塘和修缮堰塘边界。洗塘多由管理者组织，所有者负相应责任。洗塘形式有三种：聘请雇工，费用按需要灌溉的田亩数或平均分摊；除了缺乏劳力的家庭，每户至少要提供一个壮年劳动力；每户按年轮流承担。修缮堰塘边界是指修缮周边田地与堰塘之间的田埂用以保水。因田埂是私人产权，管理者无法强制他人维护，只能通过相关方指责使其履责。

4. 沟渠

村中沟渠主要用于灌溉，但也用于降雨时将水排入堰塘，分为主干水渠和小水渠。主干水渠是对村民过水通道挖掘而成，连通一个或多个堰塘，属于公共产权。其宽度约在四五十厘米，深度约有半米。所经地段多为无主地，少数会经过村民让出的私有土地。小水渠连通主干水渠和私田，是主干水渠的分支，属于私人产权。宽度多在二三十厘米，深度低于二十五厘米。对于沟渠的维护，公共水渠一般由使用公共水渠且有威望的长者组织，村民共同维护，主要是清淤。为避免使用水渠的刁难，共有水渠者至少提供一个劳力。小水渠为私人所有，维护由村民自己决定。但若水渠经过他人土地，则该村民要主动清淤，这既能疏通水渠，还能保障他人生产。

5. 石桥与木桥

壕沟河将村落一分为二，在枯水季村民可经河床过河，但雨季河面宽阔，过河多有不便。因此河上设有石桥和木桥。其中石桥规模较大，路面较宽，也更牢固，由村民共同集资修建，方便日常生产生活以及大型农用工具过河。村中的三四座木桥是由离石桥较远的农户联合周边十多户农民集资修建。综上所述，台子和垸子可以抵御水患，保证房屋安全，堰塘和沟渠可以保证农业生产用水，桥梁可以保证生产生活中的交通。房屋安全、生产用水和交通都是基础性的、生存性的公共需要，因而传统时期华中家户型村落供给的公共物品是生存型公共物品。

（二）自愿联合：公共物品供给机制

对家户型村落公共物品供给内容进行描述后，我们进一步分析村落公共物品供给机制。

1. 基于小亲族的自愿联合：台子和垸子

村中的台子用以抵御水患，保证家庭房屋安全。有两种建设方式：单独家户建设，血缘相近的家户（多是兄弟关系）共建，这两种都是基于小亲族关系形成的自愿联合。台子的命名形式也体现了小亲族特性。与之类似的垸子也是基于小亲族关系的自愿联合，如张家垸由张家三兄弟共同修建。因此，台子和垸子这类满足水患频繁的自然状况下房屋保护需要的生存型公共物品的供给模式是基于小亲族关系的自愿联合供给。

2. 基于产邻和共佃关系的自愿联合：堰塘和沟渠

堰塘沟渠共同构成了村中基本农业生产水利体系。从建设来看，堰塘是田地相近的农户自愿联合建设；沟渠是同一堰塘取水、同一路线过水的农户自愿联合建设，其田地也相近，这种田地相近的农户称为产邻。因此，其建设是基于产邻关系的自愿联合建设，多由地主和富户发起，产邻自愿参与以获得用水权利。从维护来看，堰塘一般是各自维护私人水码头，并在枯水季淘洗自己方位的堰塘；沟渠也是各自维护使用的那段沟渠。此外，地主会让佃种自家土地的农户共同维护，这是基于共佃关系的自愿联合。因而，堰塘和沟渠这类满足农业生产用水需要的生存型公共物品的供给模式是基于产邻和共佃关系的自愿联合供给。

3. 基于地邻关系的自愿联合：石桥和木桥

石桥是为了满足村民生产（大型农具）生活的过河需要，由村民共同集资修建。木桥是为了满足离石桥较远的人生产生活的过河需要，由离石桥较远的农户集资修建。石桥和木桥都是为了满足自愿联合单元内共同的生存型需要。从自愿联合单元的关系来看，石桥是全村共同使用，木桥则主要供参与建设者使用，这种关系基于居住房屋的远近。因此，石桥和木桥这类满足农户生产生活中的过河需要的生存型公共物品的供给模式是基于地邻关系的自愿联合供给。综上所述，传统时期的华中家户型村落中的公共物品供给机制是在水网密闭、水患频繁的自然环境下基于生存需要倒逼形成的自愿性联合供给，且不同的生存型公共物品，其自愿联合单元及纽带关系存在差异。

（三）私人集资：公共物品供给的经济基础

公共物品供给和生产中的"钱从何来"是一个关键性的因素，它决定了公共物品的公共属性和使用范围。传统时期的小堤村中，生存型公共物品供给包括生产和维护两个基本环节，不同环节的经济基础不同。

1. 公共物品生产的经济基础：私有产权的一次性集资

村中公共物品供给有台子、垸子、堰塘、沟渠、桥梁等生存型公共物品，均属公共设施类，因此生产过程就是建设过程，建设资金就是生产经济基础。台子、垸子、堰塘、沟渠和桥梁等公共设施的建设具有"一次建设，长期使用"的特性，因此仅需一次性集资即可。所以传统时期华中家户型村落公共物品生产的经济基础是私有产权的一次性集资，具体如表1所示。

表 1　　　　　　　公共物品生产的机制、过程及经济基础

公共物品类型	生产机制	生产过程	经济基础
台子	基于小亲族关系的自愿联合建设	自愿联合的农户共同出资、出人力	自愿联合单元内的私有产权的一次性集资
垸子			
堰塘	基于产邻关系的自愿联合建设	自愿联合的产邻共同出资、出人力	
沟渠			
桥梁	基于地邻关系的自愿联合建设	自愿联合的地邻共同出资、出人力	

2. 公共物品维护的经济基础：私人化运作

村中基础性的、生存型的公共设施不仅需要建设，还需要经常性维护以保持其良好状态。其维护经济基础是私人化运作，无须公共集资。这体现了华中村落的家户本位、私人性、个体性、分散性特征。具体如表下表所示。

表 2　　　　　　　公共物品维护的内容、规则及方式

公共物品类型	维护内容	维护规则	具体方式
台子	排水、灾后修葺	相关农户各自进行	对自家房屋附近的排水与修葺
垸子	垸墙修葺		修葺与接近自家的损坏垸墙
堰塘	清淤、塘岸的维护		枯水季进行，各自清理自家水码头附近淤泥、修葺塘岸、费用人力自担
沟渠	清淤	公共水渠共同维护、私人水渠各自维护	公共水渠由有威望的长者组织，共同出力
桥梁	看护与管理	只需提供管护人力	靠近木桥的人家进行管护

（四）谁生产，谁使用：公共物品的使用模式

公共物品的使用模式和使用范围是公共物品产权属性和公共性水平的直接表征。传统时期家户型村落中公共物品的使用模式是"谁生产、谁使用"，即谁生产了该公共物品，就具有使用该公共物品的权利，并承担起维护该公共物品的责任。需要特别说明的是，在租佃关系中，公共物品使用权利和维护责任是可以转换和让渡的。

表3　　　　　　　　　　　公共物品的使用模式

公共物品	使用模式	其他
台子	"谁生产，谁使用"，并承担维护责任。租佃关系中，公共物品使用权和维护责任可以转换和让渡	使用权可继承，但继承面积不能超过父母占有的面积
垸子		
堰塘		使用权与土地产权挂钩，原因是土地所有者多会参与临近堰塘、沟渠的建设；佃户可以获得地主所有的使用权，但要出力维护，费用由地主承担
沟渠		
石桥		全村共同出资修建
木桥		地邻集资修建，使用权属于参与者，但并不禁止其他农户使用

三　公共物品供给对村落治理结构的形塑

自愿联合是传统家户型村落中公共物品供给的核心机制，并进一步对村庄组织方式、权力生产及治理结构产生形塑作用。

（一）自愿联合作为一种村落组织方式

华中家户型村落遵循家户利益中心主义，其文化基础是个体主义、实用主义和核心家庭本位主义，其特征是个体化、分散化、原子化。华中地区生物多样性的自然条件让一家一户自给自足的小农经济得以实现。但仍存在着家户不能满足的公共需求。因此，可以通过公共物品供给中的组织方式来认识村落组织方式。

华中家户型村落公共物品供给的基本模式是自愿联合，则其村落组织方式呈现为自愿联合的组织方式。这种体现了华中村落农户强烈的私人性和个体性的组织方式具有以下四个基本特性。

第一，临时性。临时性是指华中村落中公共物品供给时的自愿联合是一次性的、临时性的，只出现在基础性公共设施建设时。其后期维护则是一种"各人自扫门前雪"的私人化运作。

第二，专门性。专门性是指华中村落中公共物品供给时的资源型联合是针对特定的公共物品而产生的。针对不同的公共物品供给，自愿联合的家户和单元及其组织机制存在不同。

第三，机制差异性。机制差异性是指华中村落公共物品供给中的自愿联合的具体机制是不同的。例如，小堤村中台子和垸子的供给是基于小亲族关系的自愿联合机制；堰塘和沟渠的供给是基于产邻和共佃关系的自愿联合机制；石桥和木桥的供给是基于地邻关系的自愿联合机制。

第四，单元化。单元化指的是华中村落中公共物品供给中的自愿联合是在一定的单元中进行的。例如，小堤村中台子和垸子的供给的自愿联合是基于小亲族的血缘单元；堰塘、沟渠、石桥和木桥的供给中的自愿联合是基于产邻、地邻、共佃等地缘单元。

（二）自愿联合单元中治理权力的生产

传统时期的华中家户型村落，在族权、绅权和政权力量缺场和不足的情况下，自愿联合作为一种组织方式，那么在这种组织单元中形成了何种权威主体和权力结构呢？

小堤村的公共物品供给中的自愿联合包括小亲族、产邻、地邻和共佃四类基本关系机制和联合单元，分别产生了小亲族权威、产邻权威、地邻权威和共佃权威，也因此形成了不同的权威主体，其权力产生的基础性、本源性机制也存在差异。

小亲族权威产生于台子和垸子两类公共物品的供给。台子和垸子一般由几个兄弟中经济条件较好、土地较多的农户发起与主导，同时承担更多出钱与出力的责任，并享有优先选择建房空间的权利。这与华南宗族型村落和华北会社型村落的亲族关系中的权威一般遵循长幼有序的原则相异。一定程度上是因为华中家户型村落中宗族组织、宗族网络和宗族文化式微，更多地强调家户的独立性、个体性和私人性。因此，小亲族权威主体是小亲族中经济条件较好、土地占有较多的农户，这种经济条件与土地占有实质是一种产权占有。这表明其权力产生的本源性机制是更多的产权占有，且遵循着权责对等的结构，即承担更多责任，就具有更多权力，享受更多的权利。

产邻权威产生于堰塘和沟渠两类公共物品的供给。在其建设中，一般是由有更多土地的地主和富户来主导、发起和组织，承担更多出钱出力（一般是花钱请人）的责任，并在建成后享有更多的用水权利。因此，产邻权威是产邻之中田地更多的地主和富户，其治理权力源自其占有的土地。这种权力产生的本源性机制也是基于产权占有，同样遵循权责对等结构。

共佃权威产生于堰塘和沟渠两类公共物品的供给（主要是维护）。在其维护中，地主会组织共佃佃户对堰塘沟渠进行维护。地主在其中起主导、发起和组织作用，并且承担出钱的责任，但这种维护仅针对地主私人所有的堰塘沟渠。因此，共佃权威就是地主，其治理权力产生的本源性机制也是产权占有。

地邻权威产生于木桥这类公共物品的供给。在其建设和维护中，一般是房屋相邻的农户共同建设，由其中经济条件较好、土地较多的农户主导、发起和组织，并承担更多出钱出力的责任。因此，地邻权威是邻居关系自愿联合单元中家庭经济条件好、土地多的农户。这同样表现为一种私有产权占有更多，也意味着产权占有也是地邻关系中公共治理权力产生的本源性机制。

综上所述，传统时期华中家户型村落中的权威主体是占有更多土地、家庭经济条件更好的地主和富户们，公共治理权力产生的本源性机制是更多的产权占有。

（三）治理权力的合法性基础

更多的产权占有是传统时期华中家户型村落公共治理权力产生的本源性机制，即公共治理权力实质上是一种产权权力。那么其合法性来源是什么呢？

第一，生存倒逼。生存倒逼是指村民由于安全、生产生活等基础性需要无法通过单个家户来满足，进而通过自愿联合机制共同生产出生存型公共物品。生存倒逼是村落自愿联合组织模式产生的基本动因和根本因素，而自愿联合单元又是其治理权力产生的组织基础。因此，生存倒逼是传统时期华中家户型村落中治理权力的合法性来源之一，是基础性因素。

第二，产权占有。家户本位的本体性观念造成了华中小农的独立性、个体性和私人性。在为数不多的公共物品供给中，产生出基于产权占有的公共治理权力，即产权占有更多的人拥有更多的公共治理权力，并承担更多责任。因此，地主和富户成为传统时期华中家户型村落中的治理权威，产权占有是其治理权力的合法性来源。

第三，权责对等。在中国基层村落治理中，产权塑造了治权的内容、范围与合法性，并遵循"权责对等"的塑造逻辑。① 这种逻辑同样表现在小堤村中，如在台子和垸子的建设中，经济条件好的农户具有发起、组

---

① 参见傅熠华《治理权力的塑造：产权视角下中国村治的历史经验》，《东南学术》2019年第3期。

织、主导的治理权力，承担更多的出钱出力的责任，享受优先选择建房空间的权利。因此，产权形塑权力的过程体现出权力与责任对等以及责任与权利对等。权责对等亦是传统时期华中家户型村落公共治理权力的合法性来源之一。

总结起来，传统时期华中家户型村落公共治理权力的合法性基础主要是以下三个方面：一是生存倒逼，让农户基于小亲族、产邻、地邻、共佃等关系自愿联合组织起来；二是产权占有，让地主和富户在自愿联合单元中基于更多的产权占有，产生出公共治理权力；三是权责对等，即权力与责任对等，责任与权利对等。

（四）家户型村落中的分散化权力结构

对传统时期家户型村落治理权力的生产和合法性机制进行分析后，我们进一步研究家户型村落的权力结构及其特征。第一，生存倒逼下自愿联合的组织模式和治理单元是公共治理权力产生的基础。第二，不同自愿联合单元的权威主体不同。其中小亲族单元的权威主体是富户；产邻单元的权威主体是拥有土地更多的农户；地邻单元的权威主体是家庭富裕农户；共佃关系的权威主体是地主。第三，不同单元的权威主体的治理权力都源自更多的产权占有。

传统时期家户型村落中的权力结构总体上呈现出分散化特征。具体表现为：一是主体多元化。基于小亲族、产邻、地邻和共佃关系的自愿联合单元分别产生出不同的权威主体。自愿联合作为一种公共治理的村落组织方式，每一次自愿联合都会产生其相应的权威主体，这体现了主体多元化。二是权力临时化。这是因为自愿联合本身具有临时性、一次性和专门性的特征，即针对某一公共事务形成临时的、一次性的自愿联合单元，进而产生临时性的权威主体和治理权力。三是权力低公共性。一方面，作为权力来源的自愿联合单元较小，覆盖农户有限。另一方面，治理权力源自更多的私有产权的占有，这就不可避免地带有更多的私人性，公共性有限。四是权力弱组织性。自愿联合单元基于血缘或地缘这种低组织化、松散的结构，且这种组织结构还具有临时性、非正式性和非制度性，进而公共治理权力也具有弱组织性。

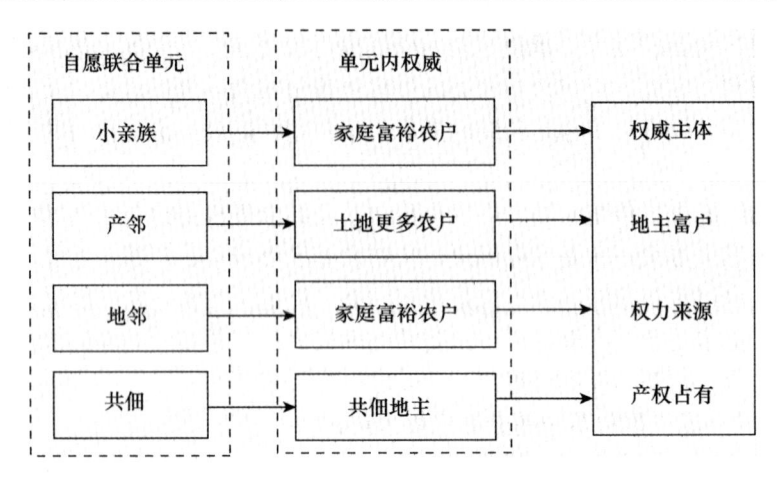

```
┌─────────────────┐  ┌─────────────────┐
│   自愿联合单元   │  │    单元内权威    │
│                 │  │                 │
│  ┌──────────┐   │  │  ┌──────────┐   │    ┌──────────┐
│  │  小亲族   │───┼──┼─▶│家庭富裕农户│───┼───▶│ 权威主体  │
│  └──────────┘   │  │  └──────────┘   │    └──────────┘
│  ┌──────────┐   │  │  ┌──────────┐   │    ┌──────────┐
│  │   产邻    │───┼──┼─▶│土地更多农户│───┼───▶│ 地主富户  │
│  └──────────┘   │  │  └──────────┘   │    └──────────┘
│  ┌──────────┐   │  │  ┌──────────┐   │    ┌──────────┐
│  │   地邻    │───┼──┼─▶│家庭富裕农户│───┼───▶│ 权力来源  │
│  └──────────┘   │  │  └──────────┘   │    └──────────┘
│  ┌──────────┐   │  │  ┌──────────┐   │    ┌──────────┐
│  │   共佃    │───┼──┼─▶│  共佃地主  │───┼───▶│ 产权占有  │
│  └──────────┘   │  │  └──────────┘   │    └──────────┘
└─────────────────┘  └─────────────────┘
```

图1 传统时期华中家户型村落中的权力结构

四 基本结论及当代启示

本文通过典型案例研究，旨在揭示传统时期缺乏组织基础和合作传统的家户型村落的公共物品供给机制及其对村落治理的影响。研究表明，传统时期家户型村落主要供给台子、垸子、堰塘、沟渠、石桥和木桥等生存型公共物品；其供给机制是生存倒逼下基于小亲族、产邻、共佃、地邻的自愿联合；其生产经济基础是自愿联合单元内私有产权的一次性集资，维护经济基础是个体的私人化运作；其使用模式是"谁生产，谁使用"，遵循权责对等原则。这种供给机制具有临时性、专门性、机制差异性和单元化的特征，同时也构成村落组织方式的基本特征。不同自愿联合单元的权威主体不同，并生产出对应的治理权力，但不同自愿联合单元的权威主体一般都是村中家庭富裕、土地较多的地主和富户，公共治理权力产生的本源性机制都是更多的产权占有。其权力合法性基础则是生存倒逼、产权占有、权责对等三方面机制。总体来看，传统时期家户型村落公共治理结构呈现出分散化权力结构的特征，具体表现为主体多元化、权力临时化、权力低公共性和权力弱组织性。

本研究结论对于实施乡村振兴战略进程中农民的合作及参与、村庄公共物品供给及乡村治理等难题的破解具有启发意义。第一，原子化村落需要组织起来，也能够组织起来。原子化村庄中的单个农户既难以承接自上而下的政府项目，也难以自下而上地对接市场。① 因此原子化村落需要再组织。家户型村落在生存倒逼下通过自愿联合机制实现再组织，这表明原子化村庄也能通过外部引导和内部机制建设有效组织起来。

第二，个体化农户的合作和参与需要外力的引导。生存倒逼是家户型村落农民合作与参与的关键机制，但当前原子化村落中的个体化农户并未面临生存危机。这表明农民的合作与参与需要基层政府和村两委的积极引导，并在引导与动员中充分考虑农户的需求，通过回应性动员机制促进农户的治理性参与。②

第三，自愿联合机制作为村庄小微公共物品的自主供给机制。当前我国乡村的基础性公共物品多由政府以项目制的形式提供，但这种供给模式面临供需匹配难题，尤其是小微公共物品供给问题。家户型村落依靠自愿联合机制公共物品有效供给，这表明村庄可引导农户通过自愿联合的合作与组织机制，遵循权责对等原则，自主提供小微公共物品，满足自身差异化需要。

第四，发挥新乡贤在乡村振兴中的作用。传统家户型村落中地主、富户等权威主体在公共物品供给与治理及形塑村庄治理权力结构等方面发挥重要作用。当今的乡村虽不存在传统意义上的乡贤，但在乡村振兴政策驱动下吸引的致富能手、外出务工经商返乡人员、退役军人等群体可借其拥有的政策网络、人才智力、社会资本等优势，在乡村治理与振兴中发挥引领示范、组织协调等作用，从而提升乡村公共服务能力，促进乡村有效治理③。

第五，充分重视多元协商机制的构建。新形势下的乡村利益主体呈现多元化，既包括村民、村两委等传统主体，也涵盖新乡贤、农业专业合作社等新型主体。这就需要健全系统化协商程序，探索多样化协商载体，构建多层级协商格局，从而激发多元主体的活力与潜力，实现乡村社区多元参与协商共治的良好局面④。

---

① 参见吴重庆、张慧鹏《以农民组织化重建乡村主体性：新时代乡村振兴的基础》，《中国农业大学学报》（社会科学版）2018 年第 3 期。

② 参见郑永君、李丹阳、阳清《帮扶实践中驻村干部与农民的关系互动及其逻辑——"动员—参与"协同性框架的分析》，《华中农业大学学报》（社会科学版）2022 年第 6 期。

③ 参见倪咸林、汪家焰《"新乡贤治村"：乡村社区治理创新的路径选择与优化策略》，《南京社会科学》2021 年第 5 期。

④ 参见张锋《乡村振兴背景下农村社区协商治理机制研究》，《上海行政学院学报》2019 年第 6 期。

Voluntary Union under the Pressure of Survival
—The Supply Mechanism of Public Goods in Traditional Household Villages and Its Contemporary Enlightenment

Zheng Yongjun Wu Yifei Yang Wen

(College of Humanities and Social Development, Northwest A&F University, Yangling 712100, China)

Abstract: In the traditional period "the state was not present", the state and the village were more of a relationship of drawing and being drawn. How villages provide basic public goods has become a "governance mystery" in traditional China. The clan organizations in South China and the social organizations in North China both play an important role in the supply of public goods to the villages, but in the lack of organization in the central Chinese family-type villages, how do they provide public goods? This paper takes a typical family-type village in central China as an example, collects data through oral history and field investigation, and uses the method of case study to analyze the public goods supply mechanism and village governance model of family-type villages during the absence of the state. The research shows that: (1) The family-type villages in central China in the traditional period only provided a few subsistence-type public goods, the supply mechanism was voluntary association, the economic basis was private one-time recruitment, and the use mode was who produced and used; (2) Voluntary union, as an organizational method of villages, shapes a self-regulating autonomous governance model. (3) Different voluntary joint organizational units form different authoritative subjects and generate corresponding governance powers. Ownership of property rights is the original mechanism for the generation of public governance power, and together with the coercion of survival and the reciprocity of rights and responsibilities constitute the legitimacy of governance power. (4) The public governance structure of family-type villages in the traditional period presents the characteristics of a decentralized power structure, which is embodied in the diversification of subjects, temporary power, low publicity and weak organization of power. The conclusions of this study have certain enlightening significance for solving the problems of farmers' cooperation and participation, village public goods supply and rural governance in the process of implementing the rural revitalization strategy.

Key Words: State Absent; Household-Type Village; Public Goods Supply; Voluntary Association; Autonomous Governance

书　评

◆ 从中国现代化的角度认识乡愁——《理解中国现代乡愁：理论与方法》书评

乡愁是世界性命题，更是中国式现代化的时代命题。李华胤副教授新作《理解中国现代乡愁——理论与方法》一书将乡愁置于中国式现代化的宏观视域之下，把乡愁命题从情感维度上升到学理高度，从个体、社会层面上升到国家建设层面，从理论、政策与实践的不同维度揭示了乡愁国家命题。多学科视角的乡愁概念、多层次面向的乡愁形态、多实践发展的乡愁传承，为我们呈现了精彩的"中国乡愁故事"。该书是作者构建现代化乡愁理论体系的一次深度尝试，为从现代化角度认识乡愁提供了有益启示。

◆ 田野基础、历史脉络与村民自治四十年——《国家化、地方性与村民自治》书评

以村民自治为主要内容的基层民主实践，在中国已走过四十年的发展历程，其研究与中国政治学恢复重建紧密联系在一起。当下为发展基层民主和推进全过程人民民主，需要向前和向后看，厘清基层民主的内在演化逻辑，《国家化、地方性与村民自治》一书正是在这一背景下写就的。该书从中国政治学本土化理论构建的历史和田野两大路径出发，提出国家化、地方性的分析框架，以此解释村民自治产生的因果机制及未来发展，为新时代村民自治研究提供新的思路。同时，也面临着理论研究的现实性、基层社会权力的边界性，典型个案的代表性，以及基层治理结构复杂性等问题，但这并不影响它是基于中国事实解释中国之治的力作，其在推动做有深度和精细化的政治学研究方面做出了重要的贡献。

从中国现代化的角度认识乡愁*

——《理解中国现代乡愁：理论与方法》书评

史亚峰

（山西大学政治与公共管理学院　山西太原　030006）

内容提要：乡愁是世界性命题，更是中国式现代化的时代命题。李华胤副教授新作《理解中国现代乡愁：理论与方法》一书将乡愁置于中国式现代化的宏观视域之下，把乡愁命题从情感维度上升到学理高度，从个体、社会层面上升到国家建设层面，从理论、政策与实践的不同维度揭示了乡愁国家命题。多学科视角的乡愁概念、多层次面向的乡愁形态、多实践发展的乡愁传承，为我们呈现了精彩的"中国乡愁故事"。该书是作者构建现代化乡愁理论体系的一次深度尝试，为从现代化角度认识乡愁提供了有益启示。

关键词：乡愁；中国现代化；现代国家；乡愁建设

一部关于中国式乡愁的深入研究。
一项关于乡愁宏大命题的深刻思考。
一次构建现代化乡愁理论体系的深度尝试。

记得住乡愁。

乡愁是遥望的故乡，是烟火气的院落，是植根每个人心中的情感记忆。乡愁是一个世界性命题，更是我们这个时代的宏大命题。将乡愁命题

---

* 基金项目：山西省高等学校人文社科重点研究基地项目"发挥乡村振兴农民主体作用研究"（2022J004）。

作者简介：史亚峰，男，博士，山西大学政治与公共管理学院副教授，主要研究城乡基层治理。

从情感维度上升到学理高度，从个体、社会层面上升到国家建设层面，对乡愁国家命题的系统分析，对"中国乡愁故事"的精彩讲述，是该书带给读者最终的价值获得。现代乡愁源于快速的现代化进程。中国现代乡愁是中国式现代化的重要组成部分，是中国式现代化的重要精神力量。党的二十大报告提出，中国式现代化是物质文明和精神文明相协调的现代化。物质富足、精神富有是社会主义现代化的根本要求。乡愁不仅是一种普遍的群体性情感，更是现代国家和现代社会建设的重要依托和资源，需要在新时代背景下审视和认识乡愁。《理解中国现代乡愁：理论与方法》将乡愁放置于中国式现代化的宏观视域之下，从理论、政策与实践的不同维度探讨了乡愁，在认识论、价值论、方法论和实践论层面对乡愁的内涵和延续进行了深入思考和分析。

一　多学科视角中的乡愁体系

《理解中国现代乡愁：理论与方法》一书并非从单一学科视角对乡愁这一概念进行分析和思考，而是着眼于多学科交叉融合的乡愁体系研究。在马克思主义哲学视域下，乡愁展现了历史唯物主义和辩证唯物主义的思维认识，蕴含深刻的实事求是和统筹全局的研究方法。在田野政治学视域下，乡愁概念的深化和内涵的延续，是在中华大地广袤田野中深耕传承的情感认同，不断影响着乡村治理体系和治理能力建设。在社会学视域下，乡愁是城乡历史发展进程中的关键变量，在血缘与地缘的叠加中形塑着城乡共同体。

该书从乡愁概念涉及的各个学科视角进行展开，为乡愁理论的建构积累了广阔的理论基础。首先从乡愁最紧密联系的田野政治学进行分析，围绕乡愁资源的延伸，将现代化视野中的乡愁置身于乡村振兴的大背景下。党的十九大报告中提出了乡村振兴战略，"乡愁、乡衰和乡兴既是彼此联系的，又是辩证统一的"[1]。乡愁缘起于乡村的衰败，但更多的是面向乡村的振兴。乡愁不仅是怀念过去，更是面向未来。书中通过论证乡愁、乡衰和乡兴的相互关系，将乡愁和乡村振兴战略联结起来。一方面，从价值论的角度来看，留住乡愁展现了乡村振兴的价值诉求，同时乡愁蕴含的多

---

[1] 李华胤：《理解中国现代乡愁：理论与方法》，江苏人民出版社2023年版，第73页。

重价值要素能够进一步转化为乡村振兴的资源要素。另一方面,从乡村振兴的丰富内涵来看,乡愁的经济意蕴能够激活乡村的产业振兴,乡愁的田园载体能够促进乡村的生态振兴,乡愁的文化符号能够激发乡村的文化振兴,乡愁的情感连接能够推动乡村的人才振兴。由此,乡愁的治理价值能够不断推进乡村振兴,实现乡村治理体系和治理能力的现代化。其次,从城乡关系研究的社会学角度进行分析,该书将乡愁价值融入城乡关系之中,"涵养乡愁价值是构建新型城乡关系,促进城乡有机融合,探索中国特色城镇化治理的价值遵循与实践归依"[①]。在城乡融合中的乡愁具备有时空广度,不仅是历史进程和现代化进程中,从传统走向现代的乡愁,更是城乡等值的乡愁情感。在新型城乡关系建构中,乡愁牵引着城乡要素的不断融合,推进新时代城乡时空维度的不断拓展。再次,从方法论研究的哲学角度分析,该书始终坚持马克思主义基本理论为指导,将乡愁作为一种发展方法。"作为工作目标、工作原则和工作机制的乡愁也意味着乡愁不仅是发展战略,是发展目标,是发展原则,是发展指南,更是重要的发展方法。"[②] 实事求是的"留住乡愁"让我们从实际和实践出发,在新的物质实践活动中形成中国现代化的乡愁观。历史唯物主义的"留住乡愁"让我们在人类历史的发展脉络中把握乡愁的历史性,在传统乡愁和现代乡愁的叠加中,以发展的眼光理解乡愁、建设乡愁。辩证思维方法的"留住乡愁"是主体与客体的统一,是普遍性与特殊性的统一,是原因和结果的统一。统筹全局"留住乡愁"从系统观念和系统方法入手,将乡愁建设作为一个系统性的国家工程,整体推进乡村建设行动。

二 多层次面向中的乡愁形态

《理解中国现代乡愁:理论与方法》一书将乡愁这一概念通过不同维度进行解构,解析了在情感、生活、文化、生态、发展等维度中乡愁的多层次面向,使得乡愁形态走向系统化和立体化。情感层次的乡愁是建构于个体、家庭和国家层次上的深厚而久远的情感;生活层次的乡愁是刻画于过去、现在和未来生活的内涵价值;文化层次的乡愁是寓于中

---

① 李华胤:《理解中国现代乡愁:理论与方法》,江苏人民出版社2023年版,第114页。
② 李华胤:《理解中国现代乡愁:理论与方法》,江苏人民出版社2023年版,第217页。

华传统文化之中的传承延续；生态层次的乡愁是沉浸于和谐生态中自然环境与人文环境的统一；发展层次的乡愁是国家现代化进程中不断深化的国家命题。

情感层次的乡愁具备不同时空的特征，身处不同时间范围和空间位置的人具备不同的乡愁情感，但乡愁的历史延续和传承是共通的。从个人、地域到国家绵延着对乡土家国的热爱和眷恋，从家庭、家乡到家国充满认同和归属感。现代意义上的乡愁情感内涵更加丰富，范围更加广泛，内容更加具体。生活层次的乡愁是面向过去、现在和未来生活的乡愁结构，是对过去生活的记忆与怀念，是对当下生活的累积和对未来生活的向往。生活的经历、环境和状态都是乡愁承载的重要内容。"乡愁所追求的生活价值不单单是传统乡村生活价值，也不单单是现代性生活价值，而是中国传统型生活价值与现代性生活价值的有机均衡和复合。"① 文化层次的乡愁是中华民族传统文化的有机组成部分，是积蓄在中华儿女心中经久传承的价值观念和行为准则。从物质层面来看，乡愁文化包罗家乡的山山水水、村村镇镇，一草一木皆是记忆，一井一路皆是情绪。除了具象形态的乡愁载体，非物质文化遗产诸如文字、技艺、风俗等同样承载了乡愁文化。从精神层面来看，乡愁文化是人类共有的记忆，是情感归属和价值认同。生态层次的乡愁是环境要素与乡愁情感的天然联系，包括了自然生态和人文生态。自然生态的乡愁是家乡的山水风光、草木河流，是乡愁概念中最真实、最深刻的记忆，人文生态的乡愁是在认识自然的基础上对自然生态进行改造的过程，也是人类文明延续的过程。现代化进程中生态矛盾和生态问题日益增多使得乡愁记忆更为深刻，乡愁载体面临更大程度的保护。发展层次的乡愁是在漫长历史发展进程中情感的积淀，既是乡愁自身的发展，又是乡愁见证着发展。一方面，乡愁作为情感概念有其长期发展的历史脉络，是对过去、当下及未来思乡情绪的印证，在不同的发展阶段乡愁有不同的内涵及表现。另一方面，不同发展阶段的乡愁反映了现代化进程中的发展状况及发展问题。"乡愁也是现代社会发展的情感晴雨表"②，乡愁是对既往发展困境的情绪表达，更是对未来发展阶段的展望。

---

① 李华胤：《理解中国现代乡愁：理论与方法》，江苏人民出版社2023年版，第49页。
② 李华胤：《理解中国现代乡愁：理论与方法》，江苏人民出版社2023年版，第62页。

三 多实践发展中的乡愁传承

《理解中国现代乡愁：理论与方法》一书从实践中来，到实践中去。乡愁蕴含在祖国大地的山山水水、村村落落，展现在过去、现在和未来的人类实践之中。在时空领域的多实践发展中，乡愁概念不断深化、乡愁体系不断丰富、乡愁建设不断提升。在中国共产党的领导下，乡愁建设坚持走好中国道路，讲好中国故事；始终坚持以人民为中心的乡愁建设不断夯实人民的主体地位，以人民的情感诉求为出发点，以人民的美好生活为落脚点；坚持中国特色乡愁建设，立足于中国特色和文化传统，兼具各个地域特色；乡愁建设将城市乡愁和农村乡愁视为一个系统，统筹城乡乡愁资源、乡愁文化和乡愁空间，将乡愁融入城乡时空序列；乡愁建设坚持传统性与现代性的统一，尊重历史传承，发展现代创新，在怀旧的基础上反思性重建；坚持乡愁元素传承和发展的乡愁建设，要坚持先保护先传承再开发，走建设性发展的道路；在国家现代化建设中善于用好乡愁资源，以乡愁资源激活人才战略、重建公共性、提升城乡现代化建设品质。

新时代的乡愁记忆在乡愁建设中延续，新时代的乡愁建设在乡愁传承中发展。在中国共产党的领导下，新时代乡愁建设蕴含着中国式现代化的探索实践，进而推进乡愁内涵、乡愁体系和乡愁要义的不断深化。在乡愁建设中坚持党的领导就是要将党的建设与乡愁建设紧密联系起来，在乡愁建设的规划、实施和评估过程中充分发挥党的领导作用，将社会主义核心价值观、中国特色社会主义现代化强国建设融入乡愁建设过程之中。坚持以人民为中心应在乡愁建设中夯实人民的主体地位，将人民自身累积的乡愁情绪转化为建设动力，让广大人民群众能够更好地参与到乡愁建设中来，建设新时代最贴近人民情感诉求的乡愁内涵。中国特色社会主义乡愁是扎根中国特色社会主义发展道路，植根于中华民族优秀传统文化，反映中国特色社会主义的历史特色和人文特色，建构新时代中国特色乡愁体系。"从国家现代化的角度看，乡愁是城乡发展问题。"[①] 乡愁建设要在城乡融合的大背景下进一步整合城乡资源，统筹推进、协同发展，将城乡乡

---

① 李华胤：《习近平关于乡愁重要论述的核心要义与现实价值》，《中国农村观察》2022年第3期。

愁整合成一个有机系统。乡愁建设的传统性与现代性的统一，是历史、现在与未来的统一，更是时间发展脉络中沉淀的传统与现代要素的统一。面向传统，我们应当尊重历史和文化，留住乡愁。面向现代，我们应当融合现代要素，为乡愁注入现代气息。乡愁建设将乡愁元素传承与发展的统一，能够将物质和精神载体中承载的乡愁元素持续保护、不断传承，让更多现代化的技术、平台融入新时代的乡愁元素，让乡愁保有传统意蕴的同时具备现代化的展现。在中国式现代化的发展道路上，通过乡愁建设进一步整合乡愁资源，发挥乡愁作用。通过人才资源的选育，将乡愁转化为报效家乡的实际行动。通过文化功能的运用，充分发挥乡愁情感的凝聚作用，重塑人民的公共意识和公共价值。

Understanding Homesickness from the Perspective of Chinese Modernization

—Review of Understanding Modern Chinese Homesickness—— Theory and Methods

Shi Ya-feng

(School of Political Science and Public Management Shan Xi University, TaiYuan, Shanxi 030006, China)

Abstract: Homesickness is a worldwide proposition, but it is also a proposition of the era of Chinese path to modernization. The new book Understanding Modern Chinese Homesickness: Theory and Methods by Associate Professor Li Huayin places homesickness under the macroscopic scope of Chinese path to modernization, raises the proposition of homesickness from emotional dimension to academic level, from individual and social levels to national construction level, and reveals the national proposition of homesickness from different dimensions of theory, policy and practice. It presents us a wonderful "Chinese story for homesickness" with the concept of homesickness from a multi-disciplinary perspective, the form from a multi-level orientation, and the heritage from a multi-practice development. This book is an in-depth attempt by the author to construct a modern theoretical system of homesickness, which provides useful insights for understanding homesickness from a modern perspective.

Key Words: Homesickness, Chinese modernization, Modern countries, Homesickness construction

田野基础、历史脉络与村民自治四十年*

——《国家化、地方性与村民自治》书评

冯晨晨

（华中师范大学 中国农村研究院　湖北武汉　430079）

内容提要：以村民自治为主要内容的基层民主实践，在中国已走过四十年的发展历程，其研究与中国政治学恢复重建紧密联系在一起。当下为发展基层民主和推进全过程人民民主，需要向前和向后看，厘清基层民主的内在演化逻辑，《国家化、地方性与村民自治》一书正是在这一背景下写就的。该书从中国政治学本土化理论构建的历史和田野两大路径出发，提出国家化、地方性的分析框架，以此解释村民自治产生的因果机制及未来发展，为新时代村民自治研究提供新的思路。同时，也面临着理论研究的现实性、基层社会权力的边界性，典型个案的代表性，以及基层治理结构复杂性等问题，但这并不影响它是基于中国事实解释中国之治的力作，其在推动做有深度和精细化的政治学研究方面做出了重要的贡献。

关键词：基层民主；村民自治；中国特色政治学；田野基础；历史脉络

党的二十大报告指出，"积极发展基层民主。健全基层党组织领导的基层群众自治机制，加强基层组织建设，完善基层直接民主制度体系和工作体系，增强城乡社区群众自我管理、自我服务、自我教育、自我监督的实效"[①]。把基层民主纳入到发展全过程人民民主，保障人民当家作主的要求之中，体现了对我国独特的基层群众自治实践的充分肯定与重视。自

---

* 作者简介：冯晨晨，女，华中师范大学中国农村研究院博士研究生，主要研究基层治理。

① 习近平：《高举中国特色社会主义伟大旗帜　为全面建设社会主义现代化国家而团结奋斗——在中国共产党第二十次全国代表大会上的报告》，《党建》2022年第11期。

1982年《宪法》修订时正式确定基层群众自治组织的法律地位,中国的基层群众自治已经走过四十周年,与中国政治学的恢复重建同时展开,在研究方法和内容上都经历长期的探索,已涌现了一大批优秀的研究成果。时至今日,基层群众自治依然十分重要,作为基层治理现代化的重要内容,有助于筑牢国家治理的基层基础。对于"老"话题的"新"讨论,需要秉持"守正创新"的态度继续前行。习近平总书记指出,哲学社会科学要"以我国实际为研究起点,提出具有主体性、原创性的理论观点"[①]。一直以来,村民自治的研究都受到主流西方民主理论的影响,且作为一种既定事实被加以讨论,而较少有人基于中国本土的民主实践去理解,进一步追问是什么造就了当今中国的基层民主形态,使其呈现出多样性和复杂性的特点,而又对基层民主的未来产生何种影响?进入国家治理现代化时代,基层民主的这些问题急需厘清,《国家化、地方性与村民自治》正是在这一背景下诞生的。作者将目光投向中国特色的历史延续和田野实践,建构出国家化、地方性的分析框架,对村民自治的因果机制及未来发展做出了细致的解读,是践行学术自觉的一次勇敢尝试。

一 中国政治学恢复重建下村治研究的推进

20世纪80年代,农村经济体制改革倒逼政治体制改革,在政治学恢复重建的浪潮中,基层农村正式被纳入政治学的研究范畴,从基层政权的探讨伊始,到编制村民自治民主制度软件,村民自治研究名噪一时,但在将这套制度设计推向全国的过程中,实验失败和问题层出将村民自治研究推向冷门。党的十八大提出"推进国家治理体系和治理能力现代化",在治理话语下重新审视村民自治,成为村民自治研究的新出路,而《国家化、地方性与村民自治》正是在这样的背景下诞生的。

第一,基层政权研究下的村治组织。中国是一个农业大国,这种国情决定了三农的基础性地位。1978年的改革开放政策,最初是从农村经济体制变革开始的,其结果是把土地的使用权(经济权利)还给了农民。经济体制改革推动农村政治体制改革,家庭承包经营的出现直接动摇了人民公社体制的根基,国家原来运用政权的力量,以人民公社的形式组织农

---

① 习近平:《在哲学社会科学工作座谈会上的讲话》,人民出版社2016年版,第19页。

民、治理乡村的方式面临严峻挑战。国家面临的突出问题之一是以何种形式将分散化的农民重新组织到国家体系中来。20世纪80年代初,在广西宜山、罗城一带出现了农民自我组织起来管理公共事务的自治性组织。这一组织形式很快受到当时国家领导人的重视。1982年修订宪法时,在宪法第111条第一次出现村民委员会的概念,宪法将村民委员会放在"地方各级人民代表大会和地方各级人民政府"这一节中提出。

根据1982年宪法的有关规定,撤销人民公社体制,恢复乡镇人民政府,并在农村最基层实行村民自治。从此在中国县以下的农村基层就出现了一种新的政治模式,即"乡政村治"的模式①。张厚安指出,"乡政村治"乃是治理乡村过程中形成的一种治理格局,"乡政"指乡一级政权(包括镇政权),是国家依法设在农村最基层一级的政权组织;"村治"指村民委员会是农村最基层的群众性自治组织。乡镇政权和村民委员会的结合,就形成了当今有中国特色的农村政治模式。这也是新的历史时期我们找到的农村最好的治理模式,最好的组织形式②。事实上,村民自治一开始作为新的组织设计,其研究恰逢中国政治学恢复重建时期,这一时期政治学的研究视野从高层政治逐步转向农村基层,开始主要关注基层建制问题,由此可以看到,"村治"是淹没在基层政权的讨论之中的。

第二,编制制度软件中的村治研究。1984年废除人民公社体制后,农村基层组织建设的任务更为迫切。村民委员会组织的建立,意在代替已实行二十多年的人民公社时期的"公社—大队—生产队"的三级管理模式,把人民公社时期被剥夺的人身自由和民主权利还给农民。由于历史条件的规制,中国农村的村民自治先从组织建构开始,有关法律也从村民委员会组织法开始。1987年,全国人大常委会制定并通过《村组法(试行)》将村民委员会组织建设以法律的形式加以确立和细化。村民委员会组织的建构意味着国家以法律的形式赋权于民,由群众自己直接行使民主权利。《村组法(试行)》的出台,在全国范围内掀起了村民自治的研究热潮,其中徐勇写就的《中国农村村民自治》一书便是代表之作。该书分上下篇,其中上篇采用"价值—制度"研究范式,将政治学等学科的

---

① 参见张厚安《村民自治:中国农村基层民主建设的必由之路》,《河北学刊》2008年第1期。

② 参见张厚安《乡政村治:中国特色的农村政治模式》,《政策》1996年第8期。

视野引向中国大地和田野实践,对村民自治的制度构成、制度体系、制度运行、制度绩效等进行了全面的论证。

随着村民自治实验在全国范围内铺开,搞得好的和比较好的只是少数,而出现的问题和困难越来越多,倒逼民主权利保障体系建设。由于特殊的历史和国情,我国先制定的是组织法而未出台相关的基本法律,对于村民的基本自治权利如何实现,以及村民合法的民主权利受到侵害后如何维护等问题未做出详细规定。《村组法》虽规定了民主选举、民主决策、民主管理和民主监督的原则,但却缺乏相应的程序性法律规定而难以落实,很容易导致农民民主权利被"悬空"和"虚置"。鉴于上述原因,直到1998年,全国人大常委会修订《村组法》并取消试行的规定而在全国实施,以"海选"为突破口的村委会选举发展迅猛,亿万农民才开始切实享受村级民主选举权利。总的来看,这一阶段村民自治的重心主要是组织建设,而关于如何保障和实现村民民主权利的相关制度尚不完善。

第三,村民自治有效形式的讨论。村民自治大规模推进正值我国"三农"问题十分严峻的时期,具体表现在两个方面:一是村民自治的财政资源紧缺。土地及其收益的集体所有和"村提留乡统筹"是以往村民自治的财政基础。但农村改革后,土地为家庭经营且分户相当彻底,没有保留公共资产。在未废除农业税之前,税费收取后大多为政府所控制,给村留成的非常少,村根本无财力为村民提供服务,许多地方的村民自治陷入困境。[①] 二是大量农村人口外流。农村除普遍存在的医疗、教育、养老等问题外,一个突出的现实问题是,农民不安心务农,不愿意务农,都争相"跳农门",农村劳动力的流动呈现出盲目和无序的特点。农村剩余劳动力向城市流动的非农化,使得农业将面临没有接班人的问题。对此,进入21世纪以后,中央提出了新农村建设战略,强调多予少取,一举取消了长达两千多年的农业税,并出台了各种惠农政策,围绕健全民主制度,丰富民主形式,扩大公民有序的政治参与,保障公民的民主权益出台了系列法规,推动村民自治的重心由组织建设转向村民权利的保障。

---

① 参见徐勇《村民自治的深化:权利保障与社区重建——新世纪以来中国村民自治发展的走向》,《学习与探索》2005年第4期。

民主权利保障体系日益健全，带来村民自治意识的觉醒。新世纪以来有关村民自治权利被侵害的上访事件急剧增加。在一些地方群众来信来访的案例中，有关村民自治权利被侵害的比例占第二位，仅次于农民负担，干群关系恶化。这是因为公社体制废除后，实行政社分开，撤社建乡，而在乡以下建立村民委员会，实行村民自治。在这种统一的规划性变迁中，全国的村委会普遍建立在原生产大队一级，是由若干个生产队构成的行政村，管理成本高且组织内部松散，难以满足广大人民群众对政府服务的要求。为应对上述挑战，一些地方在政府主导下积极探索农民参与治理公共事务的形式。其突出特点是"重心下移"，将村民自治的重心下沉到村民小组或者自然村，便于村民自治。为了寻找最合适的村民自治单元，一些地方还提出了"利益相关、地域相近、规模适度、文化相同、便于自治"等标准，并在新农村建设中发挥了积极作用。在此背景下，2014年和2015年的两个中央1号文件都提出了要探索不同情况下村民自治的有效实现形式。[①] 一些学者开始研究为什么村民自治会成功或失败，进而迈向了村民自治研究的另一版本，追问村民自治有效运转的形式和条件，开始关注村民自治作为一项民主制度设计，制度何以有效落地的问题，逐步转向对民主实践的反思。

第四，国家治理语境下村治研究的新探索。受到传统管理体制和经济社会发展的影响，当前我国基层面临的突出问题为治理重心难以下移，同时受到现代化和信息化技术的冲击，具体表现为村干部行政化、村庄空心化、基层民主超载等，村民自治因遭遇多重困难而遇冷。一方面，取消农业税后，随着国家资源下乡，国家权力逐步介入到村级治理的各个环节、具体过程。村干部拥有越来越少自主决定权和实质治理权力，而越来越多按上级规范和程序进行形式治理，村庄行政化严重挤压了村民自治的空间。[②] 另一方面，村民自治制度争议的声音越来越大，村民自治研究逐渐淡出，取而代之的是乡村治理、基层治理等新的话语表达，村民自治研究需要与时俱进谋求新出路。党的十八届三中全会提出，要推进国家治理体

---

① 参见徐勇《民主与治理：村民自治的伟大创造与深化探索》，《当代世界与社会主义》（双月刊）2018年第4期。

② 参见贺雪峰《行政还是自治：村级治理向何处去》，《华中农业大学学报》（社会科学版）2019年第6期。

系和能力现代化,村民自治作为基层民主的重要内容遇冷已久,重新在治理现代化的语境中获得重视。一些学者从要素联动①、权力分割②、城乡融合③等方面,尝试对基层治理现代化的内涵加以解读,集中回答了什么是基层治理现代化,以及基层治理现代化的未来趋势,但尚未回答当下的基层治理现代化从何而来,又为什么呈现为如今这样的特点。

事实上,今日的基层治理现代化实践,乃是对历史传统的承继与批判。村民自治作为基层群众自治制度的重要实践,同样受到制度变迁的路径依赖的影响,但并不妨碍制度创新的产生,这是因为"历史中的人"具有主观能动性,村民自治的真实样态需要通过调查去加以发现。因此,在接续前人研究成果的基础上,《国家化、地方性与村民自治》一书的作者深入田野,在调查中重新认识村民自治,他在书中指出,时至今日,基层群众自治在实践中面临着"自治"与"行政"的内在张力,最根本的问题是如何理解国家与社会关系之下乡村治理的形态。④ 断裂的历史、国家与社会二分的传统研究路径无法有效解释村民自治的因果机制,必须回到村民自治的起源与发展的基本性问题,将村民自治的研究接入国家治理乡村社会的框架之下,从历史的远镜头逐步拉到当下的近镜头,追溯、回顾、观察、分析和展望中国村民自治。⑤

二 村治研究的田野基础、历史脉络与本土化阐释

村治研究一直是以政治学为主阵地,受到中国政治学的恢复重建的影响,其知识积累主要是在西方话语体系笼罩下完成的,无法解释中国本土的政治学现象。"问题是创新的起点,也是创新的动力源。只有聆听时代的声音,回应时代的呼唤,认真研究解决重大而紧迫的问题,才能真正把

---

① 参见任剑涛《克制乡村治理中的浪漫主义冲动》,转引自任剑涛《乡村治理现代化(笔谈一)》,《湖北民族大学学报》(哲学社会科学版)2020年第1期。

② 参见周庆智《基层治理:一个现代性的讨论——基层政府治理现代化的历时性分析》,《华中师范大学学报》(人文社会科学版)2014年第5期。

③ 参见陈文胜《农民主体地位与乡村治理现代化》,转引自任剑涛《乡村治理现代化(笔谈一)》,《湖北民族大学学报》(哲学社会科学版)2020年第1期。

④ 参见任路《国家化、地方性与乡村治理结构内生性演化》,《华中师范大学学报》(人文社会科学版)2021年第1期。

⑤ 参见任路《国家化、地方性与村民自治》,中国社会科学出版社2022年版,第1页。

握住历史脉络、找到发展规律，推动理论创新。"① 村民自治是基于中国社会的现实问题而产生的，如何解释这一中国式民主创造，需要构建中国政治学的本土话语，从田野和历史中获得理论源泉②。

一是村治研究的田野路径。田野调查要求研究者进入田野现场，并理解田野现场中的人。③ 改革开放是中国历史前所未有的一场伟大社会实验，而在农村改革中产生和发展的村民自治，则是中国历史上前所未有的民主实验。村民自治一开始就是从乡土大地上产生的，其研究也是从田野调查起步的。20世纪90年代下半期，村民自治成为举世瞩目的中国式民主制度，人们对其寄予各种想象。④ 然而在将这一民主制度推向全国时，深入农村却发现这一良好的制度设计面临各种各样的状况，给停留在制度文本的村民自治研究者当头一棒，突出了进入现场去了解、去发现真实状况的必要性。其中，最好的办法是"实验"。这是因为田野调查者毕竟是外来人，是置身以外的观察者。只有"实验"，才能将自己作为主体融入其中，亲自感受和体验实际过程，从而发现一般现象观察发现不到的内在因素。田野调查提供了与原有概念不一样或者原有概念难以概括的事实，使我们能够从新发现的事实中提炼出新的概念。作者提出的"地方性"概念便是来自田野实验，为什么在广西合寨村诞生了第一个村民委员会，这与广西的"地方性"密切相关，由于历史上广西已有村寨自治的传统，当推进现代统一国家建设时，人民公社体制是一种临时性的嵌入，群众对自治很熟对管制不熟，这是当地的地方特性，因而当自上而下的人民公社体制解体，群众自治很快就能接续上⑤，村民自治也就自然而然地产生了。

二是村治形态的历史溯源。中国是一个历史特别悠久的国家，中国的政治与历史有着特别紧密的联系。黑格尔第一命题"存在即合理"⑥ 阐

---

① 习近平：《在哲学社会科学工作座谈会上的讲话》，人民出版社2016年版，第14页。
② 参见景跃进《中国政治学理论建构的若干议题——田野基础、历史脉络与创新维度》，《华中师范大学学报》（人文社会科学版）2021年第4期。
③ 参见徐勇《田野政治学的核心概念建构：路径、特性与贡献》，《中国社会科学评价》2021年第1期。
④ 参见徐勇、任路《以现场实验为引导的田野政治学建构——基于华中师范大学四次政治实验的回顾与反思》，《广西师范大学学报》（哲学社会科学版）2021年第4期。
⑤ 参见任路《国家化、地方性与村民自治》，中国社会科学出版社2022年版，第4页。
⑥ ［德］黑格尔：《法哲学原理》，范扬、张企泰译，商务印书馆2011年版，序言。

明，能够在历史进程中产生并延续的现实，具有内生性，基于内生的需求。自治相对他治而言，是远比他治更为悠久的治理方式，基本依据是当事人是自我事务的直接关切者，由当事人直接参与治理是一种成本最小，能够最大限度体现当事人意志的治理。村民自治产生于改革开放后，但自治的历史却源远流长，有着深厚的根基。[①] 重新评估传统，强调"历史的延续性"而不是断裂性，正是现在将过去与未来关联起来。因此，在考察村民自治时历史主义的视角很重要。中国早在传统农村社会就有了国家的元素，如"编户齐民"的户籍制度和"皇粮国税"的税役制度，韦伯和福山等西方学者注意到了这一现象，但受限于西方的现代国家建构理论，他们只是以"早熟"概念加以描述。[②] 本书使用的"国家化"概念，强调只要有了国家，便存在社会国家化和国家社会化的过程。对中国传统社会更具有解释力。此外，作者也关注到制度变迁的路径依赖问题，通过对不同基层治理形态进行纵向历史对比，可以清晰发现村民自治与其他历史阶段基层治理形态在主体、结构、机制和方式等方面的差异以及内在延续，并不能简单地将不同基层治理形态看作彼此分离的阶段，而是前后相继的，具有内在承继的发展。

三是村治研究的本土化尝试。习近平总书记指出："我们的哲学社会科学有没有中国特色，归根到底要看有没有主体性、原创性。……只有以我国实际为研究起点，提出具有主体性、原创性的理论观点，构建具有自身特质的学科体系、学术体系、话语体系，我国哲学社会科学才能形成自己的特色和优势。"[③] 政治学是20世纪从国外引进的学科，在相当长时间被忽视了，直到1980年得到恢复重建。伴随中国特色社会主义的建设，中国的政治学在复杂的环境下努力探索，开始在学科体系、学术体系和话语体系等方面表现出自己的特色、风格、气派。特别是自2016年以来，构建中国特色政治学成为政治学的群体自觉，田野政治学和历史政治学的兴起，为中国政治学建构本土理论提供了新的进路。作者在写作《国家化、地方性与村民自治》一书时，发挥建构中国特色政治学的主体自觉，

---

① 参见任路《国家化、地方性与村民自治》，中国社会科学出版社2022年版，第2—3页。
② 参见徐勇《中国的国家成长"早熟论"辨析——以关系叠加为视角》，《政治学研究》2020年第1期。
③ 《习近平谈治国理政》第2卷，外文出版社2017年版，第341—342页。

意识到传统政治学研究在理论视角、研究方法上的限度,建构了国家化与地方性的分析框架,以田野和历史为方法,揭示了村民自治产生的因果机制,对村治研究进行了中国本土化的解读。尽管这种尝试可能存在一定的局限,甚至可能招致一些争议,但反映了学者的主动性、积极性和创造性。①

三 国家化、地方性与村民自治的内在演化逻辑

政治学要研究发生了什么,有什么变化? 更要研究为什么发生,为什么变化? 这就需要寻找事物发生和变化的内在依据,也就是因果机制。村民自治曾经被视为中国农民的三大创造②之一,受到建构主义的影响,人们将这一创造视为改革之后的产物,是一种"无根的创造"。事实上,自治是一种基于人的内生需要,具有普遍性的治理方式,并非现代国家的产物。因此,在找寻解释村民自治最有力的变量时,需要进一步追问作为自治载体的村民委员会为什么最早诞生于广西? 之后又发生了什么变化? 怎样看待这种变化?《国家化、地方性与村民自治》一书给出了很好的探讨。③

该书试图回归到国家治理基层农村社会方式的元命题上,从国家与社会的互构来解释村民自治,提出"国家化"和"地方性"的分析框架,"国家化"可称为国家整合,它是指构成国家的各个组成部分和要素形成一致性,并处于相对协调的状态,从而构成完整和稳定的政治共同体的过程和结果④,涉及中心与边陲、中央与地方、国家与基层社会三对权力关系。"地方性"与国家化相对的一个概念,除了地方行政关系、地方性知识等以外,还包括三个层面,即边缘性、分权性、社会性。在不同历史时期,国家化和地方性的组合,形塑了不同的基层治理形态。具体来说,在传统国家时期,国家对于偏远贫瘠的边陲地带无法按照内地的郡县制进行

---

① 参见徐勇、任路《构建中国特色政治学:学科、学术与话语——以政治学恢复重建历程为例》,《中国社会科学》2021年第2期。
② 中国农民的三大创造是指包产到户、乡镇企业和村民自治。
③ 参见任路《国家化、地方性与村民自治》,中国社会科学出版社2022年版,第2—3页。
④ 参见徐勇《现代国家建构中的非均衡性和自主性分析》,《华中师范大学学报》(人文社会科学版)2003年第5期。

统治，转而建立土司制度，"以土治土"，依靠土官和土目等来治理乡村社会，更多的是采取"因俗而治"的方式，主要依靠村寨共同体的自生秩序，即村寨头目通过乡规民约习惯法等的治理，形成与保甲制相区别的"村寨自治"形态。

在转型国家时期，伴随着土司制度废除和流官统治盛行，衰落的王朝国家缺乏足够整合和控制社会的能力，众多的地方权力分割了统一的国家权力，地方实力派为加强对基层民众的控制，将政权组织延伸到村庄，设立村街公所，赋予民众参与权利，由此形成所谓的"村街自治"。

在现代国家时期，以改革开放为节点分为两个阶段：前一阶段经过1949年后的政权整合，建立了高度集中的政治经济管理体制，国家对基层社会的控制达到空前的高度，因此形成强国家化弱地方性的"民主办社"形态；后一阶段人民公社解体后基层社会自主性增强，国家保持对基层社会的适当控制，同时在基层政权下设立村民委员会，赋予农民广泛的民主权利，由村民自主治理，形成了"村民自治"的基层治理形态。

然而，历史并不止步于此，继续向前发展。进入村民自治阶段，通过革命动员组织社会的民族国家建构方式退场，现代国家建构的民主化任务突出，民族—民主国家建构的非同步性，导致了中国政治发展的非均衡性。[①] 经济落后的农村竟然率先应用民主自治的成果，但根深蒂固的乡土局限性又大大抵消着现代民主的制度成效，受到历史惯性和城镇化的双重影响。一方面，村民自治与乡镇行政之间的张力凸显，使得村民委员会行政化；另一方面，市场化背景下村民越来越原子化，村庄陷入"无权""无钱""无人"的新"三无"困境，村民自治面临越来越严峻的形势。

对于未来村民自治的发展，相对于强大的国家，作者更加关注自治力量，进而走向均衡的现代国家建设。为了推动村民自治的发展，需要进一步研究自治得以形成力量的诸多条件，既要在民族国家建设的意义上推动行政村自治空间、建制组织体系和法规条例等制度和党员干部主体等建设，又要从民主国家建设的角度出发，推动整个乡村社会的草根民主、社会组织等非建制组织、村规民约等非正式制度和普通村民等主体建设，逐步改善村民自治发展的内外环境，不断探索村民自治的有效实现形式。

---

① 参见徐勇《现代国家建构中的非均衡性和自主性分析》，《华中师范大学学报》（人文社会科学版）2003年第5期。

四　面向基层治理现代化的村民自治研究

该书尝试从国家治理的历史延续视角对村民自治形成及演变予以解读，对于理解中国在改革开放后为什么会形成村民自治这种治理形态提供了一种新的思路。虽然作者努力在历史主义与现实主义、国家主义和社会主义、经验主义和实验主义等方面寻找平衡，但这种平衡是很难实现的，也就决定了该书的研究是有限度的。正如徐勇教授在序一中说道："本书只是作者'将自治带入国家'的起步之作，基于深度调查与理论思考的学术研究之路还很漫长。"[①]

首先，理论研究的现实性。通过对相关研究进行检索可以发现，近年村民自治的研究已渐趋淡出，涉及"自治虚置""自治空转"等消极讨论更多，"村民自治"的话语逐渐为"乡村治理""基层治理"等所替代，"村民自治"属于一个时代的辉煌，作为基层自治组织，村民自治当下只是基层治理的组成部分。虽然作者尝试从历史的、治理的角度解释村民自治产生与发展的因果机制，但同时也被这种研究路径捆绑了手脚，历史结构对于已经发生或正在发生的事务具有一定的解释力，阐述了"为什么是这样"的因果机制，但却对将来"应该怎样更好"缺乏预见性，且忽视了人的能动创造性对于事物发展的影响。事实上，作者写作时已经意识到这一问题，也试图将对于村民自治的讨论延伸至未来，但未来村民自治的发展具有很多不确定性，未来的治理者在指导地方实践上可能更有发言权。

其次，基层权力的边界性。一直以来，行政与自治的关系问题是基层治理的核心问题，在国家项目资源下乡的过程中，村庄出现了行政化的趋势，自治的空间日益萎缩。国家与基层的良性互动是有前提的，要求畅通的沟通渠道和社会具备与国家对话的能力，这在中国历史上前所未有，国家于基层而言往往是强有力的存在。在该书中，作者试图用"国家化"和"地方性"的互动来阐释行政与自治的调适关系，但也注意到国家化与地方性在不同时期有强弱之分，存在一方对另一方的强势地位，只是未曾指明划分作用边界的重要性。因此，新时代推进基层治理既要看得见互

[①] 任路：《国家化、地方性与村民自治》，中国社会科学出版社2022年版，第5页。

动,也要看得见边界。这是因为:一是国家与基层有互动,才能形成反馈环路彼此调适,形成共生关系;二是国家与基层有边界,权力才不至于吞没权利,提升治理效能。

再次,典型个案的代表性。个案研究需要处理好个性与共性、普遍性与特殊性的关系问题。对于这一问题,以马林诺夫斯基为代表的结构功能主义者遵循一条"律令":众出于一,异中见同。受此影响,费孝通在《江村经济——中国农民的生活》一书中,采用了微型社会学[①]的研究方法,以开弦弓村这一集体单位作为研究对象,揭示近代中国乡村经济变迁的历程。无独有偶,该书的研究也是典型个案研究,以村民自治的诞生地——广西合寨村为研究对象,引入结构性要素企图超越个案,强调个案具有特殊性,但从属于某一类的存在,无一例外受到结构性的影响,个案的个性是对结构性因素的反作用。如此一来,便能够将宏观结构和微观个案结合起来,既能描述中国乡村治理的个性特征与动态过程,又能描述乡村与国家的统合与分异。然而,个案研究的固有缺陷是客观存在的,通过个案村庄反观国家与社会、国家与农民以及其他宏大命题的时候,个案村庄的代表性和解释力就显得力不从心,不得不面对个案研究能够代表中国,是否具有普遍意义等问题。

最后,基层治理的复杂性。理解基层治理结构有两个维度,一个是自上而下的维度,基层作为一个整体是相对国家而言的,基层位于国家结构体系金字塔最下面的一层,是国家治理的基础性结构,本书概括的村寨自治、村街自治、民主办社、村民自治,就属于这种类型。另一个是空间平行维度,基层社会内部是由环境、主体等多元要素构成的,基层治理仰赖于其维持自身运转的"自发秩序",不同主体参与共治是基层治理结构的内在特征,当下倡导的"三治融合""协商共治"等,便是这一横向结构的体现。换句话说,本书概括的自治结构形态,是基层社会整体的治理方式,内在包含着共治的成分,随着国家整合乡村社会,这种共治不仅仅限于社会参与,同时把基层党组织和基层政府也囊括进来,由此将纵横结构有效联结起来,形成了共建共治的社会治理共同体,这也是基层治理现代化努力的方向。

---

① 参见费孝通《江村经济——中国农民的生活》,商务印书馆2001年版,第314页。

五　小结

　　基层民主实践是一项典型的中国创造，村民自治作为其表现形式之一，是当下发展基层民主和推进全过程人民民主的重要内容。作为一个"老"话题，村民自治的讨论已持续四十年。受到中国政治学恢复重建的影响，村民自治是在中国政治学由"高政治"转向"低政治"的过程中被学者们所注意到，因此最初的研究也是从基层政权建设的讨论开始的。《村组法（试行）》出台后，村民自治研究逐渐成为获得独立性，进入基层民主制度研究的辉煌时期。但在将村民自治制度推向全国的过程中遇到了落地困难，大量自治问题的出现倒逼基层民主权利保障体系建设，促使村民自治的制度建设由组织架构转向权利保障。进入21世纪后，废除人民公社体制，在生产大队建立行政村的弊病日益显现，建制村体量较大内部缺乏有机联结，使得村民自治组织自我治理和服务群众的能力萎缩，一些村庄开始推动治理重心下移，将村民自治的重心下沉到村民小组或者自然村，积极探索村民自治有效实现的形式。党的十八届三中全会以来，立足国家治理现代化的时代要求，在基层层面需要加快推动基层治理现代化，基层民主发展便是一个重要的方面。

　　虽然研究层面以村民自治为内容的基层民主研究渐趋饱和，现实层面村民自治遇到诸多问题饱受争议，但作为一项中国独特的农民创造，它依然存续下来继续为当下基层治理提供活力，不应该成为历史的"弃子"，只不过需要找寻新的出路。囿于村民自治诞生的时代背景，其研究一直以来具有典型的实用主义特征，不免陷入静态的就自治论自治的固有缺陷之中。但从发展基层民主和推进全过程人民民主的角度看，需要对基层民主进行动态长时段的解读，这也符合构建中国特色政治学的学科发展要求。换言之，需要追问当下的基层民主形态从何而来，未来又会走向何方？《国家化、地方性与村民自治》一书正致力于此。按照马克思主义唯物史观的观点，中国的基层民主是由历史中的人所创造的产物，当下的基层民主自有其内生演化的逻辑。历史的延续性和乡土田野的馈赠，是中国特色政治学生长的土壤。基于推动中国政治学本土化的主体自觉，作者将目光转向历史和田野，建构了国家化、地方性的分析框架，从两者的互动解释了中国乡村治理结构演化的逻辑，将自古以来合寨村的治理形态划分为村寨自治、村街自治、民主办社、村民自治不同的类型，并对村民自治形成后出现的问题及未来发展进行了阐述。可以说，该书的研究对于理解村民自治的产生与发展具有重要的价值，更提供了基于中国事实理解中国之治的一种思路。

不过，需要看到的是，村民自治研究逐渐淡出视野是不争的事实，该研究的进路也必然存在不完满的地方。村民自治属于一个时代的火热，当下已为乡村治理、基层治理现代化等新词所替代，再谈村民自治可能遭受现实主义者的质疑。此外，该书在研究视角上强调国家与社会互动，遮蔽了行政与自治之间的边界问题；在研究对象上选择典型个案村，不免引起学者对代表性和普遍性的疑问；在基层治理形态的阐释上突出结构，但对结构的内在复杂性揭示较少等。诸如此类问题说明了基层民主的复杂性，远非单一的研究所能囊括穷尽。最终回到典型个案的研究初衷上——见微知著，对于研究不求尽善尽美，但努力践行学术自觉，做精细化和有深度的政治学研究，为中国政治学的发展贡献一份力量。

Field Foundation, Historical Context and Forty Years of Villager Autonomy
—Review of Nationalization, Localization and Villager Autonomy

Feng Chenchen

(Institute for China Rural Studies, Central China Normal University, Hubei Wuhan 430079)

Abstract: The practice of grassroots democracy, with villager autonomy as its main content, has gone through 40 years of development in China, and its research is closely related to the restoration and reconstruction of Chinese political science. At present, in order to develop grassroots democracy and promote the whole process of people's democracy, we need to look forward and backward to clarify the internal evolutionary logic of grassroots democracy. The book "Nationalization, Localization and Villager Autonomy" was written under this background. It has proved that constructing Chinese indigenous political science has two main paths, both historical and field paths. So, the author proposes an analytical framework of the nationalization and localization, to explain the causal mechanism and future development of villager autonomy, which provides a new idea for the study of villager autonomy in the new era. At the same time, this study also faces problems in some aspects, such as the reality of theoretical research, the boundary of grassroots social power, the representative of typical cases, and the complexity of grassroots governance structure. However, these problems are not important, this book is still a masterpiece of explaining Chinese governance based on Chinese indigenous facts. What's more, it also has made important contributions in promoting in-depth and refined political studies.

Key Words: Grassroots democracy; Villager governance; Political science with Chinese characteristics; Field foundation; Historical context

《中国农村研究》匿名审稿制度

为了推进中国农村研究领域学术规范和评价机制的发展，倡导规范、严谨的研究方法和理论与经验相结合的实证研究取向，本刊采用匿名审稿制度。基本规则如下：

1. 所有来稿请一律寄送编辑部收。来稿请将作者的姓名、所在单位、职称、研究方向、通讯地址、邮政编码、联系电话、传真、E-mail 等个人信息另用附页提供，正文中隐去所有相关信息。

2. 执行编辑将稿件登记建档，保存个人信息附页之后，按照稿件内容所属领域分别送达相关编委会专家进行初审。

3. 执行编辑负责及时将经过初审专家审核之后的稿件按照内容所属领域分别送达匿名评审专家。

4. 匿名评审专家将以论文的学术质量作为评判的唯一标准给出书面评审报告，并对稿件提出以下四种分类意见：（1）可直接刊用；（2）修改后可刊用；（3）修改后待进一步评审；（4）不适宜本刊采用，并简要阐述理由。

5. 执行编辑根据评审专家的意见，与作者进行及时沟通，确定论文刊用信息或者交流修改意见，提请作者提供修改稿和修改报告，以供评审专家再审察。

《中国农村研究》编委会

《中国农村研究》征订征稿启事

《中国农村研究》系由教育部人文社会科学重点研究基地、华中师范大学中国农村研究院主办的大型学术集刊，由中国社会科学出版社出版。经教育部、中国社会科学评价中心遴选，本刊以社会学学科类学术集刊类别入选"中文社会科学引文索引"（CSSCI）目录。《中国农村研究》一年两卷。单位或个人需订阅者，请直接向出版社订阅。

本刊是关于中国农村研究的社科类综合刊物，以学理研究为宗旨，以实证研究为特色，以不断推进农村研究为目标。内容涉及农村政治、经济、社会、文化诸领域，设置"当代中国农村关键词""百村跟踪调查"等特色栏目，近期特别关注新型城镇化、新农村建设、农村社区建设、农村减贫与发展、农村治理、农村基层民主、城乡一体治理、变动中的农村社会与文化、域外农村发展等专题。本刊十分重视实证调查稿件，这方面的优秀稿件不受字数限制。欢迎惠赐稿件！

本刊实行匿名审稿制度，聘请国内外知名专家担任匿名审稿人。

作者来稿请标明以下方面：

1. 作者简介：姓名、出生年、性别、民族，籍贯、工作单位、职称、学位、研究方向。

2. 基金项目名称及编号。

3. 中文摘要300—500字，关键词3—5个。

4. 英文摘要和关键词，必须与中文摘要和关键词相对应，置于文末。

5. 文稿所引用或参考的著作、期刊，一律采用尾注"参考文献"的格式，置于文末，使用中括号数字的形式，全文顺序编号。其他文中说明，请用脚注，使用带圆圈的数字，每页顺序编号。

6. 参考文献格式：

引自期刊：[1] 作者. 题名 [J]. 刊名, 出刊年（卷/期），起止页码.

引自专著：[2] 作者. 书名 [M]. 版次（初版不写）. 译者. 出版地：出版者, 出版年. 起至页码. 译著在作者前加 [国籍].

引自报纸：［3］作者. 题名［N］. 报纸名, 年 月 日（版次）.

引自论文集：［4］作者. 题名［A］. 见：论文集编者. 文集名［C］. 出版地：出版者, 出版年. 起至页码.

引自会议论文：［5］作者. 题名［Z］. 会议名称, 会址, 会议年份.

引自学位论文：［6］作者. 题名［D］：［学位论文］. 保存地：保存者, 年份.

引自研究报告：［7］作者. 题名［R］：保存地：保存者, 年份.

引自电子文献：［8］作者. 题名［DB/OL（联机网上数据库），或 DB/MT（磁带数据库），或 M/CD（光盘图书），或 CP/DK（磁盘软件），或 J/OL（网上期刊），或 EB/OL（网上电子公告）］. 出处或可获得地址，发表或更新日 期/引用日期（任选）.

其他未说明的文献类型用"Z"标识。

来稿以 9000—12000 字为宜，具有重大学术意义的文章不受篇幅限制。所有来稿请一律发送至编辑部收稿邮箱，无需再另寄纸质稿。请将作者的姓名、所在单位、职务职称、通讯地址、邮政编码、联系电话、E-mail 等个人信息另用附页提供，正文中隐去所有相关信息。来稿 2 个月未收到本刊录用或者修改通知，作者可以自行处理。一经刊发，本刊不支付稿酬，送作者杂志 2 本。本刊对所刊用文稿拥有网上发布权，如不接受此条款，请注明。

本刊地址：中国·武汉　华中师范大学中国农村研究院《中国农村研究》编辑部

邮政编码：430079

联　系　人：李华胤

联系电话：13618626628

传　　　真：027-67865189

E-mail：crs_editor@163.com；lihuayin123@163.com

网　　　址：www.ccrs.org.cn

华中师范大学中国农村研究院
《中国农村研究》编辑部